美国内战前
反奴隶制政治的兴起

杜华 著

The Rise of Antislavery Politics
in the Antebellum United States

社会科学文献出版社
SOCIAL SCIENCES ACADEMIC PRESS (CHINA)

目 录

导 论 ………………………………………………………… 001
 一 反奴隶制政治兴起之谜 …………………………………… 001
 二 概念界定 …………………………………………………… 005
 三 学术史 ……………………………………………………… 008
 四 主要内容与研究方法 ……………………………………… 024
 五 主要原始文献 ……………………………………………… 029

第一章 早期的反奴隶制活动与奴隶制政治 ……………………… 033
 第一节 美国早期反奴隶制活动的演变 ……………………… 033
  一 建国之前的反奴隶制思想和活动 ……………………… 034
  二 建国初期的组织化反奴隶制运动 ……………………… 037
  三 19世纪初期的殖民废奴方案 ………………………… 040
 第二节 建国初期奴隶制政治的演变 ………………………… 044
  一 共和国初期的奴隶制政治 ……………………………… 044
  二 密苏里妥协及其遗产 …………………………………… 049
  三 奴隶制政治权势的兴起 ………………………………… 058
  四 奴隶制与民主政治的悖论 ……………………………… 064
 小 结 …………………………………………………………… 069

第二章 "道德性政治":废奴运动的兴起和特征 ………………… 071
 第一节 废奴运动的道德和政治起源 ………………………… 073
 第二节 废奴运动的核心理念 ………………………………… 081
 第三节 废奴运动的行动策略 ………………………………… 090
 第四节 废奴运动的"道德性政治"特征 …………………… 100

小　结 …………………………………………………………… 105

第三章　1835 年邮件运动与内战前反奴隶制政治的兴起 ……… 107
第一节　邮件运动的开展 …………………………………………… 110
　　一　"道德说服"与"制造轰动"：邮件运动的起因 …………… 110
　　二　"通信革命"与邮件运动的可能性 ……………………… 114
第二节　南部州的激烈反应与奴隶制公共议题的形成 …………… 120
　　一　查尔斯顿事件：南部激烈反应的开端 …………………… 120
　　二　南部州的反废奴公众集会运动 …………………………… 126
　　三　南部州政府对邮件运动的反应 …………………………… 132
　　四　南部蓄奴州激烈反应的原因和影响 ……………………… 137
第三节　全国性对话与奴隶制政治的兴起 ………………………… 141
　　一　北部州民众的反奴隶制话语 ……………………………… 141
　　二　言论自由问题与北部州的反奴隶制政治话语 …………… 144
　　三　邮件审查之争与联邦国会中的奴隶制政治 ……………… 150
　　四　奴隶制问题的政治化和全国化 …………………………… 156
小　结 …………………………………………………………… 163

第四章　社会抗争与反奴隶制立法：乔治·拉蒂默案与马萨诸塞州 1843 年人身自由法的制定 ……………………………………… 164
第一节　19 世纪 40 年代之前的逃奴问题与人身自由法 ………… 167
　　一　逃奴问题、联邦《逃奴法》与人身自由法的起源 ……… 168
　　二　19 世纪初的人身自由法 …………………………………… 171
　　三　废奴运动与人身自由法的演变 …………………………… 177
第二节　乔治·拉蒂默案与马萨诸塞州 1843 年人身自由法的制定 … 182
　　一　乔治·拉蒂默案始末 ……………………………………… 182
　　二　"拉蒂默请愿运动"的发起 ……………………………… 187
　　三　废奴主义者的话语策略与公众意见的塑造 ……………… 192
　　四　马萨诸塞州 1843 年人身自由法的制定 ………………… 199
第三节　马萨诸塞州和北部地区反奴隶制政治的发展 …………… 203
　　一　马萨诸塞州反奴隶制政治的发展 ………………………… 203

二 "拉蒂默论战"与反联邦《逃奴法》思想的发展 ………… 207
　　三 北部地区人身自由法和废奴运动的发展 ………………… 218
　小　结 …………………………………………………………………… 224

第五章　抗争话语的"制度化"：废奴运动与"奴隶主权势"观念的提出和发展 …………………………………………………………… 226
　第一节　前期废奴运动与"奴隶主权势"观念的缘起 ………… 230
　　一 19世纪初描述南部蓄奴州政治势力的观念 ……………… 230
　　二 反废奴暴力事件与"奴隶主权势"观念的提出 ………… 234
　　三 "钳口律"、得克萨斯问题与"奴隶主权势"观念的提出 … 241
　第二节　自由党与"奴隶主权势"观念的发展和传播 ………… 248
　　一 "奴隶主权势"观念与废奴运动的"政治化" ………… 249
　　二 "奴隶主权势"观念与自由党的兴起 …………………… 258
　　三 "奴隶主权势"观念与1844年总统选举 ………………… 264
　第三节　"威尔莫特附文"之争中的"奴隶主权势"话语 …… 272
　　一 "威尔莫特附文"之争的由来与过程 …………………… 272
　　二 激进的反奴隶制国会议员与"奴隶主权势"话语 ……… 276
　　三 温和的反奴隶制国会议员与"奴隶主权势"话语 ……… 281
　小　结 …………………………………………………………………… 288

结　论 …………………………………………………………………… 290

参考文献 ………………………………………………………………… 300

后　记 …………………………………………………………………… 325

导 论

一 反奴隶制政治兴起之谜

1843 年 6 月 17 日，邦克山战役纪念碑（Bunker Hill Monument）在波士顿市正式落成。整个城市挂满了横幅和彩旗，人们挤在街道上，观看精心设计的巡游。经历过邦克山战役和革命时期的其他战役的退伍老兵们，在班卓琴和鼓演奏的节奏中，穿过街道，接受人们的热情崇拜。[①] 当游行人群抵达这座当时全美最高、最为壮观的纪念碑之后，辉格党（Whig Party）国会参议员丹尼尔·韦伯斯特（Daniel Webster）发表了一场精彩的演说。他告诉近 15000 名听众，美国革命是"人类从专制到自由的进步的重要标志"，证明一个"在平等和代表制基础上的民众政府，可以维持统治，并保障人们的人身、财产和荣誉权"；美国人民的最重要义务是继承这一"丰厚的遗产"，为此他们必须要避免政治分歧，在"自由这一共同的事业"中团结起来，如果各州和党派陷入纷争，自由和宪法都将毁灭；这个纪念碑的意义就在于培养美国年轻一代的爱国精神，教育他们履行其义务。[②]

韦伯斯特的这番言论，可谓是对时代情绪的精准刻画。19 世纪初以来，随着市场革命的发生、大众民主政治的发展、西部领土的获取、人口数量的激增，美国社会的民族主义不断高涨，其核心是对美国自由精神和共和制度的认同。到邦克山战役纪念碑落成前后，这种民族主义发展到顶峰，革命和建国初期广泛存在的对"共和试验"的强烈不确定感似乎消失殆尽，

[①] Margot Minardi, *Making Slavery History: Abolitionism and the Politics of Memory in Massachusetts*, New York: Oxford University Press, 2010, p. 96.

[②] Daniel Webster, *An Address Delivered at the Completion of the Bunker Hill Monument*, Boston: Tappan and Dennet, 1843, pp. 7-8, 19-20.

取而代之的是美利坚民族代表人类未来的乐观情绪。①

但是，这种积极乐观的民族主义精神背后，却隐藏着深刻的危机——奴隶制。韦伯斯特在演讲中没有提及奴隶制，但是他肯定知道，在所有可能导致共和国毁灭的因素中，奴隶制绝对是最危险的。1830年1月底，韦伯斯特曾与南卡罗来纳州的国会参议员罗伯特·Y.海恩（Robert Y. Hayne）进行了一场足以在美国历史中千古留名的辩论，对于奴隶制之于联邦宪法的巨大危险有深切体会。当时，南部已经成为一个以奴隶制种植园为基础的"棉花王国"。奴隶制不仅是南部的经济命脉，也是全国市场的中心和大西洋世界资本主义经济的重要组成部分。因此，南部蓄奴州不仅坚决捍卫自身利益，还积极向外扩张奴隶制。而奴隶制长期存在，则导致南北之间在经济、文化、政治等方面存在巨大的差异；从某些方面来看，二者俨然是两个国家。② 到40年代中期，这些问题并没有得到解决，而且有愈演愈烈之势。

尽管如此，当时的政治精英们大多同韦伯斯特一样，很少公开谈论奴隶制问题。虽然有一些北部的政治精英对奴隶制很反感，但是他们并未构成一股政治力量。奴隶制问题偶尔会成为全国性议题，不过很快就又从政治舞台上消失。奴隶制政治如同一座沉寂的火山，人们知道岩浆可能已经在地底下升温，但都只能企望它在很久之后才会爆发。

奴隶制政治的这一状态其实由来已久。在独立战争爆发前夕，英属北美殖民地拥有46万名黑奴，占人口总数的1/5。大型的奴隶制烟草和稻米种植园是南部的经济命脉。③ 在制宪时期，建国者们虽然意识到奴隶制与革命的核心原则相对立，但还是就奴隶制问题达成了妥协。这不仅是由于南部蓄奴州对奴隶制的坚决捍卫，更是因为大多数政治精英认为，奴隶制是一种没有未来的经济制度，会逐渐消亡。一方面，随着世界市场中的烟草供应量持续过剩，烟草的价格会不断走低，南部的主要经济作物将由烟草转变为小麦，小麦生产不需要大量的奴隶劳动力，这意味着南部的奴隶制

---

① David M. Potter, *The Impending Crisis, 1848-1861*, New York: Harper & Row, 1976, pp. 8-13; Daniel T. Rodgers, *As a City on a Hill: The Story of America's Most Famous Lay Sermon*, Princeton: Princeton University Press, 2018, pp. 191-195.

② Joyce Appleby, *Inheriting the Revolution: The First Generation of Americans*, Cambridge: The Belknap Press of Harvard University Press, 2000, p. 23.

③ Gordon S. Wood, *Empire of Liberty: A History of the Early Republic, 1789-1815*, New York: Oxford University Press, 2009, pp. 509-511.

会自动消失。另一方面，随着共和制的发展，普遍自由的精神将被更多民众所接受，人们会采取措施废除奴隶制。①

然而，历史的发展完全出乎这些精英的预料。18世纪90年代以来，奴隶制在大西洋地区系统性地发展起来，以适应增长中的世界市场对棉花、蔗糖、咖啡等热带和亚热带作物的需求。② 受三股力量的共同推动，美国南部地区成为这波奴隶制扩张浪潮的中心。一是随着工业革命的展开，英国机械化棉纺织业对棉花的需求量激增，国际市场上棉花价格不断上涨。二是1791年法国在西印度群岛的殖民地圣多明各发生革命，导致欧洲失去了最重要的棉花来源。三是伊莱·惠特尼（Eli Whitney）在1793年发明了新一代轧棉机，极大地提高了棉花生产的效率。奴隶制随着这波"棉花狂潮"席卷整个美国南部地区，并快速向西南腹地扩张。

奴隶制的快速扩张，加剧了南北之间的竞争和分歧。1820年，在密苏里能否以蓄奴州加入联邦问题上，南北双方陷入激烈争执，联邦面临分裂的危险。在之后的几年中，因担心奴隶制问题可能引发政党分裂，威胁政党的现实利益，民主党（Democratic Party）和辉格党都对奴隶制问题采取避而不谈、搁置争议的立场，而政党内部对奴隶制持反对态度的政治家，因担心奴隶制问题可能导致南北之间地区性冲突的加剧，甚至可能引发内战，也尽量避开在奴隶制问题上的争议，这使得奴隶制问题从美国的主流政治话语中消失了。

奴隶制政治的这种沉寂状态一直延续到19世纪40年代中期。当时，绝大部分美国人都不会想象到，在他们的有生之年，奴隶制会被废除。但不到十年时间，反奴隶制政治突然崛起。新兴的共和党（Republican Party）以"自由劳动"作为意识形态，将阻止奴隶制扩张作为党纲，短短两年就席卷北部诸州。几年之后，共和党候选人林肯当选总统引爆了积蓄已久的政治危机，美国陷入了一场内战，奴隶制被彻底摧毁。

这一彻底改变美国历史的重要转变充满了戏剧性。正如美国著名历史

---

① Gary B. Nash, *Race and Revolution*, Madison: Madison House, 1990, p. 9; Sean Wilentz, *The Rise of American Democracy: Jefferson to Lincoln*, New York: W. W. Norton, 2005, pp. 219-220;

② Dale Tomich and Michael Zeuske, "Introdoction, The Second Slavery: Mass Slavery, World-Economy, and Comparative Microhistories," *Review (Fernand Braudel Center)*, Vol. 31, No. 2 (2008), pp. 91-92.

学家希恩·威伦茨（Sean Wilentz）所言，反奴隶制政治的兴起和胜利，"可谓是美国历史上最奇特的政治和思想反转之一"①。正因如此，反奴隶制政治为何兴起，就成为一个具有强大魅力的课题，引起史家们经久不衰的兴趣，相关的研究虽说不上浩如烟海，却也十分可观。

但是，废奴运动与反奴隶制政治的关系，却一直没有得到足够的重视。研究美国内战前全国政治史的学者普遍认为，废奴主义者太过激进，一直处在社会边缘，对全国性政治影响甚微；直到19世纪50年代以后，西部领土扩张导致奴隶制问题成为全国政治的焦点，废奴主义者才乘机"煽动"南北社会之间的对立情绪，推动了内战的爆发。与此同时，很多研究废奴运动的学者认为，"真正的"废奴主义者是一群纯粹的道德主义者，他们坚定地独立于政治之外，毫不妥协地依靠道德改革来推动废奴事业。在这两个研究领域学者的共同"努力"之下，废奴主义者从美国内战前的奴隶制政治史叙事中消失了。

这一解释不免令人生疑。废奴运动在19世纪30年代初兴起，持续了二十多年。废奴主义者声称奴隶制是违背基督教精神的罪恶，也是对美国共和制度和自由理念的嘲讽，应该被立即废除。这一理念在当时确实颇为激进，但这是否就意味着其永远被隔离在主流政治之外？废奴主义者广泛采用集会、公共演说、发行出版物等方式，宣扬废奴理念，试图以此改变美国人在奴隶制问题上的公众意见（public opinion）。与此同时，他们还利用各种事件制造公共话题，征集相关的请愿书，要求州议会或联邦国会制定与奴隶制有关的法律。1840年，部分政治废奴主义者成立了反对奴隶制的第三党——自由党（Liberty Party），积极参与州和联邦选举，以此推动废奴事业的发展。这些在公共领域和政治领域中的行动，难道对奴隶制政治的演变没有产生影响吗？如果废奴运动没有对当时的政治结构产生重大影响，那么它为何屡屡被后世的激进改革者视为"行动主义的典范和社会运动的模板"②？

---

① Sean Wilentz, "Jeffersonian Democracy and the Origins of Political Antislavery in the United States: The Missouri Crisis Revisited," *The Journal of The Historical Society*, Vol. 4, No. 3 (Sep., 2004), pp. 382-383.

② Mannisha Sinha, *The Slave's Cause: A History of Abolition*, New Heaven: Yale Univesity Press, 2017, p. 590.

近年来，一些学者已经意识到上述问题的存在，开始探讨废奴运动的政治影响。社会科学的学者也在提醒我们，社会运动与高层政治之间并不是孤立的，而是相互影响和塑造的。① 受此启发，本书将探讨废奴运动与内战前反奴隶制政治兴起之间的关系。本书讨论的重点是，废奴主义者如何通过在公共空间、法律领域和选举政治中的抗争行动，改变美国全国政治的结构和话语，为反奴隶制政治在19世纪50年代的全面兴起提供了历史语境。全书将围绕以下问题展开讨论：在19世纪30年代，美国的奴隶制政治到底处于什么局面；废奴运动如何推动奴隶制问题进入全国政治的中心；废奴运动如何促进州层面的反奴隶制政治的兴起；废奴运动是否对内战前的主流政治话语产生了影响；内战前的政治体制和政治文化，对于废奴运动的发展和反奴隶制的兴起产生了什么影响。对于这些问题的思考，也有助于人们理解内战前美国政治文化的特征、民主政治的运行方式和国家权力与社会之间的关系。

二　概念界定

1. abolition 与 antislavery

长期以来，西方学者们对于 antislavery 和 abolition 没有进行严格的区分，给中文世界的读者理解二者的区别带来了困惑。据美国学者戴维·布里翁·戴维斯（David Brion Davis）的考察，英国历史学家一般用 abolition movement 指代在1787年至1808年发生的终止奴隶贸易运动，将 antislavery movement 等同于1823年开始的解放奴隶运动。美国历史学家的用法恰好相反，他们一般将19世纪30年代出现的要求立即废除奴隶制的激进改革者称为 abolitionist，将 antislavery 视为一种不明确的、更加温和的反对奴隶制的理念，或者仅仅是理论上反对奴隶制向新获得的联邦土地上扩张。但是这种习惯性的区分也带来了很多问题。美国早期那些更温和的反对奴隶制的团体自称 abolition

---

① 不少关于社会抗争的研究表明，社会行动者与制度性政治之间不是完全隔绝和对立的，而是可以互动、转换和塑造的。参见赵鼎新《社会与政治运动讲义》，社会科学文献出版社，2006，第2—5页；〔美〕查尔斯·蒂利、西塔尼·塔罗《抗争政治》，李义中译，译林出版社，2006，第9—10页；〔美〕安东尼·M. 奥勒姆、约翰·C. 戴尔《政治社会学》，王军译，中国人民大学出版社，2018，第249—256页；〔美〕裴宜理《底层社会与抗争性政治》，阎小骏译，《东南学术》2008年第3期，第4—8页；黄冬娅《国家如何塑造抗争政治——关于社会抗争中国家角色的研究评述》，《社会学研究》2011年第2期，第217—242页。

society，而 19 世纪 30 年代由 abolitionist 所组建的要求立即废除奴隶制的团体则自称 antislavery society。在英国历史中，antislavery movement 的参与者经常被人称为 abolitionist。总之，antislavery 与 abolition 之间并没有严格意义上的区分，历史中的英国和美国改革者经常将二者交换使用；与 antislavery 相比，abolitionism 是一个更加确切的概念，其核心内涵是采用积极手段废除奴隶制或奴隶贸易。①

为了避免译名过于复杂影响阅读感受，笔者将 abolition 和 antislavery 都译为"废奴"。本书将美国建国初期由渐进废奴主义者所成立的 abolition society 译为"废奴协会"，将 19 世纪 30 年代出现的要求立即废除奴隶制的 abolition movement 被译为"废奴运动"，将废奴主义者成立的各种 antislavery society 也译为"废奴协会"。全书仅有一处例外，即把 19 世纪 30 年代之前的各种相对温和的 antislavery movement 译为"反奴隶制运动"。

2. 反奴隶制政治（antislavery politics）

美国学术界并未对反奴隶制政治进行清晰界定。学者们在研究这一问题时，往往根据所选题材的具体情况，自行确定这一概念的内涵。大体而言，美国学者对反奴隶政治作出了两种界定。

第一，把反奴隶制政治（antislavery politics）与政治废奴运动（political antislavery movement）等同起来。在这里，政治废奴运动这个概念是与道德废奴运动（moral antislavery movement）相对而言的，突出了废奴主义运动内部关于废奴的策略和手段上的分歧。以威廉·加里森（William Garrison）为中心的一批废奴主义者坚持以道德劝说的方式来唤醒美国人的良心，使美国社会发生一场彻底的道德革命，以此来废除奴隶制。他们认为美国政治体制在根本上是腐败的，宪法是支持奴隶制的文件，因此以政治方式来解决奴隶制问题是对废奴运动的道德原则的玷污，也是与支持奴隶制的腐败政治体制的妥协。但是，另一批废奴主义者则认为，奴隶制不仅是一种巨大的罪恶，也是一个庞大的政治经济体制，只有采用政治手段，依靠国家的力量，才能最终将其废除。② 二者在 1839 年至 1840 年发生分裂，部分

---

① David Brion Davis, "Antislavery or Abolition?" Reviews in American History, Vol. 1, No. 1 (Mar., 1973), pp. 96-98.
② John Ashworth, The Republic in Crisis, 1848-1861, New York: Cambridge University Press, 2012, p. 18.

政治废奴主义者（political abolitionist）在1840年成立了自由党，他们中的很多人后来又加入了自由土地党（Free Soil Party）和共和党。所谓的反奴隶制政治，主要就是这些政治废奴主义者利用政党政治来反对奴隶制的活动。在理查德·休厄尔（Richard Sewell）的《为自由投票：美国的反奴隶制政治，1837—1860》一书中，反奴隶制政治就是自由党、自由土地党和共和党兴衰更替的历程。[①]

第二，反奴隶制政治与拥奴政治（proslavery politics）相对，二者构成了奴隶制政治（politics of slavery）的两个方面。这个意义上的反奴隶制政治内涵更为广泛，指在19世纪上半期的美国，对奴隶制持反对态度的政治行为。大致而言，它有两层含义。

首先，如果按照经典的"politics"的定义，把"政治"视作以国家为中心的、经由公共机构或私人机构的制度性权力的运作，那么反奴隶制政治是指在立法、选举、司法审判等政治活动中反对奴隶制的行为。其参与者既包括自由党、自由土地党和共和党这些反对奴隶制的政党的成员，也包括辉格党和民主党内部的反对奴隶制的政治家；既包括要求立刻废除奴隶制的激进废奴主义者，也包括反对奴隶制向西部领土扩张的"自由土地"支持者（free soiler）。在埃里克·J.查普特（Erik J. Chaput）的《1842年多尔叛乱事件中的拥奴政治和反奴隶制政治》一文中，反奴隶制政治的内涵就是如此。[②]

其次，如果按照受社会学和人类学影响下的扩展的概念来定义"politics"，把"政治"更多地理解为权力关系在社会中的体现，那么反奴隶制政治的含义则更为广泛，包含了普通民众在私人领域和公共领域中反对奴隶制的言论和行为，以及这些行为对这些群体自身的政治身份和政治意识的塑造和对高层政治（high politics）的影响。[③] 这种研究取向集中体现在关于黑人和女性废奴主义者的研究中。[④]

[①] Richard Sewell, *Ballots for Freedom: Antislavery Politics in the United States, 1837-1860*, New York: Oxford University Press, 1976.

[②] Erik J. Chaput, "Proslavery and Antislavery Politics in Rhode Island's 1842 Dorr Rebellion," *The New England Quarterly*, Vol. 85, No. 4 (December 2012), pp. 658-694.

[③] 此处对"政治"的定义，可参见李剑鸣《美国政治史的衰落与复兴》，《史学集刊》2013年第6期，第6—9页。

[④] Susan Zaeske, *Signatures of Citizenship: Petitioning, Antislavery Women's Political Identity*, Chapel Hill: University of North Carolina Press, 2003.

这两种概念之间的界限并非泾渭分明，而是有相互交融的部分。比如迈克尔·D.皮尔逊（Michael D. Pierson）在《自由心灵、自由土地：性别与反奴隶制政治》一书中，研究了自由党、自由土地党和共和党如何利用选民在性别方面的意识形态来证明其与敌对政党的不同，以及女性在以性别话语塑造政党认同方面所发挥的作用，把高层政治和性别政治很好地结合在一起。①

本书主要考察的是上述第二种意义的反奴隶制政治。它包括两个层面：一是指在立法、选举、司法审判等高层政治中反对奴隶制的观点和行为；二是普通民众在公共领域中反对奴隶制的言论和行动所产生的政治影响。本书尝试将二者结合起来，考察废奴主义运动与制度性权力之间的博弈和互动，如何推动了美国内战前反奴隶制政治的兴起。

三　学术史

在美国学术界，废奴运动与反奴隶制政治的关系一直是"房中的大象"，没有得到足够的重视。这与反奴隶制政治在美国历史研究中的"尴尬"地位密切相关。长期以来，废奴运动一直是19世纪上半期美国史研究中的重要课题，但是这些研究大多都不太重视对废奴运动的政治方面的考察。② 而在全国政治史研究中，无论是对杰克逊时期的政治史的研究，还是对19世纪40年代中期以来的全国政治史的研究，都没有把反奴隶制政治作为全国性政治叙事的重点。③ 长此以往，废奴运动研究和全国政治史研究似乎成了

---

① Michael D. Pierson, *Free Hearts, Free Homes: Gender and American Antislavery Politics*, Chapel Hill and London: University of North Carolina Press, 2003.
② Richard Sewell, *Ballots for Freedom: Antislavery Politics in the United States, 1837–1860*, New York: Oxford University Press, 1976, p. ix; Corey Michael Brooks, *Building an Antislavery House: Political Abolitionists and the U.S. Congress*, Ph. D. Dissertation, University of California, Berkeley, 2010, pp. 2–3; Bruce Laurie, *Beyond Garrison: Antislavery and Social Reform*, New York: Cambridge University Press, 2007, pp. 1–5.
③ 造成这一局面的一个重要原因是，20世纪60年代以来，美国学者开始把19世纪30至50年代的美国政治史从"内战综论"（Civil War Synthesis）——把所有与地区冲突的扩大有关的时期与奴隶制联系起来——中解放出来，很多研究内战前政治史的新政治史家就不再以内战的现实为透镜来考察内战前的各种政治事件的重要性，这种研究取向取得了很多重要成果，重新发现了内战前政治史的很多重要面相，尤其是种族和文化因素对政治的影响力，但是也产生了一个不利后果——把废奴主义者从这段历史中剔除出去了。参见 Alan M. Kraut, *Crusaders and Compromisers: Essays on the Relationship of the Antislavery Struggle to the Antebellum Party System*, Westport: Greenwood Press, 1983, p. 2. 关于内战前政治的新政治史著作主要有 Lee Benson, *The Concept of Jacksonian Democracy: New York as a* （转下页注）

两个相互隔绝的领域,二者之间很少有对话。如美国学者詹姆斯·B.斯图尔特(James B. Stewart)所言,"同时阅读这两个领域的研究,就好像在两个隔绝的宇宙中来回"①。这意味着废奴运动对反奴隶制政治的影响已经成为一个被忽视的研究课题。

1. "加里森中心主义"(Garrison-centered interpretations)与反奴隶制政治研究

废奴运动研究的第一个高潮发生在20世纪六七十年代,其影响延续至今。受到正在进行的黑人民权运动和刚刚出现的新左派思想的影响,很多历史学家开始研究废奴运动的运动文化和内战前的种族关系。在这股学术潮流中,产生了第一批关于黑人废奴主义者的重要著作,白人废奴主义者中盛行的种族观念也被揭示出来。② 这一时期还出版了几部关于威廉·加里森的传记和关于废奴运动的综合性著作。这些研究的共同之处是赞扬加里森的道德绝对主义,批评采用政治策略的废奴主义者背叛了废奴运动的原则,降低了废奴运动的革命性和重要性。

历史学家艾琳·S.珂莱蒂尔(Aileen S. Kraditor)是持这一观点的代表性学者。她在1969年出版的《美国废奴主义的手段和目标:加里森及其批

(接上页注③) *Test Case*, Princeton, Princeton: Princeton University Press, 1961; William E. Gienapp, *The Origins of the Republican Party, 1852 – 1856*, New York: Oxford University Press, 1987; Ronald P. Formisano, *The Birth of Mass Political Parties: Michigan, 1827 – 1861*, Princeton: Princeton University Press, 1971; Joel H. Silbey, *The Partisan Imperative: The Dynamics of American Politics before the Civil War*, New York: Oxford University Press, 1985。

① James B. Stewart, "Reconsidering the Abolitionists in an Age of Fundamentalist Politics," *Journal of the Early Republic*, Vol. 26, No. 1 (Spring, 2006), p. 5. 其实,早在20世纪80年代,有学者就提出要把废奴运动与当时美国主要思想潮流和事件结合起来。但是从斯图尔特的评论中可以看出,这种努力的成果并不明显。参见 Alan M. Kraut, *Crusaders and Compromisers: Essays on the Relationship of the Antislavery Struggle to the Antebellum Party System*, Westport: Greenwood Press, 1983, p. 1。

② 代表性的著作有 Leon F. Litwack, *North of Slavery: The Negro in the Free States*, Chicago: University of Chicago Press, 1961; Jane H. Pease and William H. Pease, "Antislavery Ambivalence: Immediatism, Expediency, Race," *American Quarterly*, Vol. 17 (Winter, 1965), pp. 682 – 695; Jane H. Pease and William H. Pease, "Negro Conventions and the Problem of Black Leadership," *Journal of Black Studies*, Vol. 2 (Sept., 1971), pp. 29 – 44; Jane H. Pease and William H. Pease, *They Who Would Be Free: Blacks' Search for Freedom, 1830 – 1861*, New York: Atheneum, 1974; Benjamin Quarles, *Black Abolitionists*, London: Oxford University Press, 1969; Larry Gara, *The Liberty Line: The Legend of the Underground Railroad*, Lexington: University of Kentucky Press, 1967。

判者，1834—1850》一书中指出，加里森及其追随者坚定地独立于政治之外，毫不妥协地推动美国社会的道德革命，这种纯粹的道德主义才是废奴运动的精神之所在；政治废奴主义者背叛了这一精神，不仅无助于废奴事业的发展，也影响了废奴运动的历史声誉。① 此后，她甚至把政治废奴主义者在1840年成立的自由党描述为一个"在挫折和自我妄想中构想出来的、在一场闹剧中行动，并因背叛而死亡"的组织。② 同时期出版的几部重要的废奴运动研究著作，其作者基本都持类似观点。③ 即便社会学家刘易斯·A.科塞（Lewis A. Coser）也是如此。他在1965年出版的《理念人：一项社会学的考察》一书中指出，废奴运动是由知识分子鼓动家发起的道德改革运动，废奴主义者不追求政治权力，只是秉持一种终极的伦理观，不断宣传其理念，以此来影响公众意见。④

亨利·迈尔（Henry Mayer）在1998年出版的《点燃一切：威廉·劳埃德·加里森与废奴运动》一书，可谓是这种观点的最新回响。在此书中，迈尔再次把加里森视为伟大的改革者和废奴运动的最重要人物。在他看来，加里森运用他的思想观念，从社会边缘出发，成功地扭转了美国的政治中心，这种伟大的行为在美国历史中罕有其匹。对于反奴隶制政治与加里森道德主义的关系，迈尔如是说："反对奴隶制的第三党就像是黄蜂，在蜇人之后就死亡了；加里森一个人就是一个政党，他像一只牛虻那样顽强生长了35年，给整整一代人设置了政治议程。"⑤

但加里森这一"伟大的改革者"的形象并没有得到所有学者的支持。20世纪60年代兴起的这股为加里森正名的潮流，其实是对此前贬斥加里森

---

① Aileen S. Kraditor, *Means and Ends in American Abolitionism: Garrison and His Critics, 1834-1850*, New York: Pantheon Books, 1969, p. 20.
② Aileen S. Karditor, "The Liberty and Free Soil Parties," in Auther M. Schlesinger, Jr., ed., *Histoty of the U.S. Political Parties*, New York: Chelsea House Publisers, 1973, p. 741.
③ 持类似观点的著作有 Louis Filler, *The Crusade Against Slavery, 1830-1860*, New York: Harper&Row, 1960; Merton L. Dillon, *The Abolitionists: The Growth of a Dissenting Minority*, DeKalb: Northern Illinois University Press, 1974; James B. Stewart, *Holy Warriors: The Abolitionists and American Slavery*, New York: Hill and Wang, 1976。詹姆斯·B. 斯图尔特虽然没有明确指责政治废奴主义者，但整书仅用了一小章节对其进行分析。
④ Lewis A. Coser, *Men of Ideas: A Sociologists View*, New York: The Free Press, 1965, pp. 107-114.
⑤ Henry Mayer, *All on Fire: William Lloyd Garrison and the Abolition of Slavery*, New York: St. Martin's Press, 1998, pp. xiv-xxi.

派的史学观点的反拨。在历史学家吉尔伯特·巴恩斯（Gilbert Barnes）和斯坦利·埃尔金斯（Stanley Elkins）看来，加里森及其支持者是"狂热分子"和"无政府主义者"，他们的这种反对美国基本政治秩序和政治权威的"反体制主义"（anti-institutionalism）反倒不利于实现废奴运动的目标。① 巴恩斯不无揶揄地借用加里森在 1836 年遭到的谴责来嘲笑其狂热的理想主义："废奴主义者要提名耶稣为美国和世界的总统。"② 这种反对加里森的声音也一直存在于美国史学界。③

长期以来，这种关于加里森及其激进主义的争论一直都是美国废奴主义研究的重点，形成了对废奴运动的"加里森中心主义"解释。这使得整个废奴运动的研究都处在加里森的阴影之下，而废奴运动的其他部分，尤其是政治领域的废奴运动，长期得不到足够的重视和研究。

20 世纪 70 年代以来，出于对"加里森中心主义"的反思，部分美国学者开始研究废奴运动与反奴隶制政治的关系。他们考察的重点是自由党和自由土地党这两个与废奴主义者有密切关系的反奴隶制政党，也有学者注意到废奴运动对共和党的影响。

理查德·休厄尔（Richard Sewell）在 1976 年出版的《为自由投票：美国的反奴隶制政治，1837—1860》一书，可谓是这类研究的开山之作。休厄尔认为，废奴主义者没有完全忽略政治策略，当废奴运动在 1839 年至 1840 年发生分裂时，反对以政治手段来废除奴隶制的加里森派只是废奴主义者中的少数派，支持以组织化的政治行为来反对奴隶制的废奴主义者是大多数；1840 年成立的自由党标志着废奴运动进入政治轨道，自由党呼吁完全断绝美国政府与奴隶制之间的联系，打破"奴隶主权势"对全国政治的统治，以此促使奴隶制走向灭亡；自由党人的这种观念成为反奴隶制政治的核心理念，并在 1848 年成立的自由土地党和 1854 年成立的共和党那里得到继承；在 19 世纪 50 年代，自由土地党和政治废奴主义者采用灵活的合

---

① Gilbert H. Barnes, *The Antislavery Impulse: 1830-1844*, New York: D. Appleton-Century, 1933. Stanley M. Elkins, *Slavery: A Problem in American Institution and Intellectual Life*, Chicago: University of Chicago Press, 1963.

② Gilbert H. Barnes, *The Antislavery Impulse: 1830-1844*, p. 93.

③ James Brewer Stewart, "Garrison Again, and Again, and Again, and Again…" *Reviews in American History*, Vol. 4, No. 4 (Dec. 1976), pp. 539-545.

作策略，把更多的反对奴隶制的政客选入国会，推动反奴隶制政治的发展；最终把反奴隶制政治推向高潮的是美国国内政治局势的变化，尤其是1854年堪萨斯内布拉斯法案引发的剧烈政治变动。① 此书最大的贡献是为反奴隶制政治提供了一种综合性叙事，并将政治废奴主义者置于中心位置。不过，此书属于传统的政治史研究，以重要的政治人物为中心，注重描述政治事件的过程，这一研究路径导致其对很多关键问题缺乏深入分析，研究视野也稍显狭窄。

三年后，艾伦·M. 克劳特（Alan M. Kraut）发表《被遗忘的改革家：内战前纽约州的第三党废奴主义者概述》一文，对自由党进行了更为深入的研究。克劳特指出，此前的学者，包括理查德·休厄尔在内，只盯着政党领袖和选举结果，故而将自由党视为一次完全失败的废奴尝试。他考察了纽约州西部地区1841年和1845年的选民登记记录，以及一些自由党报纸订阅者的材料，发现自由党选民大多居住在商业发展水平较低的小城镇，以木匠、铁匠、土地测量等技术性劳动为生，深受19世纪三四十年代的福音派宗教复兴运动的影响，这样的社会经济背景使他们对黑人奴隶的困境特别敏感，希望通过消除社会中存在的罪恶，创造一个更好的世界。因此，克劳特认为，自由党其实是改革者尝试利用政治制度来推动道德变革的伟大尝试，成功地把奴隶制问题引入了地方、州和全国的政治领域之中。②

艾伦·M. 克劳特在1983年主编的《改革者与妥协者：反对奴隶制斗争与内战前的政党体制的关系论文集》，汇集了这一时期关于反奴隶制政治研究的最新成果。书中所收录的论文包含三个主题：政治废奴主义与党派忠诚的相互影响、反废奴主义对政治的影响，以及政治废奴主义者对女性、教会等其他群体和组织的影响。其中，几位反奴隶制政治研究主将的文章颇具价值。詹姆斯·B. 斯图尔特认为，北部地区的辉格党总体上反对废奴主义者，担心其会破坏政党团结，但是他们在谴责废奴主义者的过程中，反而将废奴主义者的道德抗议转化为破坏性政治力量，最终促进了辉格党

---

① Richard Sewell, *Ballots for Freedom: Antislavery Politics in the United States, 1837-1860*, pp. 159-160, viii-ix.
② Alan M. Kraut, "The Forgotten Reformers: A Profile of Third Party Abolitionists in Antebellum New York," in Lewis Perry, Michael Fellman, eds., *Antislavery Reconsidered: New Perspectives on the Abolitionists*, Baton Rouge: Louisiana State University Press, 1979, pp. 119-148.

的解体。爱德华·马格多（Edward Magdol）分析了纽约州和马萨诸塞州的请愿书和人口统计数据，发现工业化引发社会经济转变，是影响废奴运动演变的重要因素，政治废奴主义者的废奴动力并未减弱，只是发现请愿活动无法改变主流政治家，转而组建第三党，以便直接改变政治。艾伦·M.克劳特继续研究自由党，他认为自由党既不是一种彻底的现代政党工具，也不是前现代的政治组织的残余，而是在实践"政治性反政治活动"（political anti-politics），这种独特的混合性质使其难以在选举政治中取得成功，但是对内战前的政治文化产生了持久影响，加剧了主流政党政治的分裂。理查德·休厄尔指出，由废奴主义者、反对奴隶制扩张者和两大政党中的不满人士在1848年成立的自由土地党虽然不如自由党那么激进，但是并未放弃政治废奴主义者的目标；在政党体系中，自由土地党远比辉格党和民主党更加积极，它不支持奴隶制向西部扩张，采取更加平等的种族政策，并推动了废奴情绪向共和党传播。概言之，这些学者认为，自由党、自由土地党和共和党在人员、观念和话语等方向存在继承性，反奴隶制政治的兴起是一个持续的历史进程；政治废奴主义者和反对奴隶制的政治家的最大贡献是成功地把奴隶制问题推上了全国政治议程；在此过程中，他们使得奴隶制问题成为政党忠诚的破坏者，为第二政党体系在19世纪50年代的解体埋下了伏笔。[①]

此后几年中，相关的专著甚少，直到弗农·L.沃尔普（Vernon L. Volpe）在1990年出版《绝望的自由：老西北部的自由党，1838—1848》一书。沃尔普认为自由党是第一个由福音派建立的基于宗教原则的政党，它并不具备传统政党的特征和政治纲领，只聚焦于教会和社会的事务。自由党的主要兴趣是清洁被奴隶制所污染的社会，以此来推进社会和政治改革，最终废除奴隶制，把整个社会从奴隶制的罪恶中解放出来。自由党的成员坚信上帝之手一直都对人间的事务产生影响，是政治和社会改革的内在动力；教会和社会的失败则会导致神意的惩罚。但是自由党的这种观念的文化和宗教关切入过狭隘，难以为更多的大众所接受，最终导致了其失败。与此前的研究不同，弗农认为自由党与共和党之间没有关联。在他看来，自由

[①] Alan M. Kraut, *Crusaders and Compromisers: Essays on the Relationship of the Antislavery Struggle to the Antebellum Party System*, Westport: Greenwood Press, 1983.

党这个极具宗教特征的政党在1848年就已经完全死亡了。①

这些研究虽然数量不多,但颇具突破意义,而且逐渐对主流学术界产生影响。1995年,埃里克·方纳(Eric Foner)在《自由土地、自由劳动、自由人:共和党在内战前的意识形态》这一经典之作再版之时,写了一篇序言,以回应过去二十多年间的学术变化。方纳在文中着重强调了废奴主义者对共和党的影响。他指出,废奴主义者关注的主要是道德问题而非经济问题,因此自由劳动只是废奴观念中边缘性的部分;但是废奴主义者在强调奴隶制的独特邪恶性时,将奴隶制的非法强制与北部劳动的状态截然对立,并将自由本质上是一种自我所有权(self-ownership)的观点传播开来;这有力地反驳了内战前由南部奴隶主提出的"工资奴隶制"观点,也为共和党创造自由劳动这一核心意识形态提供了基础。②

2. 超越"加里森中心主义":反奴隶制政治研究的新阶段

20世纪90年代开始,废奴运动研究经历了第二次高潮。这个时期的重要研究考察了女性废奴主义者对废奴运动的贡献,并重新思考了激进的废奴主义思想和种族观念的影响力。③ 与此同时,废奴运动研究开始超越加里森中心主义,对加里森的道德激进主义的探讨已经不是研究的重点。在此情形下,被加里森所强烈谴责的政治废奴主义者引发了更多学者的关注。这些学者认为,政治废奴主义者不仅没有背叛废奴理念,还精明地制定政

---

① Vernon L. Volpe, *Forlorn Hope of Freedom: The Liberty Party in the Old Northwest, 1838–1848*, Kent: Kent State University Press, 1990, p. xiv, p. 144.

② Eric Foner, *Free Soil, Free Labor, Free Men: The Ideology of the Republican Party before the Civil War*, New York: Oxford University Press, 1995, pp. xxii–xxiii.

③ 关于女性废奴主义者的研究主要有 Shirley Yee, *Black Women Abolitionists: A Study in Activism, 1828–1860*, Knoxville: University of Tennessee Press, 1992; Julie Roy Jeffrey, *The Great Silent Army of American Abolitionism: Ordinary Women in the Antislavery Movement*, Chapel Hill: UNC Press, 1998; Deborah Bingham Van Broekhoven, *The Devotion of These Women: Rhode Island in the Antislavery Network*, Amherst: University of Massachusetts Press, 2002。关于种族观念的研究主要有 Joanne Pope Melish, *Disowning Slavery: Gradual Emancipation and "Race" in New England, 1780–1860*, Ithaca: Cornell University Press, 1998; James D. Bilotta, *Race and the Rise of the Republican Party, 1848–1865*, New York: P. Lang, 1992; Paul Goodman, *Of One Blood: Abolitionism and the Origins of Racial Equality*, Berkeley: University of California Press, 1998; John Stauffer, *The Black Hearts of Men: Radical Abolitionists and the Transformation of Race*, Cambridge: Harvard University Press, 2002; Patrick Rael, *Black Identity and Black Protest in the Antebellum North*, Chapel Hill: UNC Press, 2002。

治策略,使得奴隶制问题获得全国性的关注,为建立更广泛的反对奴隶制政治联盟铺平了道路。

弗雷德里克·J. 布卢(Frederick J. Blue)可谓是这一研究趋势的开创者。他在 2005 年出版的《没有污点的妥协:反奴隶制政治中的斗士》,以集体传记的方式对 11 位政治废奴主义者进行研究,其中不仅有白人,也包含黑人和妇女。布卢的研究对象并不是反奴隶制政治的主要领导人,而是那些积极组织政党、召集会议和集会、编辑反对奴隶制的报纸,像"自耕农"(yeoman)一样在废奴事业上独立行动的个体。布卢认为,这些改革者虽然身份、地位各异,观察和思考政治的视角也不尽相同,但是他们都相信奴隶制是一种道德的罪恶,而美国的政治体制是攻击奴隶制的最佳手段。虽然他们有时会为了现实策略而缓和其激进立场,就像自由党人加入自由土地党后,会采取相对温和的阻止奴隶制扩张的态度,但是他们从未放弃以政治手段来对抗"奴隶主权势"和终结奴隶制的理想,这就是所谓的"没有污点的妥协"。① 在讲述这些改革者的人生故事(life story)时,布卢对他们的动机、政治哲学和政治诉求进行了细致分析,充分展现了反奴隶制政治的复杂性和多样性,很大程度上丰富了人们对这段历史的理解。不过,该书的描述性和文学性太强,对很多重要问题的分析则相对不足。比如,布卢并没有阐释为什么对这些人而言,奴隶制会成为美国的巨大威胁;为什么这些人会选择以政治途径而非道德说服的手段来反对奴隶制;为什么这些政治废奴主义者没有预见到联邦政府反对奴隶制的行为将导致分裂和武装冲突。② 更重要的是,布卢虽然指出了政治废奴主义者的宽泛谱系,但是在他看来,这些人的关联似乎只集中于一点,即反对加里森派所提倡的以拒不参与选举来废奴的策略,他并没有深入阐释这种关联内部的更深层的机制和多重张力,这恰恰对人们理解反奴隶制政治至关重要。③

---

① Frederick J. Blue, *No Taint of Compromise: Crusaders in Antislavery Politics*, Baton Rouge: Louisiana State University Press, 2005.
② James L. Huston, "Review of *No Taint of Compromise: Crusaders in Antislavery Politics*," *The Journal of American History*, Vol. 92, No. 4 (Mar. 2006), p. 1434.
③ Eric Gardner, "Review of *No Taint of Compromise: Crusaders in Antislavery Politics*," *The Journal of African American History*, Vol. 91, No. 2 (Spring, 2006), p. 219.

布鲁斯·劳里（Bruce Laurie）是这一学术潮流的主将。他在 2007 年出版的《超越加里森：废奴运动与社会改革》一书中，明确提出超越"加里森中心主义"。此书从地方史的角度考察了政治废奴主义者在马萨诸塞州的反奴隶制政治兴起过程中所发挥的作用。劳里指出，从 19 世纪 30 年代到 50 年代，马萨诸塞州的政治废奴主义者在利用自由党、自由土地党、一无所知党（Know-Nothing Party）和共和党来反对奴隶制的扩张方面发挥了重要作用，并在改善黑人地位和权利方面做出了诸多努力。在 19 世纪 40 年代，自由党成为辉格党和民主党之间的一种调节力量，它充分利用这种身份推翻了禁止种族间通婚的禁令，并迫使铁路公司终止了在火车上的种族隔离政策。政治废奴主义者还与劳工运动者、选举改革者、地方主义者，甚至那些暂时支持南部的民主党人合作，不断推动马萨诸塞州的政治向反对奴隶制的方向发展，最终导致了辉格党的衰落和共和党的兴起。在此过程中，政治废奴主义者并没有经历所谓的道德衰退，而是为该地区灌输了一种责任感和社会正义感。[1]

劳里还在美国内战前的社会改革和资本主义发展的语境下探究了政治废奴主义兴起的原因。他认为马萨诸塞州的工人之所以支持自由土地运动，并不是出于他们的种族主义观点，而是源自他们对黑人的家长式的同情，以及"北方佬身份"（Yankee Identity）中对南部和奴隶制的反感。马萨诸塞湾废奴运动的基地并非是波士顿这样的大城市，而是乡村地区，尤其是乡下的小镇和正在兴起的工业中心；自由土地运动的支持者并不是福音派的中产阶级，而是小农场主、小手工业者等社会中下层群体。随着资本主义的兴起，这类群体对其政治和社会现状产生了不满，对奴隶制的反感恰好与这种情绪交织在一起，推动了反奴隶制政治的发展。[2] 这一解释挑战了很多学者对自由土地党的批判。他们认为自由土地党虽然比自由党更受欢迎，但是其种族主义观点也更强烈；北部的工人阶层之所以反对奴隶制扩张到西部领地，其实不是因为反对奴隶制，而是为了确保他们自己获得西

---

[1] Bruce Laurie, *Beyond Garrison: Antislavery and Social Reform*, New York: Cambridge University Press, 2007.

[2] Bruce Laurie, *Beyond Garrison*, pp. 1-16.

部的领土，以改善他们日益恶化的工作环境。① 这也充分体现了劳里的研究旨趣：为政治废奴主义者"正名"。② 为了实现这一目标，他有意采取较为传统的政治史研究方法，考察废奴主义者在立法、司法、选举等政治活动中的表现，强调废奴运动对制度性政治的直接影响。这一研究取向影响深远。

莱茵哈德·O. 约翰逊（Reinhard O. Johnson）在 2009 年出版的《1840—1848 年的自由党：美国的反对奴隶制第三党政治》基本延续了这一路径。此书是第一部集中研究自由党的兴衰历程的专著。约翰逊认为，尽管自由党未能依靠其对奴隶制的道德谴责和限制奴隶制在蓄奴州之外扩展的口号赢得选票，但是却为那些致力于选举政治的人提供了反对奴隶制的工具。自由党也成为反对奴隶制的政治积极分子的训练基地，他们中的很多人在后来加入了自由土地党和共和党。在约翰逊看来，自由党内部极为复杂和分裂，它只是一个废奴主义者的联盟，在其内部存在各种利益争夺。但是他还是通过选举数据归纳出自由党的总体特征：在 1846 年之前，自由党的支持者在大多数州都在增加；自由党主要集中在上北部（Upper North），尤其是新英格兰北部，这些地区因为与南部距离最远，与奴隶制和种族冲突隔绝开来，有利于自由党的成长；在 1848 年以前，自由党的主要成员是前辉格党人，此后前民主党人逐渐成为自由党的主力；自由党的最大特征是高度的道德主义和宗教取向，且内部的道德和宗教情感非常分裂。约翰逊特别强调，自由党的很多观点被共和党所借鉴，很多成员也成为共和党的活跃人物。③ 鉴于自由党的分散性和地方性特征，这样一部综合性著作颇具学术价值。

---

① Aileen S. Kraditor, *Means and Ends in American Abolitionism: Garrison and His Critics on Strategy and Tactics, 1834-1850*, New York: Phtheon Books, 1969, pp. 169-185; James Brewer Stewart, *Holy Warriors: The Abolitionists and American Slavery*, p. 105; Henry Mayer, *All on Fire: William Lloyd Garrison and the Abolition of Slavery*, pp. 80-87; David Roediger, *The Wages of Whiteness: Race and the Making of the American Working Class*, New York: Verso Books, 1999.

② 有学者把乔纳森·H. 厄尔（Jonathan H. Earl）的《杰克逊派的反对奴隶制和自由土地政治，1824—1854》（*Jacksonian Antislavery and the Politics of Free Soil, 1824-1854*, Chapel Hill: University of North Carolina Press, 2004）一书也纳入这种趋势，笔者认为这种看法有待商榷。因为此书所研究的并不是政治废奴主义者，而是杰克逊民主党的反对奴隶制思想。参见 Rachel Hope Cleves, "Review of Beyond Garrison: Antislavery and Social Reform," *Journal of the Early Republic*, Vol. 26, No. 3 (Fall, 2006), p. 495。

③ Reinhard O. Johnson, *The Liberty Party, 1840-1848: Antislavery Third-Party Politics in the United States*, Baton Rouge: Louisiana State University Press, 2009.

科里·迈克尔·布鲁克斯（Corey Michael Brooks）在2016年出版的《自由权势：反奴隶制第三党与美国政治的演变》一书中同样关注废奴运动的政治影响。布鲁克斯认为，此前的研究大大低估了政治废奴主义者在全国政治中的影响力。尽管面对这样一个根深蒂固的、为阻止反对奴隶制的政策制定而设计的两党体制，这些废奴主义者仍然精明地制定政治策略，使得奴隶制问题获得全国政治的关注；他们的政治活动为更大范围的反奴隶制政治联盟铺平了道路，而这种政治联盟在后来演变成为自由土地党和共和党。政治废奴主义者致力于阐释和传播"奴隶主权势"（Slave Power）这一批判性的修辞工具，把奴隶制塑造为自由的敌人，并利用这个概念来批评第二政党体系，谴责两大政党为奴隶制提供了政治保护伞。而且，政治废奴主义者还认识到国会作为一种公共论坛的价值。他们通过游说和与反对奴隶制的国会议员（主要是辉格党）的合作，激发奴隶制支持者的强烈回应，利用这种激烈辩论，推动奴隶制问题前所未有地进入全国性政治辩论中。总之，第三党的政治废奴主义者是反奴隶制政治的主要推动力量，也是共和党的最初的设计师。[1]

这一学术趋势的最新作品是斯坦利·哈罗德（Stanley Harold）在2019年出版的《美国的废奴主义对政治的直接影响：从殖民地时期到重建》一书。此书采用传统的政治史方法，描述了从1700年到内战期间，反奴隶制运动的领袖们如何通过影响政治精英和联邦政府，推动反奴隶制政治的兴起。在19世纪30年代，废奴主义者利用请愿、游说和与部分国会议员的个人联系来影响全国政治，激励了少数北部政客在国会中发表批判奴隶制的言论，并使乔舒亚·G. 吉丁斯（Joshua G. Giddings）、托马斯·莫里斯（Thomas Morris）、威廉·斯莱德（William Slade）、约翰·昆西·亚当斯（John Quincy Adams）这几位政治家意识到废奴运动的重要性。从30年代后期到40年代初，发动请愿活动的废奴主义者与全国性政党中反对南部的政治领袖相互合作，利用有关"钳口律"（Gag Rule）的辩论来影响国会。在40年代，自由党和自由土地党通过在华盛顿举行集会和办报的方式，来游说两大政党中的政客，建立跨党派的反奴隶制联盟。此外，他们利用逃奴问题来影响北部州的反奴隶制政客。

---

[1] Corey Michael Brooks, *Liberty Power: Antislavery Third Parties and the Transformation of American Politics*, Chicago: University of Chicago Press, 2016.

在50年代，政治废奴主义者与两大政党的政客们进行了更加密切的互动，将"奴隶制不能全国化"这一理念注入主流政治之中，推动共和党的兴起。①

目前，这种政治史的解释路径已经成为废奴运动研究的主流。② 相关的研究普遍认为，废奴运动本质上是一场政治运动，政治废奴主义者才是废奴事业最重要的推动者，他们既有毫不妥协的废奴理想，又有冷静高明的政治技巧，故而对反奴隶制政治的兴起作出了巨大的贡献。

总体而言，美国学术界对于废奴运动与反奴隶制政治的关系的研究已经比较充分，但与废奴运动研究和内战前的全国政治史研究相比，无论是在研究数量，还是在成果的质量方面，都相形见绌。既有的相关研究存在两个明显问题。一是碎片化的现象比较严重，缺乏具有影响力的整体性解释。目前，休厄尔的《为自由投票》一书仍是唯一的综合性著作，但该书以描述为主，并未提出具有说服力的解释框架。二是未能充分利用新的史学方法，导致研究视野受到了一定的局限。有学者在评价《超越加里森》一书时就敏锐地指出，劳里对"政治"的定义太过狭隘，他仅仅将其限定在立法和选举范围之内，而研究建国初期政治史的学者早已把"政治"的范畴延伸到文化领域；这种视野上的局限，使得劳里错过了写出一本足以填补史学空白的巨著的机会。③ 同样的问题也出现在大多数研究反奴隶制政治的著作中，在其他领域中已经被广泛使用的政治文化、社会政治等新的研究路径，在这里却很少被采用。

3. 废奴运动、公众意见与反奴隶制政治研究

在19世纪30年代，废奴运动的核心策略是改变美国社会的公众意见，让人们意识到奴隶制是一个罪恶，进而立即将其废除。此后，尽管政治废奴策略的拥趸甚多，但废奴主义者仍然在公共领域扮演了重要角色，哈里特·比彻·斯托（Harriet Beecher Stowe）所撰写的《汤姆叔叔的小屋》一书在内战前风靡一时，便是个中典范。废奴运动对公众意见的重大影响，与反

---

① Stanley Harrod, *American Abolitionism: Its Directl Political Impact from Colonial Times into Reconstruction*, Loaisiana State University Press, 2019.
② A. J. Aiséirithe, Donald Yacovone, eds., *Wendell Phillips, Social Justice, and the Power of the Past*, Louisiana State University Press, 2016, p. 4.
③ Rachel Hope Cleves, "Review of Beyond Garrison: Antislavery and Social Reform," *Journal of the Early Republic*, Vol. 26, No. 3 (Fall, 2006), pp. 497-498.

奴隶制政治的兴起之间到底有何关联？对该问题的解答，有助于帮助人们超越制度性权力范畴，更加深入地理解废奴运动的政治影响。

珍妮·玛丽·德朗巴（Jeannine Marie DeLombard）的《审判奴隶制：法律、废奴主义与印刷文化》大概是唯一对上述问题作出明确回答的专著。此书从政治文化的角度出发，考察了废奴运动对内战前公众意见的影响。德朗巴认为，从19世纪30年代到60年代，废奴主义者利用法律话语，在大众印刷媒体中创造了一种对奴隶制的"想象性审判"（imagined trial）：奴隶制是一种被起诉的犯罪行为，奴隶主是犯罪者和被告，奴隶是受害者和证人，白人废奴主义者为奴隶的代诉人，而美国的阅读大众（reading public）的公众意见则是这场审判的法官。废奴主义者试图利用这种"审判隐喻"（trial metaphor）来改变各方在公众意见中的形象：奴隶和前奴隶从有罪的犯人转变为无辜受害者，废奴主义者则从危险的犯罪者转变为个人权利的正义提倡者，奴隶主则成了毫无道德的违法者。这种想象的审判对黑人尤其重要，因为他们在实际的法庭中难以发出自己的声音，而废奴主义者所创造的这种公共空间则给他们提供了发表意见的平台。德朗巴指出，在内战前的30年中，美国的法律实践出现了一种趋势，即法官的权力增大，陪审团和民众的呼声越来越被忽视，这对于自由黑人和逃奴极为不利。废奴主义者通过把奴隶制问题从实际的法庭转移到印刷媒体的法庭中，成功地阻止了这种趋势，使很多北部州民众相信"奴隶主权势"剥夺了普通公民在司法体系中行使正义仲裁的权利。①

近年来，不少历史学家意识到公众意见之于内战前全国政治的重要意义。他们虽然没有直接研究废奴运动，但为理解废奴主义者与反奴隶制政治的关系提供了诸多启发。

埃里克·方纳在《烈火的考验：亚拉伯罕·林肯与美国奴隶制》一书中明确指出，他要讨论的不是选举、担任公职这种传统意义上的政治，而是一种更广泛意义的政治，即"在扩展的公共领域中塑造公众意见"。方纳认为，在内战前，北部社会的公众意见不是静止不变的，开明的政治领导人之间的相互影响、卷入社会运动、日常的生活经验都会改变公共辩论的本质，进而影响公众意见。因此，各个反对奴隶制的派别都把公众意见视为反对奴隶制

---

① Jeannine Marie DeLombard, *Slavery on Trial: Law, Abolitionism, and Print Culture*, Chapel Hill: University of North Carolina Press, 2007.

运动的主战场。废奴主义者充分利用请愿、演讲、报纸、小册子、宣传海报等各种手段来尽可能地改变公众意见,重新定义政治"可能性",使更多的美国人实际上加入了他们的阵营。他们的最大贡献是,将反奴隶制的道德观念注入美国社会的公众意见之中,为反奴隶制政治的兴起创造了历史语境。①

丹尼尔·沃克·豪(Daniel Walker Howe)同样把对公众意见的争夺置于19世纪上半期的美国历史的核心地位。他认为查尔斯·塞勒斯(Charles Sellers)的"市场革命"说并不能准确地概括1815年以后的30年美国所发生的巨变,"通信革命"(communications revolution)及其所引发的政治经济后果,则是这段时期美国历史的推动力量。"通信革命"所带来的信息传播和交流速度的加快,使得对公众意见的争夺变得更加激烈,这集中体现在与奴隶制有关的争论上。奴隶制的反对者们利用通信技术的变革来表达和传播反对奴隶制的观念,奴隶主们则极力阻止这些不利信息的传递。小册子、期刊和廉价书籍的大量生产,请愿书的顺畅流通,举行全国性集会的能力,进行旅行演讲的可能,这些通信革命的产物是废奴运动兴起的条件,也是关于奴隶制问题的政治争论兴起的前提。②

理查德·R.约翰(Richard R. John)在《传播消息:从富兰克林到莫斯时期的美国邮政体系》一书中探究了美国早期联邦邮政体系的建立及其给政治生活带来的广泛影响。此书认为,截至19世纪20年代,美国已经建成大西洋世界最先进、覆盖范围最广的联邦邮政体系;各种报纸、出版物和信件经由邮政体系快捷地传播,不仅使美国开始成为一个"想象的共同体",也创造了充分知情、在政治上高度活跃的公众,使得对公众意见的争夺成为政治生活的重要内容。在这样的历史语境中,什么话题能成为公共议题,谁的声音能够成为公众意见的一部分,就是一个重要的政治问题。而联邦邮政体系在信息传递中的基础性地位,意味着联邦政府在规定公共生活(public life)边界方面拥有权力。废奴主义者利用邮政体系传播宣传作品,以及其所引发的公共辩论,挑战了联邦政府和南部蓄奴州为奴隶主问

---

① Eric Foner, *The Fiery Trial: Abraham Lincoln and American Slavery*, New York: W. W. Norton, 2010, pp. xvii, 19-22, 90-100.
② Daniel Walker Howe, *What Hath God Wrought: The Transformation of America, 1815-1848*, New York: Oxford University Press, 2007, pp. 5-7, 646-652.

题设置的边界。这其实就是一种反奴隶制政治。①

肖恩·威伦茨（Sean Wilentz）在《美国民主的兴起：从杰斐逊到林肯》一书中，展现了公众意见与奴隶制政治之间的关系。威伦茨指出，在19世纪30年代，美国两大政党利用国家权力来镇压废奴主义者的反对声音，它们不仅制定了禁止向国会请愿的"钳口律"，还支持反对废奴主义者的暴动。而且，两大政党所控制的报纸也对废奴主义者发动攻击，并把对他们的批判与政治斗争联系起来。辉格党报纸谴责废奴主义者充斥着对富人和知识阶层的杰克逊式的仇恨，而民主党报纸则抨击废奴主义者与辉格党沆瀣一气，企图以奴隶制问题挑起地区冲突，以此来造成民主党的分裂，重建富人的统治。但是，国家权力的介入，不仅没有有效地平息奴隶制问题引发的争论，反而使得北方的公众意见发生了变化，同情和支持废奴运动的人开始增多。② 总之，在威伦茨看来，内战前公众意见之上的政治文化，在一定程度上增加了废奴主义者的影响力，有利于他们推动奴隶制问题的"政治化"。

4. 中国学术界的研究

在20世纪八九十年代，中国学者就已经注意到废奴运动的政治影响。罗荣渠探讨了废奴运动对南北之间关系的深远影响，并论及自由土地党与共和党的关联。③ 李宁在《美国废奴运动的兴起和发展》一文中对反对奴隶制政党有所论述，认为"它给南部种植园奴隶制带来了冲击"。④ 张友伦等在《美国的独立与初步繁荣（1775—1860）》中叙述了废奴运动中的政治派的活动，并对自由土地运动有所论述。⑤ 李青的《美国废奴运动的形成及其主要派别》和吴金平的《略论美国黑人解放的道路问题》也对反奴隶制政治有一定的讨论。⑥

---

① Richard R. John, *Spreading the News: The American Postal System from Franklin to Morse*, Cambridge: Harvard University Press, 1995, pp. 257-280.
② Sean Wilentz, *The Rise of American Democracy: Jefferson to Lincoln*, New York: W. W. Norton, 2005, pp. 403-412.
③ 罗荣渠：《美国历史通论》，商务印书馆，2009，第137—142页。此书虽然是2009年出版，但书中内容来自罗荣渠先生在20世纪80年代所撰写的"美国史通论"讲义。
④ 李宁：《美国废奴运动的兴起和发展》，《浙江师范大学学报》1985年第2期，第88—94页。
⑤ 张友伦等：《美国的独立与初步繁荣（1775—1860）》，人民出版社，2002，第349—356、第360—361页。
⑥ 李青：《美国废奴运动的形成及其主要派别》，《杭州师范学院学报（社会科学版）》1990年第2期，第35—40页；吴金平：《略论美国黑人解放的道路问题》，《史学月刊》2001年第6期，第135—139页。

近年来，中国学者对废奴运动与反奴隶制政治的关系有更为深入的研究。王希的相关研究具有开拓意义。在《原则与妥协：美国宪法的精神与实践》一书中，他系统阐述了从制宪会议到内战前，奴隶制问题在美国政治中的演变过程，对于联邦宪法与奴隶制的关系、共和国初期的奴隶制政治、逃奴问题与奴隶制政治的关系、普利格诉宾夕法尼亚案、"钳口律"问题、威尔莫尔特附文之争、共和党的成立、斯科特案等奴隶制政治中的重要问题都提出了独到的见解，并对废奴运动在这些事件中的作用进行了一定程度的剖析。[1] 在《非裔美国人与内战后宪政新秩序的建立》一文中，王希探讨了部分非裔美国人废奴主义者对美国民主化的贡献，认为他们将美国宪政的传统和寻求自我解放的经历结合起来，创造出一套新的转型宪政主义的话语和思想，为国会共和党人的立法行动提供了思想和法理的支持，推动了美国宪政的重构和美国民主的转型。[2]

李丹从言论自由权的角度集中讨论了废奴运动的政治影响。她在博士学位论文《美国围绕反奴隶制人士言论自由权的政治和法律纷争（1820—1860）》中深入考察了1820—1860年，围绕反奴隶制人士的言论自由权问题出现的一系列政治和法律纠纷。她认为，反奴隶制人士的持续斗争，将言论自由权提高到前所未有的高度，让美国人意识到言论自由权的重要性，并使得早期共和党人认识到要维护全国人民的言论自由权，必须限制各州的权力，这一思想最终体现在重建时期的第十四修正案之中。[3] 她在《浅析1836—1844年美国国会限制废奴主义言论的"钳口律"》和《美国公共领域内的反奴隶制刊物流通之争》中继续讨论内战前围绕废奴主义者的请愿权、出版权和言论自由权的争论，及其对于美国公民的言论自由权发展的重要贡献。[4]

此外，王金虎在《美国奴隶主史》中考察了南部奴隶主如何在意识形

---

[1] 王希：《原则与妥协：美国宪法的精神与实践》，北京大学出版社，2014，第193—229页。
[2] 王希：《非裔美国人与内战后宪政新秩序的建立》，《史学集刊》2012年第6期，第3—17页。
[3] 李丹：《美国围绕反奴隶制人士言论自由权的政治和法律纷争（1820—1860）》，南京大学博士学士论文，2012。
[4] 李丹：《浅析1836—1844年美国国会限制废奴主义言论的"钳口律"》，《世界历史》2012年第2期，第44—56页；李丹：《美国公共领域内的反奴隶制刊物流通之争》，《历史教学》（下半月刊）2016年第9期，第58—64页。

态、公共领域和联邦政治中应对废奴主义者的挑战，构建拥护奴隶制的意识形态，并利用国家权力捍卫奴隶制。①鲁迪秋在《论美国内战前女性公共演说——以女性废奴社团为中心》一文中，讨论了女性废奴主义者以公共演说为手段，在塑造公众意见的同时，也重新定义了女性的公共角色，推动女性公民身份的发展。②

总体来说，中国学者已经意识到废奴运动的政治影响和反奴隶制政治研究的学术意义，并已经做出了一些开创性的研究，但还有很多重要问题需要深入探究。

四 主要内容与研究方法

在过往研究的基础上，本书将对废奴运动的政治影响进行重新考察，并力图在以下几个方面对前人的研究做出补充和推进。

第一，过往的废奴运动研究，大多将加里森派废奴主义者与政治废奴主义者完全对立起来，认为前者反对利用投票、成立政党等政治手段来废除奴隶制，只将以道德说服来改变公众意见作为唯一可行的废奴措施；而政治废奴主义者则完全抛弃了这种道德纯粹主义，将赢得政治竞争的胜利作为唯一的目标。本书认为，这种道德与政治二元对立的研究范式带有明显的"化约主义"色彩，在很大程度上夸大了废奴阵营内部的分裂，遮蔽了废奴运动的复杂性和多元性。一方面，如果用广泛的视角来看待政治，人们会发现道德劝说和政治策略之间并不是截然相对的，大规模的道德劝说其实就是一种社会政治行动，并能对高层政治产生影响，而征集和递交反对奴隶制的请愿书，就同时具备道德劝说和政治策略这两种特征。另一方面，政治废奴主义者与道德废奴主义者并非两个完全敌对的阵营，政治废奴主义者并未完全抛弃废奴运动的道德原则，道德废奴主义者也没有彻底反对政治，二者在理念上有共同之处，在很多事件上也有着不同程度的合作。因此，本书试图打破政治废奴与道德废奴二元对立的解释，从整体上理解和发掘废奴运动的政治影响。

---

① 王金虎：《美国奴隶主史》，北京大学出版社，2019，第323—324、391—394页。
② 鲁迪秋：《论美国内战前女性公共演说——以女性废奴社团为中心》，《史学月刊》2022年第4期，第67—78页。

第二，过往对废奴运动的政治影响的研究，大多聚焦于考察自由党和自由土地党在州和全国政治竞争的表现，尤其注重研究它们在选举和公职竞选方面的成绩。这些研究虽然在一定程度上揭示了废奴运动的政治影响力，但这种为政治废奴主义者所做的"正名"工作，总显得有点底气不足，因为与此后兴起的共和党相比，政治废奴主义者所成立的政党的确很难说得上成功。究其根源，是因为这些研究受限于这种传统的政治史视野，将政治仅仅视为制度性权力的争夺，忽视了政治文化和政治话语的巨大影响力。因此，本书在研究废奴运动对立法、选举等经典意义上的政治的影响的同时，还试图考察废奴运动对内战前美国的政治生态和主流政治话语的影响，以及内战前特殊的政治文化和政治生态如何影响和塑造了废奴运动与高层政治的关系。

第三，总体而言，与废奴运动和内战前政治史这两个"过度繁荣"的经典研究课题相比，废奴运动与反奴隶制政治关系研究显得有些"萧条"，有很多重要的问题尚未引起学界足够的重视。比如：废奴主义者所发动的大规模宣传活动和请愿运动对奴隶制政治有何影响；废奴主义者如何通过"合法"手段对抗联邦《逃奴法》，阻止奴隶主抓捕逃奴；废奴主义者的反奴隶制观念对美国主流政治话语有何影响。本书试图通过回答上述问题，来深入考察废奴运动对州和联邦层面的反奴隶制政治的影响。

第四，过往的废奴运动研究，极少关注其与内战前的美国民主政治之间的关系。近年来，有部分学者注意到，因信息技术的革新和民主政治的发展，在19世纪上半期的美国形成了尊崇公共意见的特殊政治文化，废奴主义者可以利用影响公共意见来推动奴隶制政治的演变。但是这些学者并不是废奴运动研究专家，他们只是指出这一重要研究方向，尚未对其进行深入研究。本书尝试从两个角度考察废奴运动与美国民主政治之间的关联：一是考察内战前的民主政治文化和民主体制对废奴运动的影响；二是考察废奴运动如何推动了内战前的政治民主化。

反奴隶制政治兴起的过程，就是废奴主义者突破高层政治的压力，把奴隶制问题推向公共辩论中心的历程。从这个角度出发，本书要讲述的是一个有关社会抗争的故事。在这个叙事脉络中，笔者将采用社会政治史的研究路径，考察废奴运动如何突破国家权力的压力，推动奴隶制问题走向全国政治舞台的中心。① 需要指出的是,在这个叙事中,国家权力与社会改革并不是完全矛盾的。在很多时候,一些围绕着废奴运动所发生的事件原本只涉及种族、性别或宗教问题,但是国家权力的介入,却使这些事件变得"政治化"。

然而,反奴隶制政治的兴起是一个复杂的历史过程,涉及西部领土的扩张、政党和选举政治的变迁、美国资本主义经济的发展、外来移民的进入、国际范围内的废奴运动的兴起、宗教复兴运动等因素,仅从社会抗争的角度出发,无疑会将这段历史简化。因此,本书还试图借鉴政治文化研究路径,考察内战前的政治文化对废奴运动和奴隶制政治的影响。

废奴运动和内战前的奴隶制政治都是美国史研究中的经典课题,相关的研究成果不胜枚举。全面地探究二者之间的关系,显然非笔者能力之所及。因此本书采取个案研究的方法,选取了三个案例,试图从不同的维度来探究废奴运动对内战前美国民主政治的影响。

第一个案例是废奴主义者在 1835 年发起的"邮件运动"。1835 年夏,美国废奴协会将近两万份宣传立即废除奴隶制思想的出版物寄到南部蓄奴州,希望给南部民众来一场"道德革命",让他们认识到奴隶制的罪恶,进而主动废除奴隶制。这场运动激发了南部奴隶主的强烈不满,他们封锁和烧毁废奴主义者的邮件,在南部举行多场反对废奴主义者的公众集会,南部蓄奴州要求北部州制定法律禁止废奴主义者的"煽动行为",并要求联邦国会制定新的邮政法,禁止废奴主义者的邮件进入联邦邮政体系。南部蓄奴州试图以国家权力镇压废奴运动,反倒使奴隶制问题"政治化",成为全国性政治辩论的焦点。北部州对南部蓄奴州立法诉求的反对,进一步激化

---

① 20 世纪 60 年代之前,美国政治史家长期把政治视作以国家为中心的,经由公共机构或私人机构的制度性权力的运作。这种狭隘的政治定义在一定程度上局限了经典政治史的研究视野,也让崇尚"从下向上"看待历史的社会史家蔑视和排斥政治。为了应对经典政治史的危机,不少历史学者提出要淡化权力与公共制度的关系,不再将政治与社会孤立起来,而是要考察二者之间的交汇或互动,由此形成了"社会政治史"研究范式。其主要特点是采用非精英的视角,关注下层民众和边缘群体的政治经历,考察各种制度外的社会力量如何通过"自下而上的权力渗透",推动立法等国家制度性权力机构的改革。丹尼尔·T. 罗杰斯的《大西洋的跨越:进步时代的社会政治》一书,就是社会政治史的路径研究的典范之作。参见李剑鸣《美国政治史的衰落与复兴》,《史学集刊》2013 年第 6 期,第 30—32、38—39 页;〔美〕丹尼尔·T. 罗杰《大西洋的跨越:进步时代的社会政治》,吴万伟译,译林出版社,2011。

了南部蓄奴州拥护奴隶制的立场，使奴隶制政治的僵局开始被打破。笔者将利用社会政治史和事件史路径[①]来研究这一案例，以说明废奴运动如何使奴隶制问题变成全国性的公共话题，进而推动奴隶制政治的兴起。

第二个案例是乔治·拉蒂默逃奴案和马萨诸塞州1843年人身自由法的制定。1842年，弗吉尼亚州的奴隶乔治·拉蒂默（George Latimer）逃到马萨诸塞州的波士顿，随后，应其主人的请求，马萨诸塞州的治安官逮捕了拉蒂默。马萨诸塞州最高法院严格依据1793年联邦《逃奴法》，否定了马萨诸塞州人身自由法赋予拉蒂默的权利，将拉蒂默关押在州监狱之中。拉蒂默案引发了废奴主义者的强烈不满，他们在法庭之外发动了一场"拉蒂默论战"，全方位抨击联邦《逃奴法》和宪法逃奴条款，对州法庭和治安官施加压力，成功将拉蒂默营救出来。此后，他们还发动了"拉蒂默请愿运动"，要求州议会制定新的人身自由法，以对抗联邦《逃奴法》和联邦最高法院在普利格诉宾夕法尼亚案（Prigg v. Pennsylvania）中的判决，从而阻止奴隶主抓捕和引渡逃奴。在他们的努力推动下，马萨诸塞州议会在1843年制定了新的人身自由法。乔治·拉蒂默案和马萨诸塞州1843年人身自由法的制定，推动了马萨诸塞州反奴隶制政治的兴起和北部州人身自由法的发展，对19世纪50年代兴起的反联邦《逃奴法》运动也有深远影响。笔者将采用社会政治史路径考察这个案例，从人身自由法发展的角度揭示废奴主义者如何通过社会抗争推动反奴隶制立法，并进一步促进州和联邦层面的反奴隶制政治兴起的。

第三个案例是废奴主义者与"奴隶主权势"观念的发展。"奴隶主权势"（Slave Power）观念是共和党意识形态的重要内容，在19世纪50年代被广泛接受。事实上，废奴主义者才是这一观念的提出者和最重要推动者。在

---

① 笔者对事件史（event history）方法的使用，受到两位学者的影响：一是小威廉·休厄尔，他强调历史事件（event）可以持久性地改变以往的结构；二是罗伯特·达恩顿，他认为时人对历史事件的感知具有重要的研究价值，可以帮助历史学家研究特定时期的集体意识（collective consciousness）。参见〔美〕小威廉·休厄尔《历史的逻辑：社会理论与社会转型》，朱联璧、费滢译，上海人民出版社，2021，第222—266页；Robert Darnton, "A New View of Event History: Collective Consciousness As a Historical Force ," *Perspectives on History*, Vol 60: 8, October 2020, https://www.historians.org/research-and-publications/perspectives-on-history/october-2020/a-new-view-of-event-history-collective-consciousness-as-a-historical-force，访问日期：2022年11月30日。

19世纪30年代，废奴主义者就将共和国早期的只具有权力争夺特征的"蓄奴利益集团"（slaveholding interest）观念道德化，构建出最初的"奴隶主权势"观念，认为南部的奴隶主权势集团是邪恶、专制的，试图颠覆美国的自由体制，将专制的奴役制度蔓延到全国。自由党在30年代末期兴起后，将"奴隶主权势"观念作为其政治纲领的中心，并发展出一个新观点：辉格党和民主党都受制于"奴隶主权势"，成为奴隶制扩张的帮凶。得克萨斯兼并和美墨战争给了废奴主义者宣传"奴隶主权势"观念的契机，到1846年"威尔莫特附文"（Wilmot Proviso）之争时，"奴隶主权势"观念已经正式进入联邦国会，成为主流政治话语的一部分。笔者将采用政治文化史路径分析这个案例，展示废奴主义者的抗争话语成为"制度性"政治话语的过程。

笔者对个案研究法的使用，受到美国学者易劳逸（Lioyd E. Eastman）的启发。他认为，个案研究类似于地质学的研究方法，即在众多的断层中摘取一系列典型的例子，从它们之中获得丰富的材料，进而对整个地质结构的形成和发展提出整体性的假设意见。这意味着选择的个案要符合两个基本要求：一是所选案例要具有可研究性，即与案例相关的材料必须极为丰富，以确保从案例研究中所得的论点具有足够的说服力；二是所选案件要具有典型性，能体现研究课题的核心主旨，避免牵强附会或就事论事。[1]

上述三个案例，基本满足这两个要求。与这三个案例相关的材料非常丰富，包括当时的报纸和杂志、州和联邦的官方文件、当事者的演说、布道词、海报、小册子、回忆录和著述等。而且，这三个案例能够从不同的层面揭示废奴运动对反奴隶制政治的影响。第一，从19世纪30年代到50年代，废奴主义者对反奴隶制政治兴起的最主要贡献是突破国家权力和普通民众的双重压力，使奴隶制问题进入全国公共辩论的中心。1835年邮件运动作为废奴主义者发动的规模最大、影响最广的宣传活动，其酝酿、发生和变化的过程，恰好展示了奴隶制问题进入公共领域和政治辩论的清晰图景。第二，废奴主义者一直在积极地营救和帮助逃奴，由此引发的诸多法律和政治争议，对内战前的奴隶制政治演变产生了重要影响。乔治·拉

---

[1] Lloyd E. Eastman, *Seeds of Destruction: Nationalist China in War and Revolution, 1937-1949*, Stanford: Stanford University Press, 1984, pp. 3-5.

蒂默逃奴案是内战前最知名的逃奴案之一，废奴主义者不仅成功营救了逃奴，还推动马萨诸塞州制定了一部对奴隶制不利的法律。对该事件进行研究，可以充分揭示废奴运动对州层面的反奴隶制政治的影响。第三，"奴隶主权势"是废奴主义者的话语体系中政治色彩最强的部分，此后又成为共和党意识形态的重要内容，对内战前的奴隶制政治产生了重要影响。分析这一话语的产生、发展和进入主流政治话语的过程，可以充分展示废奴运动的抗争性话语对主流政治话语和观念的影响。

而且，这三个案例之间并不是完全孤立的，而是存在时间和逻辑上的关联。一方面，这三个案例以时间为序，叙述了废奴运动走向"政治化"的过程。邮件运动发生在1835年至1836年，它完全是一场道德改革运动。乔治·拉蒂默案和马萨诸塞州1843年人身自由法的制定发生在废奴运动"政治化"之初，是政治废奴主义者与加里森派合作的结果。第三个案例虽然论及19世纪30年代的废奴运动，但论述的核心是自由党在1842年至1846年的活动。另一方面，这三个案例以递进的方式，显示了废奴运动对反奴隶制政治的影响程度的增加。邮件运动推动了奴隶制政治的兴起，1843年人身自由法的制定表明废奴运动可以推动州和地区范围的反奴隶制政治的发展，而"奴隶主权势"话语进入主流政治话语，则展示了废奴运动对全国性政治体系的深刻影响。

五 主要原始文献

有关废奴运动和内战前奴隶制政治的资料相当丰富，涵盖范围很广，可以大致将其归为三类。

第一类是政府出版物，包括联邦国会和州议会讨论奴隶制问题的记录、制定的有关奴隶制问题的法律、特别委员会的报告、最高法院的判决。其中，联邦政府的出版物比较容易获取。国会辩论记录和制定的法律，都可以在美国国会图书馆的网站全文查看。[①] 最高法院的判决则可以在美国最高法院的网站上找到全文。与之相比，州政府出版物的获得难度要大很多。州议会的辩论记录比较分散，且电子化程度不高，若要全面获取，则需要

---

① 美国国会图书馆关于联邦国会的辩论和相关法律的具体网址为：http://memory.loc.gov/ammem/amlaw/lawhome.html。

去各州的图书馆和历史协会查阅。所幸的是，19世纪上半期的美国正经历着一场"信息革命"，种类繁多的报纸和出版物形成了一个巨大的材料宝库，为研究者提供了获取州议会记录的其他渠道。当地的报纸经常会全文刊登州议会辩论中的重要内容，包括州议会特别委员会的报告、州长在议会的演讲、重要议员的发言等。比如，本书在论述南部蓄奴州政府对1835年邮件运动的反应时，所使用的材料就来自各州的报纸。其中，佐治亚州州长威尔逊·伦普金（Wilson Lumpkin）的演讲、该州众议院特别委员会的报告，均全文刊登于《南部纪事报》（*Southern Recorder*）上；北卡罗来纳州州长戴维·斯温（David Swain）的演讲和该州议会的决议书全文刊登于《查尔斯顿信使报》（*Charleston Courier*）上；南卡罗来纳州州长乔治·麦克达菲（George McDuffie）反对废奴运动的著名演讲，则被很多报纸全文刊登。1842年，查尔斯·弗朗西斯·亚当斯（Charles Francis Aadms）为首的马萨诸塞州众议院特别委员会所起草的1843年人身自由法，则全文刊登于《拉蒂默和北极星报》（*The Latimer Journal and North Star*）上。与议会辩论记录相比，州议会通过的决议书和法律则相对集中。各州都会出版议会的法律文件集，这些书籍的版权都已公开，大多可以在Google Book、Archive等公开的数据库中下载。在当代出版的资料集中，也能找到不少有用的材料。其中笔者受益最大的是两本资料集：一是威廉·李·密尔（William Lee Mill）所编的《讨论奴隶制：美国国会的大辩论》[1]；另一本是约翰·C.赫德（John C. Hurd）所编的《美国的自由与奴役法律汇编》[2]，此书包含了联邦国会和各州议会指定的所有关于奴隶制问题的法律。

第二类材料是废奴运动的参与者和当时主要政治人物的演说、布道词、小册子、论著和会议记录等。在这些材料中，有关废奴运动的部分电子化程度非常高，获取的渠道也比较多。在Google Book、Archive、Hathitrust等公开的数据库中可以找到大量的相关材料，比如废奴运动领袖威廉·加里森、阿莫斯·A.菲尔普斯（Amos A. Phelps）、约翰·格林利夫·惠蒂尔（John Greenleaf Whittier）、莉迪亚·玛利亚·蔡尔德（Lydia Maria Child）等

---

[1] William Lee Mill, ed., *Arguing About Slavery: The Great Battle in the United States Congress*, New York: Alfred A. Knopf, 1996.

[2] John C. Hurd, ed., *The Law of Freedom and Bondage in the United States*, New York: Negro Universities Press, 1968.

人出版的小册子和书信集；美国废奴协会（American Anti-Slavery Society）、新英格兰废奴协会（New England Anti-Slavery Society）等废奴组织所出版的协会章程、年度会议记录、小册子等。当然，并非所有的这些材料都可以在公开的数据库中获得，笔者在耶鲁大学图书馆的数据库中也收集了部分相关资料。其中，"奴隶制与反奴隶制跨国资源数据库"（Slavery & Anti-Slavery: A Transnational Archive）和"奴隶制、废奴与社会正义数据库"（Slavery, Abolition & Social Justice）这两个数据库收藏了非常丰富的有关奴隶制和废奴运动的材料。此外，耶鲁大学的"吉尔德·莱曼奴隶制、奴隶反抗和废奴研究中心"（The Gilder Lehrman Center for the Study of Slavery, Resistance, and Abolition）收集了大量关于逃奴问题的原始材料，但很多都是手写体，使用起来难度较大。当时主要政治人物的资料也颇为丰富。在前述的公开数据库中，可以找到约翰·昆西·亚当斯、丹尼尔·韦伯斯特、查尔斯·萨默（Charles Summer）等人出版的小册子和专著，罗格斯大学出版社的《林肯全集》也可以在网上免费查阅全文。[1] 不过，还有相当一部分材料无法从网络获取。在本书中，查尔斯·弗朗西斯·亚当斯（Charles Francis Adams）的日记和书信颇为重要，但是马萨诸塞州历史协会的《亚当斯家族文集》（Adams Family Papers）[2] 仅将约翰·亚当斯（John Adams）和约翰·阿比盖尔·亚当斯（John Abigail Adams）的部分电子化，因此笔者在马萨诸塞州历史协会收集了本书所需的关于查尔斯·弗朗西斯·亚当斯的材料。此外，笔者还在耶鲁大学图书馆收集了威廉·H. 西沃德（William H. Seward）、撒迪厄斯·史蒂文斯（Thaddeus Stevens）、萨蒙·P. 蔡斯（Salmon P. Chase）等当时重要政治人物的文件集。

第三类材料是当时的报纸和杂志。在这一时期，随着印刷技术的发展、交通运输的改善和全国性邮政体系的建立，美国进入了所谓的"通信革命"时代。[3] 报纸作为当时最重要的媒介，在美国政治生活中发挥了非常重要的作用。各个政党都有自己的报纸，废奴协会等各个社会组织大多也创办了

---

[1] *Collected Works of Abraham Lincoln*, New Brunswick: Rutgers University Press, 1953 (http://quod.lib.umich.edu/l/lincoln/).
[2] 马萨诸塞州历史协会的 Adams Family Papers 的网址为 http://www.masshist.org/adams/。
[3] Daniel Walker Howe, *What Hath God Wrought: The Transformation of America, 1815–1848*, pp. 1–2.

报纸，将其作为舆论宣传和动员民众的工具。这个时期还产生了"便士报"（Penny Paper），这些报纸是大众消费品，没有政党特征，它们对奴隶制和废奴运动的消费性传播，也对废奴运动和奴隶制政治产生了影响。[1] 因此，报纸和杂志是本书非常重要的一手资料。本书使用了 28 种报纸。这些报纸大致分为三类：一是废奴主义者的报纸，包括加里森派的报纸《解放者报》（Liberator）、支持温和废奴主义的《奴隶解放者报》（Emancipator）、支持政治废奴策略的《奴隶解放者与自由美国人报》（Emancipator and Free American）和《自由美国人报》（Free American）；二是极端拥护奴隶制的南部报纸，比如《查尔斯顿信使报》（Charleston Courier）、《里士满辉格党人》（Richard Whig）；三是在北部州刊印的在奴隶制问题上相对中立和温和的报纸，包括 19 世纪上半期最权威的政治期刊《奈尔斯周刊文摘》（Niles' Weekly Register）、以保守著称的法律期刊《案例汇编月刊》（Monthly Law Report），以及《波士顿公报》（Boston Gazette）、《纽约日报》（New York Journal）、《费城公报》（Philadelphia Gazette）等关注地方事务的报纸。这些报刊主要来源于"美国历史报纸"（American Historical Newspapers）和"美国历史印刷品"（America's Historical Imprints）这两个数据库。笔者在耶鲁大学图书馆的"奴隶制与反奴隶制跨国资源数据库"、"奴隶制、废奴与社会正义数据库"也收集了部分报刊。此外，佐治亚大学的"米利奇维尔历史报纸数据库"（Milledgeville Historic Newspapers Archive）和"系谱银行报纸数据库"（Genealogy Bank: Newspaper Archives, 1690-2010）中收集了一些前述数据库所没有的报纸，笔者从中获益良多。

---

[1] David A. Copeland, *The Antebellum Era: Primary Documents on Events from 1820 to 1860*, Westport: Greenwood, 2003, p.11.

第一章　早期的反奴隶制活动与奴隶制政治

1619年，一名荷兰船长将20余名"黑人"（negars）卖到位于弗吉尼亚地区的英国定居点詹姆斯敦（Jamestown），人们一般将这视为北美大陆奴隶制的开端。[①] 这意味着当废奴运动在19世纪30年代兴起时，奴隶制在北美大陆已经有长达三个多世纪的历史。在这个漫长的历史阶段，是否存在反奴隶制活动？各个时期的反奴隶制活动具有什么特点？在废奴运动兴起时，奴隶制问题在美国政治中的处境如何？这种处境是如何形成的？本章将围绕上述问题展开论述，尝试在长时段的视野之下描述废奴运动兴起的历史语境。

第一节　美国早期反奴隶制活动的演变

从17世纪开始，部分贵格派信徒就从宗教思想出发，对奴隶贸易和奴隶制提出批评。到18世纪中期，美国革命所张扬的普遍自由和权利平等的意识形态，激发了反奴隶制思想的发展，也为此后的反奴隶制运动提供了重要思想资源。在建国初期，北方各州出现了美国第一批反奴隶制组织，致力于以立法和法律措施，在美国现有政治和法律体制内渐进地废除奴隶制。在19世纪头二十年中，将自由黑人和黑奴移除美国的观念盛行一时，被大多数美国白人视为最具可行性的废奴策略。各个时期的反奴隶制思想虽是时代的产物，但并未随着时间的推移彻底消失，而是潜移默化地融入

[①] 也有学者认为，早在16世纪60年代，西属佛罗里达地区就有了黑奴。参见 Leslie M. Harris, *In the Shadow of Slavery: African Americans in New York City, 1616–1863*, Chicago: University of Chicago Press, 2003, pp. 15–16。

美国的文化和观念之中，影响了后人对奴隶制问题的看法。因此，梳理历史上的反奴隶制活动，对于理解19世纪30年代废奴运动的起源和特点具有重要意义。

一 建国之前的反奴隶制思想和活动

早在17世纪，英属北美殖民地就出现了反奴隶制思想。1688年，宾夕法尼亚殖民地日耳曼敦（Germantown）的4名贵格派教徒向当地的贵格教会提交了一份反对奴隶制的请愿书，认为购买非裔黑奴相当于购买偷来的物品，宣称黑人有完整的自由权，而蓄奴完全基于暴力，违背了上帝的神圣法律。[①] 这是目前所存的北美殖民地时期最早的反奴隶制文献。1700年，马萨诸塞殖民地的一名叫塞缪尔·休厄尔的法官出版了反对奴隶制的小册子《贩卖约瑟夫》，谴责蓄奴是不正义的，认为黑人与清教徒一样，都是亚当和夏娃的后代，应享有平等自由权。[②] 这打破了接受奴隶制的传统基督教理念——奴隶制是罪恶世界的必要组成部分，启发了后来的反奴隶制宗教观念。[③] 总体而言，在18世纪之前，这些反奴隶制观念只局限在少数贵格派和清教徒群体之中，没有引发广泛的关注。

在18世纪上半期，贵格派教徒成为发展和传播反奴隶制思想的先锋。早期的贵格派信徒，包括其创始人乔治·福克斯（George Fox）在内，强调上帝之爱的绝对普遍性、人与人之间的兄弟情谊，以及强迫身体之罪恶。基于这种信仰，很多贵格派信徒对奴隶制和奴隶贸易持批评的态度。有些贵格派信徒则提出了更为激进的反奴隶制理念，认为蓄奴违背了上帝的基本戒律，宣称教徒的"内在的灵光"（inner light）要求他们对被奴役的黑人负责，号召蓄奴的教友主动忏悔、释放奴隶、终止奴隶贸易。[④] 这批激进的贵格派信徒出版了一些宣传反奴隶制思想的小册子，其中比较著名的有拉尔夫·桑迪福德（Ralph Sandiford）在1729年出版的《对时代通行做法的

[①] *Quaker Protest Against Slavery in the New World*, Germantown, 1688, http://triptych.brynmawr.edu/cdm/compoundobject/collection/HC_QuakSlav/id/1, 访问时间：2018年4月18日。

[②] Samuel Sewall, *The Selling of Joseph*, Boston, 1700, 马萨诸塞州历史协会, 第951号缩微胶片。

[③] David Brion Davis, *Inhuman Bondage: The Rise and Fall of Slavery in the New World*, New York: Oxford University Press, 2006, pp. 126-127.

[④] James Brewer Stewart, *Holy Warriors: The Abolitionists and American Slavery*, p. 15.

简单考察》①、本杰明·莱伊（Benjamin Lay）在1737年出版的《一切奴役无辜者的奴隶主皆为叛教者》②，以及约翰·伍尔曼（John Woolman）在1754年出版的《关于蓄奴的一些思考》③。约翰·伍尔曼不仅从宗教理论上探究反奴隶制的必要性，还于18世纪四五十年代在弗吉尼亚、特拉华和马里兰宣扬其反奴隶制思想，劝说奴隶主释放奴隶。④ 虽然如此，截至18世纪中期，这些相对激进的反奴隶制思想并未成为贵格派的主流观点，大多数贵格派信徒只是对奴隶贸易提出警告，呼吁贵格派奴隶主以基督徒的善心来对待其奴隶。⑤

在美国革命时期，奴隶制首次在北美大陆成为公众辩论的焦点，反奴隶制思想得到前所未有的发展。自北美独立运动兴起以来，反对母国的殖民地人士就不断宣扬个人自由和自然权利的普遍性，以反对英国政府对殖民地人民的"奴役"。但是，奴隶制的存在却凸显出革命者的自由和权利话语的"虚伪性"，在一定程度上消解了独立运动的合法性。本杰明·拉什（Benjamin Rush）就在给一个法国人的信中这样说道："如果我们仅仅因为有些同胞的肤色与我们不同，就将他们奴役起来，那么我们对英国议会试图将殖民地陷入奴役的指责将是毫无用处的。"⑥ 新泽西的革命者、长老会牧师雅克布·格林（Jacob Green）也公开声明："一个强烈追求自由的民族，同时却在支持和推动奴隶制，这多么令人震惊。"⑦ 如何化解奴隶制与革命意识形态之间的张力，成为革命者急需解决的难题。

随着美国革命的发展，宣扬普遍自由和个人权利的革命意识形态最终席卷了北美大陆。正如埃里克·方纳所言，美国革命对殖民地时期的各种狭义的自由概念发动了猛烈冲击，赋予了自由一个绝对的价值观，将自由定义为一种普遍权利，而非特殊的人群或地域独享的具体权利。⑧ 这种普遍

---

① Ralph Sandiford, *A Brief Examination of the Practice of the Times*, Philadelphia, 1729.
② Benjamin Lay, *All Slave-Keepers That Keep the Innocent in Bondage*, Philadelphia, 1737.
③ John Woolman, *Some Considerations on the Keeping of Negroes*, Philadelphia, 1754.
④ James Brewer Stewart, *Holy Warriors: The Abolitionists and American Slavery*, pp. 15-16.
⑤ David Brion Davis, *The Problem of Slavery in the Age of Revolution, 1770-1823*, New York: Oxford University Press, 1999, p. 213.
⑥ "Rush to Jacques Barbeu Dubourg," printed in Ephémérides du citoyen, IX (1769), pp. 172-174.
⑦ Manisha Sinha, *The Slave's Cause, A History of Abolition*, p. 36.
⑧ 〔美〕埃里克·方纳：《美国自由的故事》，王希译，商务印书馆，2002，第63页。

自由的观念对奴隶制存在的合法性提出了挑战。华盛顿、富兰克林、杰斐逊、汉密尔顿、亚当斯、约翰·杰伊（John Jay）等革命领导人都认为，奴隶制是"一个巨大的问题，是一种诅咒、一种毁灭性的因素、一个全国性的顽疾"。虽然他们对奴隶制的谴责程度不同，但是在同一个问题上达成了共识：如果美国没有从祖辈，尤其是英国那里继承来的奴隶制，新成立的合众国将会更加安全、纯洁、幸福。①

革命时期的普遍自由的意识形态与宗教思想相融合，促进了许多宗教派别的反奴隶制思想的发展。充当先锋的仍然是贵格派。革命时期的启蒙思想氛围，尤其是将自由定义为人的自然、基本的权利，使得这些激进教徒的观念被北部地区的大多数贵格派所接受，贵格派的主流观念从要求以基督教慈善来处理主人与奴隶的关系转变为废除奴隶制，让奴隶获得自由。1760 年的新英格兰年度大会（New England Yearly Meeting）宣布进口奴隶将遭到教规的惩罚。1774 年的费城年度大会（Philadelphia Yearly Meeting）所制定的会规不仅禁止贵格派教徒购买或转移作为财产的奴隶，还呼吁奴隶主尽早释放黑奴。而且，部分贵格派教徒还为要求自由的黑人提供法律援助。② 此外，在卫理公会派、浸信会、圣公会、公理会、长老会之中，也出现了反对奴隶制的声音。③

美国革命将自由定义为一种普遍的权利，也激发了黑人反对奴隶制。1773 年，一名叫菲利克斯（Felix）的黑奴代表波士顿及其附近地区的奴隶向马萨诸塞议会提交了一份反对奴隶制的请愿书。他在请愿书中指出，黑奴们被合法地剥夺了财产、妻子、儿女，成为没有来生的野兽；奴隶主应该给他们一些"救济"，这不会给奴隶主带来"损失和伤害"，但是能"将奴隶从死亡中解救出来"。④ 有些黑奴则直接向法院和立法机构提交"自由请愿书"，宣称"自由的神圣精神已经点燃了这片大陆上的每一个人"，黑奴应该与白人同胞一样拥有自然权利。⑤ 黑奴们在界定和重申美国革命的

---

① David Brion Davis, *Inhuman Bondage: The Rise and Fall of Slavery in the New World*, pp. 126-127.
② William Frost, ed., *The Quaker Origins of Antislavery*, Norwood: Norwood Editions, 1980, pp. 238-246.
③ Manisha Sinha, *The Slave's Cause, A History of Abolition*, pp. 65-96.
④ *Felix's Petition for Freedom*, January 6, 1773.
⑤ Gary B. Nash, *Race and Revolution*, Madison: Madison House, 1990, pp. 173-74.

自由平等原则的同时，也通过逃跑、参加联邦军队和英国军队的方式积极获得自由。与此同时，自由黑人也以请愿、组建慈善团体等方式来反对奴隶制。[1]

在革命所激发的广泛的反奴隶制情绪的影响下，反奴隶制运动在北部地区取得了很大进展。截至1784年，马里兰以北的北部各州，除了纽约州和新泽西州之外，都制定了渐进废奴的法律。这些废奴法一般规定，奴隶的子女为母亲的主人工作到成年之后才能获得自由。但成年的具体年龄是由各州自行规定的，导致这些州废奴过程异常缓慢。而且，这些法律也没有赋予被解放的黑奴以平等的政治权利和公民权利。尽管如此，这仍然是人类历史上首次以公共权力来废除奴隶制，也是美国的奴隶制反对者首次以国家权力推动反奴隶制运动。在南部地区，虽然有一大批奴隶主自动解放了他们的奴隶，但是因为缺乏公共权力的介入，大规模的废奴活动从未开始。

正如美国历史学家戴维·布里翁·戴维斯所言，从长远来看，美国革命对反奴隶制运动的最大影响是其意识形态遗产，即将个人自由和自然权利不可剥夺这一信仰普及开来。从18世纪60年代到90年代，大量的传单、小册子、报纸、布道词都在以这种观念来挑战奴隶制的基本内涵——相信人类可以像动物一样沦为一种动产。从某些方面来说，这种革命意识形态在独立宣言的开篇词中得到恰当的概括，它充分表明奴隶制的理念是一种谎言和骗局，因为自由和平等是所有人都不能被合法剥夺的基本权利。这种观念对后来的反对奴隶制思想产生重要影响。[2]

二 建国初期的组织化反奴隶制运动

尽管美国革命激发了反对奴隶制的激情，但建国一代远未彻底解决奴隶制问题。在制定联邦宪法时，奴隶制的批评者和反对者相互妥协，最终达成一个折中方案，即1789年联邦宪法中的三个奴隶制条款："五分之三

---

[1] James Brewer Stewart, *Holy Warriors: The Abolitionists and American Slavery*, pp. 21-23.
[2] David Brion Davis, *Inhuman Bondage: The Rise and Fall of Slavery in the New World*, pp. 126-127.

条款""奴隶贸易条款""逃奴条款"。①而且,根据"奴隶贸易条款",蓄奴州可以继续进口奴隶 20 年。这大大增加了奴隶的数量。为了阻止奴隶制的发展并最终将其废除,美国的奴隶制反对者在共和国初期自发地组织起来,发动了美国历史上第一波有组织的废奴运动。

率先将奴隶制反对者组织起来的是贵格派。早在 1775 年,贵格派教徒就在费城成立了人类历史上第一个以废除奴隶制为目标的公民团体——宾夕法尼亚促进奴隶制废除协会(Pennsylvania Society for Promoting the Abolition of Slavery),由于美国革命引发的动荡,该协会在两年后就解体了。1784 年,另一批贵格派教徒重新建立了宾夕法尼亚废奴协会(Pennsylvania Abolition Society),其目标是"推动奴隶制的废除,解救被非法奴役的自由黑人,改善非裔种族的处境"②。宾夕法尼亚废奴协会成为反奴隶制公民团体的典范,受其影响,北部州成立了一批废奴协会。1794 年,纽约奴隶解放协会(New York Manumission Society)成立;1789 年,罗得岛促进奴隶制废除协会(Rhode Island Society for Promoting the Abolition of Slavery)成立。康涅狄格州和新泽西州分别在 1790 年和 1793 年建立了废奴协会。到 1793 年,一些小规模的废奴协会也出现在特拉华州、马里兰州和弗吉尼亚州。这个时期的反奴隶制组织普遍分布在美国北部和上南部地区,在佐治亚州和南卡罗来纳州没有任何反奴隶制组织。③

---

① 这三个条款的具体内容如下。第一,"五分之三条款":众议员名额和直接税税额,按照各州人口的比例进行分配。各州人口数,按自由人总数加上其他人(all other persons)的五分之三。自由人口总数包括必须服一定年限劳役的人(those bound to service for a term of years),但不包括不必征税的印第安人。第二,"奴隶贸易条款":现有任何一州认为的准予入境之人的迁移或入境(The migration or importation of such persons as any of the states now existing shall think proper to admit),在 1808 年之前,国会不得加以禁止,但对此种人种的入境,每人可征不超过十美元的税。第三,"逃奴条款":根据任何一州法律须在该州服劳役或劳动人(held to service or labour),如逃亡他州,不得因他州的法律或规章而免除此种劳役或劳动,而应根据有权得到此劳役或劳动之当事人的要求将他交出。上述宪法原文获取自 http://avalon.law.yale.edu/18th_century/usconst.asp; 中文译本取自王希《原则与妥协:美国宪法的精神与实践》,第 799、803、807 页。
② Constitution of the Pennsylvania Society, for Promoting the Abolition of Slavery, and the Relief of Free Negroes, Unlawfully Held in Bondage...To which are added, the Acts of the General Assembly of Pennsylvania, for the Gradual Abolition of Slavery, Pennsylvania, 1787.
③ Richard S. Newman, "Abolition Societies," Encyclopedia of the New American Nation, Paul Finkelman, Thomas Gale, eds., Encyclopedia of the New American Naoon, Vol. 1, Detroit: Charles Scribaner's Sons, 2006, pp. 3-6.

1794年，各地的奴隶制反对者在费城举行了第一届全美废奴协会大会（American Convention of Abolition Societies），表明共和国初期的反奴隶制运动发展到全国范围且开始变得有组织化。在接下来的五十多年中，这个会议每隔一年或两年举办一次，且大多数都在费城举行。尽管全美废奴协会大会始终被来自费城和纽约的奴隶制反对者所控制，没有发展成一个强有力的全国性反抗组织，也从未建立一个统一的反对奴隶制战线，但是它成功地充当了奴隶制反对者的信息交流中心，让来自全美各地的奴隶制反对者有机会分享反对奴隶制的法律和文献，制定反对奴隶制的计划和策略。① 而且，全美废奴协会大会在推动美国国会禁止国际奴隶贸易方面发挥了重要作用。从1794年开始，它多次呼吁各地的废奴组织向国会请愿，要求国会废止奴隶贸易。②

直到19世纪20年代，宾夕法尼亚废奴协会一直是美国规模最大、最有影响力的反奴隶制组织，其人员构成、组织形式、反奴隶制观念及策略在共和国早期的反奴隶制组织中颇具代表性。宾夕法尼亚废奴协会中虽然有部分社会中间阶层成员，比如工匠和鞋匠，但主要成员是当时的白人精英，包括富有的慈善家、商人、政治领袖、知名律师。贵格派是宾夕法尼亚废奴协会的基石，在协会成立后的前25年中，大约有3/4以上的活跃分子都是贵格派信徒。③ 为了增加其在州和联邦政府中的影响力，宾夕法尼亚废奴协会还积极游说州议会和国会的议员、法官等政治精英加入，本杰明·富兰克林和本杰明·拉什这两名非贵格派信徒就曾先后担任过协会主席。为了增强组织的管理和运行效率，宾夕法尼亚废奴协会进行了一些制度创新，比如举行季度会议来讨论和制定具体的行动策略，设置多个专门委员会，有针对性地处理各种法律和政治问题。④

宾夕法尼亚废奴协会认为，仅仅依靠宗教精神和世俗道德，根本不足以废除奴隶制；废奴事业的发展，必须依赖高度组织化的政治行为。具体

---

① Richard S. Newman, *The Transformation of American Abolitionism: Fighting Slavery in the Early Republic*, Chapel Hill: The University of North Carolina Press, 2002, pp. 19-20.
② *Reports of the American Convention of Abolition Societies on Negroes and on Slavery, their Appeals to Congress, and their Addresses to the Citizens of the United States*, March 20, 1794.
③ David Brion Davis, *The Problem of Slavery in the Age of Revolution, 1770-1823*, p. 216.
④ Richard S. Newman, *The Transformation of American Abolitionism*, pp. 20-21.

而言，就是要以立法和法律措施来渐进地废除奴隶制。所谓立法措施，就是向州议会和国会提交法律请愿书，推动议会实施既有反奴隶制法律或制定新的反奴隶制法律，以此来禁止奴隶贸易，阻止奴隶制向西部扩张，废除联邦控制区域内的奴隶制。所谓法律措施，则是指在涉及自由黑人和逃奴的法律案件中，为黑人的自由和法律权利辩护，打击法律对奴隶制的保护，试图使奴隶制变为一个无法得到联邦法律保护的地方性制度。这体现了共和国初期废奴运动的最主要特征：在现行的政府和法律框架内，诉诸于州和联邦政府中的政治精英，凭借国家权力废除奴隶制。[1] 1809 年，宾夕法尼亚废奴协会在一封信件中明确指出，"能够杀死奴隶制的不是个体公民和宗教组织，而是代表制政府（representative government），如果没有政府行为的干预，奴隶制将会繁荣下去"[2]。

简言之，在共和国初期，以宾夕法尼亚废奴协会为代表的反奴隶制组织所从事是一种制度内改革，即推动政治体制内部的精英人物在现有政治体制内打击和废除奴隶制，它们的主要贡献是促进北方各州废除奴隶制，使得奴隶制在法律上和政治上都地区化了。

三　19 世纪初期的殖民废奴方案

以宾夕法尼亚废奴协会为代表的反奴隶制组织虽然一直推动北部州废除奴隶制，但是并没有解决一个难题：如何处置被释放的黑人奴隶。18 世纪末以来，随着自由黑人数量的快速增长，这个问题变得越来越突出。普遍盛行的种族主义偏见原本就让很多白人认为他们不可能与黑人平等地生活在一个社会之中，黑人数量的增长更加剧了他们的恐惧。[3] 很多自由黑人因缺乏平等受教育和雇佣劳动的机会而陷于贫穷的境地，但不少白人认为这是黑人懒惰、卑劣的天性所致，并将他们视为犯罪之源。[4] 与此同时，

---

[1] Richard S. Newman, *The Transformation of American Abolitionism*, pp. 5-6, 25-26.

[2] Herbert Aptheker, ed., *A Documentary History of the Negro People in the United States*, New York: The Citadel Press, 1969, p. 112.

[3] "Report of the Committee Appointed at Boston to Consult about the Expediency of Affording Aid to the Colonization Society," *Six Annual Report of the American Society for Colonizing the Free People of Color*, Washington, D. C., 1823, pp. 48-52.

[4] Leonard P. Curry, *The Free Black in Urban America, 1800-1850: The Shadow of the Dream*, Chicago: University of Chicago Press, 1981, p. 115.

1800年弗吉尼亚州发生的加布里埃尔·普洛赛（Gabriel Prosser）奴隶叛乱、1804年海地共和国的黑人所发动的针对法国克莱奥人的大屠杀，加剧了美国白人对黑人可能挑起种族战争的恐惧。

与此同时，18世纪末以来，南部的奴隶制快速发展，并表现出强烈的对外扩张的属性，这给北部提出了一个新难题：北部如何才能参与解决奴隶制这个"南部问题"，防止自身的利益受到损害。① 宾夕法尼亚废奴协会所采取的立法和法律措施显然无法消除这些忧虑。因为依据联邦宪法的分权原则，北部人无权插手南部的奴隶制。正如丹尼尔·韦伯斯特所言，虽然他认为"奴隶制是一种道德和政治上的巨大罪恶"，但是"只有南部的奴隶主才有权利处理它"。②

19世纪初开始，越来越多的白人认为，将黑人殖民到海外，是解决上述两个问题的唯一途径。他们将奴隶制视为美国自由和平等精神的污点，但是又对种族融合持怀疑态度，因此把殖民视为一种既能让黑人获得自由，又能保持白人社会的纯洁性和自由理念的两全方案。这个观点由来已久。1773年8月，罗得岛殖民地的公理会教徒塞缪尔·霍普金斯（Samuel Hopkins）建议将前奴隶作为牧师送回非洲。③ 托马斯·杰斐逊在《弗吉尼亚笔记》中写道，黑人"在身体和智力方面都逊于白人，无法融入白人社会"，二者之间的"分裂将永远不会结束，除非一个种族消灭了另一个种族"。他提议释放成年的黑人后裔（女性18岁，男性21岁），再将其殖民到美洲之外。④ 此外，乔治·塔克（St. George Tucker）、本杰明·拉什等不少白人精英也认为"慈善性殖民"是解决自由与奴隶制之间冲突的最好途径，并提出了各自的殖民方案。⑤

真正将殖民废奴方案广泛推广并付诸实践的是1816年成立的美国殖民协

---

① Early Lee Fox, *The American Colonization Society, 1817-1840*, Baltimore: John Hopkins University Press, 1919, p. 13.
② Charles Wiltse, ed., *The Papers of Daniel Webster: Series I, Correspondence*, Hanvor, University Press of New England, 1977, pp. 252-253.
③ Allan Yarema, *American Colonization Society: An Avenue to Freedom?* Lanham: University Press of America, 2006, p. 3.
④ Thomas Jefferson, *Notes on the State of Virginia*, Richmond: J. W. Randolph, 1853, pp. 148-149, 155.
⑤ Nicholas Guyatt, "'The Outskirts of Our Happiness': Race and the Lure of Colonization in the Early Republic," *The Journal of American History*, Vol. 95, No. 4 (Mar., 2009), pp. 991-994.

会（American Colonization Society）。协会的创始人是弗吉尼亚州的白人国会议员查尔斯·默瑟（Charles Mercer）和新泽西州的白人长老会牧师罗伯特·芬利（Robert Finley）。后者在 1816 年出版的小册子《关于殖民自由黑人的思考》，为殖民理论奠定了基调。芬利指出，将奴隶逐渐解放并殖民到非洲，是"最合理、最容易"的消除奴隶制这一罪恶的方案。首先，人类的历史经验表明，建立殖民地一直都是文明发展的重要方式之一，无论是古代的希腊、罗马，还是当今的大英帝国，都通过殖民取得了重大发展。其次，殖民是黑白两个种族双赢的选择。一方面，此举能消除奴隶制的邪恶，让白人远离懒惰的恶习，形成勤劳的良好习惯，养成热爱自由和宗教的品质。另一方面，黑人如果居住在自己的族裔所组成的平等社会中，他们的自我改善和自我管理能力就能得到施展，就有了勤劳工作和追求美德的动机。①

自愿、补偿、渐进是殖民方案的三大特征。美国殖民协会计划先在非洲建立一个具有高度吸引力的避难所，诱导自由黑人自愿前往，并在那里建立一个繁荣黑人共和国；由于奴隶制和黑人种族不符合国家的长远利益是一个全国性的共识，那么这个繁荣的黑人共和国将会吸引奴隶主自愿解放黑奴，或者在接受州政府的财产补偿后解放奴隶，再将其殖民到非洲的黑人共和国。② 值得注意的是，美国殖民协会在创建伊始，就强调与联邦政府的合作，建议州议会通过支持移民的法案。③ 1822 年，美国殖民协会在美国海军的援助下，从西非购得土地，建立了黑人殖民地利比里亚（Liberia），开始持续黑人移民活动。1824 年，俄亥俄州议会通过了支持将自由黑人迁移到国外的法规。随后，宾夕法尼亚、佛蒙特、新泽西、特拉华、伊利诺伊、印第安纳等州的议会都通过了类似的法律。④

从美国殖民协会的建立到 19 世纪 30 年代，殖民方案受到了前所未有的欢迎。到 1831 年，美国殖民协会的分会已经超过 200 个。在 19 世纪上半期，很多重要的政治精英都支持殖民方案。直到弥留之际，托马斯·杰斐

---

① Robert Finley, *Thoughts on the Colonization of Free Blacks*, Washington, D.C., 1816, pp. 1-5, http://opac.newsbank.com, 访问时间：2018 年 4 月 8 日。
② David Brion Davis, *Inhuman Bondage: The Rise and Fall of Slavery in the New World*, p. 257.
③ *First Annual Report of the American Colonization Society*, Washington, D.C., 1818, p. 3.
④ Allan Yarema, *American Colonization Society: An Avenue to Freedom?* pp. 20-23.

逊还在建议联邦政府购买新出生的黑奴并将其送至国外。①詹姆斯·麦迪逊担任美国殖民协会的主席长达三十年之久,他在去世之前还将2000美元和一块土地赠送给美国殖民协会。②辉格党的领袖亨利·克莱(Henry Clay)在1836年接替麦迪逊担任美国殖民协会的主席,直到1852年去世。③林肯也一直是殖民方案的支持者,直到内战爆发后,他还在尝试以补偿、殖民、渐进的方式来废除边界州的奴隶制。④除此之外,联邦最高法院法官约翰·马歇尔(John Marshall)、布什罗德·华盛顿(Bushrod Washington)、罗杰·坦尼(Roger Taney),辉格党政治领袖丹尼尔·韦伯斯特、爱德华·埃弗里特(Edward Everett)、第五任总统詹姆斯·门罗(James Monroe)等一大批有影响力的政治家都是美国殖民协会的会员。在19世纪20年代,美国殖民协会的支持者中甚至包括此后的废奴运动的领军人物威廉·加里森和阿莫斯·A.菲尔普斯(Amos A. Phelps)。⑤

殖民方案虽然赢得了很多支持,但远未成为美国社会的共识。有些人认为,从资金和组织方面来看,殖民方案不具备可行性。有些奴隶主则担心此举会对奴隶与主人的关系产生微妙影响。最强烈的反对则来自黑人。他们直接挑战殖民方案中所包含的种族主义因素,认为殖民将种族偏见合法化,进而巩固和维护了奴隶制。⑥

总体而言,从殖民地时期到19世纪30年代,各种反奴隶制活动虽然在反奴隶制理念和废奴措施方面存在显著差异,但大致具有两个基本特点。首先,从行动策略和组织方式来看,它们都具有很多"常规政治"的特征。⑦建国之前的反奴隶制人士、以宾夕法尼亚废奴协会为代表的早期废奴组织,以及19世纪初的殖民废奴人士,都通过影响政治家、律师、公职人员等政治体制内的精英人士,以立法、政策制定等政治体制内部的改革来

---

① Merrill D. Peterson, ed., *Thomas Jefferson: Writings*, New York, 1984, pp.1484–1487.
② Drew McCoy, *The Last of the Fathers: James Madison and the Republican Legacy*, New York: Cambridge University Press, 1989, pp.271–286.
③ Eric Foner, *The Fiery Trial: Abraham Lincoln and American Slavery*, pp.18–19.
④ Eric Foner, *The Fiery Trial: Abraham Lincoln and American Slavery*, pp.236–237.
⑤ Richard S. Newman, *The Transformation of American Abolitionism*, pp.96–97.
⑥ Julie Winch, *Between Slavery and Freedom: Free People of Color in America From Settlement to the Civil War*, Lanham, Maryland: Rowman & Littlefield Publishers, 2014, p.110.
⑦ 关于集体性运动、社会运动、常规政治的界定,可参见赵鼎新《社会与政治运动讲义》,第2—5页;〔美〕查尔斯·蒂利、西塔尼·塔罗《抗争政治》,李义中译,第9—10页。

废除奴隶制。其次,从运动文化角度来看,它们都较为温和,注重废奴方案的可行性,提倡以渐进的方式解决奴隶制问题,缺乏激进社会运动所具有的纯粹的理想主义和道德主义气质。与之相比,19世纪30年代兴起的废奴运动在两方面都更为激进。但这并不意味着早期的反奴隶制活动已经失去影响。在内战前三十年中,贵格派仍然是重要的反奴隶制力量,他们活跃在各种反奴隶制组织中,积极支持废奴运动,并营救了大量的逃奴。美国革命时期所形成的宣扬普遍自由和个人权利的革命意识形态,仍是废奴主义者所拥有的最强大的反奴隶制武器之一。以宾夕法尼亚废奴协会为代表的反奴隶制组织在建国初期所开创的以政治体制内的措施来打击奴隶制,进而使奴隶制在法律上和政治上"地区化"的策略,在内战前仍被很多反奴隶制人士所采用。黑人对殖民废奴方案的持续反对,则是废奴运动在19世纪30年代兴起的重要原因。

第二节　建国初期奴隶制政治的演变

与反奴隶制运动一样,奴隶制政治也处在变动之中。在建国初期,奴隶制政治经历哪些重大变化?推动其演变的原因是什么?奴隶制与美国的政治体制和民主政治之间有何深刻的关联?在19世纪30年代,奴隶制政治的基本格局是什么样的?本节将通过分析上述问题,考察废奴运动兴起的政治语境。

一　共和国初期的奴隶制政治

从邦联时期开始,美国的政治精英就意识到在奴隶制问题上的严重分歧可能对他们的自治政府试验构成威胁。在制宪会议上,制宪代表们就奴隶制问题达成了一系列妥协,其中最重要的是"五分之三条款"、"奴隶贸易条款"和"逃奴条款",它们分别是宪法第一条第二款、第一条第九款以及第四条第二款。值得注意的是,宪法全文中并没有提到"奴隶"(slaves)或"奴隶制"(slavery),而代之以"其他人口"(all other persons)、"被迫服劳役或劳动的人"(persons hold on service or labour)或"目前在某些州内存在的类似的人口"(such persons as any of the states now existing)。

1787年联邦宪法到底是支持还是反对奴隶制,制宪会议代表的"原意"

（original meaning）到底是阻止还是鼓励奴隶制的发展，这一直是美国宪政史学界争论不休的问题。有些学者认为，奴隶制妥协条款只是一种缓兵之计，目的是在条件成熟之时彻底废除奴隶制；制宪者在宪法中为将来的废除作了铺垫，比如他们未采用"奴隶"和"奴隶制"一词，实际上是未对奴隶制和奴隶财产作出明确的法律意义的承认，而"奴隶贸易条款"虽然允许南部蓄奴州继续进口奴隶20年，但最终是要禁止外部奴隶人口的进入。有些学者甚至认为，即便是明确支持蓄奴州的"逃奴条款"，也没有要求自由州帮助追捕逃奴，给逃奴进入自由州而变成自由人留下了法律空间。[①]

有很多学者持相反的观点，认为奴隶主在立宪过程中以极少的让步赢得了绝大多数的让步，使得宪法成为一份支持奴隶主的文件，为奴隶制的巩固和发展提供了强大的制度性保护。他们认为，根据"五分之三条款"所确立的奴隶代表制使得南部奴隶主获得更多的政治代表权，不仅有利于奴隶制的巩固和发展，也为此后的奴隶制扩张导致的代表权之争埋下了种子。"逃奴条款"则是对奴隶主的可耻让步，是对《独立宣言》的自由平等原则的亵渎。而且，宪法并没有明确指出在州和联邦法律之中，奴隶是否是一种合法财产，这其实是给奴隶制提供了一种特殊的法律保护，使其不受联邦政府和州政府的控制。[②] 美国政治学者马克·A.加伯（Mark A. Garber）

[①] 关于这种论点的代表性文章和著作有 William Freeling, "The Founding Fathers and Slavery," *American Historical Review*, Vol. 77, No. 1 (1972), pp. 81-93; Staughton Lyond, "The Compromise of 1787," *Political Science Quarterly*, Vol. 81, No. 2 (June 1996), pp. 225-250; James Oakes, "The Compromising Expedient: Justifying a Proslavery Constitution," *Cardozo Law Review*, Vol. 17, No. 6 (May 1996), pp. 2023-2056。

[②] 关于这种论点的代表性文章和著作有 Paul Finkelman, "Slavery and the Constitutional Convention: Making a Covenant with Death," in Richard Beeman, Stephen Botein, and Edward C. Carter II, eds., *Beyond Confederation: Origins of the Constitution and American National Identity*, Chapel Hill: University of North Carolina Press, 1987, pp. 188-225; George William Van Cleve, *A Slaveholders' Union: Slavery, Politics, and the Constitution in the Early American Republic*, Chicago: University of Chicago Press, 2010, pp. 8-9; A. Leon Higginbotham, *In the Matter of Color: Race and the American Legal Process: The Colonial Period*, New York: Oxford University Press, 1978, p.6; Thurgood Marshall, "The Constitution's Bicentennial: Commemorating the Wrong Documents?" *Vanderbilt Law Review*, Vol. 40, No. 6 (November 1987), pp. 1337-1342; William M. Wiecek, "'The Blessings of Liberty': Slavery in the American Constitutional Order," in Robert A. Goldwin and Art Kaufman, eds., *Slavery and its Consequences: The Constitution, Equality, and Race*, Washington, D.C.: American Enterprise Institute for Public Policy Research, pp. 23-44; William M. Wiecek, *The Sources of Antislavery Constitutionalism in America, 1760-1848*, Ithaca: Cornell University Press, 1977, pp. 63-64.

将这些保护奴隶制的宪法条款称为"宪法邪恶"（constitutional evils）。① 还有学者甚至指出，宪法中其他貌似与奴隶制无关的条款，其实也为奴隶制提供了保护，因为它们共同构成了一种支持奴隶制的"宪法结构"（structure of constitution）——创造了一个"无权干涉各州内部体制的"中央政府，比如联邦宪法规定，只有得到四分之三以上的同意，宪法修正案才能通过，这其实是赋予了蓄奴州否定所有对奴隶主不利的修正案的权力。②

多数学者认为，在宪法制定时就完全废除奴隶制，是一件完全不可能完成的任务。因为联邦宪法本不是要建立一个乌托邦式的人间天堂；立宪的过程是有产者和利益集团之间利益交换的过程，在奴隶制问题上亦是如此；宪法与奴隶制之间的关系不是确定的，而是在此后因奴隶制所引发的宪政争端中被不断塑造的。③ 在18世纪80年代的南部蓄奴州，奴隶制已经成为最重要的经济制度，奴隶也已经超越土地成为最大宗的单一种类财产，奴隶财产税也是非常重要的税收来源。而且，自独立战争以来，这些蓄奴州的政治已被奴隶主利益集团所把持，奴隶主形成了一个多数的投票群体。④ 在此情形下，如果制宪会议对奴隶制采取任何极端的措施，就必定会遭到南部蓄奴州的代表的坚决反对，进而破坏联邦建立的基础，因此，制宪代表们必须就奴隶制问题进行妥协。而妥协之所以能够达成，还有一个重要原因：在制宪时期，奴隶制并不是全国政治的中心议题，因而与奴隶制相关

---

① Mark A. Graber, *Dred Scott and the Problem of Constitutional Evil*, New York: Cambridge University Press, 2006, p. 226.
② Paul Finkelman, "Slavery and the Constitutional Convention: Making a Covenant with Death," p. 191.
③ 关于这种论点的代表性文章和著作有 Don E. Fehrenbacher, *The Dred Scott Case: Its Significance in American Law and Politics*, New York: Oxford University Press, 1981; Fehrenbacher, "Slavery, the Framers, and the Living Constitution," in Robert A. Goldwin and Art Kaufman, eds., *Slavery and its Consequences: The Constitution, Equality, and Race*, pp. 1 – 22; Fehrenbacher, *The Slaveholding Republic: An Account of the United States Government's Relations to Slavery*, New York: Oxford University Press, 2001, pp. 15 – 49; Earl M. Maltz, "The Idea of the Proslavery Constitution," *Journal of the Early Republic*, Vol. 17, No. 1 (Spring, 1997), pp. 37 – 59; Justin Buckley Dyer, *Natural Law and the Antislavery Constitutional Tradition*, New York: Cambridge University Press, 2012, pp. 14 – 17; David Brion Davis, *Inhuman Bondage: The Rise and Fall of Slavery in the New World*, pp. 273 – 274; 王希：《原则与妥协：美国宪法的精神与实践》，第196页。
④ George William Van Cleve, *A Slaveholders' Union: Slavery, Politics, and the Constitution in the Early American Republic*, Chicago: University of Chicago Press, 2010, pp. 103-105.

的条款在宪法制定过程中没有起到关键性的作用。① 如此看来，在奴隶制与联邦宪法的关系问题上，历史学家唐·费伦巴赫（Don Fehrenbacher）的观点最具说服力：联邦宪法是"中立"的，它既不是一份支持奴隶制的文件，也不是奴隶制的保护伞；三个主要的奴隶制妥协案只是"触及了奴隶制的边缘性特征"，它们当中"没有任何一条正式认可了奴隶制在联邦法律中的合法性"，相反，制宪者"小心翼翼地将奴隶制明确视为州的体制"；"奴隶制只引发了少量的全国性关注"，因而对制宪者的影响很小，"宪法文本上那些少量的让步，更像是潮流中的漩涡，而非潮流本身"；制宪者只是"最小地、外围性地触及了奴隶制问题"，联邦宪法在奴隶制问题上的立场是"开放性"的，它对奴隶制的影响取决于联邦政府实施宪法的能力和力度。②

然而，联邦宪法在奴隶制问题上的模糊性和开放性立场，为与奴隶制相关的宪政争论开启了一扇门，也给新生的联邦政府处理奴隶制问题带来了极大的困惑。在共和国初期，联邦政府对奴隶制问题的处理基本上沿用了制宪会议的妥协方式，因而在相关政策上一直都是左右摇摆。1807 年，联邦国会通过法律，禁止各州继续从事国际性奴隶贸易。③ 此后，国会还通过法律，对走私进口黑奴予以重罚。但在应对国内奴隶制问题上，联邦政府的反奴隶制立场却没有这么坚定。1793 年，国会通过了第一个《逃奴法》，规定当奴隶逃亡外州时，奴隶主及其代理人有权在外州将其抓捕，并在当地的联邦或州法院出具逃奴身份和归属证明后将其带回本州；凡有意隐藏逃奴或阻碍逃奴抓捕过程者，将被处以 500 美元罚款。④ 1801 年，联邦政府正式决定在弗吉尼亚州和马里兰州交界处建立哥伦比亚特区，作为首

---

① 持这种观点的研究有 Don E. Fehrenbacher, *The Slaveholding Republic: An Account of the United States Government's Relations to Slavery*, pp. 37-47; David Brion Davis, *Inhuman Bondage: The Rise and Fall of Slavery in the New World*, New York: Oxford University Press, 2006, pp. 273-274; Earl M. Maltz, "The Idea of the Proslavery Constitution," *Journal of the Early Republic*, Vol. 17, No. 1 (Spring, 1997), p. 39。

② Don E. Fehrenbacher, *The Slaveholding Republic: An Account of the United States Government's Relations to Slavery*, pp. 37-47.

③ U. S. Congress, *An Act to Prohibit the Importation of Slaves into Any Port or Place within the Jurisdiction of the United States, from and after the First Day of January, in the Year of Our Lord, One Thousand Eight Hundred and Eight* (2 March 1807), *Statutes at Large*, Vol. 2, pp. 426-430.

④ U. S. Congress, *An Act Respecting Fugitives from Justice, and Persons Escaping from the Service of Their Masters* (1793), *Statutes at Large*, Vol. 1, pp. 302-305.

都新址。联邦政府保留了当地现行的法律和体制，其中就包括了奴隶制，从而开始了在联邦首都实施奴隶制的历史。[1] 在新加入联邦各州能否实施奴隶制的问题上，联邦政府的政策也不一致。在1789年，联邦国会重新通过了在1787年制定的《西北土地法令》[2]。该法令提供了在俄亥俄河以北、纽约州以西的领土上建立新州的规定，其中规定在西北联邦领土上成立的新州不能实行奴隶制，但允许奴隶主在该地区抓捕逃奴。[3] 但是，联邦国会1790年通过的《西南土地法令》中，并没有把禁止奴隶制作为在俄亥俄河以南土地上建立新州的条件。[4] 这两种不同的政策，使得西南和西北领土上成立的新州在加入联邦后，大致按照自由劳动体制与蓄奴劳动体制的原始地理分界，分别形成了自由州和蓄奴州。

总之，在1819年密苏里危机之前，奴隶制所引发的争议都在宪法框架中得到了平稳的解决。但是，奴隶制问题并没有获得一劳永逸的解决，而是被暂时搁置起来了。用历史学家戴维·戴维斯的话说，在共和国早期，奴隶制问题就像是一个"未响的炸弹"（inactivated bomb）。使这个炸弹保持沉寂状态的是南北双方的两个不成文的共识：第一，北方尊重南部奴隶主对奴隶的财产权，尽管这个权利并没有被宪法明确认可；第二，南部至少应该承认奴隶制是一种抽象的"罪恶"（evil）、"污点"（stain）、"丑恶"（blight），因此不仅不应得到鼓励，还应在合理和可行的情况下被最终废除。但是，外部环境的改变，尤其是南北地区经济和政治权力平衡的被打破，会不断对这两个共识造成挑战。每当争端发生时，下南部（Lower South）的代表经常会以强硬的立场来捍卫奴隶制的利益，甚至以分裂联邦作为威胁，迫使北方作出让步，因此有关奴隶制问题的妥协总体是对南部有利的。这个政治过程表明，在共和国初期，美国宪政体制具有出色的为了维持国

---

[1] U. S. Congress, *An Act Concerning the District of Columbia* (1801), *Statutes at Large*, Vol. 2, pp. 103-105.

[2] U. S. Congress, *An Act to Provide for the Government of the Territory Northwest of the River Ohio* (1789), *United States at Large*, Vol. 1, pp. 50-53.

[3] Continental Congress, *An Ordinance for the Government of the Territory of the United States North of the River Ohio*, *Journal of the Continental Congress*, Vol. 32, pp. 334-343.

[4] U. S. Congress, *An Act for the Government of the Territory of the United States, South of the River Ohio*, New York: Printed by Francis Childs and John Swaine, 1790.

家稳定而作出现实调整的能力。① 但是，在共和国初期，奴隶制问题之所以能够在宪政框架内得到平稳解决，主要是因为奴隶制问题并不是美国政治的核心问题，南北双方具备足够的妥协空间。② 随着美国南北经济的发展和西部领土的扩张，奴隶制在美国政治中的地位越来越高，南北双方在奴隶制问题上的妥协空间越来越小，最终，奴隶制问题的"炸弹"将会被引爆，成为美国宪政体制无法解决的难题。

二 密苏里妥协及其遗产

1819年2月，位于路易斯安那购买领土上的密苏里要求以蓄奴州身份加入联邦，遭到国会内部很多北方议员的反对，使得奴隶制问题首次进入美国政治辩论的中心，引发了自制宪会议召开以来最激烈、持续时间最长、影响范围最广的关于奴隶制问题的争论，导致了一场严重的宪政危机。

密苏里争议的直接起源是自由州与蓄奴州在国会中的权力失衡。从1791年到1819年，共有9个州在西部领土上建立并加入联邦，其中佛蒙特、俄亥俄、印第安纳、伊利诺伊这4个州作为自由州加入联邦，而肯塔基、田纳西、密西西比、阿拉巴马和路易斯安那这5个州作为蓄奴州加入联邦。到1819年时，联邦内共有22个州，自由州和蓄奴州各为11个，双方在参议院内的代表权是平等的。事实上，这种平等具有一定的欺骗性。因为伊利诺伊州虽然以自由州身份加入联邦，但在现实政治中却是个蓄奴州。该州宪法虽正式终止了奴隶制，但规定奴隶必须经历五年的学徒期，这其实是奴隶制的一种延续。而且，该州不仅通过了严格管理自由黑人的法律，还选举了两名南部出生的亲奴隶制的参议员进入国会，他们在全国性政治中一直站在蓄奴州

---

① David Brion Davis, *Inhuman Bondage: The Rise and Fall of Slavery in the New World*, pp. 273-274.
② 近年来，有不少学者对19世纪20年代之前的奴隶制政治进行了研究，认为奴隶制问题在当时的全国政治中也发挥了重要作用。相关的著作有 Paul Finkelman, *Slavery and the Founders: Race and Liberty in the Age of Jefferson*, Armonk, N.Y.: M.E. Sharpe, 2001; Robin Einhorn, *American Taxation, American Slavery*, Chicago: University of Chicago Press, 2006; Mark A. Graber, *Dred Scott and the Problem of Constitutional Evil*, Cambridge: Cambridge University Press, 2006; Gary B. Nash, *Race and Revolution*, Madison, Wis.: Madison House, 1990; Matthew Mason, *Slavery and Politics in the Early Republic*, Chapel Hill: University of North Carolina Press, 2006; John Craig Hammond, *Slavery, Freedom and Expansion in the Early American West*, Charlottesville: University of Virginia Press, 2007。

一边，这意味着在 1818 年，北部自由州在参议院中已经处于两票的劣势地位。① 因此，密苏里以蓄奴州身份加入联邦的要求遭到不少北方自由州国会议员的反对。

南部地区对奴隶制的依赖程度越来越高，则是导致密苏里危机的另一个重要原因。19 世纪初期以来，由于英国棉花需求量的增长、惠特尼轧棉机的发明和山地棉花收益率的提高，导致西南地区出现了所谓的"棉花革命"，棉花种植园经济的发展则导致奴隶制迅速扩张至阿拉巴马州、密西西比州和路易斯安那州。②"棉花革命"也使得奴隶劳动力的需求量剧增，奴隶财产的价格也不断增长。在 1814 年，一名出色的农场黑奴大约值 400—500 美元，但是到 1819 年，其价格就飙升至 8000—11000 美元。③ 在切萨皮克湾（Chesapeake Bay）地区，烟草业的利润率越来越低，出售新增的奴隶逐渐成为当地的主要经济来源，奴隶儿童代表着资本收益。在 1820 年，弗吉尼亚的一名有声望的奴隶主就这样告诉他的女婿："一名能生两个孩子的女奴远比一个非常能干农活的男奴要值钱得多。"④ 因此，密苏里虽然不是棉花种植区，但是限制奴隶制进入该地区却遭到了弗吉尼亚州和南卡罗来纳州这样的奴隶出口地区的强烈反对。总之，到 19 世纪 20 年代，奴隶制已经成为南部地区的经济命脉，这在很大程度上改变了南部对奴隶制的看法。在革命时期和建国初期，除了南卡罗来纳州和佐治亚州之外，南部地区普遍认为奴隶制肯定会衰落下去，但奴隶制在 19 世纪初的兴起显然大大削弱了这种看法。与此同时，美国革命所带来的"自由的诱惑"在南部地区已经急速衰退，甚至完全消失了。⑤

密苏里危机可谓是一波三折，最初引发这场危机的是来自纽约的民主

---

① Sean Wilentz, "Jeffersonian Democracy and the Origins of Political Antislavery in the United States: The Missouri Crisis Revisited," p. 379. 关于伊利诺伊州加入联邦时，国会内部关于奴隶制问题的辩论，可以参考 Leonard L. Richards, *The Slave Power: The Free North and Southern Domination*, Baton Rouge: Louisiana State University Press, 2000, pp. 72-75。

② Sean Wilentz, "Jeffersonian Democracy and the Origins of Political Antislavery in the United States: The Missouri Crisis Revisited," pp. 382-383.

③ Ulrich B. Phillips, *American Negro Slavery*, pp. 370-371.

④ Steven Deyle, "The Irony of Liberty: Origins of the Domestic Slave Trade," *Journal of Early Republic*, Vol. 12, No. 1 (Spring 1992), p. 51.

⑤ Sean Wilentz, "Jeffersonian Democracy and the Origins of Political Antislavery in the United States: The Missouri Crisis Revisited," p. 383.

共和党国会参议员詹姆斯·塔尔梅奇（James Tallmadge）。① 1819年2月13日，当第15届国会在讨论密苏里建州方案时，塔尔梅奇提交了一份提案，要求密苏里必须要满足以下条件时，才能加入联邦：密苏里在加入联邦后，"不能引入奴隶制或其他强制性劳役制度"，而且"所有在密苏里加入联邦之后在该州出生的奴隶，在年满25岁时就能获得自由"。② 塔尔梅奇的提案遭到南部蓄奴州势力的坚决反对。在自由州势力占优势的众议院中，该提案以11票的微弱优势得以通过，但在参议院中被否决。随后，讨论在位于密苏里以南的路易斯安那领土上建立阿肯色领地（Arkansas Territory）时，北方的反对奴隶制扩张的国会议员也提出与塔尔梅奇提案类似的方案，同样因南部的强烈反对而未获通过。③

当第16届国会在1819年12月初开会之后，联邦最北部的缅因地区在脱离马萨诸塞州之后要求加入联邦，给解决密苏里危机带来了契机。1820年2月17日，伊利诺伊州国会参议员杰西·托马斯（Jesse Thomas）提出一份议案，建议密苏里和缅因分别作为蓄奴州和自由州加入联邦，以北纬36°30′为界划分余下的路易斯安那领土，此界线以北的领土，除密苏里之外，一律禁止实行奴隶制，但是允许《逃奴法》的实施。④ 此议案在参议院得到通过，但在众议院被否决。⑤ 两天之后，在众议院议长亨利·克莱积

---

① "民主共和党"：18世纪后期，以杰斐逊和麦迪逊为首的反联邦主义者组织起来，自称为"民主共和党人"或"杰斐逊共和党人"（Jeffersonian Republicans），后来又简称为"共和党人"（Republicans）。学者们一般认为，民主共和党和联邦党（Federalist Party）构成了美国的第一政党体系；从19世纪20年代后期开始，随着联邦党的衰落和民主共和党的分裂，美国逐渐进入了由辉格党和民主党构成的第二政党体系，杰斐逊时代的"民主共和党"与这个时期的民主党是一脉相承的。参见王希《原则与妥协：美国宪法的精神与实践》，第142—145、158—160页；David Brown, "Jeffersonian Ideology and the Second Party System," *The Historian*, Volume 62, Issue 1 (Fell, 1999), pp. 17-18.

② U. S. Congress, *Journal of the House of Representatives*, 15th Congress, 2nd Session (13 February, 1819), p. 1170.

③ U. S. Congress, *Annals of the Congress of the United States*, 15th Congress, 2nd Session (February 16, 1819), pp. 1214-1215, 1438.

④ U. S. Congress, *Annals of Congress of the United States*, 16th Congress, 1st Session (February 17, 1820), p. 428.

⑤ U. S. Congress, *Annals of Congress of the United States*, 16th Congress, 1st Session (February 17, 1820), pp. 1409-1410.

极斡旋下，众议院重新表决并通过了托马斯提案。① 至此，著名的"1820年密苏里妥协"正式达成。不过，密苏里事件所引发的争议并未立即结束。1820年7月19日，密苏里州制定了第一部州宪法，其中规定"禁止任何自由黑人或黑白混血儿以任何借口进入本州，或在本州定居"②。此条款引发了很多北部州的国会议员的强烈不满。因为在部分北方州，自由黑人已经获得了一定的公民权，密苏里州宪法的这个条款显然违背了联邦宪法的规定——各州应该尊重其他州公民的"特权和豁免权"。这次争议再次以妥协收场，密苏里州宪法继续生效，但是州议会宣誓不会再通过任何违背联邦宪法的法律。③

密苏里妥协只是将奴隶制问题所引发的政治危机往后推迟了，并没有彻底解决奴隶制与美国宪政体制之间的矛盾。相反，密苏里危机可谓是打开了奴隶制问题这个潘多拉盒子，让美国人首次深切地感受到了奴隶制问题的巨大危险性，因而其发展过程和处理方式，都对此后数十年的奴隶制政治有深刻影响。正如历史学家丹尼尔·豪（Daniel Howe）所言，"密苏里危机就像是一部歌剧的序曲，预示着接下来45年的地区性冲突"④。

首先，密苏里辩论中所讨论的问题，成为此后几十年中奴隶制政治的核心话题。南北双方所关注的焦点是联邦政府在奴隶制问题上的权力范围。以詹姆斯·麦迪逊和南卡罗来纳州国会众议员查尔斯·平克尼（Charles Pinckney）为代表的南部政治精英坚持认为宪法并没有授予联邦国会管理奴隶制的权力，因而密苏里州是否实行奴隶制只能由本地人民自行决定，联邦国会无权干涉。⑤ 而纽约州的国会参议员鲁弗斯·金（Rufus King）、国会众议员约翰·W. 泰勒（John W. Taylor）和约翰·杰伊等北部政治精英则声

---

① U. S. Congress, *Annals of Congress of the United States*, 16th Congress, 1st Session (February 19, 1820), pp. 1587-1588.
② *Constitution of the State of Missouri*, July 19, 1820.
③ George Dangerfield, *The Era of Good Feelings*, New York: Harcourt, Brace, 1952, p. 242.
④ Daniel Howe, *What Has God Wrought: The Transformation of America, 1815-1848*, p. 148.
⑤ 查尔斯·平克尼在国会中的发言，可参见 U. S. Congress, *Annals of Congress of the United States*, 16th Congress, 1st Session (February 14, 1820), p. 1316；詹姆斯·麦迪逊的观点，可参见 James Madison to President Monroe, in *Letters and Other Writings of James Madison*, Vol. 3, Philadelphia: J. B. Lippincott & Co., 1865, pp. 167-169。

称宪法授予了联邦国会禁止奴隶制进入新建诸州的权力。① 但是随着争议的持续，国会内部出现了从道德层面反对奴隶制的声音。部分比较极端的奴隶制反对者将权利平等视为共和政府的"基本原则"（first principles），认为奴隶制是对这一原则的"高度损害"，因此不仅不能扩张，还应被永久废除。② 他们的观点主要基于以下几个原则。一是以自然法来反对奴隶制，其中鲁弗斯·金的观点最为激进。他认为"任何支持奴隶制的法律和契约都是完全无效的，因为它们违背了自然法这种上帝之法"③。二是以《独立宣言》的普遍自由和平等原则来反对奴隶制。马萨诸塞州国会众议员蒂莫西·富勒（Timothy Fuller）指出，既然"所有的美国人都承认《独立宣言》是定义共和政府基础的权威"，且《独立宣言》认可"所有人都有平等权利"，那么"剥夺黑人的所有政治自由，并将他们变作白人的财产"的举动显然违背《独立宣言》和共和政府的道德，因此阻止奴隶制这种"无法容忍的恶"是联邦国会的"责任和义务"。④ 三是对建国之父和联邦宪法与奴隶制的关系进行清晰阐释，以此来反对奴隶制。不少北方国会议员认为，在1787年立宪时，制宪代表们只是允许奴隶制在南部蓄奴州存在，并不支持奴隶制扩张成为一种全国性的体制，而且他们希望"奴隶制会逐渐消失"⑤。虽然这些奴隶制的坚定反对者在当时并未取得胜利，但他们的话语和观点在此后的反奴隶制政治中会不断出现。

---

① U. S. Congress, *Annals of Congress of the United States*, 15th Congress, 2nd Session (February 15, 1819), p.1181; Henry P. Johnston. ed., *The Correspondence and Public Letters of John Jay*, Vol. 3, New York: G. P. Putnam's Sons, 1891, pp. 430-431.

② U. S. Congress, *Annals of Congress of the United States*, 16th Congress, 1st Session (February 16, 1820), p.1116.

③ U. S. Congress, *Annals of Congress of the United States*, 16th Congress, 1st Session (February 13, 1820), pp. 1380-1381.

④ U. S. Congress, *Annals of Congress of the United States*, 15th Congress, 2nd Session (February 15, 1819), p. 1181. 除了富勒之外，还有不少国会议员以《独立宣言》为武器来反对奴隶制的扩张，具体可见 *Annals of Congress of the United States*, 15th Congress, 2nd Session, p, 1192; *Annals of Congress of the United States*, 16th Congress, 1st Session, pp. 1114, 1134, 1300, 1396 1397, 1426-1427。

⑤ U. S. Congress, *Annals of Congress of the United States*, 16th Congress, 1st Session (February 6, 1820), p.1116; U. S. Congress, *Annals of Congress of the United States*, 16th Congress, 1st Session (February 7, 1820), pp.1437-1438; U. S. Congress, *Annals of Congress of the United States*, 15th Congress, 2nd Session (February 15, 1819), p.1192.

其次，从密苏里危机开始，南部的很多传统观点发生了转变，趋向于支持和捍卫奴隶制。一是很多南部的政治精英将严格解释宪法、捍卫个人自由的杰斐逊主义转变成捍卫奴隶制的工具，这是南部拥奴主义思想发展的重要转折点。弗吉尼亚州的政治理论家、国会参议员约翰·泰勒（John Taylor）是这种观点的代表性人物。泰勒认为联邦政府的权力只能局限于宪法文本所明确划定的范围之内，宽泛地解释宪法将会导致个人权利和州权遭到国家权力的侵犯；农业具有商业、制造业和金融业无法比拟的至上美德，能够保持共和政府的纯洁性。这些都是杰斐逊主义的传统观点，但是泰勒却将其作为捍卫奴隶制的理论武器。他认为塔尔梅奇提案是北部的银行家、制造商和政府官员的阴谋，他们故意对宪法作出宽松解释，试图利用国家权力控制以农业为基础的南部，进而掌握整个联邦。[1] 二是南部的渐进废奴思想转变为支持奴隶制扩展的理论依据。革命时期以来，以托马斯·杰斐逊为代表的一批南部奴隶主精英被称为"有条件的奴隶制终结者"（conditional terminator），他们认为只有当条件适当时，才能解放奴隶，而所谓的恰当条件是指废奴得到了大多数当地白人的同意。[2] 在密苏里危机中，这种反奴隶制立场却成为南部支持奴隶制的工具。托马斯·杰斐逊和约翰·泰勒等人在密苏里危机期间提出奴隶扩散理论，认为把奴隶散布到更广阔的领域，改善"奴隶的境况"，为奴隶的最终解放创造条件。[3] 三是部分激进的南部人士甚至认为奴隶制不是恶，而是一种善。他们指出，奴隶主不仅将奴隶视为其"最重要、值钱的财产"，而且"没有忘记奴隶也是人"[4]；"奴隶主与奴隶之间的关系是家长式的"，奴隶主"没有任何动机"去"狂热地仇视奴隶"，因为这"不符合他们的利益"。[5] 因此，密苏里危

---

[1] John Taylor, *Construction Construed, and Constitutions Vindicated*, Richmond: Printed by Shepherd & Pollard, 1820, pp. 1-6.

[2] William Freehling, *The Road to Disunion: Secessionists at Bay, 1776-1854*, New York: Oxford University Press, 1990, pp. 121-127.

[3] U.S. Congress, *Annals of Congress of the United States*, 16th Congress, 1st Session (February 17, 1820), p. 1391; Letter from Thomas Jefferson to Albert Gallatin, December 26, 1820, in *Thomas Jefferson Writings*, p. 1434.

[4] U.S. Congress, *Annals of Congress of the United States*, 15th Congress, 2nd Session (February 15, 1819), p. 1188.

[5] U.S. Congress, *Annals of Congress of the United States*, 16th Congress, 1st Session (January 21, 1820), pp. 268-269.

机虽然是以和平妥协的方式结束的，但南北地域之间在奴隶制问题上的严重分裂已然形成。正如托马斯·杰斐逊所言，北纬36°30′这道"地理界线，与显著的道德和政治原则融为一体，它一旦建构起来，滞留于人们的愤怒激情之中，将永远不会被消除；每一次新的刺激，都只会将这个界线变得更加深刻"[1]。

再次，密苏里危机使美国的政治精英前所未有地感受到奴隶制问题的巨大危险性——联邦分裂。南部不断向北部传达退出联邦的信息，以此威胁北方试图使其妥协。乔治亚州的国会议员托马斯·科布（Thomas Cobb）警告北部国会议员，"如果你们继续（支持塔尔梅奇提案），联邦就将解体"，而且，"你们已经点燃了一场竭尽所有大洋之水都难以扑灭的大火，唯一能让此火熄灭的就是鲜血的海洋"[2]。坚定的反奴隶制政治家约翰·昆西·亚当斯在日记中写道，亨利·克莱在19世纪20年代向他传递了一个观点，"联邦将在五年之内分裂成三个不同的联盟"[3]。约翰·卡尔霍恩（John Calhoun）甚至指出，如果联邦发生分裂，南部将"与英国建立攻守同盟"，也就是"回归到殖民状态"[4]。北方的反奴隶制国会议员并未立即妥协。塔尔梅奇声称："如果联邦分裂必将发生，那就让它发生吧！南部的绅士们威胁说发生内战，如果这个内战肯定会到来，我只能说那就让它来吧！……如果只有鲜血才能扑灭由我点燃的大火，那么我向南部绅士们保证，虽然我也为这必须的流血感到遗憾，但是我仍将不顾一切地继续自己的事业。"[5] 亨利·克莱则忧心忡忡地指出，"联邦分裂这个话题时常被谈起，而且人们像讨论其他普遍的立法一样毫无感情地谈论这个问题"[6]。而且，双方还把

---

[1] Thomas Jefferson to John, April 22, 1820, http://www.loc.goc/exhibits/jefferson/159.html, 访问日期：2019年3月20日。

[2] U. S. Congress, *Annals of Congress of the United States*, 15th Congress, 2nd Session (February 16, 1819), p. 1204.

[3] Charles Francis Adams, ed., *Memoirs of John Quincy Adams, Comprising Portions of His Diary from 1795 to 1848*, 12 Vols., Philadelphia: J. B. Lippincott, 1874, Vol. 4, pp. 525-526.

[4] Charles Francis Adams, ed., *Memoirs of John Quincy Adams, Comprising Portions of His Diary from 1795 to 1848*, Vol. 4, p. 530.

[5] U. S. Congress, *Annals of Congress of the United States*, 15th Congress, 2nd Session (February 16, 1819), pp. 1204-1205.

[6] Henry Clay to John J. Crittenden, Jan. 29, 1820, quoted in Glover Moore, *Missouri Controversy, 1819-21*, Lexington: The University Press of Kentucky, 1982, p. 90.

战火燃烧到了国会之外。一位报纸编辑指出，就他的目力所及，"所有的报纸都在报道此事，全国似乎都被这个问题所搅动了"①。在1819年至1820年，南部和北方进行了多场相关的公众集会和庆祝活动，以表达当地的意见。② 南北之间的尖锐对峙让已入暮年的托马斯·杰斐逊对奴隶制问题的危险性有着格外深切的认识。他在1820年2月就此指出，"在所有对联邦造成威胁的事件中，密苏里危机是最可怕的一个。即便是革命战争中最沮丧绝望的时刻所带给我的恐惧，也无法与这次危机相提并论"③。两个月后之后，他在给朋友的信中，对奴隶制问题的危险性作出了最著名的表述——

> 这个重大问题，就像深夜中的火警铃声，将我惊醒且让我充满恐惧。我立刻意识到，这就是联邦的丧钟。当然，它暂时还是沉寂的。但这只是缓刑，不是终审……我很遗憾自己将带着这样的信念死去：1776年革命一代的自我牺牲是没有价值的，（联邦）将被他们后代的愚蠢、低劣的激情所推翻；唯一让我感到欣慰的是，我活不到为这个悲惨结局而哭泣的那一天了。④

最后，密苏里危机对美国的政党政治与奴隶制问题的关系有深远影响。密苏里危机直接加速了美国第一政党体制的瓦解。从19世纪初以来一直在全国政治中占据绝对优势地位的民主-共和党因密苏里问题发生南北分裂，而且在北部的民主-共和党也发生了内部分歧，新英格兰地区的部分民主-共和党人站在南部一边，支持密苏里州成为蓄奴州。从19世纪20年代后期开始，美国开始进入了由民主党和辉格党主导的第二政党体系。因担心奴隶制问题会导致联邦和政党分裂，第二政党体系内的两大政党都尽量压制极端的反对或拥护奴隶制的声音，试图避而不谈奴隶制问题。民主党的设

---

① *Enquirer*, January 20, 1820.
② George William Van Cleve, *A Slaveholders' Union: Slavery, Politics, and the Constitution in the Early American Republic*, Chicago: University of Chicago Press, 2010, pp. 178-179.
③ Thomas Jefferson to Huch Nelson, February 7, 1820, https://founders.archives.gov/documents/Jefferson/03-15-02-0351, 访问日期：2015年1月20日。
④ Thomas Jefferson to John Holmes, April 22, 1820, https://founders.archives.gov/documents/Jefferson/03-15-02-0518, 访问日期：2015年1月20日。

计师马丁·范布伦在 1827 年就明确指出,他希望建立一个由"南部种植园主和北部的普通共和党人"组成的政党,这个新政党是"缓解地区偏见的一剂良药",它不仅要保持奴隶制完整,还要把北方的激进反奴隶制思想和南部的极端地区主义束之高阁。① 亨利·克莱、威廉·亨利·哈里森这些未来的辉格党重要领袖也反对限制奴隶制的扩展,支持妥协。从 19 世纪 30 年代开始,两大政党争论的焦点问题是合众国银行、保护性关税、联邦政府资助的内部改进、安德鲁·杰克逊的领导方式等问题,奴隶制问题被双方心照不宣地搁置起来了。② 维持联邦和尊重密苏里妥协,构成了第二政党体系的基础,这意味着奴隶制问题成为两大政党都不愿触碰的禁区,只能被一再拖延和搁置。

总之,从密苏里妥协到 19 世纪 30 年代,美国的奴隶制政治逐渐陷入了困境。一方面,随着奴隶制成为南部蓄奴州的经济命脉和核心利益,南部蓄奴州将奴隶制扩展到西部领土的欲望也越来越难以抑制,越来越不愿在奴隶制问题上作出妥协,奴隶制分裂联邦的危险性也在不断增加;另一方面,全国性的政党为了维持联邦统一、获得政治竞争的胜利,尽量避而不谈奴隶制问题,一旦奴隶制问题引发争议,双方都争取尽快达成妥协。也就是说,虽然美国的很多政治精英意识到了奴隶制问题蕴含的日渐增加的危险性,但缺乏解决这个问题的决心和勇气,只能将问题掩盖起来,把危险往后推移。更重要的是,密苏里妥协以来,从道德和权利层面上反对奴隶制的声音逐渐从主流政治话语中消失了,奴隶制问题变成了南北之间的纯粹的政治利益和经济利益的博弈;联邦宪法在某种程度上沦为一种维系地域团结的契约,其所蕴含的道德和正义原则似乎在奴隶制问题上失效了。③

---

① Van Buren to Ritchie, January 13, 1827, *Van Buren Papers*, Library of Congress, Quoted in Sean Wilentz, "Jeffersonian Democracy and the Origins of Political Antislavery in the United States: The Missouri Crisis Revisited," p. 393.

② Don E., *The Slaveholding Republic: An Account of the United States Government's Relations to Slavery*, pp. 265-266; Sean Wilentz, "Jeffersonian Democracy and the Origins of Political Antislavery in the United States: The Missouri Crisis Revisited," pp. 392-393.

③ George William Van Cleve, *A Slaveholders' Union: Slavery, Politics, and the Constitution in the Early American Republic*, Chicago: University of Chicago Press, 2010, pp. 271-272.

三 奴隶制政治权势的兴起

美国早期奴隶制政治的另一个重大变化，是奴隶制作为一种全国性政治权势的兴起。这一变化，与奴隶制经济的扩张密不可分。前文已经提及，从18世纪90年代开始，"棉花狂潮"席卷南部地区。1790年到1800年，美国棉花产量从150万磅增长到3650万磅，向英国出口的棉花量增长了93倍。① 1812年美英战争结束后，奴隶制开始向西南部地区快速扩张。到19世纪30年代，密西西比河谷已经取代下南部地区，成为美国奴隶制经济的中心。与此同时，一个以奴隶制种植园经济为基础的"棉花王国"也正式在南部形成。在1831年，美国的棉花产量已经占据世界棉花产量的39%，美国出口到英国的棉花占英国棉花进口总额的73%，美国棉花出口的产值占美国出口商品总额的42%。②

表面上看，奴隶制是南部的"特殊体制"，实际上它是全国市场的重要组成部分，与北部的自由州有着千丝万缕的联系。北部的货运公司将南部生产的棉花运到纽约并出口到欧洲，北部的银行家为南部的棉花作物提供金融资本，北部的保险公司为南部棉花的生产和运输提供保险服务。③ 更重要的是，棉花是北部地区工业化的重要动力。美国国会制造业委员会在1831年撰写的一份报告中指出，新英格兰地区的795个棉纺织厂每年消耗7800万磅棉花，它们绝大部分来自南部奴隶制种植园。④ 19世纪20年代以来，南部的奴隶主还从新英格兰的制衣厂订制一类名为"黑布"（negro cloth）的廉价衣服，以满足奴隶穿衣所需。⑤ 1832年，南部的种植园有超过100万名奴隶，奴隶主可能要购买1500万码布匹，这差不多是新英格兰地区纺织中心洛

---

① 〔美〕斯文·贝克特：《棉花帝国：一部资本主义全球史》，徐轶杰、杨燕译，民主与建设出版社，2019，第94—98页。
② Edward E. Baptist, *The Half Has Never Been Told: Slavery and the Making of American Capitalism*, New York: Basic Books, 2014, p. 114.
③ 〔美〕埃里克·方纳：《19世纪美国的政治遗产》，王希译，北京大学出版社，2020，第11页。
④ Bertha S. Dodge, *Cotton: The Plant That Would Be King*, Austin: University of Texas Press, 1984, pp. 88-89.
⑤ Seth Rockman, "Negro Cloth: Mastering the Market for Slave Clothing in Antebellum America," in Seven Beckert and Christine Desan eds., *American Capitalism: New Histories*, New York: Columbia University Press, 2018, pp. 170-188.

厄尔（Lowell）的年产量。奴隶们日常所需的帽子、鞋子、斧头、铁锹等物品，也都是在北部地区生产。到 1836 年，所有与棉花相关的经济活动，其利息本金相加，超过 6 亿美元，几乎占美国 1836 年经济活动总额的一半之多。①

奴隶制在南部和全国经济中的重要地位，以及其蓬勃发展的势头，都促使南部的奴隶主精英竭力获取全国性的权力，以保护和扩张奴隶制。联邦宪法恰好为他们提供了所需的制度空间。如前文所述，联邦宪法以模糊的方式处理奴隶制，全文并没有提到"奴隶"（slaves）和"奴隶制"（slavery）。联邦宪法对州权的保护，也为南部奴隶主精英捍卫奴隶制提供了一定的法理基础。更重要的是，联邦宪法还就逃奴、奴隶贸易、蓄奴州的代表权、联邦征税权等问题与南部蓄奴州达成了一系列妥协。其中，"五分之三条款"的影响尤为重大。这一条款的实施，实际上赋予了南部蓄奴州更多的代表权。1793 年至 1860 年，南部蓄奴州在国会中实际得到的国会席位，比其根据自由人口的数量所能得到的席位多出三分之一。这意味着南部蓄奴州其实还获得了更多的总统选举人票，能在整个联邦政府中掌握更多权力。② 总体而言，联邦宪法在奴隶制问题上的模糊性和开放性立场，为南部奴隶制精英提供了获取全国性权力的制度空间，使他们可以构建一种保护奴隶制的宪法结构（structure of Constitution）和政治权势。③

美国早期的政治发展则为奴隶制政治权势的崛起提供了机会。如前文所述，19 世纪 20 年代之前，南北之间在经济和政治方面保持着平衡。即便如此，每当争端发生时，下南部地区的代表经常会以强硬的立场来捍卫奴隶制的利益，迫使北部作出让步，因此有关奴隶制问题的妥协总体是对南

---

① Edward E. Baptist, *The Half Has Never Been Told: Slavery and the Making of American Capitalism*, pp. 318-323.
② Brian D. Humes, Elaine K. Swift, Richard M. Valelly, Kenneth Fingold and Evelyn C. Fink, "Representation of the Antebellum South in the House of Representatives: Measuring the Impact of the Three-Fifths Clause," in D. W. Brady, D. McCubbins, eds., *Party, Process, and Political Change in Congress: New Perspectives on the History of Congress*, Volume 1, Stanford, California: Stanford University Press, 2002, pp. 452-466; Leonard L. Richards, *The Slave Power: The Free North and Southern Domination, 1780-1860*, Baton Rouge: Louisiana State University Press, 2000, pp. 56-57.
③ Don E. Fehrenbacher, *The Slaveholding Republic: An Account of the United States Government's Relations to Slavery*, pp. 37-47.

部有利的。① 而且，在 19 世纪的头二十年中，弗吉尼亚州的奴隶主政治精英牢牢控制了全国政治。他们不仅始终占据总统位置，并通过控制国会党团会议等方式塑造了全国政治的规则。② 密苏里危机使美国的政治精英前所未有地感受到奴隶制问题的巨大危险性，导致他们对奴隶制问题采取"去政治化"的策略，即避免就奴隶制展开辩论，一旦奴隶制问题引发争议，立即搁置争议、达成妥协。③ 这实际上创制了一种对南部有利的政治结构，在将奴隶制问题"去政治化"的基调中，南部会以强硬的立场获得支配性地位。

美国早期政党政治的发展进一步强化了南部在这种政治结构中的优势地位。19 世纪 20 年代中期以来，美国逐步进入民主党与辉格党主导的第二政党体制时期。④ 新一代政治家大多平民出身，以政治为职业，缺乏强硬的意识形态，善于谈判和妥协，以赢得竞争为最高目标，霍夫斯塔特将其称为"安抚性政治家"。⑤ 由此形成了一种党派利益至上的现代政党文化，这更有利于南北之间在奴隶制问题上达成妥协。而且，这一时期联邦政府的权力有限，无法以强力措施来解决重大政治问题，也需要政党之间通过联盟和妥协，避免或遏制重大政治分歧。⑥ 这种党派利益至上的政治文化，使北部的政治精英往往从纯粹的政治利益的角度来看待奴隶制问题，故而容易与南部的奴隶主政治精英达成妥协。

19 世纪 20 年代以来，在上述诸多因素的共同推动下，奴隶制政治权势变得异常强大。1830 年到 1840 年，蓄奴州的国会众议员共 100 人，非蓄奴

---

① David Brion Davis, *Inhuman Bondage: The Rise and Fall of Slavery in the New World*, pp. 273-274.
② Leonard L. Richards, *The Slave Power: The Free North and Southern Domination, 1780-1860*, pp. 57-63.
③ Don E. Fehrenbacher, *The Slaveholding Republic: An Account of the United States Government's Relations to Slavery*, pp. 265-266; Sean Wilentz, "Jeffersonian Democracy and the Origins of Political Antislavery in the United States: The Missouri Crisis Revisited," *The Journal of The Historical Society* (Fall, 2004), pp. 392-393.
④ Richard Hofstadter, *The Idea of a Party System: The Rise of Legitimate Opposition in the United States, 1780-1840*, Berkeley: University of California Press, 1969, pp. 8-9, 212-272.
⑤ Richard Hofstadter, *The Idea of a Party System: The Rise of Legitimate Opposition in the United States, 1780-1840*, pp. 216-281, 242-243.
⑥ Jeffery S. Selinger, "Rethinking the Development of Legitimate Party Opposition in the United States, 1793-1828," *Political Science Quarterly*, Vol. 127, No. 2 (Summer 2012), p. 287.

州的国会众议员共 142 人。① 蓄奴州的众议员人数虽少，但是其影响力却更大。根本原因是各蓄奴州虽然在地域、政党和经济利益等方面也存在一定的分歧，但它们都共享了奴隶制这一最基本的政治经济制度，这决定了它们在经济利益、政治体制和文化认同等方面具有高度的一致性。因此，蓄奴州的国会议员更容易摒弃分歧，达成一致意见。与之相比，北部州的国会议员更容易陷入复杂多变的政治纷争之中，难以形成与蓄奴州相抗衡的政治力量。控制参议院对蓄奴州而言则更简单，因为蓄奴州与自由州的国会参议员人数相等，南部只需要争取一名北部州国会议员"入伙"，就可以成为多数。② 因此，蓄奴州国会议员构成了国会中最强大的政治势力，往往能在与奴隶制有关的立法过程中起到决定性的作用。北部州的国会议员如果要想在国会中获取更高的职位，就必须得到南部选票的支持，否则难以成功。③ 于是，部分北部州国会议员会出于个人或政党利益，与蓄奴州进行交易，在一些涉及奴隶制的关键性投票中支持南部。1831 年，众议院经过激烈辩论，以 102 票比 97 票的微弱优势通过了《印第安人迁移法》（the Indian Remove Act），其中 41 张赞成票来自北部州国会议员。④ 1836 年，在蓄奴州的推动下，众议院通过"钳口律"，搁置所有与奴隶制有关的请愿书。但这只是一项决议（resolution），没有成为众议院的规则（House Rule），会随着同一届国会的结束而自动失效。⑤ 马里兰州国会众议员威廉·科斯特·约翰逊（William Cost Johnson）1840 年提议将"钳口律"永久确定下来，成为国会的常设规则（Standing Rule of the House），引发诸多北部州国会议员的强烈反对。但是，南部州以 114 票比 108 票险胜，而北部州国会议员共投出 26

---

① Brian D. Humes, Elaine K. Swift, Richard M. Valelly, Kenneth Fingold and Evelyn C. Fink, "Representation of the Antebellum South in the House of Representatives: Measuring the Impact of the Three-Fifths Clause," p. 455.
② Leonard L. Richards, *The Slave Power: The Free North and Southern Domination, 1780–1860*, p. 88.
③ Leonard L. Richards, *The Slave Power: The Free North and Southern Domination, 1780–1860*, pp. 79–80.
④ U. S. Congress, *Journal of the House of Representatives*, 21st Congress, 1st session (May 26, 1830), pp. 728–729.
⑤ 李丹:《浅析1836—1844 年美国国会限制废奴言论的"钳口律"》,《世界历史》2021 年第 2 期, 第 53—54 页。

张赞成票。① 而且，蓄奴州还长期控制着国会的关键席位。安德鲁·史蒂文森和詹姆斯·波尔克（James Polk）分别在 1829 年至 1834 年、1835 年至 1839 年间担任众议院议长，二人皆是来自南部的大奴隶主。在 1836 年至 1841 年间长期担任美国参议院临时议长（President Pro Tempore）的威廉·R. 金（William R. King）则是来自北卡罗来纳州的奴隶主。②

与此同时，蓄奴州还长期把持联邦政府行政和司法部门的重要职位。安德鲁·杰克逊在 1829 年至 1837 年间担任美国总统。他从年轻时就开始从事奴隶买卖，逐步成为南部地区最富有的奴隶主之一。到 1840 年的时候，他位于田纳西州和阿拉巴马州的两个大种植园中，分别拥有 111 名和 51 名奴隶。③ 有学者统计表明，在杰克逊当政时期，57%的联邦政府高级职位均被南部所掌控。④ 他的内阁中的多名成员，比如国务卿约翰·福赛斯（John Forsyth）、联邦邮政部部长阿莫斯·肯达尔（Amos Kendall）、陆军部部长约翰·伊顿（John Eaton）、司法部部长约翰·贝里恩（John M. Berrien），都拥有数量不等的奴隶。⑤ 1835 年，随着约翰·马歇尔大法官去世以及其他几名大法官的离开，杰克逊得到了重塑联邦最高法院的机会。他所任命的 8 名大法官中，有 6 名是奴隶主。22 年后，联邦最高法院在臭名昭著的德雷特·斯科特诉桑弗特案（Dred Scott v. Standford）案判决中承认奴隶制可以向全国蔓延，并否定了黑人的公民权。支持多数派意见的 5 名大法官，包括首席大法官罗杰·B. 坦尼（Roge B. Taney），均是杰克逊总统任命的。⑥ 1837 年，马丁·范布伦继任总统。他是纽约人，没有明确证据表明其是否蓄奴。

---

① U. S. Congress, *Congressional Globe*, 26th Congress, 1st Session (28 Jan. 1840), p. 151.
② Congress Research Service, *Party Leaders in the United Congress, 1789-2019*, updated September 4th, 2019, p. 5, https: //crsreports. congress. govRl30567, 访问日期: 2021 年 10 月 11 日。
③ Mark R. Cheathem, *Andrew Jackson, Southerner*, Baton Rouge: Louisiana State University Press, 2013, pp. 27, 186.
④ Sidney H. Aronson, *Status and Kinship in Higher Civil Service*, Cambridge, Mass.: Harvard University Press, 1964, p. 115.
⑤ Donald B. Cole, "A Yankee in Kentucky: The Early Years of Amos Kendall, 1789-1828," *Proceedings of the Massachusetts Historical Society*, Third Series, Vol. 109 (1997), pp. 34-35; Gerald S. Henig, "The Jacksonian Attitude Toward Abolitionism in the 1830's," *Tennessee Historical Quarterly*, Vol. 28, No. 1 (Spring 1969), p. 43.
⑥ Leonard L. Richards, *The Slave Power: The Free North and Southern Domination, 1780-1860*, pp. 96-97.

但范布伦一直是杰克逊的坚定支持者,而且是依靠南部民主党的选票才惊险赢得大选的,因此他基本延续了杰克逊政府亲南部的政策。他在就职演讲中明确指出,将"坚定不移和毫不妥协地反对国会不顾蓄奴州的意愿废除哥伦比亚特区奴隶制的一切企图,并以同样坚定的决心抵制对蓄奴州的奴隶制进行任何干预"[1],把奴隶制问题排除在全国政治之外。

南部奴隶主精英在获得强大的政治权力的同时,也开始构建拥护奴隶制的意识形态。19世纪初开始,下南部的奴隶主精英就开始公开为奴隶制辩护。[2] 密苏里危机之后,南部开始更加积极地为奴隶制辩护。到19世纪30年代初,弗吉尼亚的奴隶主托马斯·迪尤(Thomas Dew)公开宣称奴隶制是一种善,奴隶与主人之间是朋友关系,奴隶的生活快乐而幸福,奴隶主则是有道德的君子。[3] 更重要的是,南部的奴隶主政治精英逐渐构建出以州权主义为核心的宪法理论。在密苏里危机期间,弗吉尼亚州的政治理论家、国会参议员约翰·泰勒将严格解释宪法和捍卫个人自由的杰斐逊主义改造为捍卫奴隶制的话语工具。他认为联邦政府的权力只能局限于宪法文本所明确划定的范围之内,宽泛地解释宪法将会导致个人权利和州权遭到侵犯;北部的银行家、制造商和政府官员故意对宪法作出宽松解释,试图利用国家权力入侵南部,进而掌握整个联邦;美国宪法明确规定奴隶制属于地方事务,只能由各州独自处理。[4] 1828年至1832年,南卡罗来纳州就关税问题与联邦政府发生争议。约翰·卡尔霍恩将以麦迪逊为代表的联邦主义者对多数人统治的怀疑,与以杰斐逊为代表的民主-共和党人对州权的强调结合起来,构建出更为系统的州权观点。他认为,多数人的权利是习俗性的,而非自然的;多数人可能挟公共利益之名,侵犯少数人的利益,代表制根本无法保护少数人的权利;防止多数人侵犯少数人权利的唯一措施是承认各州拥有独立且完整的主权,而且其主权先于联邦宪法而存在;州有

---

[1] Martin Van Buren, *Inaugural Address*, March 4, 1837.

[2] Sean Wilentz, *The Rise of American Democracy*, p. 221.

[3] Thomas Roderick Dew, "Abolition of Negro Slavery," in Drew Gilpin Faust, ed., *The Ideology of Slavery: Proslavery Thoughts in the Antebellum South, 1830–1860*, Baton Rouge: Louisianan State University Press, 1981, pp. 64–66.

[4] John Taylor, *Construction Construed, and Constitutions Vindicated*, Richmond: Printed by Shepherd & Pollard, 1820, pp. 1–6.

权制止在其看来违宪的联邦立法在本州边界之内实施。① 这一观点具有防御主义色彩,对国家权力保持高度的警惕,与美国社会中长期存在的反国家权力传统和地方自治传统非常契合,具有难以辩驳的正当性。同时,它又将州权置于联邦和宪法之上,带有分离主义倾向,故而威慑力十足。因此,该观点很快成为南部州权理论的根基,也是南部为奴隶制辩护的最强大的法理武器。

总之,在19世纪30年代,基于其在全国经济中的核心位置,奴隶制已经发展成为一种无比强大的全国性政治权势。它与美国的政治体制高度结合,全方位地控制联邦政府,并发展出一套强大的拥奴意识形态。美国社会中大部分白人群体所共享的种族主义观念,则巩固和加强了这一政治权势。奴隶制经济的蓬勃活力,西部的大量土地和广阔的国际市场,使得南部奴隶精英对奴隶制的未来充满信心,也推动他们积极地捍卫和扩张奴隶制政治权势。②

四 奴隶制与民主政治的悖论

在19世纪前30年,美国经历了建国以来的第一波民主化浪潮,其最突出的表现是取消了对白人成年男性选举权的财产限制,极大地扩展了选举权的范围。很多州还缩短了选民的居住年限限制,使很多移民获得了选举资格。③ 与此同时,以马丁·范布伦为代表的新一代职业政治家所组建的现代政党,把大量普通人带入政治,使得精英主导美国政治的局面开始被打破。④ 如果说在18世纪,投票活动在很多时候是一种通过选票来支持和认可上下级关系的行为,那么到19世纪初,投票"成为一种自我表达的方式",是对"一个人在无数个参与集体自治行动的人当中的位置"的肯定。⑤ 这极大地激

---

① John C. Calhoun, *South Carolina Exposition and Protest*, Columbia: D. W. Sims, State Printer, 1829, pp. 5-42.
② Matthew Karp, *This Vast Southern Empire: Slaveholders at the Helm of American Foreign Policy*, Cambridge: Harvard University Press, 2016.
③ Alexander Keyssar, *The Right to Vote: The Contested History of Democracy in the United State*, New York: Basic Books, 2000, pp. 29-32.
④ 〔美〕戈登·伍德:《美国革命的激进主义》,傅国英译,北京大学出版社,1997,第313—314页。
⑤ 〔美〕罗伯特·H.威布:《自治:美国民主的文化史》,李振广译,商务印书馆,2006,第76—77页。

发了普通民众讨论和参与公共事务的热情，使社会中下层民众获得了真正的政治参与权，成为"人民主权的平等参与者"，让美国进入了"普通人崛起的时代"。①

截至19世纪30年代，民主已经成为美国人界定其国家和民族身份的最重要特征。正如埃里克·方纳所言，美国既没有面临一个强大且具有威胁性的邻国，也不是一个由历史积累起来的在种族、文化和宗教方面的联合体，因而导致其缺乏更为传统的界定民族性的基础，在此情形下，"民主式的政治体制取而代之成为了界定国家整体特征的基础"②。

但是，这波民主化浪潮的成功，并不意味着美国民主从此可以一劳永逸地高歌猛进。美国学者查尔斯·蒂利指出，民主化不是一种"渐进的、深思熟虑的、不可逆的过程"，也不是"一套权宜的政治发明，当它准备好了，一个民族只要按部就班行事就行了"。事实上，民主是一种脆弱的政体，其发展不是一个直线上升的过程，而是一种不稳定的、可逆的过程，一种民主化与去民主化相生相伴的过程。③ 奴隶制问题——这一美国民主制度最大的悖论——不仅没有在19世纪初期的这波民主化进程中得到解决，反而进一步发展成为美国民主体制难以治愈的顽疾。

首先，美国政治民主化的发展，并未解决自由这一基本的民主理念与奴隶制之间的悖论。在革命之前，虽然有反奴隶制思想存在，但奴役黑人与白人的自由间的矛盾并不突出。很多北美人士认为，自由是白人的特殊权利，拥有奴隶是个人获得经济独立、享有真正自由的必要条件，而唯有这些真正独立的人才能积极追求公共福利，建立理想的共和社会。从这个角度来讲，殖民地白人的自由精神和民主共和的政治传统，是建立在奴隶制的基础上的。④ 但是，美国革命"赋予了自由一个十分绝对的价值观"，将"自由定义为一种普遍权利"，而非"某种特别的人群或某个特定的地域才能享有的具体权利"，这使得奴隶制与自由的矛盾开始凸显出来。⑤ 因此，

---

① Carl Russell Fish, *The Rise of the Common Man*, 1830-1850, New York: Macmillan Co., 1937, p.427.
② 〔美〕埃里克·方纳:《美国自由的故事》，王希译，第89页。
③ 〔美〕查尔斯·蒂利:《民主》，魏洪钟译，上海世纪出版集团，2009，第32、76页。
④ Edmund S. Morgan, "Slavery and Freedom: The American Paradox," *The Journal of American History*, Vol.59, No.1 (Jun., 1972), pp.5-29.
⑤ 〔美〕埃里克·方纳:《美国自由的故事》，王希译，第63页。

在革命时期和建国之初，出现了本书第一章所描述的反对奴隶制的思潮，自由和平等是所有人的不可剥夺的基本权利的观念传播开来。

19世纪上半期，随着美国政治民主化的发展，自由观念进一步高扬。惠特曼认为美国人"不顾一切地投身自由"①，托克维尔则感叹美国人对自由有一种"神圣崇拜"②。与此同时，由于种族主义泛滥和主流政治对奴隶制问题的回避，自由观念与奴隶制之间的关系变得更为吊诡。一方面，奴隶制的存在，在白人之中造成了一种平等的幻象，掩盖了女性、自由黑人和一些白人男性所遭遇的压迫；另一方面，奴隶制也为自由社会提供了一种参照标准，社会抗争者经常使用"工资奴隶制"和"性别奴隶制"等话语来捍卫自己的自由。③ 归根结底，在19世纪初期的民主化进程中，美国自由观念的发展不仅没有延续革命时期的普遍化趋势，反而回归到革命之前的排他性传统之中，自由再次成为白人群体所独享的权利。

但在当时，美国的大多数白人，尤其是政治精英，对民主理念与奴隶制之间的悖论似乎视而不见。无论是美国白人刻意回避，还是当局者迷，奴隶制与民主理念之间的绝对冲突仍是实际存在的。对此，身处局外的欧洲人有清醒的意识。很多欧洲批评家尖锐地指出，奴隶制的存在是对美国人引以为豪的民主制度的绝佳嘲讽。曾在美国旅居四年的英国人伊萨克·霍姆斯（Isaac Holmes）说道——

> 美国人吹嘘人权是伟大的自由法则，是他们的体制的基础；他们还谴责暴政和压迫；但是在密苏里，每一个成为奴隶主的美国人都是他们自己制造出来的暴君。允许在密苏里奴役同胞，使自由这一伟大原则遭到严重侵犯，这就好比奥地利的暴君用刺刀迫使那不勒斯人无法享有自由体制……奴隶制的影响是可怕的。但凡奴隶制存在之地，必定腐败泛滥，美德和道德被扫荡一空。④

---

① Walt Whitman, *Leaves of Grass*, ed. by Malcolm Cowley, New York: Viking Press, 1959, p. 6.
② James T. Schleifer, "Tocqueville and Some American Views of Liberty," in Joseph Klaits and Micheal Haltzd, eds., Liberty: The American and French Experience, Washington Woodrow Wilson Canter Press, 1991, p. 51.
③ 〔美〕埃里克·方纳：《美国自由的故事》，王希译，第84—85页。
④ Isaac Holmes, *An Account of the United States of America, Derived From Actual Observation, During a Residence of Four Years in the Republic*, London: Caxton Press, 1823, pp. 325, 327.

维多利亚时代著名英国作家弗朗西丝·米尔顿·特罗洛普（Frances Milton Trollpoe）在广为流传的《美国人的家庭习惯》一书中写道："美国人猛烈抨击欧洲的政府，在他们看来，这些政府全都恃强凌弱。在每间会客厅、舞台，甚至是布道坛上，都可以听到他们对欧洲的嘲讽。但是，听其言，再观其在家中的表现，你会发现他们一只手高举着自由的旗号，另一只手则在鞭打他们的奴隶。"① 即便为美国民主大唱赞歌的托克维尔，也认为奴隶制不能在"现代的民主自由和文明中持久存在"②。

当然，部分美国白人精英也意识到奴隶制与自由理念和民主制度之间的根本对立。在密苏里危机时，少数反对奴隶制扩张的国会议员就明确宣称奴隶制违背了共和政府的基本原则。1820年3月，约翰·卡尔霍恩当面向国务卿约翰·昆西·亚当斯陈述了奴隶制的好处：可以让处于社会下层的白人从肤色中获得荣誉感，让他们感觉自己与更富有、更有权势的白人之间是平等的。对此，约翰·昆西·亚当斯很不以为然。他认为，自由与奴隶制之间水火不容，在宪法之中对奴隶制所作的妥协"在道德和政治层面都是邪恶的"，"违背了美国革命的基本原则"。③ 值得注意的是，约翰·昆西·亚当斯并未当面陈述这番义愤之词，只是私下里发了发牢骚。这充分体现出那些清醒的政治精英对奴隶制与民主悖论的无力感。

其次，奴隶制问题还严重影响到美国民主体制的健康运行。奴隶制问题的特殊性，使麦迪逊关于大共和国的设想陷入困境。在《联邦主义者文集》第十篇中，麦迪逊提出了著名的以大共和国医治民主政体中的派别之争的理论。他指出，公民中不同利益群体之间的分歧和竞争，经常会破坏政治稳定，而由多数民众组成的利益群体，往往会危害公共利益，侵犯少数人的权利，这是历史上的民主政体的一大弊端；虽然利益群体之间的争夺是人性使然，无法根除，但是在一个人口众多、地域广阔的大共和国中，由于存在更多的政治派别和利益集团，容易形成"以利益对抗利益的局面"，多数群体侵犯少数群体利益的可能性大大减少了，"各个派别的领袖

---

① Frances Milton Trollope, *Domestic Manners of the Americans*, London, 1832, reprinted by New York, A. A. Knopf, 1949, p. 221.
② 〔美〕托克维尔：《论美国的民主》（上卷），董国良译，商务印书馆，2004，第423页。
③ Charles Francis Adams, ed., *Memoirs of John Quincy Adams, Comprising Portions of His Diary from 1795 to 1848*, 12 Vols., Philadelphia: J. B. Lippincott, 1875, Vol. 5, pp. 10-11.

可能在各自州点燃烽火，但不能使其蔓延到其他州"。① 但是，从密苏里危机开始，美国政治精英就意识到，在奴隶制问题上，麦迪逊所谓多数群体之间的对抗和制衡机制完全失效了；支持和拥护奴隶制的政治领袖在各州所点燃的战火，会自然蔓延到其他州，迅速形成以梅森-迪克逊线为界的两大完全对立的集团，使联邦陷入分裂的危险境地。因此，新成立的大众政党都试图搁置争议，避而不谈奴隶制问题。

而且，19世纪初期的民主化进程，并没有削弱美国民主制度给奴隶制的"保护"。如前文所述，宪法与奴隶制的模糊关系，以及自由州在逃奴、奴隶贸易、蓄奴州的代表权、联邦征税权等问题上与南部蓄奴州达成的一系列妥协，为奴隶制政治权势的兴起提供了制度空间。② 宪法对州权的保护和对奴隶制的沉默，也使得南部的州权主义理论具有强大的说服力。

尤其需要指出的是，19世纪初的民主化进程使得公众意见获得了至高无上的地位，但这却在客观上形成了奴隶制问题上的"多数的暴政"。在美国革命时期和共和国初期，政治精英对公众意见（public opinion）这一颇具民主色彩的现象和理念持怀疑态度。③ 随着19世纪初期美国民主化进程的发展，公众意见也"获得了力量"，多数人的观点似乎具有了天然的正当性。这种对公众意见的尊重乃至膜拜，是19世纪上半期美国政治文化的最重要特征之一。年轻的乔治·班克罗夫特在1826年说道，"人民的声音对于我们来说是最有力量的"，"这是我们的神谕，我们承认，这也是上帝的声音"。④ 托克维尔同样指出，在美国这样的民主国家，"公众意见是个人理性的唯一向导"，"人民对公众意见的信赖将会成为一种以多数为先知的宗教"。⑤ 但"人民"的声音变得更加重要，却客观上加剧了奴隶制问题在美国政治中的困

---

① Jacob E. Cooke, ed., *The Federalist*, Middletown: Wesleyan University Press, 1961, pp. 57-65.
② Daniel Lazare, *The Frozen Republic: How the Constitution is Paralyzing Democracy*, New York: Harcourt Brace & Company, 1996, pp. 90-91.
③ 关于共和国早期美国民众对 public opinion 的态度，可参见 Joanne Freeman, "Explaining the Unexplainable: The Cultural Context of the Sedition Act," in *The Democratic Experiment: New Directions in American Political History*, edited by Meg Jacobs, William J. Novak, Julian E. Zelizer, Princeton: Princeton University Press, 2003, pp. 20-41; Todd Estes, "Shaping the Politics of Public Opinion: Federalists and the Jay Treaty Debate," *Journal of the Early Republic*, Vol. 20, No. 3 (Autumn, 2000), pp. 393-422.
④ 转引自〔美〕罗伯特·H. 威布《自治：美国民主的文化史》，李振广译，第45页。
⑤ 〔美〕托克维尔：《论美国的民主》（下卷），董国良译，第526—527页。

境。因受根深蒂固的种族观念的影响，大多数白人民众并不关注黑人的自由问题。他们普遍认为，一旦奴隶解放，黑白两个种族将难以和平相处，会导致严重的种族冲突，因而他们反对任何激进的废奴措施。两大政党在迎合白人民众的这些观点的同时，又极力将联邦政府无权干涉蓄奴州的奴隶制、奴隶制问题的激化会导致联邦分裂等观念变成公众意见的一部分。因此，截至19世纪30年代，在奴隶制问题上，美国社会出现了托克维尔所谓的"多数的暴政"，要求废除奴隶制的声音被大部分白人民众排除在公共领域之外。在美国这样一个民主社会中，要合法地彻底废除奴隶制，就必须改变大多数美国白人公民对奴隶问题的固有看法。从某种程度上看，改变一个时代的主流观念，其难度不低于战胜这个时代最强大的政治经济组织，这意味着废奴注定是一项十分艰难的任务。

小　结

总之，截至19世纪30年代，奴隶制已经成为美国民主政治的"毒瘤"。一方面，奴隶制与自由这一美国民主的核心理念格格不入，严重损害了美国民主的普遍性价值，并阻碍了美国民主体制的健康运行，危及联邦的统一与和谐。另一方面，奴隶制又深刻地寄居在美国民主的肌体之内，从民主体制中获得维持和发展的养料，不仅发展成为一种强大的全国性政治权势，控制和挟持了联邦政治，还从尊崇公众意见的民主社会中获得了消灭废奴声音的力量。然而，奴隶制这颗"毒瘤"并不会随着时间发展而自动消失。恰恰相反，随着奴隶制不断地向西部地区扩张，南北之间的妥协空间越来越小，这颗"毒瘤"极有可能演变成美国政治的不治之症。美国的共和试验要想持续下去，就必须尽快清除奴隶制这颗"毒瘤"。

但是，在当时的大多数美国政治精英看来，奴隶制是个近乎"无解"的难题，政党政治、选举、国会游说等常规政治手段都无法应对，唯一的对策就是避而不谈、搁置争议，以免因处理不当引发严重的危机。受此影响，美国的奴隶制政治呈现两个明显特征：奴隶制问题不断"去政治化"，从全国性政治舞台和公共领域中退出；在全国性政治领域中，奴隶制则不断"去道德化"，成为一种纯粹的政治利益和经济利益问题。这意味着美国政治体制在奴隶制问题上已经失去了变革的空间和动力。而着手解决奴隶制问题的社会力量，无论是以宾夕法尼亚废奴协会为代表的早期反奴隶制运动，还是盛行一时的殖民废奴方案，都高度依赖政治体制，无力撼动奴隶制这一强大的政治权势。正是在这样的历史语境中，废奴主义者发起了一场更具抗争色彩的改革运动。

第二章 "道德性政治":废奴运动的兴起和特征

1831年1月1日,26岁的白人青年威廉·劳埃德·加里森在波士顿市的一个小印刷作坊中创办了一份报纸,取名《解放者报》。在创刊号上,他写下了一段充满激情的文字,"我将为立即解放奴隶而奋斗……我将如真理一样严酷无情,如正义一样永不妥协。在这个问题上,我不希望用温和的方式来思考、演讲和写作。不!绝不!就像不要向一个房子着火的人温和地发出警告;不要告诉他温和地拯救妻子于强奸者的魔掌;不要告诉一位母亲缓慢地将其孩子从火海中救出——这些驱策我不要在当前的事业上带有任何节制。我无比真诚——我不会含糊其词——我不会原谅任何人——我不会后退一寸——我要让所有人都听到我的声音"[1]。这番惊世骇俗的言论,开始了一场足以改变美国历史的社会运动——废奴运动。

如今,废奴运动在美国历史中的地位已经得到学术界的广泛认可。[2] 美国历史学家玛丽莎·辛哈(Manisha Sinha)不无夸张地说,"废奴主义者之后的美国的激进主义者,一直将废奴运动视为行动主义的典范和社会运动的模板"[3]。但是,如笔者在导论中所述,在废奴运动到底是一场什么性质的社会运动;废奴主义者到底是反对政治的纯粹的道德主义者,还是务实的政治改革者——这两个基本问题上,美国学者却一直争论不休。目前,将道德与政治二元对立的研究范式已经走到极端,其弊端也日益显现出来。首先,该研究范式在很大程度上夸大了废奴阵营内部的分裂,遮蔽了废奴理念的复杂性和多元性。其次,该研究范式受身份政治的影响,颇有"意

---

[1] *Liberator*, January 1, 1831.
[2] Timothy Patrick McCarthy, John Stauffer, eds., *Prophest of Protest: Reconsidering the History of American Abolitionism*, New York: The New Press, 2006, pp. xiv-xvi.
[3] Manisha Sinha, *The Slave's Cause: A History of Abolition*, p. 590.

气之争"的色彩。一方强调废奴主义者的激进性,旨在为美国当下的社会抗争提供精神动力;另一方则力争为政治废奴主义者"正名",以揭示美国政治体制的变革能力。这种过度意识形态化的争论在一定程度上降低了废奴运动研究的学术价值。[1] 再次,该研究范式在研究方法和视野方面也存在一定缺陷。相关研究普遍将政治视为对制度性权力的争夺,把目光局限于选举、立法等高层政治活动,对社会领域中的政治缺乏关注,也没有充分意识到政治文化的巨大影响力。[2] 更重要的是,这种研究范式不能充分发掘废奴运动所具有的势能,无法真正解释其给内战前美国政治带来的影响。因此,废奴运动研究要想取得整体突破,就必须要超越道德与政治二分的研究范式。

近年来,美国和中国的学者均做了一些有益的尝试。美国学者采取的方法是把镜头拉远,在更长的历史时段中观察美国历史上的所有反奴隶制运动的整体特征。[3] 中国学者则尝试从宪政史、公共领域、公民身份等角度,从多个侧面考察废奴运动对内战前美国政治的影响。[4] 这些研究确实跳出了将道德废奴主义者与政治废奴主义者截然两分的窠臼,赋予废奴运动以新的历史意义。但是,它们并未深入考察一些根本性问题:废奴主义者如何从政治的角度来理解奴隶制和废奴事业?这种政治理念与他们的道德观念之间到底是什么关系?这些观念源自何处?如何从历史语境出发理解这些观念?这些理念对内战前的美国政治产生了什么影响?废奴主义者采用了何种独特的组织、网络和话语进行动员?与同时期发生的其他改革运

---

[1] Manisha Sinha, *The Slave's Cause*, p. 5.
[2] Rachel Hope Cleves, "Review of *Beyond Garrison: Antislavery and Social Reform*," *Journal of the Early Republic*, Vol. 26, No. 3 (Fall, 2006), pp. 497-498.
[3] 代表性研究主要有 Manisha Sinha, *The Slave's Cause: A History of Abolition*, New Heaven: Yale University Press, 2017; Stanley Harrold, *American Abolitionism: Its Direct Political Impact from Colonial Times into Reconstruction*, Charlottesville: University of Virginia Press, 2019。前者从民主理论出发,将殖民地时期至内战期间的反奴隶制活动视为一场跨种族的政治民主化运动;后者采取了传统的政治史方法,直接考察从 1700 年到内战期间,反奴隶制运动的领袖们如何通过游说、请愿、立法、参与竞选等政治活动影响美国联邦政府的政策。
[4] 王希:《非裔美国人与内战后宪政新秩序的建立》,《史学集刊》2012 年第 6 期;李丹:《浅析 1836—1844 年美国国会限制废奴主义言论的"钳口律"》,《世界历史》2012 年第 2 期;李丹:《美国公共领域内的反奴隶制刊物流通之争》,《历史教学(下半月刊)》2016 年第 9 期;鲁迪秋:《论美国内战前女性公共演说——以女性废奴社团为中心》,《史学月刊》2022 年第 4 期。

动相比，废奴运动有何独特之处？本章将采用政治文化的研究路径，围绕上述问题重新探索废奴运动的起源和特征。

第一节 废奴运动的道德和政治起源

长期以来，在美国的学术研究和大众媒体中，加里森往往被刻画成为一位凭一己之力发动废奴运动的孤胆英雄。受此影响，学者们容易将加里森的思想与废奴主义简单等同起来，把废奴运动看作一场依靠良知和信仰挑战奴隶制的道德改良运动。[1] 因此，人们要想真正理解废奴运动的特征，就必须重新思考废奴运动的起源。

美国学术界在近些年来的研究表明，虽然加里森确实是早期废奴运动的重要精神领袖和组织者，但是废奴运动的兴起是诸多因素共同作用的结果。北美大陆长期存在的反奴隶思想、大西洋世界的废奴浪潮的兴起、南部奴隶主对奴隶制的坚决维护、殖民废奴方案的进展缓慢和困难，都是推动废奴运动兴起的重要原因。[2] 倘若要理解早期废奴主义者的道德和政治理念，有两个因素需要格外注意，即宗教复兴运动和黑人对殖民方案的反对。

宗教复兴运动的兴起与美国社会在建国早期发生的"深度变革"[3] 密切

---

[1] 代表性研究有 Henry Mayer, *All on Fire: William Lloyd Garrison and Abolition of Slavery*, New York: St. Martin's Press, 1998; Louis Filler, *The Crusade Against Slavery, 1830-1860*, New York: Harper, 1960; Merton L. Dillon, *The Abolitionists: The Growth of a Dissenting Minority*, DeKalb: Northern Illinois University Press, 1974; James B. Stewart, *Holy Warriors: The Abolitionists and American Slavery*, New York: Hill and Wang, 1976。

[2] 代表性研究有 Gilbert Hobbs Barnes, *The Antislavery Impulse: 1830-1844*, New York: D. Appleton-Century, 1933; Manisha Sinha, *The Slave's Cause: A History of Abolition*, New Haven: Yale University Press, 2017; William McDaniel, *The Problem of Democracy in the Age of Slavery: Garrisonian Abolitionists and Transatlantic Reform*, Baton Rouge: Louisiana State University Press, 2013; Birgitta Bader-Zaar, *Abolitionism in the Atlantic World: The Organization and Interaction of Anti-Slavery Movements in the Eighteenth and Nineteenth Centuries*, Mainz: Institut für Europäische Geschichte, 2011; David W. Blight, "Perceptions of Southern Intransigence and the Rise of Radical Antislavery Thought, 1816-1830," *Journal of the Early Republic*, Vol. 3, No. 2 (Summer, 1983), pp. 139-163; C. Loveland, "Evangelicalism and 'Immediate Abolition' in American Antislavery Thought," *The Journal of Southern History*, Vol. 32, No. 2 (May, 1966), pp. 172-188。

[3] "深度变革"（deep change）一词来自美国历史学家戈登·伍德。参见 Gordon S. Wood, "The Significance of the Early Republic," *Journal of the Early Republic*, Vol. 8, No. 1 (Spring, 1988), p. 12。

相关。从 19 世纪初开始，"市场革命"和"通信革命"席卷美国，给美国社会带来了剧烈而深刻的改变。铁路和运河的修建改善了交通状况，形成了全国性的市场，给那些有进取心的农场主、熟练技工和制造商带来前所未有的利益，但是很多难以适应市场经济和一时跟不上市场步伐的生产者却因竞争乏力而陷入困境。与此同时，经济发展和交通改善增加了人口的流动性，很多年轻人前往外地谋生，城市是主要的目的地。19 世纪 20 年代，美国的城市人口增长了 60%，到 40 年代，城市人口跃升了 92%。外来移民也大量涌入。19 世纪初，每年只有 5000 名移民抵达美国。但 19 世纪 30 年代，移民人数急剧攀升至 60 万人，在 40 年代更是跃升至 170 万人。这种剧烈的社会变迁让很多美国人感到困惑，传统的道德标准似乎已经被打破，未来则充满了不确定性。在工业化发展迅速的新英格兰地区，尤其是纽约州的西部和北部，以及西部和南部的边界地带，这种焦虑感尤为强烈。在不少宗教人士看来，共和国正逐渐被物质主义和贪婪所控制，只有复兴基督教信仰，才能把美国人从自私、物质主义和追求奢华的风气中拯救出来，建立一个符合美国崇高理想的正义社会。这种对宗教信仰的迫切需求，使得从 18 世纪末就已经兴起的福音派宗教复兴运动在 19 世纪二三十年代发展到顶峰。①

福音派宗教复兴运动在宗教思想方面的最主要变革是限制和改革传统的加尔文主义，注重个人在拯救过程中的作用。严厉的预定论是加尔文主义的核心观念，它强调上帝对人的绝对主权，凸显了个人在拯救过程中的被动性和消极性。而查尔斯·芬尼（Charles Finney）和西奥多·维尔德（Theodore Weld）等复兴主义牧师则认为，个体只要具有自由意志和道德能力，无须得到上帝的直接援助就可以自我拯救；个人要想获得拯救，不能只凭借对上帝的虔敬之心和仁爱精神，而是要将其转化为荣耀上帝的实际行动——善功（good work）。② 更重要的是，福音派宗教理论不仅仅强调个人的拯救，还呼吁对全社会进行一场彻底的道德革命，消除弥漫在社

---

① David Brion Davis, *Inhuman Bondage: The Rise and Fall of Slavery in the New World*, New York: Oxford University Press, 2006, pp. 251-260; Steven Mintz, *Moralists and Modernizers: America's Pre-Civil War Reformers*, Baltimore: Johns Hopkins University Press, 1995, pp. 7-15.
② Anne C. Loveland, "Evangelicalism and 'Immediate Emancipation' in American Antislavery Thought," *The Journal of Southern History*, Vol. 32, No. 2 (May, 1966), pp. 175-177.

会中的道德罪恶,在共和国创立一个新的黄金时代和人间伊甸园。[1] 著名的福音派牧师莱曼·比彻(Lyman Beecher)就宣称:"基督教会的伟大目标体现在其与现实生活的联系之中,它不仅仅是更新个人,也要改革人类社会。"[2] "他志向高远",这是当时一个颇为了解比彻的人对他的评价,也是对宗教复兴运动的社会改革精神的形象描述。[3] 而且,这个时期的宗教复兴主义牧师较少地将罪恶视为一种抽象的东西,而是将其视为具体的行为模式。比彻在1806年谴责决斗是一种全国性罪恶,让"美国成为一个谋杀者的国度"[4]。他在1825年还谴责酗酒是"美利坚土地上的罪恶","摧毁了美国的生机,并带来了一种死亡的氛围"。[5]

受这种观点影响,以西奥多·维尔德为代表的一些福音派牧师也将奴隶制视为一种全国性的罪恶。福音派宗教复兴运动的这种鲜明的个人改良和行动主义倾向,以及通过消灭具体罪恶来建立人间天国的社会改革冲动,激发美国社会上兴起了禁酒运动、监狱改革、安息日运动、反卖淫运动、废奴运动、妇女权利运动等一系列改革运动。19世纪20年代至60年代也就成为美国历史上的第一个"改革时代"。1841年,拉尔夫·沃尔多·艾默生(Ralph Waldo Emerson)就发出著名的感慨:"在世界历史上,改革的理论从来没有像目前这样充满了希望。"[6] 这波改革运动虽然在目标、成员、组织等方面存在差异,但是具有一个共同的特征,即深受福音派改革运动的影响,具有明显的道德改良的特征。用美国学者罗伯特·阿布朱格的话说,宗教精神在很大程度上塑造了改革者们对个人、社会和宇宙的理解,使他们将"宗教想象和激情作用于那些在美国人看来是世俗的事务上"[7]。从这

---

[1] David Brion Davis, *Inhuman Bondage*, p. 251.

[2] Barbara M. Cross, ed., *The Autobiography of Lyman Beecher*, Vol. II, Cambridge, Mass., 1961, p. 399.

[3] Daniel Walker Howe, *What Hath God Wrought: The Transformation of America, 1815–1848*, New York: Oxford University Press, 2007, p. 166.

[4] Lyman Beecher, *The Remedy for Dueling: A Sermon, Delivered before the Presbytery of Long-Island, at the Opening of their Session at Aquebogue*, April 16, 1806, pp. 37–38.

[5] Lyman Beecher, *Six Sermons on the Nature, Occasions, Signs, Evils, and Remedy of Improvement*, Boston, 1827, p. 7.

[6] Ralph Waldo Emerson, "Man the Reformer," *A Lecture Read before the Mechanics' Apprentices' Library Association*, Boston, January 25, 1841.

[7] Robert H. Abzug, *Cosmos Crumbling: American Reform and the Religious Imagination*, New York: Oxford University Press, 1994, pp. 3, 13.

个角度出发，人们就不难理解为何废奴运动具有明显的道德改革的特征。很多废奴主义者都是福音派宗教的信徒，而废奴主义的理念之中也包含了很多福音派宗教的因素，比如强调奴隶制是一种全国性的罪恶，呼吁人们立刻行动起来消灭这种罪恶，认为奴隶主也有能力自我拯救，即认识到奴隶制的罪恶并立刻释放所有的奴隶。而且，与其他的改革运动相比，废奴运动在宗教和道德理念上并未体现出更多的激进性。

黑人对奴隶制和殖民废奴方案的持续反对也是废奴运动兴起的另一个重要原因。1837年9月，一位名为查尔斯·C.加德纳（Charles C. Gardner）的黑人废奴主义者在美国废奴协会的年会上发表演讲时，对人们只盯着加里森的功绩，无视黑人的反奴隶制贡献的现象明确表示了不满。他不无揶揄地说，虽然"威廉·加里森先生已经被视为那个推动有色人种反对殖民方案的人"，但事实上，"当加里森还是个学童的时候，这个国家各个地区的有色人种"就已经组织起来，"宣称殖民方案是一种幻想，号召人们必须把注意力集中在奴隶制的束缚之上"；"有色人种并未沉睡"，而是从一开始就将奴隶制视为"违反上帝法则"的罪行，应该被废除。[①] 加德纳此言非虚。在美国革命期间，部分黑人就已经开始以请愿等方式反对奴隶制。18世纪80年代以来，随着自由黑人数量的增加和美国革命意识形态的影响，美国出现了第一代黑人废奴主义者。他们以黑人教会为依托，建立废奴组织和网络，向州议会和国会请愿。[②] 在请愿无果之后，这些黑人废奴主义者转而采用"文字战术"（literary tactics），即印发小册子、报纸等文字宣传材料。他们利用黑人的自述、论战性散文、演讲、公开信等文体来充分宣扬黑人对于奴隶制和种族问题的理解，强调奴隶制的邪恶和非法性，反对种族主义偏见，为黑人的自由和自然权利辩护，呼吁终止奴隶贸易，废除奴隶制。[③] 当殖民废奴方案在19世纪初兴起之后，黑人立即成为其最坚定的反对者。1826年，12名黑人在波士顿成立了全体有色人种联盟（General Colored Association），致力于反对殖民废奴方案，推进黑人的自由和种族平等。次

---

① C. Peter Ripley et al., eds., *The Black Abolitionists Papers*, Vol. III, Chapel Hill: University of North Carolina Press, 1991, p. 26.
② Manisha Sinha, *The Slave's Cause: A History of Abolition*, pp. 134–139.
③ Richard S. Newman, *The Transformation of American Abolitionism: Fighting Slavery in the Early Republic*, Chapel Hill: University of North Carolina Press, 2002, pp. 89–94.

年，约翰·拉斯沃姆（John Russwurm）和塞缪尔·科尼什（Samuel Cornish）共同发行了美国第一份黑人报纸《自由报》（Freedom's Journal），成为黑人反对殖民废奴方案的舆论阵地。

在建国初期，黑人废奴主义者在理念上与当时的白人渐进废奴主义者有相同之处，即强调奴隶制是一种违反基督教精神的"巨大的罪恶"（monstrous evil）。与此同时，他们在理念和策略上又呈现出明显的独特性。在革命时期和建国早期，他们一再批判美国白人的"伪善"，谴责白人不愿立即终结奴隶制这一与自由信念相违背的制度，这在很大程度上开启了废奴运动的先声。① 到 19 世纪 20 年代，黑人废奴主义者则不断强调，殖民废奴方案的真实目标不是废奴，而是维持奴隶制；此举是把具有"知识和美德"的自由黑人移除美国，以切断他们与奴隶之间的联系，防止他们将"文明和智慧传播给奴隶"，引导奴隶追求自由。②

黑人废奴主义者与白人废奴主义者最明显的不同是将自由、平等、权利等美国的核心政治理念作为资源，构建出具有强烈政治色彩的反奴隶制话语。1779 年，朴次茅斯的 20 名黑人奴隶向新罕布什尔州的议会提交了一份请愿书，请求议会为了保障"正义、人道和人类的权利"，制定法律废除奴隶制，让"这片光荣地争取自由之美的土地再也听不到奴隶的声音"。③ 1797 年，北卡罗来纳州的 4 名前奴隶在致联邦国会的请愿书中声讨 1793 年联邦《逃奴法》，认为它使自由黑人也陷入了被绑架的困境之中，"在道德和政治上皆为政府的缺陷"，因为"公共正义和保护公民是政府的伟大目标"。④ 费城的 75 名自由黑人在 1800 年也向联邦国会递交了一份请愿书，要求国会废除奴隶制，以根除奴隶贸易给黑人带来的惨绝人寰的伤害。他们声称："如果《权利法案》和《独立宣言》是正确的，我们请求我们作为

---

① Richard S. Newman, *The Transformation of American Abolitionism: Fighting Slavery in the Early Republic*, pp. 86-87.
② *Freedom's Journal*, August 17, 1827; *Freedom's Journal*, November 30, 1827.
③ *Petition To The New Hampshire Government*, 1779, https://en.wikisouce.org/wiki/Petlon_To_The_New_Hampshire_Governmant_ (1779)，访问日期：2021 年 6 月 27 日。
④ *The 1797 Petition to Congress from Four Free African Americans to Protect Freed Slaves from Capture and Resale*, http://nationalhumanitiescenter.org/pds/maai/community/text4/petitioncongress.pdf，访问时间：2021 年 6 月 25 日。北卡罗来纳州议会在 1775 年立法规定，未经县法院的批准就释放奴隶是违法行为。但是仍然有一些奴隶主，尤其是贵格派成员，受到宗教精神影响，主动释放奴隶。这 4 名奴隶在被其主人释放之后，移居到费城。

人类的与生俱来的自由和不可剥夺的权利应该被得到认可。"①

在反对殖民废奴方案之时,黑人废奴主义者一再强调其美国公民身份。他们认为自己的祖先在殖民地时期为了开疆辟土而筚路蓝缕,也在革命时期为自由的事业而英勇作战,为合众国的建立作出了不可磨灭的贡献,因此他们应该是"国民"(countrymen)和"公民"(fellow-citizens),不是这个国家的"陌生人"(stranger)和"外来者"(alien),他们应该在自己的祖国追求平等的公民权利,而不是被驱逐出境。② 费城的自由黑人的领袖理查德·艾伦(Richard Allen)在一封公开信中就这样说:"我们被从祖国偷走,并被带到了这里。我们在这里为无数的人耕种土地,创造财富……如今,这片我们以泪水和鲜血所浇灌的土地就是我们的祖国。"③ 一位纽约的黑人甚至发下这样的誓言:"我们生于斯,也将死于斯。"④

黑人废奴主义者还直接挑战殖民废奴方案中所包含的种族主义因素,认为殖民将种族偏见合法化,进而巩固和维护了奴隶制。在美国殖民协会成立的次年,也就是1817年,一群黑人在费城伯特利教堂(Bethel Church)集会并发表了决议书。他们在决议书中指出,为了推广殖民方案,那些白人给自由黑人冠以"极端的污名"——"黑人是他们的群体中危险且无用的部分",白人的目标根本不是废除奴隶制,而是把活跃的自由黑人与奴隶分隔开来,"我们(自由黑人)永远不会自愿地与美国的奴隶分离",也不会结束对白人的种族偏见的谴责。⑤ 1827年,一名纽黑文的黑人说,白人将"我们从这个国家移除",只是"为了他们自己的安全,为了维持他们的奴隶制"。他愤怒地指出,"这些奴隶主的头脑中肯定少了什么东西,以致他们在19世纪还幻想着奴役将近两百万同胞!他们的观点必然失败,一如天空中最猛烈的闪电那样降临在他们身上。难道正义的上帝会容忍如此之多

---

① Sidney Kaplan and Emma Nogrady Kaplan, eds., *The Black Presence in the Era of the American Revolution*, Amherst: The University of Massachusetts Press, 1989, p. 66.
② *Address to the Colored Citizens of Brooklyn, (N.Y.) and its Vicinity*, in William Lloyd Garrison, *Thoughts on African Colonization*, Boston: Garrison and Kenapp, 1832, part 1, pp. 27-28; part 2, p. 25.
③ *Freedom's Journal*, November 2, 1827.
④ C. Peter Ripley et al., eds., *The Black Abolitionists Papers*, Vol. III, p. 6.
⑤ Julie Winch, *Between Slavery and Freedom: Free People of Color in America From Settlement to the Civil War*, Lanham, Maryland: Rowman & Littlefield Publishers, 2014, p. 110.

的不平等和不公平吗？"① 同年，一名在印第安纳旅行的自由黑人对美国殖民协会提出了更为理性的批评。他指出，"无论在原则还是在实践方面，美国殖民协会都与推进黑人的自由、废除美国的奴隶制毫无关联"，其真正的目标是"将无条件的奴役制度永久保存下去"；他们之所以要将具有"知识和美德"的自由黑人移出美国，是为了切断他们与奴隶之间的关联，防止他们将"文明和智慧传播给奴隶"，因为开化之后的奴隶必将要求自由，最后会导致奴隶制的完全解体。这位批评者还指出，殖民主义者的这个观点并不稀奇，早在罗马时期，监察官加图（Cato）就认为"没有什么比有才智的奴隶更加危险"，因为担心奴隶学会思考，加图要求他们在劳动之余必须睡觉。②

尽管黑人废奴主义者从未使用过"立即废奴主义"（immedialism）一词，但在将近二十年的反殖民废奴方案的斗争中，他们废除奴隶制的要求已经越来越强烈和坚定，并赋予了反奴隶制话语以强烈的抗争意识。1829 年，一位黑人废奴主义者公开宣称，黑人"宁愿选择死亡，也不愿让本种族继续陷于你们的邪恶奴役之中"，如果不能很快在全国范围内解放奴隶，白人将会听到"无比严酷的正义之声"。③ 不久之后，戴维·沃克（David Walker）发表了著名的《告全世界有色人种公民的呼吁书》，将黑人废奴主义者的激进废奴理念传遍美国。沃克的呼吁书中最激进的观点是呼吁黑人立即奋起反抗，推翻奴隶制和种族偏见，获得自由和权利。他向黑人大声疾呼："不要试图从你们的压迫者和谋杀者那里得到自由和自然权利，直到你们清晰地看到自己的道路——当时机来临时，你们应该立即行动起来，千万不要害怕或气馁；你们应该确信，耶稣基督这位上天和尘世的国王，是拥有武力的正义之神，他将引导你们行动。"④

毫无疑问，黑人的坚定抗争对于废奴运动的兴起至关重要，这一点在加里森从渐进废奴向立即废奴转变的过程中体现得尤为明显。1829 年 7 月，

---

① *Freedom's Journal*, August 17, 1827.
② *Freedom's Journal*, November 30, 1827.
③ Robert Alexander Young, *The Ethiopian Manifesto, Issued in Defense of the Blackman's Rights, in the scale of Universal Freedom*, New York, 1829. Reprinted in Herbert Aptheker, *A Documentary History of the Negro People in the United States*, p. 92.
④ David Walker, *Walker's Appeal, in Four Articles; Together with a Preamble, to the Coloured Citizens of the World, but in Particular, and Very Expressly, to Those of the United States of America*, Boston, 1829, p. 14.

加里森还在一封公开信中指出美国殖民协会"可以纠正奴隶所忍受的不公待遇",如果"在每个州、县和城镇都建立殖民协会的分会",奴隶制将会被完全废除。① 从1829年底到1830年,加里森前往巴尔的摩,协助贵格派白人废奴主义者本杰明·兰迪(Benjamin Lundy)编辑比较积极的反奴隶制报纸《普遍解放的精神报》(Genius of Universal Emancipation)。在这段时间,加里森与当地的自由黑人圈子有密切的交流,其中包括著名的黑人废奴主义者威廉·沃特金斯(William Watkins)和雅各布·格林纳(Jacob Greener)。1830年,加里森回到费城之后,又与詹姆斯·E. 福滕(James E. Forten)等自由黑人领袖往来密切。加里森后来坦承,这些自由黑人领袖对殖民废奴方案的坚决反对,以及对黑人平等权利的坚持,都激发他重新思考美国的种族和奴隶制问题,"将立即、无条件废奴的激进原则注入自己的思想之中"②。

总之,从起源的角度出发,人们可以对废奴运动的道德和政治理念有初步的认知。与19世纪上半期的其他社会改革运动类似,废奴运动也深受福音派宗教运动的影响,试图通过提升民众的道德水准来消除奴隶制的罪恶。黑人废奴主义者在挑战奴隶制和殖民废奴方案的过程中,又给废奴运动注入了更加鲜明的政治意识和抗争精神。从一定程度上说,废奴运动的激进性,从一开始就更多地体现在对奴隶制这一强大的政治经济体制的政治抗争之上。但需要指出的是,在黑人废奴主义者的话语之中,道德和政治并不是泾渭分明,而是相互交融的。美国早期最著名的黑人废奴主义者之一莱缪尔·海恩斯(Lemuel Haynes)的观点就颇具代表性。作为一位布道五十多年的牧师,他理所当然地将宗教和道德观念作为废奴的利器,多次宣称"人类所享有的所有权利均来自上帝","没有人有权未经他人同意就剥夺其权利",因而蓄奴是一种违反上帝律令的罪恶。与此同时,作为一个参与美国革命的老兵,海恩斯又是共和主义的坚定拥趸。1801年7月4日,他在庆祝美国独立25周年时的演讲中指出,奴隶制"压制了人性的所有原则,让黑人遭到鄙视,变得无知和放纵",这"体现了专制主义的影响",侵犯了美国的共和精神。③

---

① Walter M. Merrill, ed., *The Letters of William Lloyd Garrison*, Volume I: *I Will be Heard! 1822-1835*, Belknap Press: An Imprint of Harvard University Press, 1971, p. 85.
② C. Peter Ripley et al., eds., *The Black Abolitionists Papers*, Vol. Ⅲ, pp. 8-9.
③ Richard Newman, ed., *Black Preacher to White America, The Collected Writings of Lemuel Haynes, 1774-1833*, Brooklyn, New York: Carlson Publishing Inc., 1990, pp. 19, 82.

第二节 废奴运动的核心理念

戴维·沃克的小册子如一石激起千层浪，在美国社会引发了强烈反应。沃克曾试图将一些小册子运往南部，希望那里的黑人和奴隶能听到他的声音。但是南部各蓄奴州政府相继没收了这些小册子。南部甚至传出有奴隶主花钱买下沃克人头的说法。[1] 在南卡罗来纳州和北卡罗来纳州，一些民众因传播沃克的小册子而被捕。[2] 在北方各州，沃克的观念也被视为是煽动奴隶叛乱、威胁共和国和平的极端思想。[3] 1830年8月6日，小册子的第三版刚刚出版，戴维·沃克在波士顿的家中突然去世，南部的奴隶主和北部的"和平人士"欢欣不已。但仅仅几个月后，威廉·加里森就在同一个城市喊出"立即废奴"的口号，发起了持续三十多年的废奴运动。

1832年1月6日，加里森与其他几位废奴主义者在波士顿成立了第一个废奴组织——新英格兰废奴协会，致力于立即"采取一切符合法律、人性和宗教原则的手段来废除美国的奴隶制，改善自由黑人的品质和境况，呼吁并纠正与自由黑人的境况和权利相关的公众意见，为他们争取与白人平等的公民和政治权利"[4]。1833年12月，美国第一个全国性的激进废奴组织——美国废奴协会（American Anti-Slavery Society）成立。美国废奴协会的62名正式参会者以及其他成立大会的列席者具有不同的社会背景和宗教信仰。阿瑟·塔潘（Arthur Tappan）和刘易斯·塔潘（Lewis Tappan）兄弟代表纽约市的福音派商人，詹姆斯·G.伯尼（James G. Birney）、小伊莱泽·怀特（Elizur Wright, Jr.）、西奥多·韦尔德则是俄亥俄州西北部和纽约州的福音派代表，塞缪尔·梅（Samuel May）代表一些新英格兰地区的一位论派（Unitarian）信徒，约翰·格林利夫·惠蒂尔（John Greenleaf Whittier）则是31名贵格派参会者的代表。值得注意的是，贵格派参会者中还有4名女性

---

[1] Daniel Walker Howe, *What Hath God Wrought: The Transformation of America, 1815–1848*, pp. 423–425.

[2] *Newburyport Herald*, June 11, 1830; *Rhode Island American, Statesman and Providence Gazette*, August 13, 1830.

[3] *Rhode Island American, Statesman and Providence Gazette*, September 24, 1830.

[4] *Constitution of the New-England Anti-Slavery Society, with an Address to the Public*, Boston, 1832, pp. 3–4.

和 3 位黑人。① 加里森在两个协会的成立过程中发挥了重要作用，并起草了两个协会的章程。与"贫困的、烈士般的"加里森不同，大部分美国废奴协会的白人成员多为经济状况不错的牧师、商人和慈善家。这体现了 19 世纪上半期社会改革普遍具备的"中产阶级特征"，在当时，参与改革是表明"新教中产阶级身份"的一种方式。中产阶级成员不仅为美国废奴协会提供了重要的经济资助，而且关注协会的组织形式和活动策略，提高了废奴运动的效率。②

废奴运动兴起之初，废奴主义者迅速发展出一整套废奴理念，其核心是"立即废奴主义"（immedialism）。③ 威廉·加里森是这一理念的最重要阐释者。他在 1832 年出版了《关于殖民问题的思考》的小册子中，率先对"立即废奴"的内涵作出了详尽的解释。第一，应该立即采取措施彻底废除奴隶制；第二，被解放的奴隶应立即获得自由，不能为他们以自由身份进入社会设置任何准备期；第三，被解放的奴隶应留在美国，成为自由劳动力，应获得与白人同等的合理报酬；第四，被解放的奴隶还应获得基本的自然权利。④ 从表面上看，这套理念确实带有明显的道德激进主义特征，这也是不少学者将 19 世纪 30 年代的废奴运动视为道德改革运动的重要证据。但这套理念实则深受美国国内历史语境的影响，背后有一套兼具道德和政治因素的相对完整的反奴隶制意识形态。

基督教思想和美国自由、平等的建国原则，是这个反奴隶制意识形态的两大支柱。这种观点并非是废奴主义者首创，此前的奴隶制反对者大多也是从这两个角度来解释其反对奴隶制观念的合理性的，但是废奴主义者对此进

---

① James Brewer Stewart, *Holy Warriors: The Abolitionists and American Slavery*, pp. 51-52; Henry Mayer, *All on Fire: William Lloyd Garrison and the Abolition of Slavery*, New York: W. W. Norton & Company, 1998, pp. 174-175.

② Lori D. Ginzberg, *Women and the Work of Benevolence: Morality, Politics, and Class in the Nineteenth-Century United State*, New Haven: Yale University Press, 1990, pp. 2-4.

③ 美国学者戴维·戴维斯认为，"立即废奴"一词最先在 19 世纪 20 年代的英国出现，美国废奴主义者很快借鉴了这一词汇，并相对独立地发展出自己的一套理念；二者的不同在于，美国的废奴主义者认为，他们不可能像英国的废奴主义者那样通过议会和立法的途径来废奴，所能凭借的唯有制度之外的力量。David Brion Davis, "The Emergence of Immedialism in British and American Antislavery Thought," *The Mississippi Valley Historical Review*, Vol. 49, No. 2 (Sep., 1962), pp. 209-210.

④ William Lloyd Garrison, *Thoughts on African Colonization*, Boston, 1832, p. 80.

行了更加详尽和极端的阐释。美国废奴协会认为,上帝赋予了所有人不可剥夺的享有自由的权利,无论是蓄奴还是奴隶贸易,都是违背了这一神圣原则的罪行;凡强制性地奴役他人并将其视为自己的财产者,均为人贩子。① 奴隶制显然违背了"上帝的黄金法则"(SAVIOUR' GOLDEN RULE):"你们愿意人怎样对待你们,你们也要怎样对待人。"这是一种巨大的罪恶,应该被立即消除。② 著名的女性废奴主义者亨利·斯坦顿(Henry Stanton)通过对《圣经》进行更为精妙的解读,指出奴隶制的罪恶在于,使"人这一上帝根据自己的形象所创造的东西变成了财产,沦入物的境地",因为"上帝赋予人的最崇高和最自豪的特征是理性",一旦人沦为财产,就失去了这一理性。③ 而且,废奴主义者还指出,奴隶制不仅是一种"巨大的危险性罪恶",还是"极其糟糕的全国性罪恶","这片土地上的每一个人,无论东西南北,都对其负有个人责任,而且都有义务消除这种罪恶"。④ 这种观点在之前的反奴隶制思想中从未出现过,它从道德层面上把奴隶制从南部的地方性问题转变为全国性的问题,为"无权"从宪法和政治层面上干涉南部奴隶制的北方人提供了一种道德武器。

废奴主义者一再强调,奴隶制违背了美国革命和建国的基本原则——自由。美国废奴协会就明确指出,"革命时期所确定的权利平等这一基本原则"是"彻底反对奴隶制"的,因此,"奴隶制让我们的共和国成为一个笑料",如果任其发展,"奴隶制非常有可能摧毁共和制度,而不是被共和制

---

① *The Declaration of Sentiments and Constitution of the American Anti-Slavery Society*, New York, 1835, p. 4. "人贩子"(man-stealer)一词出自《新约·提摩太前书》第1章第10节,英文原文为:For Whoremongers, for them that defile themselves with mankind, for menstealers, for liars, for perjured persons, and if there be any other thing that is contrary to sound doctrine, 1 Timothy 1: 10 ("要知道律法本来不是为义人设立的,而是为那些无法无天的和放荡不羁的、不敬虔的和犯罪的、不圣洁和世俗的、弑父母和杀人的、淫乱的、亲男色的、拐带人口的、说谎话的、发假誓的,以及为其他抵挡纯正教训的人设立的")。译文引自《圣经·提摩太前书》第1章第9、10节,翻译引自《圣经》简体中文和合本。

② *Constitution of the New-England Anti-Slavery Society, with an Address to the Public*, Boston, 1832, pp. 3-4. 这段经文源自《圣经·新约·马太福音》第7章第12节,翻译引自《圣经》简体中文和合本。

③ *Proceedings of the New England Anti-Slavery Convention: Held in Boston*, May 24, 25, 26, 1836, Printed by I. Knapp, 1836, p. 12.

④ Amos A. Phelps, *Lectures on Slavery and Its Remedy*, Boston: New-England Anti-Slavery Society, 1834, p. V.

度所废除"。① 威廉·克拉克特（William Claggett）在演讲中宣称，"在凄凉血腥的独立战争中，自由牵动着所有人的灵魂，它也成为美国革命的光荣成果"；"如果不能保护人的权利和促进人的福祉与幸福，人类政府就没有合法权威，这也是我们制度的重要目标"；"奴隶制的存在，必将使美国革命的成果丧失殆尽，颠覆美国政府的自由根基"。② 威廉·加里森在为美国废奴协会起草的章程中，将废奴运动与美国革命纳入同一个历史叙事之中。在他的笔下，美国革命是殖民地人民为了冲破外来的奴役，不惜以生命来捍卫自由的伟大事业；革命者是自由理念的坚定捍卫者，他们认为"即便作为一个自由人立即死去，也比当一名偷生的奴隶要光荣"；"他们坚信真理、正义、权利完全站在自己这一边，这使得他们变得不可战胜"。在此基础上，他把废奴运动与美国革命等同起来，认为废奴是为了"完成革命者未竟的自由事业"，废奴主义者拥有与革命者一样的"纯洁的道德、真诚的热情、坚定的信仰、诚挚的精神"。他甚至认为，与奴隶们相比，革命者所遭受的苦难和压迫可谓是微不足道，因此废奴运动的正当性一点都不比美国革命低。③

解放奴隶是否侵犯了奴隶主的财产权，这是所有的奴隶制反对者都需要回答的关键问题。此前的渐进废奴主义者都承认奴隶是奴隶主的合法财产，认为在废奴过程中应该给奴隶主一定的财产补偿。但是废奴主义者则彻底否定了奴隶主对奴隶的财产权的正当性，反对在废奴过程中给奴隶主任何财产补偿。早在1832年，新英格兰废奴协会根据基督教理念作出了系统阐释：奴隶主对奴隶的财产权是非正义的，因为根据"理性、宗教和永恒不变的正义原则"，人不能将任何其他人当作自己的财产；立即、普遍解放奴隶，没有侵犯真正的财产权，而是将奴隶劳动所得的合法财产交还给他们；在奴隶解放过程中给奴隶主财产补偿，实际上是违背了正义的原则，是向邪恶的奴隶制妥协；如果说非要在奴隶解放的过程中要给予一定的财

---

① *Second Annual Report of the American Anti-Slavery Society: With the Speeches Delivered at the Anniversary Meeting, Held in the City of New-York on the 12th May, 1835, and the Minutes of the Meetings of the Society for Business*, New York: Printed by William S. Door, 1835, p. 60.

② *An address, Delivered before the Portsmouth Anti-Slavery Society, on the Fourth of July, A.D. 1839*, Printed by C. W. Brewster, 1839, pp. 13-14.

③ *The Declaration of Sentiments and Constitution of the American Anti-Slavery Society*, New York, 1835, pp. 3-4.

产补偿的话，那么这补偿也应该给那些无罪的奴隶，而不是给剥削和虐待他人的奴隶主。①

此后，重要的一位论派牧师威廉·钱宁（William Channing）又对上述观点的理论基础——人不能成为财产，进行了更为深刻的阐释。首先，从逻辑上讲，人无法成为财产。如果"一个人可以合法沦为财产"，那么其他人也有可能同样沦为财产。而且，美国的奴隶最初是欧洲人在非洲海岸购买或掳掠而来，既然这一剥夺他人自由和权利的行为本就是违背上帝的罪行，那么奴隶主再购买奴隶的行为就是二次犯罪，因而不具有合法性。其次，人在本质上无法成为财产。其一，无论任何人，都具有自由权和生命权这两个最基本的权利，而人一旦沦为财产，就会失去这些权利，因此人无法成为财产。其二，"人在本质上是平等的"。虽然在现实中，人与人之间在肤色、天赋、处境等方面千差万别，但是他们"有同样的理性本质和道德力量，并被赋予了平等的不断改进这些神圣禀赋，以及有德行地利用这些禀赋来追求幸福的能力"，这种"自然的平等不依附于任何工具，因而任何人也不能凭借任何工具将他人转变为财产"。再次，"道德科学的基本原则"决定了奴隶不能成为财产。"每一种权利都设置或包括了相对应的义务"，这是"道德科学的基本原则"。既然奴隶主声称他们拥有占有"奴隶的人身和体力"的权利，那么他们被强加的义务在哪里？"义务的缺失意味着权利的匮乏"，也表明"奴隶主对奴隶的财产权诉求是毫无理由的"。最后，将人作为财产，违背了上帝的旨意。"上帝根据自己的形象创造了人类"，并赋予了人类"与上帝类似的特性"，所以人应该拥有"思想、理性、良知，获得美德和上帝之爱的能力，以及不朽的命运和与上帝之间亲密的道德联系"。一旦人沦为财产，这些人性就将完全失去。②

反对种族偏见，强调黑人的平等自然权利是废奴意识形态的另一个重要理念。不少废奴主义者宣称，"肤色的差异不应成为一个人被剥夺自然权利的理由"③；只有打破对非裔美国人的种族偏见，才能真正彻底废除奴隶

---

① *Constitution of the New-England Anti-Slavery Society*, *with an Address to the Public*, Boston, 1832, p. 5.
② William Ellery Channing, *Slavery*, Boston: James Munroe and Company, 1835, pp. 14-25.
③ *Constitution of the New-England Anti-Slavery Society*, *with an Address to the Public*, Boston, 1832, p. 3.

制并消除其邪恶影响。① 这些观点要成立，必须要回答一个关键问题：人的自然权利来自哪里。绝大多数废奴主义者都认为，自然权利来自上帝。著名的黑人废奴主义者、费城自由黑人领袖詹姆斯·E. 福滕的观点颇具代表性。他在 1836 年的一次公共演讲中声称，自然权利包括"获取自己的劳动成果的权利，支配自己的四肢、生命、自由和财产的权利等这些绝对的权利（perfect rights）"；虽然"我们并不知道自然权利的法律授权来自哪里"，但是知道"自然权利是与世界一同存在的"，它"适用于所有人，不论他们的地位高低和贫富差别，也不论他们所居何处，肤色如何"；它"不是由人类的制度赋予的，而是来自上帝的任命（divine ordinations）"，它们"不是一种恩惠"，"而是上帝授予的权利，是一种自然的、不可剥夺的权利"。② 俄亥俄州废奴协会的主席莱切斯特·金（Leicester King）在同年发表的公开信中也表达了类似的观点。他认为"每个人都从造物主的手中获得自然和个人权利"，这些权利"最初是靠自然力量所确立"，随后"又通过习俗和长期的延续，确保所有人都能获得"。③ 英国的浸信会牧师、废奴主义者本杰明·戈德温（Benjamin Godwin）对公民权利（civil rights）和自然权利（natural rights）作出了区分，认为前者"只有某个社会中的成员才能拥有"，其来源是"一个独特群体的特殊法律和制度"；后者"在世界上的所有地方，所有人都共同拥有"，是"造物主赐予所有人的礼物"。他还引用英国著名法学家威廉·布莱克斯通（William Blackstone）的观点，强调"生命权和自由权等自然权利是上帝和自然所确立的"，故而"无须人类的法律的援助，就可以更有效地施用于所有人"；与之相反"任何人类的立法机关都无权削减或摧毁它们，除非权利的所有者的行为导致这些权利应该被收回"。④ 这一理论被美国的废奴主义者广为传播。

废奴主义者在争取黑人的自然权利时，还一再援引《独立宣言》作为重

---

① *Second Annual Report of the American Anti-Slavery Society*, New York: Printed by William S. Door, 1835, p. 69.
② *An Address Delivered before the Ladies' Anti-Slavery Society of Philadelphia, on the Evening of the 14th of April, 1836*, p. 14.
③ *Report of the First Anniversary of the Ohio Anti-Slavery Society*, Printed by the Ohio Anti-Slavery Society, 1836, p. 60.
④ Benjamin Godwin, *Lectures on Slavery*, Boston: James B. Dow, 1836, pp. 141-143.

要话语和理论资源,并由此完成了对《独立宣言》的"再造"(remaking)。①最初,他们把《独立宣言》作为重要的武器,来为废奴运动辩护。加里森明确指出,"我之所以努力为立即废除奴隶制而奋斗,是因为我认为美国《独立宣言》中的这句话是'不证自明的真理':所有人在被上帝创造出来时都是平等的,并被他们的创造者赋予了一些不可剥夺的权利——生命权、自由权和追求幸福的权利"②。新英格兰废奴协会的书记员小伊莱泽·怀特将《独立宣言》与美国革命对立起来,以强调其正义性。他认为"美国革命是不完整的",因为它并未废除奴隶制,使得美国"一方面在一个令人钦佩的世界面前举起了《独立宣言》这一崇高的人权法案,另一方面却在羞辱人性,压迫穷苦且毫无防御能力的奴隶"。③ 后来,他们将《独立宣言》视为美国政治制度和政治原则的根基,以此来宣扬废奴运动的正当性。马萨诸塞州的废奴主义者戴维·罗特(David Root)将《独立宣言》代表的自由精神视为"我们政府的精神"④。威廉·加里森声称,"我们政府的基本原则建立在《独立宣言》所表达的理念之上"⑤。新英格兰废奴协会和美国废奴协会均直接宣称,《独立宣言》是"美国政府的最重要原则",也是革命者所建立的"自由神殿"的"基石",而奴隶制显然违背了《独立宣言》的平等和自然权利精神,是对美国政治制度的重大威胁,所以应该被立即废除。⑥ 黑人废奴主义者查尔斯·福伦(Charles Follen)从更普遍意义上阐释了这一观点。他指出,"人具有不可被剥夺的权利,这一原则是检验每条法律的有效性和每个政府的合法性的不二法门,也是它们的根基所在,《独

---

① "再造《独立宣言》"的观点出自美国学者波林·梅(Pauline Maier)。她认为,自美国革命以来,《独立宣言》从一个几乎被遗忘的文本,逐渐转变为一个神圣的文本和一种类似宗教的有关平等的永恒真理,《独立宣言》这种再造(remaking)绝不是杰斐逊和林肯等少数政治家的个人创造,而是无数美国人的集体性行为,他们为了自己的事业,对《独立宣言》进行了重新解释。Pauline Maier, *American Scripture: Making the Declaration of Independence*, New York: Vintage Books, 1997, pp. xviii-xx, 197, 208.

② *Liberator*, January 1, 1831.

③ *Genius of Universal Emancipation*, September 1, 1833.

④ *A Fast Sermon on Slavery: Delivered April 2, 1835, to the Congregational Church & Society in Dover, N. H.*, Printed at the Enquirer Office, 1835, p. 11.

⑤ *Liberator*, April 14, 1832.

⑥ *Constitution of the New-England Anti-Slavery Society, with an Address to the Public*, Boston, 1832, p. 8; *The Declaration of Sentiments and Constitution of the American Anti-Slavery Society*, New York, 1835, p. 3.

立宣言》就是我们国家的政治制度的基础",奴隶制则会破坏这一伟大的原则,威胁共和制度。① 不过,需要注意的是,在19世纪30年代,绝大多数废奴主义者只是强调要给予非裔美国自由民和被解放的黑奴以平等的自然权利,即《独立宣言》中所宣称的生命权、自由权和追求幸福的权利,并没有声称要赋予他们平等的政治权利。加里森指出,"立即废奴并不意味着被解放的奴隶可以立即获得选举权和担任公职的权利"②。

废奴主义者认为应该将被解放的黑奴留在美国,成为自由劳动力,并赋予他们基本的自然权利。这一观点是对盛行一时的殖民废奴理念的反驳,在当时的历史语境中显得颇为激进。一直以来,种族融合都是美国白人担心的难题。盛行的种族偏见使很多白人认为黑人是低等种族,他们不仅无法融入白人社会,还会让白人社会变得危险和堕落。他们也担心,长期的奴役使得黑奴对白人充满仇恨,可能导致黑白种族间的战争。因此,黑白种族之间是难以融合的,最好的处理方法是将他们隔离开来。杰斐逊在《弗吉尼亚笔记》(Notes on the State of Virginia)中指出:"白人心中怀着对黑人的深刻偏见,黑人心中充斥着他们的悲惨回忆,二者在种族方面有着天然的差异,再加上其他的很多外界因素,凡此种种,必将导致黑白种族之间的分裂,而且这种分裂将永远不会结束,除非一个种族消灭了另一个种族。"③ 18世纪末以来,在北部州,随着奴隶制的废除,自由黑人的数量快速增长;在南部州,奴隶制快速崛起,奴隶的数量飞增。不少白人担心黑人在数量上会超过他们,黑白种族间的关系引发了普遍关注。④ 殖民废奴运动随之兴起,其所提倡的以渐进方式将黑人移出美国的方案,被很多白人民众视为解决奴隶制问题的最佳方案。废奴主义者却认为,黑人并不是天生低等的种族,他们只是得不到上升的通道。⑤ 如果将被解放的黑奴作为自由劳工,并给予他们"良好的待遇和足够的报酬",并将其置于"法律的

---

① Elizur Wright, ed., *The Quarterly Anti-Slavery Magazine*, Vol. 1, New York: American Anti-Slavery Society, 1835-1837, pp. 62, 64-65.

② William Lloyd Garrison, *Thoughts on African Colonization*, Boston, 1832, p. 80.

③ Thomas Jefferson, *Notes on the State of Virginia*, Richmond: J. W. Randolph, 1853, pp. 148-149, 155.

④ *Six Annual Report of the American Society for Colonizing the Free People of Color*, Washington, D. C., 1823, pp. 48-52.

⑤ Lydia Maria Child, *Anti-Slavery Catechism*, Newburyport, C. Whipple, 1839, p. 24.

密切监视之下",他们"肯定将以百倍的勤劳和忠诚来劳动",而且也"不会四处流浪,杀人放火",因为"他们所要求和渴望的就是自由,自由的获得将使他们从我们的敌人变成我们的朋友,从社会的公害变成福祉,从一个腐败、苦难、堕落的群体变成一个相对有道德、幸福、有尊严的群体"。①

新英格兰废奴协会的主席阿诺德·巴法姆(Arnold Buffum)在1832年的一次演讲中宣称,"美国政府的第一原则""1776年宣言""公民精神和宗教自由""美国宪法的精神和词句""基督的福音精神",都要求"我们从原则上反对奴隶制"。② 这段话可谓是对废奴理念的道德和政治因素作出了全面而精辟的概括。一方面,废奴主义者借用宗教思想,强调奴隶制的巨大罪恶,即违背上帝的旨意,使人失去上帝赋予的平等的理性、自由和权利,堕入非人的深渊。另一方面,废奴主义者又充分调用自由、平等、权利等美国政治核心的理念,突出奴隶制与美国政治制度与理念之间的巨大冲突,以此来证明废奴运动的合理性并动员民众。

需要注意的是,废奴主义者的道德与政治理念是相互交融的。废奴主义者一方面将宗教话语"政治化",强调道德与现实政治的关联;另一方面又一再强调自由、平等、权利等核心民主理念的超越性和至上性,将其提升到与宗教观念等量齐观的高度。在此基础上,他们发明了一套以基督教、普遍自由、自然权利、共和主义为核心的"道德—权利话语体系",以此来动员民众。杰出的废奴理论家西摩·特蕾德维尔(Seymour Treadwell)在1838年出版的《美利坚的自由与美利坚的奴隶制》一书中,对此有精彩的阐述——

> 奴隶制确实是一个涉及所有人的道德和公民权利的问题,因此,必须将其同时视为一个政治(political)和道德(moral)问题……整个民族都负有最高的道德义务,即在政治上废除奴隶制,只要他们能够合宪地这样做。我所谓的在政治上,并不是仅仅基于政党,在同样意义上,美国革命也可以被视为一场为了争取所有人的权利的政治运动。③

---

① *Constitution of the New-England Anti-Slavery Society*, p. 11; William Lloyd Garrison, *Thoughts on African Colonization*, Boston, 1832, p. 80.
② *Constitution of the New-England Anti-Slavery Society: With an Address to the Public*, 1832, p. 8.
③ Seymour Boughton Treadwell, *American Liberties and American Slavery: Morally and Politically Illustrated*, Printed by John S. Taylor, 1838, p. 249.

第三节　废奴运动的行动策略

既然奴隶制确实是一个无比强大的制度，那么废奴主义者要采取何种策略，才能对抗和消灭这一制度呢？率先对这一问题给出答案的是早期废奴运动最重要的精神领袖威廉·加里森。在未创办《解放者报》之前，加里森就指出，"我们掌握的关于奴隶制的信息越多"，越重视对普通民众的动员，"我们推翻奴隶制的努力就会越有成效"。① 他在1832年更加明确地指出，奴隶制的废除并不"需要以流血或暴力攻击的方式进行"，"仅仅需要对公众意见来一次彻底的革命"，就足以"让人们悔悟过去的罪行、纠正错误、热爱而非恐惧正义、治愈内心的裂痕、压制复仇之心，让社会变得更加平静、繁荣和进步"。② 1833年，由他执笔的美国废奴协会的章程则直接宣称："本协会的目标是通过改变全国在奴隶制问题上的公众意见来推翻奴隶制；换言之，即通过使所有人相信奴隶制的罪恶，并认识到立即废奴的责任和可靠性来推翻奴隶制。"③

简言之，以道德劝诫（moral persuasion）的方式改变人们在奴隶制问题上的公众意见（public opinion），让他们认识到奴隶制的邪恶本质，进而立即废除奴隶制，是19世纪30年代废奴运动的核心行动策略。基于这一策略，废奴主义者采取了积极行动。

至于采取什么样的具体措施来改变公众意见，加里森早在1832年就给出了明确回答：立即建立一个全国性的废奴协会，以加快和巩固对全国的道德影响；大量印刷和发行宣传废奴主义的出版品，"将关于奴隶制问题的传单像雨滴一样撒遍全国"；雇用"善辩的积极分子（agent）"来宣传废奴运动，并在各地建立分会；在民众之中发动大规模的请愿运动，"向国会和立法机关递交消灭奴隶制罪恶的请愿书"。④ 简言之，19世纪30年代废奴运动有两个具体的行动方针：建立组织和发动宣传。

加里森十分强调建立废奴组织的重要性，他明确指出，"如果不把废奴

---

① *Genius of Universal Emancipation*, February 5, 1830.
② William Lloyd Garrison, *Thoughts on African Colonization*, pp. 80-81.
③ *Second Annual Report of the American Anti-Slavery Society*, p. 62.
④ William Lloyd Garrison, *Thoughts on African Colonization*, Boston, 1832, p. xix.

主义者组织成协会，（废奴）事业必将失败"，因为只有将废奴主义者联合起来，才能向全社会"显示他们的力量"。① 自从美国废奴协会成立以来，很多地方性的分会和附属机构相继成立。1835 年，美国废奴协会已经有了200 多个分会和附属机构②；到 1838 年，分会和附属机构增至 1350 个，会员人数达 250000 个。③ 废奴协会主要分布在东北部，尤其是新英格兰地区，俄亥俄州是西部废奴组织的基地。④ 值得注意的是，很多废奴运动的组织者认为"更加善良"、更具"德行"的女性"一直是所有真正的慈善事业的领军者"，也是"废奴事业最重要、最强大的合作者"，因而鼓励女性投身到废奴运动中来。⑤ 在波士顿、费城、罗切斯特市、纽约等一些城市相继成立了妇女废奴协会（Female Anti-Slavery Society）。⑥ 废奴运动在北部的黑人群体中引起了积极反应，詹姆斯·福滕和纳撒尼尔·保罗（Nathaniel Paul）等黑人领袖在当地的废奴协会成立过程中扮演了重要角色。但是，白人与黑人在废奴组织中的关系并不完全融洽。正如黑人废奴主义者萨拉·福滕（Sarah Forten）所言，"即便我们最公开的朋友也无法摆脱"种族偏见。⑦ 需要指出的是，各个废奴协会之间是一种相对松散的合作关系，它们与美国废奴协会之间并不存在严格的等级关系。各个废奴协会在财务方面都是独立的，它们主要通过发行废奴主义报纸，出售相关的书籍、年历、信纸，发动义卖、组织联谊会、野餐等社会活动自行募集资金。⑧

废奴主义者最常用的宣传手段有两种：发行报纸、杂志、小册子等出版物，举行宣传废奴运动的演讲。较之前者，举行演讲的代价更高，因为演讲者不仅要能言善辩，还要有不怕反废奴主义者的私刑和人身攻击的勇气，所以发行出版物是废奴主义者最常用的宣传手段。从 1831 年到 1865

---

① *Liberator*, October 6, 1832.
② *Second Annual Report of the American Anti-Slavery Society*, New York, 1835, p. 37.
③ *Fifth Annual Report of the American Anti-Slavery Society*, New York, 1835, p. 152.
④ *Fifth Annual Report of the American Anti-Slavery Society*, New York, 1835, pp. 129-152.
⑤ *Second Annual Report of the American Anti-Slavery Society*, New York, 1835, pp. 50-51; *Proceedings of the First Annual Meeting of the New-York State Anti-Slavery Society*, New York, 1836, p. 9.
⑥ James Brewer Stewart, *Holy Warriors: The Abolitionists and American Slavery*, p. 58.
⑦ C. Peter Ripley et al., eds., *The Black Abolitionists Papers*, Vol. Ⅲ, p. 222.
⑧ Benjamin Quarles, "Sources of Abolitionist Income," *The Mississippi Valley Historical Review*, Vol. 32, No. 1 (Jun., 1945), pp. 63-76.

年，加里森的《解放者报》一直都是废奴运动中持续时间最长、影响力最大的报纸。而且，加里森始终保持着该报的独立性，没有让其成为任何废奴协会的官方出版物。① 在19世纪30年代，重要的废奴主义报纸和杂志还有黑人创办的《自由杂志》（Freedom's Journal）、美国废奴协会主席在1833年出资创办的《奴隶解放者报》、废奴主义者詹姆斯·伯尼和本杰明·兰迪在1836年分别创办的《博爱者报》（The Philanthropist）和《国民咨询报》（National Enquirer）。与此同时，约翰·格林利夫·惠蒂尔、莉迪亚·玛利亚·蔡尔德、安杰利娜·埃米莉·格里姆克（Angelina Emily Grimké）、阿莫斯·A. 菲尔普斯等废奴主义作家还出版了一批宣传废奴观念的小册子和文学作品。② 废奴主义者的宣传活动主要不是对现存的政党体制施加影响，而是试图在公共领域中发起针对有关奴隶制问题的讨论，宣传废奴思想，唤醒整个民族对奴隶制的道德邪恶的认知。因此，他们的语言刻意带有刺激性和煽动性，以引起公众的注意力。出于对这种语言风格的不满，很多人指责废奴主义者是"煽动分子"，对此，加里森和美国废奴协会的回答是："如果说'煽动'一词指的是我们的出版物中包含了这样的观点和事实：奴隶制是一种道德和政治罪恶，人们有责任立即采取措施将其废除。那么这种指责是正确的。"③

总体来说，从行动策略来看，19世纪30年代的废奴运动与此前的反奴隶制运动有显著不同。前文已经指出，无论是以宾夕法尼亚废奴协会为代表的反奴隶制组织进行的渐进废奴运动，还是美国殖民协会组织的殖民废奴运动，虽然是政治制度之外的集体性活动，但它们都与政治体制有着密切的关系，试图通过游说政治家、律师、公职人员等精英人士，以政治体制内部的改革来废除奴隶制，因而具有很多"常规政治"（routine politics）的特征。而19世纪30年代的废奴运动并不依赖政治体制，而是诉诸全体"人民"，试图通过组织和动员处于政治体制之外的普遍民众来推动废奴事业，

---

① Ford Risley, *Abolition and Press: The Moral Struggle Against Slavery*, Evanston: Northwestern University Press, 2009, p. 35.
② Ford Risley, *Abolition and Press: The Moral Struggle against Slavery*, p. 41.
③ *The Declaration of Sentiments and Constitution of the American Anti-Slavery Society*, New York, 1835, p. 11.

具有某些"抗争政治"(contentious politics)的特性。①

废奴主义者为何采取这样一种行动策略呢？此前的很多研究都认为，这主要是因为废奴主义者都是道德主义者，他们从宗教和道德角度来思考奴隶制和废奴问题，试图唤醒所有美国人的良知，以道德力量来摧毁奴隶制。这种解释当然无可厚非，但是忽略了废奴主义者的政治考量。② 废奴主义者并不是纯粹的道德理论家，而是要切实地行动起来去废除奴隶制。废奴主义者也很清楚，奴隶制不仅是一种道德的恶，还是一个强大的政治经济体制，会给废奴事业施加诸多压力。加里森就颇显无奈地说，"尽管我们如此诚挚地敦促立即废除奴隶制"，但"我们从未说过奴隶制的废除可以一蹴而就，也从未说过它必定会像我们所声称的那样被废除"。③

奴隶制与美国政治的密切联系，是废奴主义者面临的最重要的政治难题。19世纪30年代的主流政治观念认为，奴隶制是南部蓄奴州的"内部问题"，北部非蓄奴州的公民无权对其进行干涉。正如当时颇具影响的国会议员丹尼尔·韦伯斯特所言，他虽然"承认奴隶制是一种道德和政治上的巨大罪恶"，但也认为"只有南部的奴隶主才有处理它的权利和责任"，"这是北方在奴隶制问题上的一致看法，而且这个观点必须要持续下去"。④ 既然如此，这些身处北部的废奴主义者如何才能合法地从事废奴活动呢？

美国废奴协会的章程中明确回答了这一问题。这份由加里森在1833年执笔完成的文件认为，"根据美国宪法"，各蓄奴州在废奴问题上确实具有"排他性权利"(exclusive right)，因此协会只能诉诸全体公民的"立场和良知"，"使他们认识到奴隶制是上帝眼中的巨大罪恶"，需要被立即废除。同时，在北方各州，以"合宪的方式"对联邦国会施加压力，促使其在联邦

---

① 关于集体性运动、社会运动、常规政治的界定，参见赵鼎新《社会与政治运动讲义》，第2—5页；〔美〕查尔斯·蒂利、西塔尼·塔罗《抗争政治》，李义中译，第9—10页。

② 据笔者目力所及，唯一对废奴主义者的公众意见策略背后的政治考量有深入研究的是美国学者威廉·麦克丹尼尔，但是他集中考察了温德尔·菲利普斯(Wendell Phillips)在19世纪四五十年代的思想，对19世纪30年代废奴运动的思想关注不够。William McDaniel, *The Problem of Democracy in the Age of Slavery: Garrisonian Abolitionists and Transatlantic Reform*, pp. 89-112.

③ W. P. Gamison and F. J. Garrison, *William Lloyd Garrison, 1805-1879: The Story of His Life Told by His Children*, New York: The Country Co., Vol. 1, 1885, p. 228.

④ Charles Wiltse, ed., *The Papers of Daniel Webster: Series I, Correspondence*, 7 Vols., Hanvor, N. H.: University Press of New England, 1974-1989, Vol. 3, pp. 252-253.

政府管辖区域之内，尤其是在哥伦比亚特区废除奴隶制，中止各州之间的奴隶制贸易，并在未来阻止奴隶制扩展到新加入联邦的州。① 1834 年，著名的废奴演说家阿莫斯·菲尔普斯在新英格兰废奴协会组织的一次演讲中更加详细地阐释了上述观点。他认为，北部人干涉奴隶制的方式大致有两种，一种是依靠暴力强加干涉，另一种则是"寄希望于国会以立法的形式来干涉奴隶制"，但是"在当前的宪法制度下"，这两种方式"完全是违宪的，不可能实现的"。那么，影响和改变全体美国公民在奴隶制问题上的看法，就成了唯一正确的选择。而且，废奴主义者有权"在美国的每一寸土地上，利用上帝的'光与爱'来激发公众的良知，改变和提升在奴隶制问题上的公众意见，这也是他们的神圣权利"。② 在 19 世纪 30 年代，这一观点可谓是废奴群体的主流观点。拉·罗伊·桑德兰（La Roy Sunderland）在 1837 年收集整理了全美各地的废奴组织和个人的观点，并将其编辑出版。此书在废奴阵营中颇受欢迎，在当年和 1839 年先后两次修改再版。在这三版中，作者均直接摘录了美国废奴协会的相关片段，认为诉诸公众意见是唯一合法的废奴途径。③

废奴主义者之所以诉诸公众意见，不仅是出于策略上的考虑，也因为他们对美国的政治制度有深刻的思考。威廉·加里森长期被历史学家视为"反政治"的道德废奴主义者。事实上，他很早就对公共意见与美国政治的关系有敏锐的观察。早在 1829 年，威廉·加里森在美国殖民地协会演讲时，就宣称美国革命的成功证明"公众意见有凌驾于国王政体的无限权力；它带着地震般的咆哮，撼动了由亚特拉蒂斯的柱子支撑的王位"④。1832 年 1 月，

---

① *The Declaration of Sentiments and Constitution of the American Anti-Slavery Society*, New York, 1835, p. 8.
② Amos A. Phelps, *Lectures on Slavery and Its Remedy*, Boston: New-England Anti-Slavery Society, 1834, p. VI.
③ La Roy Sunderland, *Anti-Slavery Manual: Containing a Collection of Facts and Arguments on American Slavery*, Piercy & Reed, 1837, p. 129; La Roy Sunderland, *Anti-Slavery Manual: Containing a Collection of Facts and Arguments on American Slavery*, 2nd ed., Printed by S. W. Benedict, 1837, p. 120; La Roy Sunderland, *Anti-Slavery Manual: Containing a Collection of Facts and Arguments on American Slavery*, 3rd ed., Printed by S. W. Benedict, 1839, p. 124.
④ William Lloyd Garrison, "Address to the Colonization Society, July 4, 1829," https://teachingamericanhistory.org/Library/document/address-to-the-clonization-society/，访问日期：2021 年 7 月 20 日。

费城的一群教友会成员要求约翰·昆西·亚当斯向国会递交废除哥伦比亚特区奴隶制的请愿书，但是遭到了他的拒绝。加里森在《解放者报》上发表了一份公开信，对约翰·昆西·亚当斯此举提出了"质疑"和"指责"。他在信中指出，尽管废奴主义者的目标"不是政治性的"，但是"我们的事业在本质上不可避免地与政治产生冲突"；亚当斯应当与废奴主义者合作，因为有能力通过公众意见"给社会带来不可思议的改变"，"由废奴主义者的选票决定这个国家是否稳定的时代已经来临"。① 1833 年 8 月，加里森在给一位编辑的信中写道，"我们的政府是一个代表制政府，服从于人民的意愿"，因为"公众意见是全国性改革的杠杆"。② 阿诺德·巴法姆在写给加里森的信中，也表达了类似的观点。他认为，"在一个人民选择统治者的共和国中，政府本质上是全体国民的指示器。如果人民是正直的，统治者也应如此"，因此，"是时候让美国人民选择领导人了"。不过，巴法姆并不支持推举废奴主义者作为公职人员候选人，而是希望创立一种更为广泛的政治意识，"让每一个基督徒在全国性改革这个神圣事业中联合起来"，让道德和正义进入美国政治体制中去。③ 1836 年，康涅狄格州的民主党国会参议员约翰·米尔顿·奈尔斯（John Milton Niles）在议会辩论中，就引用了废奴主义者巴法姆的这段言论，"在这个国家，公众意见是最有权势的东西；它比所有的法律都强大；没有公众意见，法律就像蜘蛛网一样无力……公众意见就是最高法"④。总之，在很多废奴主义者看来，美国是一个基于多数人统治的民主国家，只有改变多数人的公众意见，才能迫使美国政府做出改变。

还有一些废奴主义者认为，正因为美国是一个共和制国家，人民可以自由地表达意见，所以公众意见才能充分发挥威力。马萨诸塞州的废奴主义者罗伯特·B. 霍尔（Robert B. Hall）在 1832 年的一次演讲中宣称，"我们在一个地球上最温和、最公平的政府之下，享有自由公民的所有权利和豁免权，在形成和表达我们的意见时不受控制"，因此美国人在看到国外的"专制者的宝座摇摇欲坠"时感到高兴，并相信公众意见是消除这片"最受

---

① *Liberator*, January 21, 1832.
② *William Garrison to the Editor of London Patriot*, August 6, 1833, p. 41.
③ *Arnold Buffum to William Lloyd Garrison*, January 28, 1835.
④ *Speech of Mr. Niles, of Connecticut, on the Petition of a Society of Friends in Pennsylvania, Praying for the Abolition of Slavery in the District of Columbia; in Senate*, February 15, 1836, p. 12.

上帝宠爱的土地"上的奴隶制罪恶的最有效方式。① 纽约市废奴协会在 1833 年的公开信中也秉持类似的逻辑——"在上帝之外,我们唯一可以依靠的是真理和公众意见的力量";英国的废奴主义者已经"利用这些武器终止了奴隶贸易",并"强迫英国政府不情愿地保证废除其统治范围内的奴隶制";"请不要说,在自由的美国,真理和人性的公众意见的影响力,还没有在旧大陆的君主国高"。② 阿莫斯·菲尔普斯也直言不讳地说,"没有一个国家拥有我们所拥有的机会和手段",可以通过"正确地形成公众意见"来实现改革。③ 马萨诸塞州的废奴牧师威廉·威尔逊(William Wilson)指出,废奴的巨大障碍是"奴隶主的意愿",但是美国公民有自由讨论的权利,因此"凭借非奴隶主们的公众意见的力量,以及与奴隶主进行善意、坦率和深入的讨论",奴隶主的"意愿将被改变",与之相关的"各种法律和其他障碍也会被改变"。④

在很多废奴主义者看来,在美国这样的政治体制中,"宪法是人民意志的体现"⑤,因而可以成为推动废奴事业的重要工具。但是,在如何利用宪法这一问题上,废奴主义者内部存在分歧。矛盾的根源在于如何看待宪法与奴隶制的关系。部分废奴主义者认为,宪法并不认同奴隶制,因此只需在既有的体制内采取行动就可以废除奴隶制。西摩·特雷德维尔认为,联邦国会有终止奴隶制的权力,而且"这个明确的宪法权利也是一种不容拖延的最高的道德和政治义务,代表了人类自由这一伟大事业,与美国和整个世界都相关"⑥。阿莫斯·菲尔普斯具体分析了与奴隶制相关的宪法条款,发现宪法"从来没承认人可以成为财产",也"不承认奴隶与奴隶主之间的关系",宪法的逃奴条款"并未明确承认奴隶制的合法性",因此"虽然很多人认为宪法是明确认可奴隶制的,但事实并非如此"。所以,"现在并没有必要修改宪法","在当前的宪法制度下,只要人民的公众意见希望国内

---

① *Liberator*, April 14, 1832.
② *Address of the New York City Anti-Slavery Society: To the People of the City of New York*, 1833, p. 26.
③ Amos A. Phelps, *Lectures on Slavery and Its Remedy*, p. 187.
④ William Dexter Wilson, *A Discourse on Slavery: Delivered before the Anti-Slavery Society in Littleton, N. H., February 22, 1839, Being the Anniversary of the Birth of Washington*, 1839, p. vi.
⑤ Amos A. Phelps, *Lectures on Slavery and Its Remedy*, p. 187.
⑥ Seymour Boughton Treadwell, *American Liberties and American Slavery: Morally and Politically Illustrated*, p. 330.

采取针对奴隶制的行动，国会肯定是可以行动的"。他建议废奴主义者应该首先着力说服美国民众，通过他们的公众意见给国会施压，迫使国会通过法案废除哥伦比亚特区和准州的奴隶制；这个"举动就成为一个范例"，使得"整个民族都会讲出反对奴隶制的证词，这些证词将如同一场充满光明和影响力的洪水一样，不可阻挡地倾泻向蓄奴州"，最终"动摇整个奴隶制"。①

菲尔普斯的这一观点相对温和，与当时不少具有反奴隶制倾向的政治家在相关问题上的看法颇为类似。约翰·昆西·亚当斯在1836年的一次演讲中，也逐条分析了宪法中与奴隶制相关的四个条款，认为"没有任何一条承认奴隶制或奴隶的存在"。废奴报纸《自由之友》直接援引这一观点，以证明奴隶制没有得到宪法的"保护和支持"。② 还有一些废奴主义者则强调宪法在精神和原则层面上与奴隶制相抵触。1834年成立的塞勒姆及其附近地区废奴协会在其章程中宣称，"宪法不允许奴隶制存在"，因为"宪法所依据的是自由和权利原则"，奴隶制"荒谬而公然地违背"这一原则，故而"所有公民都有责任行使其影响力，让奴隶制尽早消亡"。③ 不少废奴主义者认为，宪法的序言表明了宪法的原则："为建立更完善的联邦，树立正义，保障国内安宁，提供共同房屋，促进公共福利，并使我们自己和后代得享自由的幸福"，表明宪法在根本上是反对奴隶制的，可以将其作为废奴事业的工具。④ 总之，正如一位废奴主义者所言，既然"宪法并没有把美国变成一个蓄奴的国家，我们还有什么必要修改宪法呢"，"我们要做的只是依据《独立宣言》的标准来解释宪法"，以此来废除奴隶制。⑤

另外一批更为激进的废奴主义者则认为，宪法是支持和保护奴隶制的，改革者需要发动人民，以公共意见的压力来修改宪法，切断其与奴隶制的联系，推动州和地方政府来废除奴隶制。1833年，费城长老会的牧师乔治·达菲尔德（George Duffield）在美国废奴协会的成立大会上就指出，

---

① Amos A. Phelps, *Lectures on Slavery and Its Remedy*, pp. 192-196.
② *Friend of Man*, August 23, 1836.
③ "Constitution of the Anti-Slavery Society of Salem and Vicinity Grosvenor," in Cyrus Pitt, *Address before the Anti-Slavery Society of Salem and the Vicinity*, W. & S. B. Ives, 1834, p. 46.
④ *Zion's Watchman*, September 30, 1837; *Remarks on the Constitution*, printed at the office of the "Evening Star," 1836, p. 11; *A Discourse on Slavery: Delivered before the Anti-Slavery Society in Littleton*, N. H., February 22, 1839, p. 18.
⑤ *Liberator*, March 1, 1834.

"最合法和方便的办法是唤醒公众的正义,然后通过宪法本身所规定的程序来修改宪法,赋予政府以废奴的权力"[1]。至于怎么修改宪法,废奴主义者的看法不一。有些废奴主义者建议修改宪法中的那些支持奴隶制的条款。戴维·李·蔡尔德(David Lee Child)指出,根据联邦宪法,非蓄奴州的人"无权干涉奴隶制问题","这个邪恶的原则"已经成为奴隶制的保护伞,"'我们人民'有权修改宪法中的邪恶成分",因此,应该发动人民"修改联邦宪法,以打破其对奴隶制的邪恶保护"。[2] 西蒙·多格特(Simeon Doggett)认为,"五分之三条款"和"逃奴条款"在字面上就是支持奴隶制的,"我们计划让宪法的相关条款无效"[3]。加里森在给友人的信中说,逃奴条款让联邦宪法"浸满了人类的鲜血",我们应该发动人民修改宪法,"以宪法程序清除"《逃奴法》这一国家和民族的"血腥污点"。[4] 加里森对宪法的整体观点更为激进。他在 1832 年的演讲中,对宪法进行了更为彻底的抨击,呼吁更全面地修改宪法——

> 已经有太多溢美之词来颂扬自由州和奴隶州在批准宪法时所达成契约的神圣性。神圣的契约,真的是契约的协议啊!我们认为这是人类作出的最血腥、最令天国震惊的安排,只是为了延续并且保护地球上有史以来最残暴的罪恶。是的,我们带着羞耻和愤慨来看待这个契约。全世界正义和人道的朋友永远会认为它是臭名昭著的。这是一份牺牲了我们种族数百万身体和灵魂才达成的契约,只是为了实现一个政治目的——不害臊且丑陋的联合,这个联合为了好处做恶事。根据事物的天性和上帝的律法,这样的契约从一开始就是无用无效的。[5]

---

[1] *Proceedings of the Anti-Slavery Convention*, Assembled at Philadelphia, December 4, 5, and 6, 1833, printed by Dorr & Butterfield, 1833, p. 22.

[2] David Lee Child, *The Despotism of Freedom; or the Tyranny and Cruelty of American Republican Slave-Masters, Shown to be the Worst in the World; in a Speech, Delivered at the First Anniversary of the New England Anti-Slavery Society*, Boston, 1833, pp. 25, 52-53.

[3] Simeon Doggett, *Two Discourses on the Subject of Slavery*, Printed by Minot Pratt, 1835, pp. 20-21.

[4] William Lloyd Garrison, *Letter to Esteemed Friend Shipley*, December 17, 1835.

[5] William Lloyd Garrison, "On the Constitution and Union," December 29, 1832, https://teachingamericanhistory.org/library/document/on-the-constitution-and-the-union/, 访问日期:2021 年 6 月 14 日。

第二章 "道德性政治"：废奴运动的兴起和特征 | 099

19世纪30年代初，废奴主义者的言论和出版物遭到诸多压制，其利用公众意见来废奴的策略面临危机。在北部州，接连发生多起针对废奴主义者的暴力事件，暴徒们骚扰和打断废奴主义者的会议，捣毁废奴主义者的印刷厂，并对废奴主义者进行人身攻击。[①] 南部的奴隶主没收和烧毁废奴出版物，并要求国会和北部州立法禁止废奴言论。1836年5月26日，国会通过了所谓的"钳口律"，搁置一切与奴隶制问题或废奴有任何关系的请愿书或文件，禁止国会议员在国会开会时宣读或讨论任何与奴隶制问题或废奴有关的提案。[②] 面对这一系列危机，宪法成为废奴主义者自我保护的最重要工具。马萨诸塞州废奴协会号召人民"不惧恐惧地加入伟大的废奴运动"，因为"伟大的宪法确保我们可以自由地行使上帝赋予的道德权力"；而且"宪法确保我们的政府是尊重法律的，并赋予每个公民，乃至我们之间的陌生人以信仰自由、言论自由和出版自由权"。[③] 查尔斯·P.格罗夫纳（Charles P. Grosvenor）指出，"所有的政府都基于一定原则"，在美国，这些原则以"人民"（the people）为中心，他们是宪法和民主统治的"阐释者"，因此，如果"人民"要求改变，他们需要做的就是组织起来进行"煽动"和"公开反对"，这是他们"基本的宪法权利"。[④]

总之，废奴主义者不仅是热情的道德宣传家，同时也是精明的政治思想者。他们对美国政治制度和理念有深刻的认识，对奴隶制与美国政治之间复杂而密切的关系也有敏锐的观察，因而不再像此前的奴隶制反对者一样，寄望于通过影响体制的精英政治家来废奴，而是发动"人民"这一美国政治中最具有合法性和影响力的资源，来切断宪法对政治体制中奴隶制的默认和保护，进而推动立即废奴运动的发展。需要注意的是，废奴主义者的这一抉择也与当时特殊的历史语境有关。19世纪初以来，美国经历了深度的政治民主化进程，大众政治逐渐取代精英政治，公众意见"获得了

[①] David Grimsted, *American Mobbing, 1828-1861: Toward Civil War*, New York: Oxford University Press, 1998, p. 35.

[②] U. S. Congress, *Register of Debates*, House of Representatives, 24th Congress, 1st Session (December 18, 1835), pp. 4052-4054.

[③] *Fourth Annual Report of Massachuseets Anti-Slavery Society*, Boston, 1836, p. 23, p. 52.

[④] Charles P. Grosvenor, "Disquisition on the Constitution," in *Fourth Annual Report of the Massachusetts Anti-Slavery Society*, Boston, 1836, p. 64.

力量",多数人的观念具有了绝对的正当性。① 废奴主义者敏锐地意识到这一重要变化。"这是一个新的时代,公众意见已经从国王和元老院手中夺走了权杖,如同一位暴君一样进行专横而绝对的统治。它确实可以被影响,但不能被反抗。"② 约翰·杰伊在1837年所说的这句话可谓是废奴主义者政治意识的写照。

第四节　废奴运动的"道德性政治"特征

前文已经论及,当废奴主义者在19世纪30年代喊出"立即废奴"的口号时,他们所挑战的其实不是一个个身处南部的奴隶主,而是一种具有共同的利益诉求、权力基础和意识形态的全国性政治权势。它控制和挟持了联邦政治,导致奴隶制问题不断"去政治化"和"去道德化",使美国的政治制度在该问题上失去了自我革新的空间和动力。从这样的历史语境来看,废奴运动是一种带有鲜明抗争意识的"道德性政治"③。废奴主义者不是单纯的道德改革家或政治行动者,而是试图联合道德与政治的力量,打破奴隶制权势对全国政治的控制,以最终消除奴隶制。

首先,废奴主义者率先揭示了奴隶制政治权势的存在,并深刻剖析了其对美国政治产生的负面影响,推动北部社会的公众意见向反奴隶制的方向发展。

在19世纪30年代中期,当大部分北部州的民众还将奴隶制视为一种南部的"特殊体制"时,废奴主义者就敏锐地告诉他们,奴隶制已经与美国政治制度高度融合,成为一种具有全国性影响的政治权势。威廉·加里森宣称,北方人将大量的资金投资在南部的种植园和奴隶身上;联邦宪法确保奴隶主可以在任何一个州抓回逃奴,能够镇压每一场奴隶起义;"奴隶主在国会中有大量的代表";奴隶主还在肆意侵犯北部州的言论自由和出版自

---

① 〔美〕罗伯特·威布:《自治:美国民主的文化史》,李振广译,第76—77页。
② William Jay, *An Inquiry into the Character and Tendency of the American Colonization, and American Anti-Slavery Societies*, New York: R. G. Williams, 1837, p. 204.
③ "道德性政治"(moral politics)一词来自美国学者史蒂文·明茨(Steven Mintz)。他认为美国19世纪上半期的社会改革运动普遍具有这一特征,即试图提升社会的道德,以宗教理念推动社会变革。本书只是借用这一语词,更强调废奴主义者将道德与政治理念高度融合,以推动奴隶制政治的变革。Steven Mintz, *Moralists and Modernizers: America's Pre-Civil War Reformers*, Baltimore: Johns Hopkins University Press, 1995, pp. 50–51.

由，并将其破坏性影响波及全国；"在联邦的每一块土地上"，奴隶制"都是一种全国性的存在"。① 新英格兰废奴协会认为，蓄奴州通过五分之三条款"控制了联邦政府"，导致美国的政治权力"被赋予了一群谋杀犯"，他们"犯下的每一个罪行都是对人类身体和灵魂的毁灭与折磨"。②

废奴主义者进而指出，奴隶制政治权势已经成为一种强大的"政治罪恶"，导致美国的政治"去道德化"，不断走向腐败。著名女性废奴主义者莉迪亚·玛利亚·蔡尔德（Lydia Maria Child）声称，蓄奴州通过"五分之三条款"，获得了"过分的优势"，并"怀着焦虑和嫉妒之情维持这一优势"；蓄奴州国会议员以恐吓和暴力手段逼迫自由州国会议员，致使他们"在奴隶制问题上可耻地小心谨慎"，失去了坚守立场的"道德勇气"。③ 查尔斯·福伦认为，奴隶制的权势如此巨大，且具有"压迫性倾向"，导致"不自由的原则和反共和主义倾向"变得"愈发强大和精巧"，并在努力"改变我们的制度和生活方式，影响公众意见"，最终危及政府的合法性。④ 詹姆斯·福滕告诉北部州公民，请愿权、言论自由权、出版自由权等公民权利，"本来应该是共和国的荣耀和骄傲"，如今却被"南部议员践踏和嘲讽"；北部人已经屈服于南部的财富和权势，失去了勇敢地捍卫权利这一"标准的爱国精神"；奴隶制"就像一个腐蚀性的癌症，正在吞噬祖国的心脏"。⑤

废奴主义者还从道德和政治角度出发，深刻揭示了奴隶制与美国政治之间存在的根本性分歧，即自由与奴役是完全对立的，两种制度不可能在同一个体制内长期共存。阿莫斯·菲尔普斯在 1834 年的一次演讲中，最早系统地阐释了这一理念。他认为，奴隶制是"美国政治结构中的不和谐的因素"，它"已经不止一次地动摇整个政治结构"，而且"它将一直是一种不和谐的存在"，如果对其"避而不谈或置之不顾"，"最终必定会摧毁联邦和整个

---

① Thompson, George, et al., *Lectures of George Thompson* Isaac Knapp, 1836, pp. II-XXIX.
② *Proceedings of the New England Anti-Slavery Convention: Held in Boston on the 27th, 28th and 29th of May, 1834*, Garrison & Knapp, 1834, p. 25.
③ Lydia Maria Child, *An Appeal in Favor of that Class of Americans Called Africans*, 1833, pp. 105, 113-114.
④ Charles Follen, "The Cause of Freedom in Our Country," in Elizur Wright, ed., *The Quarterly Anti-Slavery Magazine*, vol II, New York: American Anti-Slavery Society, 1835-1837, p. 65.
⑤ *An Address Delivered before the Ladies' Anti-Slavery Society of Philadelphia, on the Evening of the 14th of April, 1836*, pp. 8-10.

国家";因为"从本质上来看,自由和奴隶制就是两个不和谐的因素,它们永远不可能在同一个政治结构中共存,二者迟早会分崩离析",就如同"每一个分裂的王国都必将毁灭,每一个分裂的城市或家庭都不能持久"。① 废奴主义者在此后不断重申这一理念,深刻地影响了内战前北部州对奴隶制政治的看法。34年后,林肯在与斯蒂芬·道格拉斯(Stephen Douglas)辩论时,发表了美国历史上最著名的演讲之一《分裂之家不能持久》,其论点与菲尔普斯的几乎如出一辙。②

其次,废奴主义者一再强调政治的道德性,将坚定的道德原则注入政治中去,推动政党政治摆脱奴隶制政治权势的控制,为反奴隶制政治力量的兴起提供了动力。

在废奴运动的影响之下,北部州的辉格党逐渐成为重要的反奴隶制政治力量。自从在19世纪30年代初诞生以来,辉格党在奴隶制问题上就存在重大分歧。在南部地区,辉格党比民主党更加极端地拥护奴隶制。而在北部地区,辉格党则拥有比民主党更加明确的反奴隶制立场。③ 这主要是因为辉格党的政治文化深受福音派宗教复兴运动的影响。尤其在北部地区,大部分辉格党人都是福音派成员,他们对奴隶制等各种社会罪恶深感不满,相信可以通过道德改革来消除这些罪恶。④ 这意味着辉格党与废奴运动之间存在天然的联系。因此,虽然以亨利·克莱为代表的辉格党领袖们为了维系政党团结,始终试图将奴隶制问题排除在政治舞台之外,但无法阻止北部地区辉格党反奴隶制情绪的发展。北部州的"圣经地带"(Bible Belt)⑤是废奴运动的大本营,也是辉格党的重要票仓。这里原本就弥散着较为温

---

① Amos A. Phelps, *Lectures on Slavery and Its Remedy*, Boston: New-England Anti-Slavery Society, 1834, p. 23.
② 《分裂之家不可持久》的原文,可参见 *Collected Works of Abraham Lincoln*, Volume 2, New Brunswick, N. J.: Rutgers University Press, 1953, pp. 461-469。
③ Michael F. Holt, *The Political Crisis of the 1850s*, New York: John Wiley, 1978, p. 30.
④ Daniel Walker Howe, *The Political Culture of the American Whigs*, Chicago: The University of Chicago Press, 1979, pp. 9-10.
⑤ 指深受福音派宗教影响的地区,包括俄亥俄州的西部保留地和北部部分地区、纽约州的北部、密歇根下半岛地区(Lower Peninsula of Michigan)的南部和中部各县、马萨诸塞州的西部各县和沿海城镇、康涅狄格河谷内的佛蒙特地区,以及散布在缅因州南部的小城镇。James Brewer Stewart, "Reconsidering the Abolitionist in an Age of Fundamentalist Poetics," *Journal of the Early Republic*, Vol. 26, No. 1 (Spring, 2006), p. 12.

和的反奴隶制情绪，而废奴主义者长达十余年的持续宣传，进一步推动该区域的选民成为废奴主义观念的"同路人"。① 受此影响，一些激进的反奴隶制政治家在辉格党内站住了脚。俄亥俄州辉格党领袖詹姆斯·A. 布里格斯（James A. Briggs）曾在1844年的一封密信中，呼吁支持以强硬废奴立场知名的乔舒亚·吉丁斯竞选国会众议员，以"帮助辉格党获得该选选区的废奴主义者的选票"②。辉格党的重要领袖约翰·昆西·亚当斯也与废奴运动的领袖们保持联系，并经常与他们合作。受其影响，他的反奴隶制立场愈发鲜明，不仅在国会中坚持反对"钳口律"，捍卫废奴主义者的请愿权，还时常在公共集会中发表反奴隶制言论。他多次公开宣称，奴隶制是一种巨大的罪恶和政治危险，奴隶主已经成为一个政治权势集团，在损害美国的自由体制和社会道德，因此应将奴隶制废除，而非遏制。这一话语与废奴主义者颇为类似，以致有学者称他为"隐性的废奴主义者"。③ 亚当斯的持续努力，推动了北部州辉格党高层转向反奴隶制。到19世纪40年代，在马萨诸塞、纽约、俄亥俄和密歇根等北部州，辉格党内的反奴隶制力量已经相当强大，并与废奴主义者在诸多领域展开合作。④

更重要的是，废奴主义者坚持将平等主义的道德原则注入美国政治，从根本上瓦解了奴隶制政治权势的根基，最终推动联邦政治发生根本性转变。

奴隶制深刻影响了美国早期的政治文化，赋予其强烈的种族主义色彩。一方面，奴隶制塑造了美国公民资格的边界。1790年联邦《归化法》将美国国籍限定在男性"自由白人"的范围之内。在南部蓄奴州，自由黑人逐渐丧失了公民身份。北部州虽然承认自由黑人为公民，但是他们本质上处于"准公民"状态，无法充分享受绝大部分法律权利，尤其是选举权。⑤ 另一方面，美国社会弥散的种族主义观念，又使得白人群体普遍漠视黑人的

---

① James Brewer Stewart, "Reconsidering the Abolitionist in an Age of Fundamentalist Poetics," pp. 10-12.
② James A. Briggs to Oran Follett, July 26, 1843, *The Quarterly Publication of the Historical and Philosophical Society of Ohio*, Vol. 11-12, University of Cincinnati Press, 1917, pp. 4-6.
③ Daniel Walker Howe, *The Political Culture of the American Whigs*, pp. 62-68.
④ James Brewer Stewart, "Reconsidering the Abolitionist in an Age of Fundamentalist Poetics," pp. 14-15.
⑤ 〔美〕埃里克·方纳：《第二次建国：内战和重建如何重塑了美国宪法》，于留振译，商务印书馆，2020，第12—17页。

处境，广泛接受种族不平等的事实，有些人甚至认为追求种族平等会毁灭白人的自由。① 这种以种族等级秩序为基础的不平等的政治文化，是奴隶制政治权势得以维系的重要基础。在19世纪30年代，废奴主义者率先对其发起全面而猛烈的攻击。如前文所述，他们一再引用《独立宣言》，强调美国政治具有道德性，即人人生而平等。在此基础上，他们还提出了一种全新的公民资格理念。首先，他们认为应该由联邦政府来界定和保护公民权利，要求把被解放的奴隶作为正式成员纳入美国社会和政治中去。其次，他们认为所有在美国出生的人都是美国公民，应该不分种族享有完全的平等。此外，他们还提出了"平等保护"原则，认为自由黑人的公民权利在每个州都应享受平等的法律保护。② 政党政治家们最初并不接受这些带有鲜明的平等主义色彩的观念，认为政治必须与道德分离。但是，在废奴主义者坚持不懈的努力下，这一道德性政治观念逐渐通过废奴话语和思想进入联邦政治之中，从根本上消解了奴隶制政治权势的合法性。内战爆发之后，道德性政治观念最终成为联邦政治的基础，林肯的《奴隶解放宣言》和《葛底斯堡演说》是二者融合的标志。重建时期通过的宪法十三、十四和十五修正案，则意味着道德性政治理念重塑了美国宪政体制。

其实，对于废奴运动给奴隶制政治权势可能带来的巨大"危险"，同时代的部分南部奴隶主精英已有比较清醒的认知。1836年3月，约翰·卡尔霍恩在国会中宣称，废奴主义者发动了一场针对南部的"性质独特且更加有效的战争"；他们使用的不是武器，而是语言"这一最危险的方式"；这场战争"融合了宗教和政治狂热"，"针对的不是我们的生命，而是我们的品质"，其"目标是在我们和全世界的评价体系中羞辱和贬低我们，打击我们的声誉，直到推翻我们的内部体制"。卡尔霍恩特别强调，废奴主义者将给"联邦和国家的制度"带来严重危险，致使共和国"无法充分实现其创立时的目标——捍卫各州的自由和安全"，最终走向毁灭。③ 卡尔霍恩此番言论的目标是为了推动国会立法禁止废奴主义者请愿，肯定有

---

① Heather Cox Richardson, *How the South Won the Civil War: Oligarchy, Democracy, and the Continuing Fight for the Soul of America*, New York: Oxford University Press, 2020, p. 4.

② 〔美〕埃里克·方纳:《第二次建国：内战和重建如何重塑了美国宪法》，于留振译，第18—23页。

③ U.S. Congress, *Register of Debates*, Senate, 24th Congress, 1st Session, pp.776-778.

言过其实之处。但结合前文分析可知,卡尔霍恩其实是以"敌人"的眼光准确洞察出废奴运动的特征和影响:废奴主义者既不是要彻底独立于政治体制之外,也不是要将某个政党变成废奴事业的工具,而是坚持从道德原则出发,对联邦政治进行根本改造,彻底摧毁奴隶制政治权势的根基。

小 结

1840年,以阿瑟·塔潘为首的温和派退出了美国废奴协会,另行成立"美国和外国反奴隶制协会"(American and Foreign Anti-Slavery Society),该协会随后在纽约成立了美国第一个废奴主义政党——自由党。[①] 在经典的废奴运动叙事中,这一年被视为重要转折点,标志着废奴运动从道德改革运动转向政治运动。在此之前,废奴主义者的主要策略是不直接参与政治,对美国民众进行道德说服,使其认识到奴隶制的罪恶。在此之后,公职竞选、议会立法和司法援助等直接的政治行动,成为废奴运动的主流。

如果只从事件和过程的角度来看,这一解释当然是合理的。但是如果深入历史语境,从政治话语和运动文化的角度来看,就会发现这种将道德与政治截然两分的解释存在很大的问题。从前文的分析可知,在19世纪30年代的废奴主义者看来,道德与政治之间没有明显的界限,政治必须契合基本的道德原则,道德必须依靠恰当的制度框架才能发挥作用。正如废奴主义者伊莱贾·P. 洛夫乔伊(Eligah P. Lovejoy)在1837年的一次演讲中说道:"任何事情,如果在道德上是错误的,在政治上就不可能是正义的。就像《圣经》训谕我们的那样:'公义使邦国高举,罪恶是人民的羞辱。'"[②] 废奴主义者不是单纯的道德改革家或政治行动者,而是试图联合道德和政治的力量,以前者之坚韧的激情和后者之冷静的头脑,来共同推翻奴隶制政治权势,最终消除奴隶制这一"道德和政治罪恶"[③]。

如果我们把目光稍稍后移,会发现19世纪30年代之后的废奴运动也具有同样的特征。一些研究自由党的美国学者认为,政治废奴主义者之所以

[①] James B. Stewart, *Holy Warriors: The Abolitionists and American Slavery*, pp. 90-96.
[②] *Liberator*, December 22, 1837.
[③] *The Declaration of Sentiments and Constitution of the American Anti-Slavery Society*, New York, 1835, p. 11.

在选举政治中表现不佳，其中的一个重要原因是他们为了追求道德的纯粹，宁愿牺牲政治影响力。① 自由土地党是成立于 1848 年的另一个反奴隶制第三党。辉格党国会众议员乔舒亚·吉丁斯发现，这个政党更多的时候是希望去"纠正公众意见……而非控制政治行动"②。其实早在 1838 年，弗朗西斯·杰克逊（Francis Jackson）和阿莫斯·菲利普斯就将政治废奴主义的道德性政治理念阐述得很清楚——"政治不是清白的（innocent），它也是道德的一个分支"，人们投票时也受到道德观念的影响；"无论作为公民，还是作为教会成员，抑或是家长，道德观念对人们的重要性都是一样的，在每一种身份之中，人们所需要做的就是完全遵守最高的道德观念"；"奴隶主权势"使得美国政治"失去了道德观念的制约"，成为"一场为了权力或利益而进行的毫无原则、孤注一掷的游戏"，废奴主义者应该组建政党，把更广泛的道德原则注入政治中去，最终打破"奴隶主权势"对"美国政治的误导和破坏"。③

总之，与同时期的其他反对奴隶制社会群体或政治组织相比，废奴主义者在理念和话语方面的最独特之处在于，既有强烈的道德感召力，又深得美国政治理念之精髓；既有毫不妥协的抗争精神，又有冷静而精明的行动策略。由此来看，废奴主义者很像马克斯·韦伯笔下那些听到了政治的"召唤"的人，他们兼具"激情和眼光"，从事着就像"用力而缓慢地穿透硬木板"这一艰巨的废奴政治事业。④ 这种"道德性政治"特征，是废奴主义者能对公众意见产生强大而持久的影响力，进而推动反奴隶制政治兴起的重要原因。1835 年夏天，他们就发动了一场震动整个美国的事件，把奴隶制问题推向了公共领域和政治舞台的中心。

---

① Alan Kraut, "Partisanship and Principles: The Liberty Party in Antebellum Political Culture," in Allan M. Kraut, ed., *Crusaders and Compromisers: Essays on the Relationship of the Antislavery Struggle to the Antebellum Party System*, Westport: Greenwood Press, 1983, pp. 71-100; Corey Michael Brooks, *Building an Antislavery House: Political Abolitionists and the U. S. Congress*, Ph. D. Dissertation, University of California, Berkeley, 2010, p. 3.

② *Giddings to Chase*, May 6, 1849, quoted in Jonathan Earle, *Jacksonian Antislavery and the Politics of Free Soil, 1824-1854*, Chapel Hill: University of North Carolina Press, 2004, p. 183.

③ Francis Jackson and Amos A. Phillips, "An Address to the Abolitionist of Massachusetts, on the Subject of Political Action," in C. Bradley Thompson, ed., *Antislavery Political Writings, 1830-1860*, New York: M. E. Sharpe, Inc., 2004, pp. 63-64.

④ 〔德〕马克斯·韦伯：《学术与政治》，冯克利译，生活·读书·新知三联书店，2016，第117页。

第三章 1835年邮件运动与内战前反奴隶制政治的兴起

1835年夏，刚刚成立两年的美国废奴协会发动了一起大规模的邮件运动（postal campaign）。废奴协会利用美国新建成的邮政体系，将近两万份宣传立即废奴思想的传单、小册子、报纸等宣传资料投递到南部蓄奴州。此举如一石激起千层浪，引发了全国范围内关于奴隶制和废奴问题的讨论。在社会层面，南北各地均发生了多起反对废奴主义者的公众集会和暴乱；在州和联邦政治层面，也围绕着邮件运动展开了政治辩论和立法纷争。用美国历史学家威廉·弗里林的话说，邮件运动可谓是"奴隶制论争史上的珍珠港事件"。[①]

在废奴运动发展史上，邮件运动堪称是对内战前美国政治影响最大的事件之一，但重要的废奴运动研究著作并未对其进行深入考察。吉贝特·巴恩斯在废奴运动研究的奠基性作品《废奴的动力，1830—1844年》中，只是简单提到邮件运动，且认为该事件的唯一后果是让废奴运动陷入巨大危机。[②]詹姆斯·斯图尔特在废奴运动研究的经典著作《神圣的斗士：废奴主义者与美国奴隶制》中，同样以极为俭省的笔墨概述了该事件的过程，认为这是废奴运动遭遇的一次挫折。[③]玛丽莎·辛哈的《为了奴隶的事业：美国废奴运动史》堪称近十年来出版的最重要的废奴运动研究著作，但此

[①] William Freehling, *The Road to Disunion: Secessionists at Bay, 1776-1854*, Vol., New York: Oxford University Press, 1990, p. 308.

[②] Gilbert H. Barnes, *The Antislavery Impulse, 1830-1844*, New York: D. Appleton-Century Company, 1933, pp. 62, 100.

[③] James Brewer Stewart, *Holy Warriors: The Abolitionists and American Slavery*, New York: Hill and Wang, 1976, pp. 69-70.

书只是简单提及该事件，并未深入分析其过程和影响。① 管见所及，唯有伯特伦·布朗详细分析了邮件运动兴起的原因，并强调该事件对废奴运动的发展具有积极意义。② 然而，布朗在解释邮件运动的起因时，关注的只是美国废奴协会本身所遇到的问题，未能深入考察导致这些问题的历史语境。露丝·巴雷特则相对详细地描述了邮件运动在联邦国会引发的争论，但对于邮件运动的起源、发展过程和政治影响的分析，均颇为简略。③

比较而言，研究内战前政治史的学者对邮件运动的关注度更高。德鲁·福斯特、拉里·蒂塞和威廉·弗里林均认为，邮件运动是南部地区拥奴思想的转折点，标志着南部形成了更为极端和系统的以奴隶制为核心的意识形态。④ 然而，在他们的研究中，邮件运动只具有"时间节点"的价值。至于这起事件为何具有如此重要影响，这种影响是如何产生的，他们并未做出回答。苏珊·琼斯系统考察了南部州在邮件运动之后发生的公众集会，认为19世纪30年代以来，南部奴隶主一方面面临废奴主义者的宣传攻势，对奴隶制的安危极为担忧；另一方面又因奴隶数量过多，对可能发生的奴隶叛乱心怀焦虑，故而对突如其来的邮件运动反应强烈，因而全力捍卫奴隶制。⑤ 莱西·福特则强调，邮件运动对南部产生重要影响的最根本原因是奴隶主担心该事件会导致奴隶叛乱，故而做出激烈反应，开始极力捍卫奴隶制。⑥ 总之，在上述学者努力下，邮件运动巨大的政治影响得以被

---

① Manisha Sinha, *The Slave's Cause: A History of Abolition*, New Heaven: Yale University Press, 2017, pp. 250-251.
② Bertram Wyatt-Brown, "The Abolitionists' Postal Campaign of 1835," *The Journal of Negro History*, Vol. 50, No. 4 (October, 1965), pp. 227-238.
③ Ruth Barrett, *Abolitionist Literature and the Mails in Jackson's Time*, M. A. Thesis, University of Nebraska, 1950.
④ Drew Gilpin Faust, *The Ideology of Slavery: Proslavery Thought in the Antebellum South, 1830-1860*, Baton Rouge: Louisiana State University Press, 1981, pp. 1-20; Larry E. Tise, *Proslavery: A History of the Defense of Slavery in America, 1701-1840*, Athens: University of Georgia Press, pp. 323-347; William Freehling, *The Road to Disunion: Secessionists at Bay, 1776-1854*, Vol. 1, New York: Oxford University Press, 1990, p. 308.
⑤ Susan Wyly-Jones, "The 1835 Anti-Abolition Meetings in the South: A New Look at the Controversy over the Abolition Postal Campaign," *Civil War History*, Vol. 47, No. 4 (December, 2001), pp. 289-309.
⑥ Lacy L. Ford, *Deliver Us from Evil: The Slave Question in the Old South*, New York: Oxford University Press, 2009, pp. 482-534.

发现。但是，他们在一定程度上背负了"南部历史的负担"①，仅将目光聚焦于南部地区，没有深入考察南部的反应对北部地区和联邦政治产生的影响。即便就南部地区而言，上述研究也有拓展空间。苏珊·琼斯和莱西·福特并未分析南部蓄奴州的州政府和议会对邮件运动的反应，而且对于南部民众为什么做出激烈回应的解释也有值得商榷之处。就笔者目力所及，在论述邮件运动对全国政治的影响方面，汉娜·隆奇的研究最具启发性。她认为邮件运动使奴隶制成为公共议题，造成南北公共领域的分裂，使奴隶制导致的社会政治进一步激化。② 不过，汉娜的研究是基于哈贝马斯的公共领域理论，并未关注公共领域与州和联邦政治之间的关系，故而没有论述邮件运动对奴隶制政治的整体演变所产生的影响。

此外，还有学者从其他视角考察邮件运动。詹妮弗·莫西卡将南部奴隶主对邮件运动的反应视为南部地区特有的荣誉文化的产物。③ 理查德·约翰认为，邮件运动所引发的争论，体现了邮政体系的建立给美国早期的国家与社会关系带来的深刻变革。④ 拉塞尔·佘和迈克尔·柯蒂斯将废奴主义者视为捍卫公民自由的斗士，把邮件运动中南部蓄奴州对废奴出版物的审查视为美国言论自由和出版自由史上黑暗的一页。⑤ 这些研究丰富了邮件运

---

① 这是著名历史学家科默·伍德沃德对研究南部历史的学者的提醒，即他们容易受南部历史的影响，过于强调南部的特殊性。Comer Vann Woodward, *The Burden of Southern History*, Baton Rouge: Louisiana State University Press, 1993, p. 188.
② Hannah Lonky, "*Revolutionizing the Public Sentiment of the Country*": The Abolitionist Postal Campaign of 1835 and the Transformation of the American Public Sphere, Honors Thesis, Haverford College, 2010.
③ Jennifer Rose Mercieca, "The Culture of Honor: How Slaveholder Responded to the Abolitionist Mail Crisis in 1835," *Rhetoric & Public Affairs*, Vol. 10, No. 1(Spring, 2007), pp. 51-76.
④ Richard R. John, *Spreading the News: The American Postal System from Franklin to Morse*, Cambridge: Harvard University Press, 1995, pp. 257-285.
⑤ Russel B. Nye, *Fettered Freedom, Civil Liberties and the Slavery Controversy, 1830-1860*, East Lansing: Michigan State University Press, 1963, pp. 76-85; Michael Kent Curtis, *Free Speech, "The People's Darling Privilege": Struggle for Freedom of Expression in American History*, North Carolina: Duke University Press, 2000, pp. 117-155. 国内学者李丹也考察了邮件运动，其视角和路径与这两位学者有类似之处，而且她进一步探究了该事件的政治影响，即该事件加剧了南北双方在刊物流通自由问题上的分歧，使二者之间在奴役与自由问题上的矛盾更加深刻。这一论述无疑是成立的。但是，此文对邮件运动过程和历史语境的分析稍显不足，对言论自由问题所产生的政治影响的分析也有待完善。参见李丹《美国公共领域内的反奴隶制刊物流通之争》，《历史教学》（下半月刊）2016年第9期，第58—64页。

动的历史内涵，但着眼点并非是该事件与内战前奴隶制政治演变的关系。

概言之，虽然学术界关于邮件运动的研究已经相当丰富，但并未穷尽该问题的历史意义。首先，仅就邮件运动本身而言，仍有值得探讨之处。比如，推动废奴主义者发动邮件运动的主观因素和客观因素是什么；邮件运动与19世纪30年代特定的政治文化有何关系；邮件运动到底有没有政治属性。其次，在分析邮件运动的政治影响时，现有的研究要么侧重民众的反应，要么关注州政府和联邦政府的活动，没有考察二者之间在思想、话语和行动方面的互动。更重要的是，现有的研究大多把邮件运动置于南部史的脉络之中，将目光聚焦在南部，没有深入分析其对北部州和全国政治产生的影响。如果将邮件运动置于奴隶制政治演变的整体脉络之中，我们会发现还有一些重要问题值得探讨。比如，邮件运动是如何推动奴隶制问题成为全国性政治议题的；邮件运动对南部州权主义和宪法观念产生了什么影响；对北部州的废奴运动和公共政治产生了什么影响；对密苏里危机以来所形成的奴隶制政治格局产生了什么影响。本文将在前辈学者研究成果的基础上，围绕上述问题，探讨邮件运动对于内战前美国奴隶制政治兴起的历史意义。

第一节　邮件运动的开展

美国学者普遍认为，废奴主义者发起邮件运动的主要原因是克服废奴运动遇到的困难。[①] 这种解释的确无可厚非。但是，如要深刻体察废奴主义者发起这场活动的根本原因和主要目标，则需要将该事件置于废奴运动的整体脉络之中，进一步探究废奴运动为何遇到困难，以及废奴运动自身的特点与邮件运动之间的关系。此外，还需将邮件运动置于更大的历史语境之中，分析其与当时特定的政治文化及奴隶制政治格局之间的关联。

一　"道德说服"与"制造轰动"：邮件运动的起因

在成立的最初两年，美国废奴协会遇到了严重困难。在种族主义观念

[①] Bertram Wyatt-Brown, "The Abolitionists' Postal Campaign of 1835," pp. 227–228; James Brewer Stewart, *Holy Warriors*, p. 69.

根深蒂固的美国社会，废奴主义者的立即废奴理念显得非常激进。19 世纪初以来，虽然南北地区的白人群体对奴隶制的看法存在分歧，但在几个关键问题上达成了基本共识。奴隶制的确具有天生的缺点，但它是英国留下的不良遗产，美国人不应对其负责；奴隶制如此深刻地根植于美国的历史和现实之中，如果贸然将其废除，会侵犯南部的州权和奴隶主的财产权，导致联邦分裂，甚至引发黑白种族之间的战争；黑人在各方面都落后于白人，不能享有与白人同等的自然权利，且难以融入白人社会。总之，奴隶制是一种"必要的恶"（necessary evil），处理奴隶制的最好办法是将其命运交给上帝和未来，期待其理性而渐进地消失。① 与这些共识相比，废奴主义者的理念无疑激进得近乎狂热。即便在反奴隶制阵营内部，废奴主义者的观念也难以被其他反奴隶制人士所接受。② 在北部自由州的很多白人看来，废奴主义者是狂热的煽动分子，只会引发社会动荡，威胁联邦生存。因此，废奴运动不仅无法吸引到足够多的"皈依者"，还难以得到普通的奴隶制反对者的支持，这直接导致废奴运动出现严峻的资金短缺问题，难以大量印刷和传播出版物。③ 更糟糕的是，废奴主义者的生存环境极其恶劣。从 1833 年起，北部自由州发生多起针对废奴主义者的暴力事件，"暴徒"们骚扰废奴主义者的会议，捣毁废奴主义者的印刷厂，并对废奴主义者进行人身攻击。④ 在南部蓄奴州，对废奴主义者或有废奴嫌疑之人滥用私刑的行为则屡见不鲜。北卡来罗来纳州议会在 1830 年通过法律，对传播反奴隶制言论者施以重刑。⑤ 与此同时，在美国废奴协会内部，以威廉·加里森为代表的波士顿激进派与以协会主席阿瑟·塔潘为首的温和的纽约派之间存在分歧，废奴协会面临分裂危险。⑥

1835 年 5 月，美国废奴协会在纽约举行第二届年会，与会代表经过讨

---

① Elizabeth R. Varn, *Disunion! The Coming of the American Civil War, 1789–1859*, Chapel Hill: University of North Carolina Press, 2008, p. 41.
② Manisha Sinha, *The Slave's Cause: A History of Abolition*, p. 249.
③ Bertram Wyatt-Brown, "The Abolitionists' Postal Campaign of 1835," p. 227.
④ David Grimsted, *American Mobbing, 1828–1861: Toward Civil War*, New York: Oxford University Press, 1998, p. 35.
⑤ *Acts Passed by the General Assembly of the State of North Carolina*, Raleigh: J. Gales & Son, 1824–1836, p. 10.
⑥ Bertram Wyatt-Brown, *Lewis Tappan and the Evangelical War Against Slavery*, pp. 110, 140.

论，认为发动一场邮件运动——向南部邮寄大量宣传立即废奴思想的出版物，有利于提高废奴运动的关注度和影响力，帮助废奴协会摆脱危机。率先提出这一措施的是执行委员会的成员刘易斯·塔潘。凭借商人的现实直觉和获取资本的渠道，刘易斯·塔潘认为，增加小册子的印刷，能够为美国废奴协会的发展清除障碍，"显而易见，通过印刷出版物，可以在全国范围内以恰当的方式组织同道，使废奴协会取得上百倍的成就"[①]。需要指出的是，以这种宣传活动来发动民众，并非是刘易斯·塔潘的首创。在19世纪上半期，信息流通便捷、公众意见至上是美国社会的突出特征。各种社会力量和政治势力都会尽量让自己的声音公开化、最大化，以压制或淹没对手的声音，从而影响和塑造公众意见。因此，当时的各种社会群体，比如彩票推销商、禁酒主义者、安息日运动者等，都普遍利用邮政体系来传递宣传信息。[②]

刘易斯·塔潘提议在1835年募集3万美元，改革废奴协会的出版物并增加其发行量。参会代表同意了该方案，并迅速募集了将近1.5万美元，接近刘易斯·塔潘所设想的目标的一半。为了募集更多的经费，执行委员会还提出一个暂时性方案：邀请每个废奴协会的成员每月捐献12.5美分，而废奴协会给每个募捐者一份《废奴记录》（Anti-Slavey Record）作为酬谢。[③]

刘易斯·塔潘联合其他几名执行委员会成员，以及废奴协会的通信部部长小伊莱泽·怀特，共同制定了一份改革废奴协会出版物的方案，得到代表们的同意。根据该方案，废奴协会将在每个月出版四种刊物。[④]《奴隶解放者报》继续发行，但是从每周发行一次减少到每月一次；由刘易斯·塔潘主编一份面向孩子的报纸，名为《奴隶之友》（Slave's Friend），每月发行一次，目的是通过印发一些逸闻趣事和简单的木刻画，给未来的一代人

[①] American Anti-Slavery Society, *Second Annual Report of the American Anti-Slavery Society: With the Speeches Delivered at the Anniversary Meeting, Held in the City of New-York on the 12th May, 1835, and the Minutes of the Meetings of the Society for Business*, New York: Printed by William S. Door, 1835, p. 32.

[②] Richard R. John, *Spreading the News: The American Postal System from Franklin to Morse*, p. 261.

[③] Richard R. John, *Spreading the News: The American Postal System from Franklin to Morse*, pp. 30, 105.

[④] Philip Green Wright, Elizabeth Q. Wright, *Elizur Wright: The Father of Life Insurance*, Chicago: The University of Chicago Press, 1937, p. 105.

注入对奴隶制的"深刻痛恨";小型综合性期刊《废奴记录》(Anti-Slavey Record);由小伊莱泽·怀特主编的《人权》杂志(Human Rights),以平实、大众的风格表达与奴隶制及其治疗方案有关的观点和事实。① 在这四种月刊中,执行委员会最看重的是《人权》,其风格和设计都与加里森主编的《解放者报》颇为类似,对奴隶制进行了猛烈攻击。②

会议结束后,废奴协会立即投入行动中去,试图尽快发起邮件运动。刘易斯·塔潘还协助印刷专员 R.G. 威廉姆斯(R. G. Williams)整理和募集印刷和邮递所需的经费。纽约的出版社每周印刷 20—50 份出版物,每个月仅印刷费用就接近 1000 美元,显然超过了废奴协会的预算。③ 为此,废奴协会执行委员会在 1835 年 6 月 15 日发出一份针对美国废奴协会所有分会的倡议书,对邮件运动的具体操作做了规划,并积极号召会员和志愿者为邮件运动捐款和出力。该倡议书呼吁每个分会积极募集资金,以完成 3 万美元的既定目标,"只要每个分会筹集 150 美元,我们的任务就完成了"。

随后,执行委员会对出版物的发行做了规划:在每个月的第一周印发对开本的《人权》杂志,计划每次印发 2 万份,并将增加至每次 5 万份,甚至更多;在第二周印发小型杂志《废奴记录》,每次印刷 2.5 万份;在第三周以最大的纸张印刷《奴隶解放者报》,该报纸将包括与废奴事业有关的文章和讨论,每次将印刷 2.5 万份;在每个月的第四周印刷《奴隶之友》,每次印刷 2.5 万份。这些出版物将由美国废奴协会的各分会和附属机构协助,分发给废奴协会之外的人士,或者在邮局以极低的价格卖给废奴事业的朋友。执行委员会建议以邮寄的方式将这些出版物送递到个人手中,并要求每个分会或废奴运动的支持者都提交一份邮寄清单,写明收件人的收件地址、姓名和所需邮寄的出版物的种类。此外,执行委员会还号召妇女和孩子加入废奴运动中来,抓住一切机会散发废奴协会的出版物,将"废奴的优良种子播撒在全国各地"。④ 这些出版物的核心理念是对南部奴隶主进行道德劝诫,并无任何呼吁奴隶暴乱的言辞,这是因为不采用暴力是废奴运动的核心原则之一。美国废奴协会在成立宣言中就明确指出:"我们恳

---

① *The Emancipator*, June 16, 1835.
② Bertram Wyatt-Brown, "The Abolitionists' Postal Campaign of 1835," p. 228.
③ Bertram Wyatt-Brown, *Lewis Tappan and the Evangelical War Against Slavery*, p. 144.
④ *The Liberator*, June 20, 1835.

求那些受压迫者不要诉诸暴力——我们只会依赖于借由上帝之威的精神力量去推倒那坚固的牢笼。"①

1835年7月中旬,邮件运动正式开始,其最明显特征是规模巨大。在首次投递邮件时,美国废奴协会通过纽约市邮局寄出将近17.5万份出版物。这大概是当时纽约市期刊印刷机构通过邮政体系所邮寄的期刊总数的一半。而在整个邮件运动时期,废奴协会所发送的邮件大致相当于南部蓄奴州所印刷的期刊数量的总和。在美国此前的历史上,从未有过如此大规模的邮件投递行为。②

二 "通信革命"与邮件运动的可能性

如果没有19世纪上半期的"通信革命",美国废奴协会可能不会想到、也没有能力发起这样一场邮件运动。在19世纪上半期,印刷和造纸技术的改进,降低了印刷品的成本,加快了印刷出版的速度,促使了报纸、杂志、书籍等印刷材料大量涌现。与此同时,随着内部改进运动(internal improvement)的进行和交通技术的发展,美国经历了一场交通革命,包括蒸汽船的引入、运河的修建、收费公路和铁路的快速发展,这大大降低了交通运输的成本和时间。而全国性邮政体系的建立,则提供了一种全国性的、以联邦政府权力为保障的信息流通渠道。美国历史学家丹尼尔·豪认为,上述信息和交通技术的变革构成了一场"通信革命",1844年电报的发明标志着这场革命发展到顶点,这场革命使得信息的产生和流通变得前所有未的快速和便捷,赋予了美国人更多"传播思想的新机会"。③ 从某种程度上说,美国废奴协会在1835年所发起的邮件运动,正是这场"通信革命"的产物。

19世纪初期造纸和印刷技术的发展,是美国废奴协会能够生产足够多的宣传材料并发动邮件运动的前提。自从德国人古腾堡在1455年发明铅活字印刷术以来,西方世界在印刷技术方面没有再取得重大突破,直到1811年,另一个德国人弗雷德里希·科尼格(Friedrich Koenig)在美国发明了蒸汽动力的滚筒印刷机,带来了印刷技术的又一次变革。第一家利用这种印刷

---

① *First Annual Report of the American Colonization Society*, Washington, D.C., 1818, p.3.
② Richard R. John, *Spreading the News*, p.257.
③ Daniel Walker Howe, *What Hath God Wrought: The Transformation of America, 1815–1848*, pp.1-2, 7.

机进行印刷的报纸是 1825 年在纽约创办的《纽约每日广告报》(New York Daily Advertiser)，能在每小时印刷 2000 份，而依靠过去的手工印刷机，每小时只能印刷 200 份。1816 年，托马斯·吉尔平（Thomas Gilpin）发明了滚筒技术，大大加快了为印刷机输送纸张的速度。[1] 后来，科尼格又为蒸汽印刷机新安置了一个滚筒，使印刷机可以同时印刷一张纸的正反面。在上述技术改进的基础上，理查德·霍（Richard Hoe）在 1830 年设计生产了当时最先进的蒸汽印刷机，能在每小时印刷 4000 份报纸。与此同时，造纸技术也出现了革新。蒸汽动力的自动造纸机和裁纸机的发明，提高了造纸的效率，碎布逐渐取代木浆成为重要造纸原料，降低了造纸的成本。[2] 总之，印刷和造纸技术的改进，使得报纸、书籍等印刷品的出版变得更加快捷和廉价。到 19 世纪 30 年代，一个人可以创办一份报纸，自己完成编辑、排版和印刷工作。

而且，交通运输的发展也使得印刷社的纸张供应和印刷品的流通都变得更为便利，使美国出现了一个全国性的印刷品市场。对于尚处于社会边缘的废奴主义者而言，这样一种成本低、印刷和传播速度快、市场化程度越来越高的出版业就显得尤为重要。即便在这种有利的条件下，很多废奴主义者创办的出版物也因为经费短缺和流通量小，在发行一两年后就停刊了，而且因为立即废奴思想的激进性，一些在经营方面首屈一指的出版物也时常面临经费问题。[3] 由此可以想象，如果没有印刷和造纸技术的革命带来的出版革命，美国废奴协会根本无力在短时间内生产如此多的出版物，更遑论发动一场邮件运动了。

美国完善的邮政体系，则是废奴协会能够发动邮件运动的另一个重要前提条件。首先，完善的邮政体系确保废奴主义者将大量的出版物传播到更加广阔的地域。在 1827 年底的年度报告中，约翰·昆西·亚当斯总统就自豪地说，用不了多久，这片辽阔土地上的所有人都能"通过邮件或面对

---

[1] Ronald Zboray, *A Fictive People*: *Antebellum Economic Development and the American Reading Public*, New York: Oxford University Press, 1993, pp. 9-11.

[2] Judith A. McGaw, *Most Wonderful Machine*: *Mechanization and Social Change in Berkshire Paper Making, 1801-1885*, Princeton: Princeton University Press, 1992, pp. 95-107.

[3] Ford Risley, *Abolition and Press*: *the Moral Struggle Against Slavery*, Evanston: Northwestern University Press, 2009, p. xiv.

面进行交流"。① 四年之后，邮政体系就已经成为美国最大的政府机构。美国邮政部雇用的邮政局局长超过 8700 名，占联邦公职人员总数的 3/4 还多，而邮递员的数量大大超过了军队的数量。事实上，直到镀金时代美国最大的企业宾夕法尼亚州铁路公司（The Pennsylvania Railroad）成立之前，没有任何一家企业的雇员人数超过邮政部门。而且，美国邮政体系的责任范围和能力已经远远超过国内的其他私人机构。早在 1827 年，美国的邮政网络已经超越了大西洋沿海地区，"事实上已经覆盖了美国的每一个城市、城镇和村庄"。而且在邮政体系资助下建立了全国性的公共马车系统，使旅行者和信件可以更便捷地到达广袤的南部和西部腹地。因为邮件不是直接寄到家中，而是由收件人到邮局去取，因此邮局之间的距离不能太远。即便在世界范围内，美国邮局的密度也首屈一指。在当时，为平均每 10 万名美国居民提供服务的邮局是 74 个，而在同时期的英国则为 17 个，在法国则是 4 个。② 这与美国与西欧国家的邮政体系的目的不同有关。在美国，邮政体系的目的是促进信息的流通，加强联邦的联系，而在西欧国家，邮政体系是增加国家收入的渠道，因此，只有在确保一定收入的前提下，政府才会设立邮局。③ 如果没有如此发达的邮政体系，美国废奴协会是无法发起大规模的邮件运动的。

更重要的是，与其他信息传播方式相比，邮政体系更加安全，可以让废奴主义者避免很多风险和阻碍。《1792 年联邦邮政法》（The Post Office Act of 1792）奠定了美国邮政体系的基础。该法律规定，非邮政体系雇员的公民或公民群体，如果盗窃或抢劫邮政体系的邮件，可能被判死刑。而且，由于美国强大的反国家主义传统，该法律严格禁止邮政体系的公职人员将信息交流渠道作为一种监控工具，尤其反对并禁止邮政系统的雇员私自阅读或审查邮件。④ 只有在邮件因为无法投递时，地方的邮政局局长才可以按照惯例将其寄回到邮政总局，由那里的死信专员（dead letter clerks）打开邮件；如果邮件中包含有银行支票等贵重物品，死信专员将会把邮件还给

---

① John Quincy Adams, "Second Annual Message," December 5, 1826.
② Richard R. John, *Spreading the News*, pp. 3–6, 64, 220.
③ Harry Watson, *Liberty and Power: The Politics of Jacksonian America*, New York: Hill & Wang Pub., 1990, p. 26.
④ *An Act to Establish the Post-office and Post-roads within the United States*, Philadelphia: Printed by Francis Childs and John Swaine, 1792, pp. 6–7.

寄信者，如果只是普通的信件，他们会将其集中烧毁。① 而邮政系统的公职人员盗窃、滞留或扣押邮件在当时则是一项重罪。1828年，一名田纳西州的邮政局局长因从一封邮件中盗走了一张奖金额为1000美元的彩票而被判监禁十年。当有人向约翰·昆西·亚当斯总统求情，请他赦免该罪犯时，遭到了亚当斯的拒绝。亚当斯指出，盗窃邮件会产生"十分严重的后果"，因为这既是一种盗窃，又破坏了人们对联邦政府的信任，而且这种犯罪对"对人的诱惑太大"，以致"除了严厉惩罚之外，别无其他的预防措施"，因此，十年的监禁都不足以惩罚此人。② 政论家弗朗西斯·利伯（Francis Lieber）的话代表了当时美国人对邮政官员的看法：在专制国家中，为了控制和调查臣民之间的交流，邮政官员会成为非常重要的政务官员（political officer）；在美国这样的自由国家，政府无权让邮政部部长来调查私人信件，邮政部部长不是政务官员，仅仅是"担任传递邮件任务的总指挥"。③

如果废奴主义者用汽船、马车或其他当时常见的南北之间的运输方式，由个人或私营运输公司来运送废奴宣传品，不仅难以在短时间内大量传播这些材料，而且这些材料很容易被民众忽略，难以引发关注，也很有可能被奴隶制的极端支持者或团体没收或毁坏。如果他们依赖巡回演讲人或叫卖《圣经》的小贩来传播废奴宣传材料，那么这些代理人很快就会陷入法律纠纷，因为在南部蓄奴州，法律禁止传播可诱发奴隶起义的宣传材料。1834年7月，在田纳西州的纳什维尔（Nashville）就发生了一起著名的类似案件。一名叫阿莫斯·德雷瑟（Amos Dresser）的年轻人离开了莱恩神学讨论班（Lane Theological Seminary）④，前往南部贩卖《圣经》，在纳什维尔被

---

① Richard R. John, *Spreading the News*, p. 77.
② John Quincy Adams, *Memoirs of John Quincy Adams: Comprising Portions of His Diary from 1795 to 1848*, Vol. 7, J. B. Philadelphia: Lippincott & Company, 1875, p. 408.
③ Francis Lieber, "Report of George Plitt," *New York Review*, Vol. IX, New York: Alexander V. Blake, 1841, p. 76.
④ 莱恩神学讨论班是西奥多·维尔德（Theodore Weld）于1833年秋在辛辛那提成立的，由刘易斯·塔潘提供经费资助。1834年1月，维尔德在讨论班组织了一场关于废奴问题的讨论，引发了关注。讨论班的学生中，有20名来自南部，很多来自奴隶主家庭。学生们最后的结论是奴隶制是错误的，应该被立即废除。他们还组建了自己的废奴协会。1834年夏季，讨论班被关闭。部分学生继续组建自己的讨论班，后来发展为奥柏林学院（Obelin College）。Thomas G. Mitchell, *Antislavery Politics in Antebellum and Civil War America*, Westport Thomas Mitchell, 2007, p. 4.

人偶然发现其行李中有废奴运动的宣传品。尽管德雷瑟极力辩解这些只是他的个人读物，但是当地的治安委员会认定他是散播这些材料，违反了当地的法律，给予他当众20鞭刑的惩罚，并责令他在24小时内离开纳什维尔市。[1] 德雷瑟毕竟只受到了象征性的司法审判，在很多时候，南部的极端奴隶制支持者经常对可疑的废奴人士实施私刑。在这种情况下，利用邮政体系传播废奴宣传物，显然是更为务实和安全的做法。

而且，当时美国邮政体系的一大特点是支持报纸的传播。《1792年联邦邮政法》要求国会为报纸的流通提供资助，向进入邮政体系的报纸收取数额极低的邮费，报纸邮寄100英里（约160千米），仅需支付1美分邮费，而一封四页的信，其重量与当时的大部分报纸差不多，但是邮寄30英里（约48千米）所需的邮费是24美分。[2] 该法还规定，邮政体系的公职人员必须毫无歧视地传递以恰当版式发行的报纸，但是对于传单、小册子和杂志这样的大规模发行的非报纸类的期刊要慎重检查。废奴协会的成员显然对美国邮政体系的这些特点了然于胸。他们对出版物的版式进行了精心设计，将邮件被剔除的可能性降到了最低点。他们以报纸的版式发行《奴隶解放者报》和《废奴记录》，《人权》和《奴隶之友》则是以杂志的版式印刷的，但是他们采取的是当时大多数杂志的通用版式。邮政职员一般不会将这些杂志排除在邮递之外。[3]

为了让邮件顺利抵达南部，美国废奴协会采取了两个谨慎措施。首先，他们没有为这些废奴邮件预付邮费，而是让废奴事业潜在信徒自己支付。这个似乎有违常理的举动其实是废奴主义者的谨慎之举，因为如果他们预先支付了邮费，邮递员无法从其所接收的每个邮件中抽取回扣，也就会失去替他们传递邮件的动力。其次，废奴主义者利用城市地址簿、宗教团体记录和地方名人概览获得了大量南部人士的详细收信地址，然后精心选择了两万名精英人士作为接收人。此举有两个目的：一是协会相信这些地方

---

[1] Amos Dresser, *The Narrative of Amos Dresser, With Stone's Letters from Natchez, An Obituary Notice of the Writer, and Two Letters from Tallahassee, Relating to the Treatment of Slaves*, New York: American Anti-Slavery Society, 1836.

[2] Brian Balogh, *A Government Out of Sight: The Mystery of National Authority in Nineteenth-Century America*, New York: Cambridge University Press, 2009, p.221.

[3] Richard R. John, *Spreading the News*, p.262.

第三章 1835 年邮件运动与内战前反奴隶制政治的兴起 | 119

精英是公众意见的塑造者,一旦废奴宣传物使他们认识到奴隶制在道德上的堕落,他们就会引导公众反对奴隶制;① 二是避开南部奴隶主对废奴运动的一贯指责——废奴主义者试图煽动奴隶叛乱。②

总体而言,邮件运动似乎没有政治诉求,其目的是"制造轰动",对南部社会精英进行"道德说服"。在《人权》杂志的第一期上,理查德·塔潘和小伊莱泽·怀特明确陈述邮件运动的目的:"如果你想把人们从愚蠢、邪恶的习惯中拉出来,就必须闹出点动静,制造轰动,做一番能引起所有人关注的事。"③《奴隶之友》杂志也指出:"真正阻碍废奴事业的只有一个东西:冷漠。"④ 与废奴主义者发动的国会请愿运动和第三党运动等废奴活动相比,邮件运动具有明显的"非政治性"特征。或许正因为如此,研究废奴运动的学者普遍没有意识到该事件之于美国政治的重要性。但是,如果人们深入当时的历史语境,会发现这起社会运动虽然没有明确的政治诉求,但却具有明显的抗争性政治属性,能给现有的政治秩序带来强烈冲击。

如本书第一章所述,截至 19 世纪 30 年代,受密苏里危机和奴隶制政治权势的影响,奴隶制政治陷入沉寂。两大政党的政治精英将奴隶制问题排挤出全国性的政治舞台和公共领域,避免对其进行争论。在奴隶制问题被"去政治化"和"地方化"的历史语境中,邮件运动具备了明显的挑战奴隶制政治格局的特征。从抗争政治的角度看,邮件运动其实是废奴主义者所采用的一种全新的"抗争剧目"。与反奴隶制人士采用的国会请愿、政治游说、巡回演讲等传统的"抗争剧目"相比,邮件运动具有两个突出特点,一是废奴主义者与奴隶主之间有着直接的利益冲突,可能会引发后者更加激烈的反对;二是废奴主义者的抗争行为是在邮件体系所构建的更广泛的公共空间内进行的,能产生更大的动员效果。这两大特点使得邮件运动得以推动奴隶制问题进入全国性公共生活,成为最重要的政治议题。⑤ 当然,

---

① Bertram Wyatt-Brown, "The Abolitionists' Postal Campaign of 1835," p. 228.
② William Jay, *A View of the Action of the Federal Government in Behalf of Slavery*, New York: G. F. Hopkins, 1839, pp. 207-208.
③ *Human Rights*, July 1835.
④ *Human Rights*, July 1835; *Slave's Friend*, August 1835.
⑤ 关于"抗争政治"和"抗争剧目"的定义,可参见〔美〕查尔斯·蒂利、西塔尼·塔罗《抗争政治》,李义中译,第 9—10、23—25 页。

邮件运动打破奴隶制政治的表面沉寂，使奴隶制问题变得"再政治化"和"全国化"，也与国家权力卷入该事件的方式和程度密切相关。19世纪20年代以来，随着棉花种植和生产技术的改进、交通运输技术的突破、国际市场上棉花需求量的增加，南部快速发展成为一个以奴隶制种植园为基础的"棉花王国"，并开始积极向密西西比河上游扩展奴隶制，因而加剧了南北双方在资源和权力方面的竞争。① 这样的历史语境下，邮件运动极有可能在全国范围内掀起一场轩然大波。对此，少数废奴运动领袖已有所预计。小伊莱泽·怀特就曾向一位朋友吐露："一场冲突即将发生，而且这场冲突将超过过去发生的所有小冲突。"②

第二节　南部州的激烈反应与奴隶制公共议题的形成

邮件运动像一枚投入南部蓄奴州的重磅炸弹，引发了南部民众的激烈反应。从1835年7月开始，南部民众不仅没收和烧毁了大量废奴主义者的邮件，还举行了多起反对废奴运动的公共集会。到11月时，这股废奴主义的风潮迅速从社会领域进入州政治领域，南部州政府和议会相继发表反对废奴主义者的声明。截至1835年底，邮件运动已经引发了一场席卷整个南部基层社会和州政府的反废奴主义者的浪潮。在此过程中，奴隶制问题迅速发展成为全国性公共议题。

一　查尔斯顿事件：南部激烈反应的开端

1835年7月29日上午，蒸汽货轮哥伦比亚号抵达南卡罗来纳州的查尔斯顿港，像往常一样，船上满载着从纽约市邮局发出的邮件，其中主要是来自北方的报纸。很多好事者像平时一样挤上前去，试图从报纸上抢先看一眼最新的新闻。那些希望打听到来自欧洲的有趣消息的人很失望，因为此次船上的报纸"异乎寻常地没有包含任何新奇或重要的新闻"。还有一部分人耐着性子继续看，试图对新闻有个大概了解。他们惊奇地发现，船上

---

① David Brion Davis, *Inhuman Bondage: The Rise and Fall of Slavery in the New World*, pp. 181-182.
② *Human Rights*, July 1835.

"不仅满载,甚至超载着废奴主义者的小册子"①。正是这个发现,造成了查尔斯顿港自从1828年废止联邦法令危机(Nullification Crisis)以来最严重的动乱。

其实在早些时候,市内的一些牧师和其他的重要市民已经收到了部分类似的宣传废奴的小册子,但他们立即将其归还到邮局。查尔斯顿邮政局局长阿尔弗雷德·休格(Alfred Huger)马上将剩下的邮件进行了分类,防止废奴主义者的小册子进一步传播。休格是一名奴隶主,也是谨慎的联邦主义者和负责的联邦公职人员,他立即将废奴主义者的小册子锁起来,直到决定如何处理这个状况为止。② 休格还迅速给美国联邦邮政部部长阿莫斯·肯德尔写信,请示处理事件的办法。他在信中写道,查尔斯顿全城人的注意力都集中在存在邮局中的那些废奴主义者的邮件上,肯定有人会试图摧毁它们。当天傍晚,查尔斯顿"各方面的最受尊敬的人"聚集在邮局外面,要求休格把邮件交给他们,否则"他们将会把邮件从这里拿走",但休格拒绝了他们的要求。在采取进一步措施之前,休格咨询了联邦检察官、地方税务官员和"其他最有名的公民",这些人都认为,这些包含着废奴主义者的宣传资料的邮件不可能被安全地在街道上发送,但是休格坚守联邦公职人员的职责,拒绝交出邮件。相反,这位身处于包围中的邮政局局长通知激进的南卡罗来纳联盟(South Carolina Association)③,他将把这些邮件保存在邮局之中,直至收到来自肯德尔的指令。

因担心邮件可能会被夺走,休格将这些煽动性的传单和小册子放在一个单独的、贴着标签的盒子里,这个盒子专门用来存放日常的商业邮件中所包含的商业票据。当天晚上,一个200多人组成的人群再次来到邮局前面,要求休格交出废奴主义者的邮件。这群人被在场的城市卫队劝阻了回去。④ 事

---

① *Charleston Southern Patriot*, July 29, 1835.
② Alfred Huger to Samuel Gouverneur, August 1, 1835, in Frank Otto Gatell, ed., "Postmaster Huger and the Incendiary Publications," *South Carolina Historical Magazine*, October, 1963, pp. 194-195.
③ 南卡罗来纳联盟:1823年7月成立,由查尔斯顿地区的主要种植园主、农场主、商人、律师和政治领导人组建的公民组织,致力于积极执行南卡罗来纳州议会在1822年通过的对奴隶和自由黑人进行更严格管理的法律。自诞生之日起,该组织就成为"奴隶的永久监督者和南部激进主义的源泉"。Lacy L. Ford, *Deliver Us from Evil: The Slave Question in the Old South*, New York: Oxford University Press, 2009, pp. 282-283.
④ Alfred Huger to Amos Kendall, published in *Richmond Enquirer*, August 25, 1835.

实上，这批邮件仍处于危险之中。当地的报纸已经发出这样的警告：如果邮局不采取措施阻止这种"道德污染"，查尔斯顿的良好公民将不会确保这些邮件的安全。①

7月29日晚上10点至11点前后，一小撮人用铁锹撬开了查尔斯顿邮局的窗口后爬了进去。在当时，邮件抢劫时有发生，因为人们经常用邮件来邮寄现金。每天的邮件中通常都有几千美元现金。但这不是一起普通的邮件盗窃案，这些人也不是寻常的贼，他们属于当地一个名为私刑者（the Lynch Men）的治安团体（vigilante society），他们的目的就是摧毁这批在当日早些时候由哥伦比亚号蒸汽船运达的上千份废奴主义者的期刊。尽管南卡罗来纳州法律明确规定，在该州境内传播包含对奴隶制问题进行潜在的煽动性讨论的出版物是违法行为，但废奴主义者希望通过邮政体系来帮助他们规避这个禁令。但"私刑者"团体的成员的行动打乱了他们的计划。因为休格一向以支持中央政府的权威而闻名，这群人担心他为了执行联邦邮政法，拒不实施南卡罗来纳州的法律，致使邮政体系成为宣称废奴思想的工具，故而违反联邦法律，闯进邮局夺走了这些邮件。②

次日发行的当地报纸指出，在联邦邮政部（General Post Office）并没有就如何处理这些印刷品给出建议的情况下就贸然闯入邮局是种"不成熟的"举动，但是如果邮政部认为"南部无权干涉这些出版物通过邮政体系进行传播"，就必然会让南部的"特殊体制"（peculiar institutions）陷入危机，那么"我们必须自己动手来实施法律"。因为"极端情况需要用极端方法处理，我们绝不允许我们的邮件中充斥着这些无政府主义的出版物，我们的公民也不会坐视（立即废奴思想的）毒素在南部和西部的血管中循环"。而且，该报还建议，如果再有类似需要民众自行执行法律的事情发生，就应该"授权具有责任感和优秀品质的人，以全体公民的名义并为了全体公民的利益，在大白天就在公路上展开行动"③。这种观点实际上是在为邮件抢劫者辩护，将他们违反联邦邮政法的犯罪行为解释成为维护南部公民的共同利益、执行南部州的法律而实施的英勇举措。

---

① *Charleston Southern Patriot*, July 29, 1835.
② Alfred Huger to Samuel L. Gouverneur, Aug. 22, 1835, in Frank Otto Gatell, ed., "Postmaster Huger and the Incendiary Publications," *South Carolina Historical Magazine*, Vol. 64, 1963, p. 201.
③ *Charleston Southern Patriot*, July 30, 1835.

如果说 7 月 29 日晚上的邮件抢劫是"私刑者"秘密进行的鲁莽举动，那么在 7 月 30 日晚上，他们就真的如当日报纸所建议的那样，采取了一种有计划的、具有表演性质的公开行动。30 日晚上，"私刑者"当众烧掉了这些废奴主义者的小册子，并对威廉·加里森、阿瑟·塔潘和塞缪尔·汉森·考克斯（Samuel Hanson Cox）这 3 名废奴运动者的肖像施加了绞刑。有 3000 多名居民围观了这场大火，大约占查尔斯顿总人数的 1/7。① 为了强调整个事件的象征意义，"私刑者"将大火的地点设置在南卡罗来纳军事要塞学校（the Citadel）附近的一个阅兵场，该学校是南卡罗来纳州议会所建，其目的是保护当地居民免遭奴隶暴动的伤害。② 在革命时期，查尔斯顿人曾组织了一些高度程式化的抗议活动来表达他们对英国暴政的不满，对于熟悉此事的当时人而言，此次当众焚烧活动无疑是要让人回忆起革命时期殖民地人民反抗母国暴政的神圣功绩。"像 1776 年的爱国者一样，私刑者小心地选择他们的表演目标，展示了戏剧天赋，并用足够的智慧将他们的行动与公共利益画上了等号。"③

《攻击邮局成为南部奴隶主整理邮件的新方法（查尔斯顿市，南卡罗来纳州）》，刊登于 1835 年 3 月的废奴主义出版物《南部自由观念》（Southern Ideas of Liberty）上。④

---

① *Charleston Mercury*, July 30, 1835.
② *Georgia Telegraph*, August 6, 1835.
③ Richard R. John, *Spreading the News*, p. 258.
④ *Southern Ideas of Liberty*, 1835.

事件发生后不久，查尔斯顿当地报纸《查尔斯顿信使报》(Charleston Courier)和《查尔斯顿使者报》(Charleston Mercury)分别发表了两篇文章：《攻击邮局》("Attack on the Post Office")和《销毁煽动性小册子》("Destruction of the Incendiary Pamphlets")，对事件的原因和性质进行了评论和界定。首先，文章将事件的起因归咎于北方狂热的废奴主义者，因为他们"滥用美国邮政体系来散播邪恶的煽动性观念"，已经在"我们社区激发了一种强烈而普遍的激动情绪"，而抢劫和烧毁邮件，正是这种激动情绪的产物。其次，文章认为攻击邮局虽然是违法行为，但仍"有很多值得原谅的地方"，因为此举"能让我们的北方朋友们意识到，他们必须要采取有效措施阻止北方狂热分子对南部利益的未经允许的违法干涉，也能让我们的北方敌人停止他们的鲁莽恶行"，而且，此举的目的是"捍卫我们自己的权利"，是一种"自卫行为"。最后，文章认为此事"唯一遗憾之处"在于人们"不够成熟"，因为该市的邮局已经作出了滞留这些邮件的决定，并在等待来自联邦邮政部的指示，如果联邦邮政部认为南部民众无权阻止废奴主义者利用邮政体系来传播煽动性出版物，再采取这种自卫措施也为时不晚。总之，以目标的正当性来为手段非正当性进行解释和开脱，是这两篇文章共同的逻辑。就像《销毁煽动性小册子》一文所说的那样："我们认为那些闯入邮局者犯了错，但是没有人会谴责他们的感情和动机，因为他们的情感和动机得到整个群体的支持。"①

当时美国的主要报纸，包括不少北方的报纸，在报道查尔斯顿事件时几乎没有指责抢劫和烧毁邮件是违背联邦法律的犯罪行为，而是接受了上述观点，很多报纸还全文转载了上述两篇文章。② 弗吉尼亚州的一家报纸甚

---

① *Charleston Courier*, August 30, 1835; *Charleston Mercury*, August 1, 1835.
② 全文转载了这两篇文章的报纸有 *Richmond Enquirer*, August 7, 1835 (Richmond, Virginia); *The New-London Gazette, and General Advertiser*, August 12, 1835 (New London, Connecticut); *Salem Gazette*, August 11, 1835 (Salem, Massachusetts); *New-Bedford Mercury*, August 8, 1835 (New Bedford, Massachusetts); *New-Hampshire Sentinel*, August 13, 1835 (Keene, New Hampshire); *Georgia Telegraph*, August 6, 1835 (Macon, Georgia); *The Portsmouth Journal of Literature & Politics*, August 15, 1835 (Macon, Georgia); *Norwich Courier*, August 12, 1835 (Norwich, C.T.); *Boston Recorder*, August 14, 1835 (Boston, Massachusetts); *Alexandria Gazette*, August 6, 1835 (Alexandria, Vrginia); *Illinois Weekly State Journal*, August 29, 1835 (Springfield, I. L.); *Scioto Gazette*, August 19, 1835 (Chillicothe, Ohio); *Albany Argus*, August 14, 1835 (Albany, New York); *Newark Daily Advertiser*, August 6, 1835 (Newark, New Jersey)。

至宣称，如果联邦政府作出"有利于狂热分子的指示"，"我们将在开放日（in the open day）（在得到治安官的允许的前提下），没收这些邮件，并由绞刑吏（hangman）将其烧毁"。① 罗得岛州的一份报纸在评论该事件时的口吻与南部报纸如出一辙："南部只有一种观点，而且本该如此，就是一致反对北方狂热分子的邪恶计划。"② 就目前所掌握的资料来看，在非废奴主义者所创办的报纸中，唯一对查尔斯顿事件持嘲笑和反对态度的是《波士顿旅行者报》（Boston Traveler）。该报的编辑指出，"毫无疑问！我们的南部同胞们自己在变得'狂热'"，因为他"实在想不通这群'暴民'为什么要对Dr. Cox 的肖像发泄恨意。他是一个外国人，带着崇高的目标来到这个国家，有意避开当今的任何激进运动"。③ 实际上，应该被"嘲笑"的是这位编辑自己。因为他可能搞错了人物，按照他的描述，他在文中所说的这位Dr. Cox 应该是在当年早些时候到美国旅行的著名的英国浸信会牧师弗朗西斯·奥古斯都·考克斯（Francis Augustus Cox），而"私刑者"在 7 月 30 晚上则是对废奴主义者塞缪尔·汉森·考克斯（Samuel Hanson Cox）的肖像施加了绞刑。④

除此之外，有少数报纸则保持了相对克制的态度，但它们并没有指责查尔斯顿事件违背了邮政法和废奴主义者的公民自由权，仅仅是对查尔斯顿事件所体现的滥用私刑和暴乱骚动趋势有所担心。罗得岛州纽波特县的一家报纸在报道查尔斯顿事件时指出，因为北方的美国废奴协会的行为，查尔斯顿似乎出现了"剧烈的动荡"，查尔斯顿当地报纸号召公民在 8 月 3 日举行公众集会，以"采取有利于公共安全的措施"，"我们急欲了解此次集会的结果"，如果会议采取了"节制、慎重的"措施，就会产生良好的后果，"无论如何，我们不希望邮件落入暴民之手，也不希望再听到任何以私刑来治理国家的信息"。⑤ 佐治亚州的一家报纸指出："无论查尔斯顿公民在捍卫其公民权利免遭侵犯时所表现出来的果敢和决心是多么让人钦佩，但

---

① *Richmond Enquirer*, August 7, 1835.
② *Rhode-Island Republican*, August 12, 1835.
③ *Boston Traveler*, Friday, August 7, 1835.
④ 关于考克斯的生平及其赴美旅行的经历，可参见 Oxford Dictionary of National Biography, http://www.oxforddnb.com/view/article/6523。
⑤ *The Newport Mercury*, August 8, 1835.

这些一直珍视良好管理的自由和法律至高无上的公民，肯定会对针对邮局的暴行感到担忧。开启这种先例是极其危险的，如果不是因为针对公民滥用私刑的法律防范机制的临时失效并没有产生危险，此先例绝不会得到政治管理和良好秩序的支持者的赞同。"①

事实上，查尔斯顿事件既不是一起重要的法律事件，也不是一起严重的地方性骚乱，参与抢劫和烧毁邮件的犯罪者并没有遭到地方或联邦法院的起诉和审判，事件过程中也没有造成任何人员伤亡，"私刑者"也只是拿走了邮政局局长已经隔离放置的废奴宣传材料，并没有拿走其他邮件，包括那些装着现金及其他贵重物品的邮件。但是，全国报纸的大量报道，使得这起地方性事件进入由报纸所构成的公共领域之中，具有了全国性的影响。更重要的是，这些报道采取了与查尔斯顿当地的报纸类似的话语和观点，即将废奴主义者描述为狂热、邪恶的煽动分子，将反联邦邮政法的犯罪行为解释为南部公民为了抵制废奴主义者的邪恶煽动、维持南部的公共安全、保护南部的权利和利益、捍卫南部的"特殊体制"而自行执行南部法律的正当行为。这在很大程度上赋予了查尔斯顿事件以象征意义：意味着南部民众开始以激烈的方式反对任何有关立即废奴的宣传，坚决捍卫自己的利益。用南部报纸自己的话说，这表明"南部已经开始采取措施切断北部的狂热分子与奴隶之间的交流"②。

二 南部州的反废奴公众集会运动

查尔斯顿事件之后，反对废奴主义者的公众集会迅速席卷整个南部蓄奴州。据美国学者琼斯统计，在1835年8月至12月期间，南部共发生150多起反对废奴运动的公众集会。除了肯塔基州和特拉华州，每个蓄奴州都举行了公众集会。③ 实际发生的公众集会可能更多，因为琼斯统计的只是报纸报道过的集会，很可能还有很多集会没有留下记录，或者相关记录已经丢失。这些集会的组织者多为拥有一定财产和地位的精英人士，其中多为

---

① *Georgia Telegraph*, August 6, 1835.
② *Richmond Enquirer*, August 7, 1835.
③ Susan Wyly-Jones, "The 1835 Anti-Abolition Meetings in the South: A New Look at the Controversy over the Abolition Postal Campaign," pp. 292-293.

奴隶主，但参与者囊括了各个白人阶层。[1]

在会议的流程方面，反对废奴的公众集会与当时美国发生的针对选举、铁路修建等其他问题的公众集会并无二致。首先，在集会召开前的一段时间，当地报纸会发布召开会议的告示。1835年7月31日，《查尔斯顿信使报》就发表了这样一则告示："建议城市的地方长官尽早召集一个所有公民参加的集会，在得到公众和负责的政府部门的认可后，进一步采取措施来防止（废奴主义者）出于煽动性目的而滥用公共邮政系统。此问题所引发的骚动应该得到控制，以避免出现过度的危险。"[2] 会议开始之初，参会者选择一名主席来主持会议，再由该主席任命一名秘书来记录会议过程。随后，参会者将选举成立一个委员会，其职责是代表全体参会人员（全体居民）起草一份决议书。最后，由委员会选派一名代表当众提交并宣读决议书。有些时候，委员会会在另行举行的公众集会上提交决议。比如，查尔斯顿在1835年8月3日就举行了反对废奴的公众集会，并成立了21人组成的委员会，但委员是在8月10日举行的公众集会上提交的决议。[3] 但更多的时候，委员在会短时间内就提交一份带有序言和数条决议的长篇决议书，并马上在当日的公众集会上提交和宣布，在有些集会中，委员会仅仅在提交决议书之前"休息了几分钟"。[4] 这表明参会者可能在会议召开之前就已经拟好了决议书的具体内容。

对于这些公众集会的地区分布和集会言论，学者们已经作了深入分析。[5] 但是，他们并未考察这些言论背后的话语策略，以及南部民众采取这些策略的原因。综合考察南部各州公众集会的讨论过程和决议书，笔者发现，它们在话语策略方面具有几个共同特征。

首先，大多数公众集会都避开了废奴主义者的锋芒，拒不讨论奴隶制正义与否这一关键问题。南卡罗来纳州巴恩维尔（Barnwell County）的公众

---

[1] Susan Wyly-Jones, *The Anti-Abolitionist Panic: Slavery, Abolition, and Politics in the U.S. South, 1835—1844*, PH. D. Thesis of Harvard University, 2000, p. 56.
[2] *Charleston Courier*, July 31, 1835.
[3] *Charleston Mercury in Augusta Chronicle*, August 15, 1835.
[4] *Alabama Intelligencer & States Rights Expositor*, August 29, 1835; *Richmond Whig*, September 18, 1835.
[5] Susan Wyly-Jones, "The 1835 Anti-Abolition Meetings in the South: A New Look at the Controversy over the Abolition Postal Campaign," pp. 289-309; Lacy L. Ford, *Deliver Us from Evil*, pp. 482-534.

集会明确表示，会议的目的"不是讨论奴隶问题，而是谴责废奴主义者和他们的邪恶计划，并采取措施惩罚这些邪恶的煽动者，挫败他们的邪恶方案"①。在查尔斯顿市的公众集会上，委员会声称，他们"有意地没有太多讨论奴隶制问题"，也没有"从道德和宗教立场上"对奴隶制是否应该存续进行辩护；因为"不允许在本州之内讨论奴隶制"既是南卡罗来纳州公民"坚定不移的信念"，也是他们"州权的与生俱来的、不可分离的部分"。②弗吉尼亚州北安普敦县（Northampton County）的公众集会则更加极端地声明："我们不愿堕落到将奴隶制问题作为一种政治、道德或宗教问题进行讨论。我们坚信，如果有必要从这几个方面来捍卫奴隶制，那么历史已经给我们提供了足够的资源来完成这一任务。我们并不认为自己在这几个问题上处于守势，而且我们也不允许自己处于这种位置。对我们而言，奴隶制是一种被宪法所认可的制度，这就足够了。"③只有少数几起公众集会以积极的话语对奴隶制进行了辩护。弗吉尼亚州沃伦县（Warren County）的公众集会宣称奴隶制的存在是南部的"利益和恩惠"，奴隶比世界上的其他任何劳动阶层"都能得到更好的保护和攻击"。④南卡罗来纳州兰开斯特县（Lancaster County）的公众集会上，长老会牧师詹姆斯·H. 桑韦尔（James H. Thornwell）从《圣经》的角度对奴隶制进行了辩护。⑤

其次，大多数公众集会都从政治权利出发，强调奴隶制之于美国政治体制的正当性。公众集会主要从以下几个方面来阐释奴隶制的合宪性。其一，自联邦诞生之日起，奴隶制就得到了联邦宪法的认可和保护，任何对奴隶制的干涉都是违反联邦宪法的。查尔斯顿的公众集会指出，"在美国的政治体制中，一系列主权州（Sovereign States）通过文字契约组成一个联邦，其目的只有一个——确保联邦中的每个州都有不容置疑的不受外界干涉的权利"，因此，"无论是联邦的宪政权威还是其他州的政府或公民"，其

---

① *Charleston Courier*, September 16, 1835.
② *Charleston Courier*, August 11, 1835.
③ Northampton Country Resolutions, "Proceedings of Various Counties in Virginia and Several of the Non-Slaveholding States on the Subject of Abolition," *Journal of the House of Delegates of the Commonwealth of Virginia*, December 9, 1835, p. 16.
④ *North Carolina Standard*, September 10, 1835.
⑤ *Camden Journal*, September 11, 1835.

对南部特殊体制的干涉都是违反宪法的。① 阿拉巴马州皮肯斯维尔县（Pickensville County）的公众集会认为，"各州在制定和批评联邦宪法时，就已经同意将管理奴隶与其主人关系的权力完全交给蓄奴州"②。其二，奴隶主作为联邦的公民，其财产权、生命权等合法权利应受到联邦宪法的保护，因此废奴主义者的煽动行为是违反宪法的。弗吉尼亚州亨利县（Henry County）的公众集会明确指出："我们的奴隶制是先辈们一代遗留给我们的，联邦宪法和州宪法都认可他们是我们的财产，并保护我们和平享有奴隶劳动的权利。"③ 弗吉尼亚州坎贝尔县（Campbell County）的决议全面地阐述了南部蓄奴州对宪法与奴隶制关系的理解："我们认为任何干涉我们在宪法保护之下对奴隶的财产权的企图，任何通过联邦国会废奴州或准州的奴隶制的企图，以及任何对在各州间的奴隶交易方式施加管理的企图，都是对我们的政治契约（political compact）的违背，是在毁灭我们全部政府框架。"④

在此基础上，大多数公众集会都会率先着重强调奴隶制是南部的"内部政策"和"特殊体制"，外人无权进行干涉。佐治亚州贾斯泊县（Jasper County）的公众集会认为奴隶制是南部的"内部问题"（domestic question），南部之外的人无权干涉。⑤ 南卡罗来纳州彭德尔顿县的公众集会谴责废奴主义的行为是"对南部内部体制（domestic institution）的明显干涉"和"对宪法契约的违背"。⑥ 巴恩维尔县的决议则以更具对抗性的语气指出，"为了捍卫我们权利而加入对奴隶制问题的讨论是不必要的、不恰当的，也是有失尊严的，因为奴隶制是我们的内部政策（domestic policy）和特殊体制（peculiar institution）"，而且它们"都没有违背任何道德原则、正义原则和基督教戒律"，因此，"任何通过联邦政府或是指定的权威，抑或通过其他州的公民来干涉我们内部政策的企图，无一例外都是邪恶的、不公正的、违反宪法的；我们在此提出严厉而坚定的声明，我们将不顾任何危险，立

---

① *Charleston Courier*, September 9, 1835.
② *Alabama Intelligencer and State Rights Expositor*, November 14, 1835.
③ Campbell County Resolutions, "Proceedings of Various Counties in Virginia and Several of the Non-Slaveholding States on the Subject of Abolition," *Journal of the House of Delegates of the Commonwealth of Virginia*, No. 12 (Dec. 1835), p. 3.
④ *Richmond Enquirer*, August 7, 1835.
⑤ *Milledgeville Southern Recorder*, December 11, 1835
⑥ *Pendleton Messenger*, September 11, 1835.

刻击退这些干涉"。① 查尔斯顿公众集会的决议可能是南部地区印刷和阅读范围最广的，其第一条宣称——

> 我们认为以下所言是不容置疑的真理：从任何方面来说，奴隶制都是蓄奴州的内部问题（DOMESTIC QUESTION），该问题的处理权只属于这些州的公民，其他任何非蓄奴州的人没有任何权力以任何方式干涉此问题，而且这种干涉是违背联邦宪法的，不能听之任之。②

最后，大多数公众集会都刻意夸大废奴主义者的危险。几乎所有的公众集会都宣称废奴主义者要煽动奴隶发动暴力叛乱，引起种族战争。佐治亚州阿森斯县（Athens County）的公众集会谴责废奴主义者在"丧心病狂地煽动奴隶战争"，这不仅会让奴隶制的财产毁于一旦，还会"将他们妻子和女儿暴露在最野蛮的欲望之下，让所有人陷入最残暴的大屠杀之中"。③ 里士满市的公众集会同样认为，废奴主义者"打着人性的幌子"在奴隶之中煽动叛乱，试图"让我们的土地血流成河"。④ 阿拉巴马州卡罗维尔县（Carlowville County）的公众集会形象地描述了废奴主义者的危险："这个煽动团伙正在竭力将火把扔进我们的房屋，将有毒的杯子举到我们的嘴边，将刺客的匕首挥向我们的咽喉。"⑤ 弗吉尼亚州北安普敦的公众集会则认为，虽然废奴主义者的目标"仅仅是解放黑奴"，但是一旦这个目标得以实现，"黑人和白人就陷入一场争夺国家的无情战斗中去，南部的产业和繁荣都将随之凋零，政府和法律将被推翻，民众将会陷入内战和杀戮"。⑥ 有些公众集会的决议书宣称，废奴主义者不仅会毁灭南部，还会毁灭整个联邦的自由和生存。查尔斯顿的集会决议书就大声疾呼：如果任由这种废奴主义者

---

① *Charleston Courier*, September 9, 1835.
② *Charleston Southern Patriot*, August 10, 1835.
③ *Athens Southern Banner*, September 6, 1835.
④ *Richmond Enquirer*, August 7, 1835.
⑤ *Selma Free Press*, Oct. 17, 1835.
⑥ Northampton County Resolutions, "Proceedings of Various Counties in Virginia and Several of the Non-Slaveholding States on the Subject of Abolition," *Journal of the House of Delegates of the Commonwealth of Virginia*, No. 12 (Dec. 1835), p. 16.

的狂热精神发展:"联邦必将崩溃!"① 弗吉尼亚州路易莎县(Louisa County)的集会决议书同样指出,如果北方废奴主义者的活动不能被迅速制止,"必将导致联邦的分裂和内战的悲剧"②。

有些公众集会还刻意夸大废奴主义者的数量和影响力,甚至宣称废奴主义者有一个煽动奴隶叛乱的"阴谋"。其中弗吉尼亚州阿可麦克县(Accomack County)的公众集会最具代表性。该集会的决议书对废奴主义者的危险性进行了近乎夸张的描述——"我们知道他们很难对付,他们正在制造事端,而且他们制造罪恶的能力远远超过我们当前的认知和估算,甚至超出我们的估算能力";这不仅是因为"他们的人数并不少",也因为"除了对奴隶制一无所知之外,他们绝对不是无知的,尤其深谙如何使用他们所能掌握的手段",而且"他们采取了一切在他们自己看来可以实现目标的手段——利用出版物和演讲坛,学校和社团,国外和我们内部的密使;他们对柔弱的宗教良知发动攻击,并打压所有无视世俗利益的坚强之人";更重要的是,"他们不仅得到了'少数人'的纵容,还拥有很多'秘密的同情者',这些人很快就将援助和支持他们"③。南卡罗来纳州圣詹姆斯教区(St. James Parish)的公众集会也夸大了废奴主义者的数量,认为"废奴主义者人数众多,还在不断增长,很多领导人还是当地最富有、最有影响力的人,一些国会议员也是他们的热情支持者"④。弗吉尼亚州保厄坦县(Powhatan County)的公众集会则宣称废奴协会正在实施一个"针对我们的生命和财产的邪恶阴谋"⑤。里士满市的公众集会也认为"废奴主义者一直以来正在以系统、不懈的努力来直接干涉南部的奴隶财产"⑥。有些公众集会宣称北方的废奴主义者与"国外的狂热分子"相互勾结,正在制造一起试图毁灭联邦的"巨大阴谋"。⑦

---

① "Great and Important Public Meeting," *Charleston Courier*, August 11, 1835.
② Louisa County, "Proceedings of Various Counties in Virginia and Several of the Non-Slaveholding States on the Subject of Abolition," *Journal of the House of Delegates of the Commonwealth of Virginia*, No. 12 (Dec. 1835), p. 12.
③ *Richmond Whig*, September 18, 1835.
④ *Charleston Courier*, September 9, 1835.
⑤ *Richmond Enquirer*, September 15, 1835.
⑥ *Richmond Enquirer*, August 7, 1835.
⑦ *Charleston Mercury*, October 12, 1835.

为了塑造废奴主义者的"狂热""鲁莽""邪恶"的"他者"形象，有些公众集会还刻意强调集会参与者的"理性"与"克制"。弗吉尼亚州的一起公众集会宣称，虽然"我们的敌人正在以内战或其他的悲惨手段来威胁，或很快将威胁我们的财产、生命、家庭、国家，乃至我们所有人"，这"让我们感到愤怒"，但"我们仍然反对所有的狂热"；虽然"我们知道南部已经到了应停止口头警告并采取行动来抵抗和反对这些危险的危急时刻，但我们仍然冷静面对，且已经做好准备，以坚定、温和、明智、有效的方式来处理危机，拒绝任何惊慌和恐惧"。① 该州的另一起公众集会则告诫参会者，"我们之中的明理深思之辈绝不会再为此事增添狂热之情，因为北方狂热分子的软弱邪恶之举就是要激发我们的狂热"②。

总之，南部的社会精英试图使用这些话语策略，将南部蓄奴州描述成为一种休戚与共的利益共同体，以给联邦政府和北部州造成一种南部万众一心反对废奴主义者的印象，促使它们镇压废奴主义者。正如一份公众集会的决议书所言："我们团结如一人，以坚定不移的决心来捍卫我们的权利，保护我们的财产，使它们免遭各种废奴主义者的攻击。"③

三 南部州政府对邮件运动的反应

从 1835 年 11 月开始，南部的反废奴公众集会的浪潮逐渐平息下来，对邮件运动和废奴主义者的反对从社会领域进入州政治领域。南部各州的州长相继发表了反对废奴主义者、捍卫奴隶制的演讲，各州议会也先后通过了相关的决议和法案。

1835 年 11 月，佐治亚州州长威尔逊·伦普金（Wilson Lumpkin）在议会中发表了关于邮件运动的演讲。他宣称"南部各州在奴隶财产方面的宪法权利是毋庸置疑的"，奴隶制是南部各州的内部体制，不受"任何外人的干涉"，如果各州之间不相互尊重他州的利益，"联邦将难以维持下去"；废奴主义者"代表了最邪恶、鲁莽、肮脏的精神，辱没了美国人的名号"，他们"试图在南部引发奴隶叛乱"；呼吁"具有爱国精神和美德的北方同胞"

---

① *Richmond Whig* September 18, 1835.
② *Richmond Enquirer*, August 7, 1835.
③ *Richmond Whig*, September 18, 1835,

和各州政府"立即且永久"地镇压这些"邪恶煽动者",而镇压他们的"最迅速和有效"的方式是"利用公众意见"和制定法律;建议联邦国会修改现行的法律,禁止废奴主义者的出版物进入联邦邮政体系。他还提议佐治亚州议会成立一个委员会来调查邮件运动。① 11月月底,委员会在其出台的报告中重申了伦普金州长的观点,认为废奴主义者试图"危害南部州公民的人身安全,侵犯他们的财产,剥夺他们的财产,破坏他们的内部和平",这不仅侵犯了南部的"内部体制和宪法权利",还会威胁联邦的安全。报告声称,虽然言论自由和出版自由是美国人民不可剥夺的权利,但是"人们不能滥用这些权利服务于削弱联邦团结这一邪恶目标",因此,报告要求联邦国会修订邮政法,阻止废奴主义者传播煽动性出版物。此外,报告强调"只有严格遵守宪法的文本,才能维持联邦的繁荣";哥伦比亚特区和其他联邦领地是"全体美国人民的共同财产",宪法并没有授权联邦国会管理这些地区的奴隶制的权力。②

同月,北卡罗来纳州州长戴维·斯温(David Swain)也在州议会发表了关于邮件运动的演讲。他指出,邮件运动表明废奴主义的"狂热精神"已经发展到南部州"必须要严重考虑"的程度,因而"南部各州的人民"都"关注和重视"此事;废奴主义者的"邪恶出版物"不仅危及南部的公共安全,还会"颠覆国家的宪法和法律",只有北方"姐妹州"制定相应的法律,才能"立即且彻底地"镇压煽动分子。此外,斯温认为在镇压废奴主义者这个问题上,南部各州之间不存在"观点和利益上分歧",因此"整个南部应该联合起来",要求各州的立法机关制定严厉惩罚废奴主义者的刑事法律。③ 12月初,该州议会同样发表了一个关于邮件运动的决议,声称废奴主义者的出版物有引发奴隶叛乱的趋势,因此应该呼吁"姐妹州"制定"刑事法律"(PENAL LAWS)阻止此类出版物的印刷和传播,并要求联邦国会制定相关法律,阻止废奴主义者的出版物进入邮政体系。决议还反对解放哥伦比亚特区的奴隶,认为此举是"普遍解放南部奴隶的前奏"。此外,该州议会还要求将这份决议书递交给北部各州的州长和议会,以及北

---

① *Southern Recorder*, November 10, 1835.
② *Southern Recorder*, November 27, 1835.
③ *Charleston Courier*, November 25, 1835.

卡罗来纳州的所有国会议员。①

12月12日，南卡罗来纳州州长乔治·麦克达菲（George McDuffie）在州议会发表演讲。他首先抛出了极端的州权主义观点，认为从外部进行煽动以"破坏其他国家的内部和平"，是"人类法律所能设定的最高等级的罪行"；对于奴隶制这个"内部体制"，南部州"只需要向上帝负责"，任何对南部州"维持奴隶制的权力的质疑"，都是对这些州的"安全和尊严的侵犯"；南部州应"根据国际法的伟大原则"，要求"主权联邦内的其他主权州对那些和平的敌人施加相应的惩罚"；"对于这种（外界）干涉的罪行，所有的共同体的法律都毫不留情地判处死刑，将（煽动性出版物的）作者视为人类的公敌"，南卡罗来纳州应该在这方面做出表率。随后，麦克达菲又表达了其极端的拥奴主义观念。他宣称"让黑奴处于奴役状态是上帝的指令"，黑人的"面孔、肤色、低等的智力和天生的浅薄见识"，都证明"他们拥有一切适合成为奴隶的特性，但缺乏任何成为自由人的品质"，"这个真理是如此明显，仿佛是被阳光镌刻在天空之上"；奴隶制不是一种道德罪恶，黑人是"欢乐、满足、幸福的"，他们的境况"好过人类的普遍处境"，而且"在上帝的所有法令之中，唯有此条的含义最为清晰——将非裔种族交托于（奴隶制），他们在奴隶制中得到的幸福要远超其他体制"；奴隶制也不是一种政治罪恶，因为在"所有政治共同体中，都存在一定形式的奴役"，而且奴隶制的存在使得白人不必建立贵族式的世袭等级制度就能有效保卫财产权。总之，麦克达菲认为，"没有任何人类体制能够比奴隶制更加明显地体现上帝的意志"，奴隶制不仅不是道德和政治罪恶，反而是"共和政府的基石"。② 这是南部政治家首次在政府机构中公开表达"积极的善"这一极端拥奴主义思想，在很大程度上体现了南部奴隶制政治的转变。

但是，南卡罗来纳州议会的联邦关系联合委员会（The Joint Committee on Federal Relations）在四天后出台的报告，却没有麦克达菲的演讲那么激进。其具体内容与其他南部州议会的报告区别不大。③ 随后，弗吉尼亚州、

---

① *Liberator*, February 6, 1836.
② *Liberator*, December 12, 1835.
③ "Committee on Federal Relations," December 16, 1835, *Acts and Joint Resolutions of the General Assembly of the States of South Carolina, Passed in December, 1835*, Columbia: S. Weir, State Printer, 1835, pp. 26-28.

密西西比州、阿拉巴马州、路易斯安那州、肯塔基州等其他的南部州和部分边界州的议会也发表了决议或法案。这些决议和法案在内容上大同小异，其基本观点和话语策略与公众集会几乎如出一辙。①

南部地区的公众集会和州政府之所以采取上述话语策略，主要是为了弥合内部分歧，塑造统一的共同体意识，以给联邦政府和北部非蓄奴州施压，迫使其镇压废奴主义者。在19世纪30年代，并不存在一个利益一致的"南部地区"。在奴隶人口比较少的边界州、奴隶人口更多的中南部地区，以及奴隶人口最多的下南部地区，存在着不同的权力结构，奴隶制之于当地经济的重要性也不同。② 而且，在邮件运动发生之际，南部蓄奴州的白人在奴隶制问题上并未形成一个统一的看法。在19世纪30年代之前，大多数南部白人将奴隶制视为一种"必要的恶"（necessary evil），即承认奴隶制具有天生的缺点，是美国的一份不幸的遗产，但是它又如此深刻地根植于美国的历史和现实之中，不能立即将其废除，而是期待其理性、渐进地消失，而且只有蓄奴州自己才能决定奴隶制的命运。③ 从19世纪30年代初以来，南部的奴隶制对外面临立即废奴主义者的全面挑战，对内则受到经济繁荣和福音派宗教兴起的影响，因此在南部奴隶主阶层中出现了更加全面、系统地为奴隶制辩护的趋势，逐渐发展出奴隶制是"积极的善"（positive good）这一理念，即认为奴隶制既不违背《圣经》，也不违背平等的建国原则；既给予了奴隶稳定快乐的生活，又是南部的白人平等和社会繁荣的基石，因此它将永久地在南部持续下去。④ 到邮件运动发生时，南部白人的奴隶制观念尚处在历史学家拉里·E. 蒂斯（Larry E. Tise）所谓的"拥奴观念

---

① 弗吉尼亚州议会的决议 Acts of the General Assembly of Virginia, Passed at the Session of 1835-1836, 1836, pp. 44-45, 395-396, https: //archive. org/，访问日期：2014年3月23日；肯塔基州议会的决议 Acts Passed at the Forty-Four General Assembly of the Commonwealth of Kentucky, pp. 683-686. 路易斯安那州、阿拉巴马州、密西西比州议会也分别通过了类似的决议和法案，详细参见 Michael Kent Curtis, Free Speech, "The People's Darling Privilege": Struggle for Freedom of Expression in American History, North Carolina: Duke University Press, 2000, p. 467。

② William W. Freehling, Slavery and Freedom, New York: Oxford University Press, 1982, p. 293.

③ Elizabeth R. Varn, Disunion! The Coming of the American Civil War, 1789-1859, Chapel Hill: University of North Carolina Press, 2208, p. 41.

④ Susan Wyly-Jones, The Antiabolitionist Panic: Slavery, Abolition, and Politics in the United States South, 1835-1844, PH. D. Thesis of Harvard University, April, 2000, p. 48.

大变革"(the great proslavery revolution)时期①,有些白人已经接受了"积极的善"这种积极拥奴理念,有些仍然坚持"必需的恶"这一消极拥奴理念。在田纳西州的反废奴公众集会上,委员会就宣称,虽然他们反对奴隶制的存在,但是奴隶制是先辈们遗留给南部人民的罪恶,对这个问题的解决"超出了人类智力能力"。② 而且,不同宗教、不同区域的南部人在奴隶制问题上看法也存在一些差别。③ 因此,南部州的社会精英必须避开奴隶制正义与否这一问题,从政治角度捍卫奴隶制,同时大力鼓吹废奴主义者的危险性。

南部对这套话语策略的选择,也存在有意为之的成分。在这起事件中,南部社会精英首次广泛强调奴隶制是南部的内部政策(domestic policy)。在当时的历史语境中,"domestic"一词具有两层含义。其一,从州权主义的历史来看,该词的意思应该是"国内的",这意味着南部蓄奴州实际上将自己视为具有独立主权的国家,而奴隶制则是主权国家内部的制度,"外国"人士一律无权干涉。弗吉尼亚州里士满市的公众集会就明确指出:"如果美国的每个州是分散且独立的国家,且废奴主义者的行为对南部国家的权力和安全构成威胁,但是得到其所在国家政府的容许,那么受害国的公民政府就有权要求这些国家采取措施镇压废奴主义者的行为。"④ 其二,如果从当时南部蓄奴州流行的家长制理念(paternalism)出发,那么该词的含义应该是"家庭的"。在 19 世纪前期,南部蓄奴州出现了以"家庭化"(domesticating)来论证奴隶制合理性的现象。具体来说,就是把种植园视为一个大家庭,奴隶主扮演慈善家长的角色,像家人那样对待奴隶,以让奴隶相信家长制是其命运的最好安排。该理念的核心是把奴隶制视为一种家庭制度(domestic institution),以家庭观念来对其进行认知和管理。⑤ 这意味着奴隶制是私人

---

① Larry E. Tise, *Proslavery: A History of the Defense of Slavery in America, 1701 – 1840*, Athens: University of Georgia Press, 1987, p. 262.

② *National Banner and Nashville Whig*, September 25, 1835, quoted from Susan Wyly-Jones, *The Anti-Abolitionist Panic*, p. 121.

③ John Patrick Daly, *When Slavery was Called Freedom: Evangelicalism, Proslavery, and the Causes of the Civil War*, The University Press of Kentucky, p. 3; Lacy K. Ford, *Deliver Us From Evil: The Slavery Questions in the Old South*, New York: Oxford University Press, 2009, p. 5.

④ *Richmond Enquirer*, August 7, 1835.

⑤ Willie Lee Rose, "The Domestication of Domestic Slavery," in William W. Freehling, *Slavery and Freedom*, New York: Oxford University Press, 1982, pp. 18–36.

领域的问题，与国家制度无关。这两种解释都指向同一个目标，强调奴隶制的南部属性，宣扬南部对奴隶制的独立处置权。

四 南部蓄奴州激烈反应的原因和影响

截至1835年底，邮件运动已经引发了一场席卷整个南部基层社会和州政府的反废奴主义者的浪潮。事实上，虽然废奴主义者向南部投递了大量宣传废奴思想的信件，但是这些邮件已经被当地的邮局或公民团体所没收了，其实际的影响力应该很有限；而且在19世纪30年代中期，废奴主义是一种极为边缘性的思想，即便在北部自由州，大多数人也对其持怀疑或反对的态度，其说服南部人的可能性更是微乎其微。那么为什么南部对邮件运动的反应会如此剧烈呢？

首先，南部对奴隶叛乱的极度忧虑是其对邮件运动剧烈反应的直接原因。一直以来，奴隶叛乱和种族战争都是南部奴隶主的心腹大患。1791年法属殖民地圣多明各的奴隶发动起义，建立了海地共和国。从此，这个加勒比海的新共和国就成了南部奴隶制耳边的警钟，不断提醒他们种族战争是多么可怕。1800年弗吉尼亚奴隶叛乱、1822年南卡罗来纳州登马克·维西（Denmark Vesey）奴隶叛乱预谋和1831年纳特·特纳（Nat Turner）奴隶暴动似乎将奴隶主的恐惧变成了现实。南部奴隶主习惯于将奴隶叛乱与北部的奴隶制反对者联系起来，认为奴隶受到了他们的煽动。在登马克·维西的"密谋"被揭露之后[①]，很多南部国会议员认为密谋发动暴乱的黑人受到了密苏里争议中的反对奴隶制扩张者的煽动。[②] 纳特·特纳的暴动作为南部历史上最后一次大规模的奴隶反叛，更是被很多南部人视为北方废奴主义者的煽动所致。1831年12月，弗吉尼亚州州长约翰·弗洛伊德（John

---

[①] 对于登马克·维西是否真的要发动暴动，目前美国学者并未达成一致意见。相关研究可参见 Michael P. Johnson, "Denmark Vesey and His Co-Conspirators," *The William and Mary Quarterly*, Vol. 58, No. 4 (October, 2001), pp. 915 – 976; Robert A. Gross, "Forum: The Making of a Slave Conspiracy, part 2," *The William and Mary Quarterly*, Vol. 59, No. 1 (January, 2002), pp. 137 – 142; Robert Paquette, "From Rebellion to Revisionism: The Continuing Debate about the Denmark Vesey Affair," *Journal of the Historical Society*, Vol. 4, Issue 3 (September, 2004), pp. 291 – 334; Douglas R. Egerton, *He Shall Go out Free: The Lives of Denmark Vesey*, Madison: Madison House, 1999, pp. 233-60。

[②] U. S. Congress, *Annals of Congress*, 15th Congress, 2nd Session (February 15, 1819), pp. 206, 1179; *Annals of Congress*, 16th Congress, 1st Session (February 17, 1820), pp. 1016-1017.

Floyd）在议会演讲中声称戴维·沃克和威廉·加里森的支持者"派密使和间谍把煽动性的报纸和小册子带入南部",这是导致奴隶叛乱的直接原因。① 1835 年 7 月初,一场由奴隶叛乱的谣言所引发的恐慌席卷整个密西西比河西南诸州,因而当废奴主义者的邮件在几周后到来时,很多南部人都将其视为煽动奴隶叛乱的明证,直接引发他们的强烈反应。②

其次,邮件运动让南部奴隶主意识到废奴运动的潜在的巨大影响力。数量如此之大的出版物在短时间内涌入南部蓄奴州的腹地,这种高强度的"轰炸式"的反奴隶制宣传攻势在南部历史上从未出现过,在一定程度上给南部的奴隶主造成废奴运动已经取得重大发展的印象。而报纸对废奴运动的夸张性报道,又加深了这种印象。在查尔斯顿的公众集会上,就有人指出,尽管"北部和东部州的大部分有头脑的公民"都不是废奴主义者,但是他通过报纸报道得知"狂热分子的数量和资源都在以难以预料的速度增长,他们的协会和煽动性出版物在成倍增加"。③ 事实上,在 1835 年夏季和秋季,南部到底收到多少来自废奴主义者的邮件,至今仍没有准确的统计,美国废奴协会的年度报告中只有全国范围内所发送的印刷品的数量。不过,对很多南部奴隶主精英来说,邮件运动的最大威胁并不在于废奴宣传物的数量,而在于废奴运动的全新行动策略:在公共领域内宣称立即废奴思想,改变公众意见。邮件运动让很多南部奴隶主认识到新的传播和印刷技术使得处于社会边缘和底层的群体也能产生巨大的影响力。南卡罗来纳州议会在关于邮件运动的决议书中指出,废奴主义者的"小册子的效果取决于其流通,而不是其支持者的权威的大小"。④ 一个南部的小册子也认为,"废奴主义者不需要众多的人数、影响力和权力;通过出版社和演讲台这样的煽动机器,那些没有真正的社会地位的人也能产生不可估量的恶果"⑤。而且,

---

① Governor Floyd, "Proclamation Concerning Nat Turner," September 17, 1831.
② 关于 1835 年密西西比河流域的奴隶叛乱恐慌,具体可参见 Susan Wyly-Jones, *The Antiabolitionist Panic: Slavery, Abolition, and Politics in the United States South, 1835-1844*, PhD Thesis of Harvard University, April, 2000, pp. 70-79; Lacy L. Ford, *Deliver Us from Evil: The Slave Question in the Old South*, New York: Oxford University Press, 2009, pp. 489-493。
③ *Charleston Courier*, August 4, 1835.
④ South Carolina General Assembly, *Report and Resolutions of South Carolina*, Charleston, S.C., 1837, p. 27
⑤ *The South Vindicated from the Treason and Fanaticism of the Northern Abolitionist*, Philadelphia: H. Manly, 1836, p. 276.

有些南部奴隶主担心，虽然废奴主义者的"武器只是理论和观点"，但是如果不及时加以阻止，他们可能会"成功误导北方蓄奴州那些与奴隶制没有直接关系的多数群体"，促使北方州和联邦国会通过对奴隶制不利的法律。①

南部蓄奴州对邮件运动做出如此激烈反应的根本原因在于奴隶主精英对奴隶制合法性的焦虑。一方面，正如历史学家威廉·W. 弗里林所言，在南部蓄奴州，专制与民主的悖论一直对奴隶制的合法性产生威胁。毫无疑问，奴隶制是一种极为专制的政治经济制度，为了维持奴隶制的合法性，奴隶主阶层就必须要强调奴隶制的种族特性，鼓吹所有白人的平等，试图让奴隶制成为全体南部白人一直认可的"合理制度"。19 世纪 20 年代，南部蓄奴州的民主制度确实有所进步，选举权扩展至所有的白人成年男性，这使得很多原本处于社会底层和中间阶层的白人非奴隶主获得了终止奴隶制的政治权力；与此同时，在马里兰州、北卡莱罗纳州、弗吉尼亚州和南卡罗来纳州的西部，充斥着大量"不蓄奴的移民"，他们既不希望成为奴隶主，又希望为白人争取到平等和权利。也就是说，南部白人民主的发展反而削弱了奴隶主精英对奴隶制的控制，使南部社会对奴隶制合法性的认识变得更加脆弱。② 另一方面，到 19 世纪 30 年代，虽然奴隶制仍在巴西、古巴、波多黎各等国家存在，但是大规模的奴隶制已经成为美国南部的"特殊的体制"——一种将南部地区与美国和世界其他地区区分开来的制度。③ 无论南部的奴隶制捍卫者们怎样从宗教、种族观念、人类历史、地方自决等角度来为奴隶制辩护，在启蒙观念和废奴浪潮席卷大西洋世界的时代和以自由理念为立国基础的美国，奴隶制的正当性都具有天然的缺陷。正是出于对奴隶制合法性的焦虑，南部的奴隶主精英对于任何批评奴隶制的声音都报以超乎常情的戒备心理。历史学家理查德·霍夫斯塔特曾以"多疑症政治风格"的概念来描述二战后美国右派的政治心理和表现。④ 如果借用这个概念来考察美国内战前南部的社会和政治精英对奴隶制的态度，就可以

---

① *Salisbury Western Carolinian*, August 1, 1835; "Governor's Message," *Southern Recorder*, November 10, 1835.
② William W. Freehling, *The Road to Disunion: Secessionists at bay, 1776-1854*, Vol. 1, 1990, pp. 29-31.
③ Eric Foner, *The Fiery Trial: Abraham Lincoln and American Slavery*, pp. 14-15.
④ Richard Hofstadter, *The Paranoid Style in American Politics and Other Essays*, New York: Alfred A. Knopf, 1965, pp. 3-40.

看出这种"多疑症"乃是普遍存在的。他们总是将南部的奴隶叛乱归咎于奴隶制反对者的煽动，怀疑邮件运动是废奴主义者煽动奴隶暴动的新阴谋；担心对奴隶制问题的公开讨论将削弱其对奴隶制的控制，威胁南部社会的安定、团结；认为在奴隶制问题上一旦赋予联邦政府任何权力，就可能使其获得废除奴隶制的权力。为此，南部奴隶主精英一直试图将奴隶制问题彻底排除在公共领域之外，只维持一种支持奴隶制的统一立场。而邮件运动则"鲁莽地撕开了南部的先辈们为奴隶制问题贴上的封印"，威胁到奴隶制统治的合法性。[①] 从这个角度出发，就不难理解为什么呼吁立即废奴思想的邮件运动会遭到南部奴隶主阶层歇斯底里的反对。

南部州的激烈反应，不仅没有压制反奴隶制的声音，反而使奴隶制问题迅速变成全国性的公共议题。首先，南部蓄奴州所举行的多起反废奴公众集会、州政府的相关措施，以及各地报纸的广泛报道，使邮件运动发展成一场全国性轰动事件。南部人士在严厉谴责废奴主义者的同时，也将原本处于社会边缘的废奴主义者推向了全国性公共舆论的中心，客观上增加了废奴运动的影响力。

其次，南部奴隶主所采取的话语策略产生了事与愿违的效果，推动奴隶制问题更加快速地进入公共领域。前文已经提及，在19世纪30年代，大部分美国白人都将废奴主义者视为激进的狂热分子，故废奴主义者对奴隶制的强烈道德批判难以引发足够的社会关注。而且，大部分美国白人并不希望就奴隶制的正义与否展开辩论，担心此举会危及联邦稳定。但是，南部蓄奴州从州权角度为奴隶制的辩护，使奴隶制问题的核心从奴隶制正义与否这一道德性问题，转变为处置奴隶制的权力归谁所有这一政治性问题。这种转换大大削弱了奴隶制问题的激进色彩，使其更容易成为全国性公共议题。

此外，南部蓄奴州的公众集会和州政府还对北部自由州和联邦政府提出了三个诉求：要求北部民众积极采取行动反对废奴主义者；要求北部各州议会立法禁止废奴主义者传播废奴言论；要求联邦国会立法禁止废奴主义者利用邮政体系传播废奴出版物。为了实现这些诉求，不少南部人士呼

---

① *The South Vindicated from the Treason and Fanaticism of the Northern Abolitionist*, Philadelphia: H. Manly, 1836, p. xv.

吁采取非常手段"要挟"北部州。比如，呼吁南部抵制对废奴主义者态度友好的北部商人，终止与有废奴活动的城市之间的商业往来。① 佐治亚州西蒙斯顿镇（Simonton Town）的公众集会报告甚至声明，如果北方的议会不能以法律手段镇压废奴运动，南部可能退出联邦。② 这些强硬诉求，无不是在推动奴隶制问题进入全国性公共领域和政治辩论，助其成为最核心的公共议题。

第三节　全国性对话与奴隶制政治的兴起

南部蓄奴州对邮件运动的激烈反应，尤其是公众集会和州议会对北部自由州的诉求，引发了北部民众的普遍回应。自密苏里危机之后，奴隶制问题再次进入公共领域的中心，引发了一场全国性的激烈辩论。正如当时的一位报纸编辑所言："密苏里问题以另一种形式，以一种极为激烈的方式复苏了。克制，从未像今天变得如此重要。"③

一　北部州民众的反奴隶制话语

从邮件运动一开始，愤怒的南部奴隶主就要求北部自由州采取行动来反对废奴主义者。1835 年 8 月初，一份南部报纸在致北部州的公开请愿书中声称，"我们相信更多的北部公民是反对废奴主义者的，但是我们需要你们提供最明显的证据，以表明你们对南部的同情和支持"，并要求北部州"召集公众集会"，以"利用公众意见的巨大力量"来镇压废奴主义者。④ 为了"回应南部同胞的要求"⑤，从 1835 年 8 月中旬起，波士顿、纽约、费城、奥尔巴尼、纽黑文、波特兰等很多北部的重要城市和城镇相继举行了针对邮件运动的公众集会。

就目前所掌握的材料来看，这些公众集会都赞同南部奴隶主的最重要观点，即认为废奴主义者对奴隶制的干涉违背了联邦宪法。它们指出，联

---

① *Charlotte Journal*, September 4, 1835; *Clinton Gazette*, September 12, 1835.
② *Milledgeville Southern Recorder*, September 29, 1835.
③ *Niles' Weekly Register*, October 3, 1835, p. 65.
④ "A Calm Appeal from South to the North," *Richmond Enquirer*, August 14, 1835.
⑤ "Great Town Meeting in Philadelphia," *Pennsylvania Inquirer*, August 25, 1835.

邦体制中的各州都有"独自的主权",不干涉"联邦内其他州的特殊利益、关切、法律和内部政策",是"每个良好公民的义不容辞的神圣责任";根据联邦宪法的规定,管理奴隶制的权力完全属于南部蓄奴州的公民和政府,联邦政府、非蓄奴州的政府和公民都无权干涉奴隶制;因而废奴主义者所发动的邮件运动违反了联邦宪法,侵犯了南部蓄奴州的宪法权利和特殊利益,破坏了南部州公民的"平静生活",并对他们的人身和财产安全构成了威胁。① 对此,学者已经有所关注。② 但是,如果仔细考察北部州的公众集会,人们会发现北部民众在两个关键问题上与南部存在微妙但重大的分歧。

北部州的公众集会并未全方位地谴责废奴主义者,而是更加客观地分析了邮件运动的原因和后果。这些公众集会大多认为,废奴主义者并不是不顾一切的煽动分子,也无意煽动奴隶叛乱。波士顿的公众集会明确指出,在邮件运动的参与者中,只有"极少数狂热分子试图在南部同胞中间散布火把、箭矢和死亡",更多的则是一些"受尊敬的、有道德的、虔诚的人",他们"笃信自己目的的纯洁性,但是没有意识到其可怕的后果,无意识地与狂热分子进行了合作"。③ 纽约市的公众集会则认为,美国废奴协会的目标是"通过改变奴隶制问题上的公众意见促使南部州立即解放奴隶",但是废奴主义者为实现这一目标所发动的邮件运动,"可能直接或间接引发奴隶的不满和反抗情绪"。④

这些公众集会普遍认为,邮件运动的真正危险是导致联邦分裂。费城的公众集会指出,"我们的联邦是如此自由、伟大和光荣",因此我们"必须要不顾一切保护它",使其"远离外在的危险",而废奴主义者的行为就激发了南部人对其所生存的共同体的偏见,"威胁到联邦的和平和持续"。⑤ 纽约州首府奥尔巴尼市的公众集会认为,美利坚合众国是各方"妥协和调和的产物",任何对其他州的"法律、内部政治和特殊利益"进行干涉,都

---

① *Niles' Weekly Register*, August 29, 1835, pp. 454-455; *Pennsylvania Inquirer*, August 25, 1835; *Richmond Enquirer*, September 1, 1835; *The Portsmouth Journal of Literature & Politics*, September 5, 1835; *The Southern Patriot*, September 14, 1835; *The Southern Patriot*, September 14, 1835; *Richmond Enquirer*, September 22, 1835; *Niles' Weekly Register*, October 3, 1835, p. 72.
② Elizabeth R. Varn, *Disunion! The Coming of the American Civil War, 1789-1859*, pp. 102-103.
③ *Daily National Intelligencer*, August 26, 1835.
④ *Richmond Enquirer*, September 1, 1835.
⑤ *Pennsylvania Inquirer*, August 25, 1835.

将疏离各地区之间的关系，破坏"建国者们所珍视的地区间友好情感"。① 在南部州所发起的铺天盖地的反废奴声浪之中，北部民众的上述看法颇有为废奴主义者辩护的意味。有些公众集会甚至对南部民众提出了委婉的批评，认为他们因对邮件运动过于恐惧，夸大了废奴主义者的数量和影响力，进一步加剧了南部和全国范围的骚动，而且这种激烈反应也表明他们不大相信法律的有效性。②

更重要的是，不少公众集会对奴隶制作出明确的道德评判。虽然这些公众集会都承认，奴隶制"极为深刻地根植于南部的社会制度之中"，以致革命战争都无法将其根除，且联邦宪法赋予了其合法地位，因而无论北部公民多么反对和痛恨奴隶制，"在至高无上的法律面前，他们必须牺牲自己的观念、激情和同情心"，不能对奴隶制进行任何干涉。但是，这些言论都基于一个前提：奴隶制是一种"违背人性和自由原则的罪恶"，北部的公民"绝不允许奴隶制存在于他们之中"。③ 有些公众集会明确指出，他们之所以反对废奴主义者，并不是要维持奴隶制，而是因废奴主义者在奴隶制这个"严肃而微妙的问题"上的激进立场，反倒会引发南部奴隶主的恐惧和警惕，使他们加强对奴隶的控制，导致"奴隶身上的枷锁更沉，奴隶所处的地牢变得更深"；只有"采取合法、温和的措施"，才能"祛除奴隶制这种如此危险、可耻的罪恶"。④ 质言之，北部民众虽然反对废奴主义者的激进行动，且认可奴隶制之于美国宪政体制的正当性，但是在道德层面上明确反对奴隶制，这与南部州避而不谈奴隶制的道德合理性形成鲜明对比。

如果从1819年密苏里危机以来的南北关系演变的脉络来看，北部民众的上述观念具有重要的转折性意义。从本质上讲，密苏里危机是南北之间因奴隶制扩张所引发的政治利益、经济利益博弈，而非关于奴隶制的意识

---

① *The Southern Patriot*, September 14, 1835.
② *Daily National Intelligencer*, August 26, 1835; *Richmond Enquirer*, September 22, 1835; *Pennsylvania Inquirer*, August 25, 1835.
③ *Daily National Intelligencer*, August 26, 1835; *Pennsylvania Inquirer*, August 25, 1835; *Richmond Enquirer*, September 1, 1835; *The Portsmouth Journal of Literature & Politics*, September 5, 1835; *The Southern Patriot*, September 14, 1835; *Richmond Enquirer*, September 18, 1835; *The Southern Patriot*, September 14, 1835; *Richmond Enquirer*, September 22, 1835; *Niles' Weekly Register*, October 3, 1835, p. 72.
④ *Pennsylvania Inquirer*, August 25, 1835; *Daily National Intelligencer*, August 26, 1835.

形态冲突。因此，北部民众并未对奴隶制进行广泛的道德评定，也没有担忧奴隶制对其自由体制带来的不利影响。而且，自密苏里妥协以来，从道德和权利层面上反对奴隶制的声音逐渐从主流政治话语中消失了，奴隶制之争变成南北之间纯粹的政治利益和经济利益博弈，联邦宪法在某种程度上沦为一种维系地域团结的契约，其所蕴含的道德和正义原则似乎在奴隶制问题上失效了。① 在邮件运动中，北部民众对奴隶制之"恶"的强调，意味着对奴隶制的道德批判重新回到美国公共空间。

二 言论自由问题与北部州的反奴隶制政治话语

北部自由州民众虽然应南部的要求，举行了反对废奴主义者的公众集会，但他们对奴隶制的"负面"态度，以及对废奴主义者的谴责力度，都没有达到南部的要求。② 而且，南部蓄奴州要求北部州以立法禁止废奴言论的诉求则引发一场关于言论自由权的全国性争论，使得权利层面的反奴隶制声音又开始出现在美国的政治辩论之中。

首先开启言论自由权之争的是废奴主义者。1835 年 8 月 17 日，马萨诸塞州废奴协会在波士顿发表了一次公开演讲，这是废奴主义者首次公开回应南部的批评。他们声称其所作所为是基于两个基本原则：《独立宣言》中的"人人生而平等"原则，自由是上帝赋予所有人不可剥夺的礼物；认为他们没有违反联邦宪法中任何与奴隶有关的条款，没有任何煽动奴隶叛乱的企图和行动，完全反对黑白种族之间的融合。在使用这些惯常的辩护策略之外，废奴主义者首次拿出了其最有力的自卫武器：言论自由和出版自由权。南部蓄奴州一再谴责废奴主义者违反联邦宪法，干涉了奴隶制这一南部的内部体制。对此，废奴主义者的回应是，"如果说'干涉'是指我们利用言论自由权，通过演讲或出版物来创造一种直达人们良知的公众意见，让奴隶主认识到奴隶制的罪恶，最终彻底终结奴隶制，那我们不会否定这种干涉"；但即便宪法承认奴隶制的合法性，废奴主义者对奴隶制的这种"言论干涉"也并不违法，因为联邦宪法明确保护公民的言论自由和出版自

---

① George William Van Cleve, *A Slaveholders' Union: Slavery, Politics, and the Constitution in the Early American Republic*, Chicago: University of Chicago Press, 2010, pp. 10, 271–272.

② *Niles' Weekly Register*, October 3, 1835.

由权，马萨诸塞州宪法也明确规定"本州公民拥有以恰当、和平方式，为了公共利益而进行集会和讨论的权利"，"出版自由是为保护本州自由的关键，因此在本州内不能遭到限制"。①

诉诸言论自由和出版自由权，废奴主义者的这一策略赢得了不少北部民众的赞同。马萨诸塞州的一家报纸开辟了一个专栏，全文发表了马萨诸塞州废奴协会的公开演讲。该报的一位编辑指出，虽然他"和北部的同时代人一样，反对废奴主义者领袖的所作所为"，但是他认为"废奴主义者应该有机会让更多的人听到他们的自我辩护，这样对他们才算是公平和正义的"，因为"无论废奴主义的举动是多么荒谬和危险，他们就奴隶制问题进行公开辩论的权利是不能被否定的"；而且，南部州所采取的那些"暴力和非法手段"，容易引发民众的恐惧，无助于真正镇压废奴主义者，只有进行公开辩论，"凭借无比强大的公众意见，才能真正打击废奴主义者"。② 这位编辑的言论显然代表了很多北部自由州编辑的心声，在一个月时间内，有十几家报纸相继全文或部分转载了马萨诸塞州废奴协会的演讲内容。③ 9月3日，美国废奴协会在纽约市举行了一场公开演讲，再次以言论自由权作为辩护武器："我们认为美国公民有权表达和出版针对普天之下的所有国家、所有州的宪法、法律和制度的看法；我们绝不会放弃言论自由、出版自由和我们的良知，这是我们从父辈那里继承而来的福祉，而且我们要竭尽所能地将其毫发无损地遗传给我们的子孙后代"。④ 这次演讲同样在北部引发广泛反响，不仅使废奴主义者的观点更加广为人知，也使得言论自由和出

---

① *New-Bedford Mercury*, August 28, 1835.
② *The Gloucester Telegraph*, August 26, 1835.
③ 全文转载了马萨诸塞州废奴协会在1835年8月举行的公开演讲的报纸有 *Gloucester Telegraph* (Gloucester, Massachusetts), August 26, 1835; *Newburyport Herald* (Newburyport, Massachusetts), August 25, 1835; *New-Bedford Mercury* (New Bedford, Massachusetts), August 28, 1835; *Massachusetts Spy* (Worcester, Massachusetts), August 26, 1835; *The Connecticut Courant* (Hartford, Connecticut), August 31, 1835; *New-Hampshire Sentinel* (Keene, New Hampshire), August 27, 1835; *Connecticut Herald* (New Haven, Connecticut), September 1, 1835; *Evening Post* (New York, New York), September 4, 1835。部分转载了此次演讲的报纸有 *Boston Recorder* (Boston, Massachusetts), August 21, 1835; *Commercial Advertiser* (New York, New York), September 5, 1835; *New-Bedford Mercury*. (New Bedford, Massachusetts), September 11, 1835; *Haverhill Gazette* (Haverhill, Massachusetts), September 12, 1835; *Washington Review and Examiner* (Washington, Pennsylvania), September 26, 1835。
④ *Niles' Weekly Register*, September 5, 1835, p. 9.

版自由权成为南部蓄奴州无法攻克的保护废奴言论的堡垒。

北部民众对废奴主义者的言论自由权的尊重和同情，引发了南部的强烈不满。在美国废奴协会的公开演讲发表后不久，查尔斯顿的一家报纸就发表了致北部州的公开请愿书，对北部州提出更加严苛的要求。该请愿书指出，纽约市作为废奴运动的核心地带和邮件运动的发起城市，对废奴主义者的批评却最为"无力"，而美国废奴协会的公开演讲，"表明北部的公众意见并未真正发挥作用"；虽然宪法保护公民的言论自由和出版自由权，但是这并不意味着公民可以"滥用这些权利"来煽动奴隶叛乱，侵犯蓄奴州的"内部体制"，危及联邦生存；北部的非蓄奴州必须"制定和执行"镇压废奴主义者的法律，禁止就奴隶制问题进行"煽动性宣传"。[1] 佐治亚州的一份报纸刊登了题为《北部得注意了》("Let the North Look to It")的文章，以更加激烈的措辞要求北部以立法镇压废奴主义者。该文声称，北部各州和民众都应对废奴主义者的狂热行为负责，如果北部人真如他们所自诩的那样厌恶废奴主义者，那么他们必须要通过行动来做出证明；要真正地镇压废奴主义者，仅仅靠言论方面的反对和谴责是远远不够的，"必须通过法律这种强制手段"，让那些在南部实行的反对印刷、流通和散布废奴文章和小册子的法律在北部也得以实施。[2] 如本章第二节所述，这种要求北部自由州制定与南部类似的新闻审查法律以禁止废奴言论的观念，在南部有着广泛的回声，南部的公众集会和议会通过的决议，都要求北部州制定相关法律。

北部各州的确对南部的立法诉求做出了回应。1836年1月6日，马萨诸塞州州长爱德华·埃弗雷特（Edward Everett）在州议会演讲中指出，虽然他认为"联邦宪法明确承认奴隶制的存在，并将与奴隶制有关的一切权利和特权都授予了蓄奴州"，故而废奴主义者的言行显然"违背了宪法"，但是他反对制定打击废奴言论的法律，因为"我们的体制和公民在本质上完全反对任何侵害言论自由和出版自由的法律，即便这些法律是为了防止言论和出版自由遭到滥用"。埃弗雷特指出，压制和阻止废奴言论的最好方法是"诉诸所有社会阶层的爱国之情"，让人们意识到关于奴隶制问题的讨

---

[1] *Richmond Enquirer*, September 8, 1835.
[2] *Macon Weekly Telegraph*, September 3, 1835.

论可能"导致联邦分裂",进而"放弃讨论奴隶制问题"。① 3月,马萨诸塞州议会通过了联合委员会关于奴隶制问题的报告。该报告没有提及制定反对废奴主义者的法律,只是"建议人们不要参与跟奴隶制问题有关的讨论,不要实施任何可能妨碍或刺激公众意见的举动"。该报告还对州内发生的反对废奴主义者的暴动进行了谴责,呼吁人们"对法律的权威报以神圣的尊重",以"维持公共和平"。②

1836年3月23日,纽约州议会通过了参议院专门委员会关于奴隶制和废奴主义者的调查报道。该报告明显倾向于不通过限制废奴主义者言论自由权的法律。它声称,人们在政治权利和公共政策方面的"所有的观念上的谬误和分歧",都可以在公众意见的"法庭"上得到合理审查,而言论自由和出版自由,是确保公众意见的正义和开明的关键。言论自由和出版自由得到了联邦宪法和州宪法的保护,"对立法者而言,判断这种理性的宪政自由权应该在何种情况下被终止,是一个极其棘手的难题。容忍出版的放肆,远比削弱出版自由要安全得多;因为人们一般会在自由的力量中找到矫正邪恶的方法"。而且,在目前的情况下,纽约州民众在奴隶制和废奴主义者问题上的公众意见"空前的一致",即认为"在奴隶制问题上进行公开辩论"会对蓄奴州产生"不恰当的""有害的""煽动性的"影响,人们应该远离相关的讨论和"政治煽动"。因此,该报告宣称,在保护蓄奴州的合法权利方面,公众意见远比法律更为有效。③

1835年12月,宾夕法尼亚州州长乔治·沃尔夫(George Wolf)在州议会进行年度报告时,对废奴主义进行了严厉谴责。他指出,"当前所发生的对奴隶制的攻击,是最危险、最可怕的狂热之情的产物;如果不立即将其遏制,它将立即点燃一场倾全国人民的鲜血也无法平息的大火,并危及对于维持联邦统一所至关重要的情感"。但是沃尔夫认为,立法并不是解决此问题的最好方式,因为倘若以立法来解决此事,"必然会对公民的其他权利

---

① *Address of His Excellency Edward Everett to the Two Branches of the Legislature of Massachusetts*, Boston: Dutton and Wentworth, State Printers, 1836, pp. 29-30.
② *Report and Resolves on the Subject of Slavery*, Commonwealth of Massachusetts, 1836, pp. 19-20.
③ "New York in Replay to the South," in Herman V. Ames, *State Documents on Federal Relations: The States and the United States*, Vol. 5, Pennsylvania: The Department of History of the University of Pennsylvania, 1906, p. 28.

和特权产生威胁",尤其是言论自由和出版自由权;"言论自由和出版自由是自由辩论的保护伞,也是公众意见的最好体现,不能只为了解决暂时性的问题就制定对其造成伤害的法律";"遏制和控制这种被误导的狂热之情的最好途径是公众意见",并建议州议会通过一个"温和、坚定、庄重、果断"的决议,给公众意见"定下基调"。①

接替沃尔夫担任州长的约瑟夫·里特纳(Joseph Ritner)是奴隶制的明确反对者。他在1836年的州议会演讲中,公然宣称奴隶制是一种罪恶,呼吁宾夕法尼亚州公民"勇敢无畏"反对"新蓄奴州加入联邦",支持废除哥伦比亚特区的奴隶制,"绝不放弃对这片土地上的任何罪恶进行自由讨论的权利"。②5月,州议会通过了众议院司法委员会(House Judiciary Committee)起草的报告,对南部州所提出的以立法来禁止废奴言论的诉求做出了回应。这份由反奴隶制政治家撒迪厄斯·史蒂文斯(Thaddeus Stevens)执笔的报告,断然否认任何其他州有权要求宾夕法尼亚州这个"独立的主权州"通过禁止废奴言论的法律。报告宣称,"每个非蓄奴州的公民都有权就任何州或全国性政策自由思考,并公开其观点",都可以对其居住地区之外的问题发表看法,比如他们可以"对纽约州和宾夕法尼亚州的高利贷法,或者弗吉尼亚州和密西西比州的黑人管理法发表评论",认为它们是"不道德的、非正义的,会危及所在地区的繁荣和幸福",虽然"这些观点可能缺乏说服力、愚蠢的、错误的",但是"禁止它们的传播就是一种暴政行为"。③

其余的几个北部自由州也相继拒绝了南部的立法诉求。佛蒙特州议会通过的决议,明确宣称"联邦国会和州议会都没有限制自由表达观点或利用公共邮件传递观点的宪政权利"。④ 在当时的历史语境中,这无疑是一种明确反对奴隶制的立场。俄亥俄州议会的决议书同样指出,"州无权限制任何私人观点的公开发布;如果这个原则被突破,那么其对各州和平所产生

---

① *Pennsylvania Archives: Papers of the Governors*, Volume VI, 1832 - 1845, Harrisburg: WM Stanley Ray, State Printer, 1901, p. 243.
② *Pennsylvania Archives: Papers of the Governors*, Volume VI, 1832 - 1845, Harrisburg: WM Stanley Ray, State Printer, 1901, pp. 291-292.
③ "Report Relative to Abolition Societies and Incendiary Publications," May 30, 1836, in *The Selected Papers of Thaddeus Stevens*, Vol. 1, Pittsburgh: University of Pittsburgh, 1997, pp. 37-38.
④ *Liberator*, December 3, 1836.

的邪恶后果,也远远超过容忍当前的煽动和错误所导致的恶果",我们不能"通过任何侵犯言论自由和出版自由的法律,除非为了补偿个人所受到的伤害,或者是为了恢复因滥用言论和出版自由所导致的治安困扰"。①

总体而言,北部自由州对立法诉求的回应及其所产生的影响,均与南部蓄奴州的设想背道而驰。

首先,南部蓄奴州的立法诉求引发北部州公共领域和政治领域的广泛关注和讨论,使得奴隶制问题不仅没有如南部所望,立即从公共辩论中"失声",反而进入全国性公共辩论的中心。而且,这场波及多州的大辩论,还进一步增强了废奴运动的影响力。

其次,北部各州对公民言论自由权的捍卫,实际上意味着废奴主义者至少在北部获得了"合法的政治身份"。从此之后,他们在北部州宣传废奴思想时,不会再遭到国家权力机关的"合法镇压"。正因如此,邮件运动的重要发起人之一小伊莱泽·怀特在写给另一位废奴领袖西奥多·维尔德的信中,就这样评价马萨诸塞州议会拒绝南部的立法诉求:"这是废奴事业取得进展的证据,我们从此不用生活在阴影之中。"②

此外,这场立法之争使得奴隶制问题变得更加"政治化"。前文已经提及,在回应邮件运动时,南部蓄奴州一再强调奴隶制是南部的内部问题,外人无权干涉。但是,在要求北部州立法禁止废奴言论的过程中,奴隶制问题的重点从州权问题转变为言论自由和出版自由权问题。这意味着奴隶制不再是南部的地方性问题,而是扩展成一个对全体公民和整个国家都具有重要意义的政治问题,也就更加难以从公共辩论中被剔除出去。更重要的是,北部州对言论自由和出版自由权的坚守,表明权利话语作为一种反奴隶制工具,开始重新回归美国政治话语之中。在此后数年中,担心奴隶制会侵害北部州自由体制和公民权利,成为北部地区反奴隶制政治意识形态的重要内容。

---

① "Ohio Report on Slavery," quoted in Michael Kent Curtis, *Free Speech*, *"The People's Darling Privilege"*: *Struggles for Freedom of Expression in American History*, Durham: Duke University Press, 2000, pp.190-191.

② "Letter from Elizur Wright Jr. to Theodore Weld, Mar 24, 1836," in Gilbert H. Barnes and Dwight L. Dumond, eds., *Letters of Theodore Dwight Weld, Angelina Grimke and Sarah Grimke, 1822-1844*, Gloucester, Peter Smith, 1965, p.281.

三 邮件审查之争与联邦国会中的奴隶制政治

从查尔斯顿事件开始,废奴主义者能否利用邮政体系传播其出版物,就成为一个全国性的争议话题。前文已经指出,南部蓄奴州的报纸、公众集会和州议会一再声称,邮政体系是为全体公民的公共利益服务的,不能成为废奴主义者宣称其"邪恶"观点的工具,联邦国会应制定法律,禁止废奴主义者的出版物进入邮政体系。这些诉求的意图很明显,即阻止废奴主义者发出声音,将奴隶制问题从公共辩论中排除出去。

事实上,在查尔斯顿事件后不久,阻止废奴主义者的宣传品进入南部的防御隔离线就已经建立起来了。在这道防线的建立过程中,发挥重要作用的是纽约市邮政局局长塞缪尔·古弗尼尔(Samuel Gouverneur)和联邦邮政部部长阿莫斯·肯德尔。在得知查尔斯顿事件之后,塞缪尔·古弗尼尔就决定禁止废奴主义者的邮件进入邮政体系,这意味着废奴主义者的邮件从此难以进入南部地区。因为在19世纪上半期,绝大多数的北部邮件都是从纽约港出发,经由汽船运抵南部各个港口。在纽约市并没有任何禁止废奴主义者利用邮件来传播其出版物的法律,塞缪尔·古弗尼尔无权对邮件的内容进行审查,应当投放所有以合理版式发行的出版物。他在为自己辩护时声称,废奴主义者侵犯了南卡罗来纳州的法律,虽然他不是该州的居民,但也应遵守该州的法律。① 在此后的一次公开演讲中,古弗尼尔宣称他对南部法律的遵守,是对"美国革命的伟大原则",尤其是个人责任、自治政府和州权等建国之父们所支持的权利的坚持;如果他允许废奴主义者滥用邮政体系来实现他们的邪恶目标,这个宝贵的遗产将会丧失。② 塞缪尔·古弗尼尔的举动得到了联邦邮政部部长阿莫斯·肯德尔的支持。他在写给塞缪尔·古弗尼尔的公开信中说,即便古弗尼尔的决定在一定程度上违背了联邦法律,但这是为了全国利益所做的"最佳抉择","如果我在你的位置上,也会做同样的决定"。③ 在其他的公开信中,阿莫斯·肯德尔也明确表达了其在邮件问题上的立场:在一般情况下,联邦公职人员应该遵守联

---

① *Niles' Weekly Register*, August 22, 1835, pp. 447-448.
② *Charleston Courier*, September 3, 1835.
③ *Niles' Weekly Register*, September 5, 1835, pp. 8-9.

邦法律，但是在特殊情况下，他们对其所处的小共同体负有"更高的责任"，应该优先遵守地方的法律。① 基于这个原则，阿莫斯·肯德尔默许南部的邮政官员审查和隔离了废奴主义者的邮件，并建议北部州的邮政官员拒绝投递宣称立即废奴思想的邮件。

尽管大部分的北部报纸都同情南部，谴责废奴协会利用邮政体系来传播出版物，但仍有部分编辑对阿莫斯·肯德尔公然支持南部审查和隔离废奴主义者邮件的做法非常不满。《波士顿地图报》（Boston Atlas）认为肯德尔是在宽恕和鼓励违反联邦法律的行为。《纽约商业广告报》（The New York Commercial Advertiser）担心肯德尔此举可能成为一个先例，使得联邦政府可以轻易制造借口，"这种危险的权力可能会被用到其他地方"。② 《纽约晚邮报》（New York Evening Post）公开质疑肯德尔："如果根据爱国主义理念，每个邮政局局长都可以将自己的判断作为最终决定，来中止法律的实施，那么我们相信肯德尔先生应该从这个位高权重的位置上辞职了……到底是谁赋予了他判断何谓煽动性内容的权力？他当宣誓就职时，被授予过这样的权力吗？"③ 为了平息北部的反对声音，让审查和隔离废奴主义者邮件成为合法行为，南部的公众集会和州政府不断要求联邦国会制定新的邮政法。④ 关于邮件审查的立法辩论，使得奴隶制问题自密苏里危机之后再次成为国会政治辩论的焦点。

南部的立法诉求也到了安德鲁·杰克逊总统的支持。8月初，阿莫斯·肯德尔在给杰克逊的信中，建议民主党政府"尽可能采取影响力小、难度低的措施"来阻止废奴主义者的宣传活动，平息南部的愤怒。但是杰克逊在回信中则宣称，将以立法手段来阻止废奴主义者对联邦邮政体系的利用。1835年12月2日，杰克逊总统在国会演讲中，建议国会制定法律，以禁止废奴主义者利用邮政体系进行宣传。杰克逊对废奴主义者的看法与南部如

---

① *Richard Enquirer*, August 11, 1835.
② *Niles' Weekly Register*, August 22, 1835, p. 447.
③ *Niles' Weekly Register*, August 22, 1835, p. 448.《纽约晚邮报》后来撰文指出，这篇评论遭到了纽约邮局的报复，邮局决定不再让该报刊登无人认领的邮件（uncalled-for letter）。参见 *Niles' Weekly Register*, September 19, 1835. p. 45。
④ "Amos Kendall to Andrew Jackson, August 7, 1835"; "Andrew Jackson to Amos Kendall, August 9, 1835," in John Spence Bassett and Daniel M. Matteson, eds., *Correspondence of Andrew Jackson*, Vol. 5, Washington, D. C.: Carnegie Institution of Washington, 1931, pp. 359-61.

出一辙,即认为废奴主义者"试图利用邮件在南部散布煽动性出版物",以激发"奴隶暴动",制造"恐怖的奴隶起义"。杰克逊指出,虽然处理奴隶制问题的权力应该完全属于蓄奴州,但是"联邦国会应该采取措施,防止原本用来促进联邦内所有成员之间的友好交流和通信的邮政部门,被当作实现相反目标的工具"。因此他呼吁"联邦国会对邮件问题进行特别关注",并制定法律,"以严厉的惩罚来阻止旨在煽动奴隶暴乱的煽动性出版物通过邮件在南部州流传",并建议成立一个专门委员会,以调查研究法律的制定细则。①

杰克逊的这个明显支持奴隶制的提议,让一些北部的民主党人感到不安。即便如此,很多南部国会议员并不"买账"。1836年2月,这个由蓄奴州利益的坚定捍卫者约翰·卡尔霍恩所主持的委员会宣布了一个出乎大多数人意料的结果——

> 在经过极为小心和详细的调查之后,委员会被迫作出以下决定:联邦国会无权通过总统建议的法律;因为这样的法律违背了宪法中最神圣的条款,将颠覆蓄奴州所拥有的权力,而这种权力是蓄奴州维持其内部体制(奴隶制)、保卫州的和平与团结的必要条件。

委员会的报告书进一步指出,"根据联邦宪法修正案的规定,联邦国会无权通过任何削弱公民出版自由权的法律";在美国历史上,唯一一个类似的法律就是1799年《惩治叛乱法》(Sedition Act),它因干涉出版自由权而被宣判违宪。②

难道那些一再要求北部自由州以法律禁止废奴言论的南部人士,在联邦国会中竟变成了言论自由和出版自由权的捍卫者?其实不然。这份报告所谈论的关键问题不是言论自由和出版自由权能否受到侵犯,而是谁有权对其进行干涉。报告书指出,杰克逊总统提议的法案,表面上对南部有利,

---

① "Message to Congress," December 2, 1835, In *Message of Gen. Andrew Jackson: With a Short Sketch of His Life*, 1918, p. 351.
② "Report from the Committee on Incendiary Publications," February 4, 1836, In John Caldwell Calhoun and Robert Mercer Hunter, eds., *Life of John C. Calhoun*, New York: Harper & Brothers, 1843, pp. 189-190.

实则"赋予了联邦国会废除奴隶制的权力"。因为该法案使联邦国会获得了判定出版物是否对奴隶制和南部蓄奴州有害的权力,在当前情况下,国会判定废奴主义者的所有出版物都是有害的;但一旦情况有变,国会可能会判定这些出版物无害,这意味着煽动性出版物可以潮水般涌入南部。换言之,如果让联邦国会通过邮件审查法律,就等于"给予了国会一个击破蓄奴州的生命和财产防线的工具"。为了避免这种危险局面的出现,必须将判定出版物是否危险的权力完全赋予蓄奴州。① 归根结底,这个委员会不是要捍卫公民的言论自由和出版自由权,而是要加强州政府干涉言论自由和出版自由权的权力。

在否定了杰克逊总统的提案之后,该委员会向国会提交了一份新的提案。第一,每个州、联邦领土或特区的邮政局局长(deputy postmaster),在没有得到当地政府的特权授权的情况下,有意接收或投递涉及奴隶制问题、且其内容违反当地法律规定的小册子、报纸、传单及其他印刷或手写的邮件的,一律都被视为违法行为,并将受到相应的司法审判,被判处一定数额的罚金。第二,邮政局局长、邮递员以及邮政部的所有工作人员,都有责任尽其所能地阻止违反当地法律的出版物进入邮政体系。第三,在接到上诉违法邮件之后,当地的邮政局局长应在联邦邮政部部长的指导下,要求邮件投递方尽快撤回邮件;如果邮件在一个月之内未被撤回,当地邮政局局长应将其烧掉或以其他方式摧毁。因此,报告书建议联邦国会通过一个新法案,赋予每一个州在判定邮件对本州安全和利益构成威胁时拒绝投递该邮件的权力。②

这个站在极端拥奴立场上的新邮政法提案遭到很多国会议员的反对。卡尔霍恩坦承,即便在委员会内部,也只有他和另外一位议员始终赞同提案的全部内容。委员会成员之一,密苏里州的国会参议员刘易斯·林恩(Lewis Linn)就宣称他只是部分地赞同该提案。③ 1836 年 6 月,参议院就此提案进行了激烈讨论。辉格党领袖丹尼尔·韦伯斯特和亨利·克莱是提案的坚定反对者。韦伯斯特首先指出,该提案的可行性太低。一方面,它实

---

① "Report from the Committee on Incendiary Publications," February 4, 1836, pp. 191-197.
② U. S. Congress, *Register of Debates*, Senate, 24th Congress, 1st Session, June 8, 1836, pp. 383-384.
③ U. S. Congress, *Register of Debates*, Senate, 24th Congress, 1st Session, June 8, 1836, p. 385.

际上禁止所有与奴隶制有关的出版物进入邮政体系，无论它们是支持还是反对奴隶制，如果这样的话，"即便邮寄联邦宪法也会遭到禁止"；另一方面，每个邮政局局长只有对全国所有州所制定的各种与奴隶制有关的法律都有充分了解，才能准确判定出版物是否合法，这个要求实在过高。韦伯斯特反对提案的最主要原因是，它违背了宪法，侵犯了公民言论自由和出版自由权。而且，他担心这个提案一旦通过，就会成为一个恶劣的先例，人们很可能会在以后迫使国会通过类似的法律，禁止在政治、宗教或其他领域内的"煽动性"出版物的传播，对言论自由和出版自由造成更严重的伤害。[1] 亨利·克莱同意韦伯斯特的观点，认为该提案"不仅违背了宪法，也包含了最危险、最可怕的原则"，赋予了联邦邮政部部长"超乎寻常的危险权力"。而且，他认为这个提案的措辞非常模糊，对于到底什么样的邮件是违法的，提案没有给出明确界定，因而难以实施。[2]

宾夕法尼亚州的国会参议员詹姆斯·布坎南（James Buchanan）、田纳西州的国会参议员菲利克斯·格伦迪（Felix Grundy）和约翰·卡尔霍恩三位民主党人是提案的主要支持者。他们对反对者的观点做出了针锋相对的回应。第一，该法案并不违宪。詹姆斯·布坎南指出，既然联邦宪法规定"联邦国会有权建立邮局和邮路"，那么当邮局和邮路建立之后，唯有国会才有权决定其用途，决定哪些出版物可以进入邮政系统。[3] 菲利克斯·格伦迪则认为，联邦宪法其实将邮政体系的控制权完全授予了国会，因此国会有权制定法律，授权各州判定哪些邮件可以进入邮政体系。[4] 第二，该提案不会侵犯公民言论自由和出版自由权。詹姆斯·布坎南对公民的出版自由与出版物的传播自由进行了区分。他认为，出版自由受联邦宪法的保护，不能受到限制，而且出版自由对个人或群体可能带来的不利影响是有限的；但宪法并未规定出版物的传播自由不受限制，一旦让危险性出版物任意流

---

[1] U. S. Congress, *Register of Debates*, Senate, 24th Congress, 1st Session, June 8. 1836, p. 397.
[2] U. S. Congress, *Register of Debates*, Senate, 24th Congress, 1st Session, June 8, 1836, pp. 1728–1729.
[3] U. S. Congress, *Register of Debates*, Senate, 24th Congress, 1st Session, June 8, 1836, pp. 1723–1724.
[4] U. S. Congress, *Register of Debates*, Senate, 24th Congress, 1st Session, June 8, 1836, pp. 1727–1729.

第三章 1835年邮件运动与内战前反奴隶制政治的兴起 | 155

通，将引发严重后果，甚至激发叛乱，摧毁联邦政府。据此，詹姆斯·布坎南指出，新邮政法提案并未侵犯公民的出版自由和言论自由权，只是限制公民传播有害出版物。① 菲利克斯·格伦迪认为，新邮政法提案只有一个明确目的，即提醒和敦促各州邮政官员遵守当地法律，防止煽动者邮件对南部利益与和平造成威胁，至于限制公民的言论自由和出版自由权，根本不在该提案的考虑范围之内。② 约翰·卡尔霍恩为新邮政法提案的辩护更为直白和强硬。他声称，由于废奴主义者的狂热宣传，"美国的公共道德正处于危险之中"，公共利益遭到巨大侵害，所以必须对与奴隶制有关的出版物进行审查，限制废奴主义者的言论，只有如此，才能根除废奴主义者带来的危险。卡尔霍恩甚至宣称，"无论新邮政法提案在国会通过与否，南部州都将继续执行它们之前所制定的反对废奴出版物流通的法律"，因为对南部而言，"这是生死攸关之事"，"如果任由废奴主义者传播其观念，南部将走向毁灭"。③

尽管约翰·卡尔霍恩和很多南部州国会议员坚定支持新邮政法提案，但反对派还是占据了上风。在参议院的最终投票中，该提案获得19张支持票和25张反对票，未能通过。④ 一个月后，在北部民主党和辉格党的合作下，国会通过了新邮政法。新邮政法没有对南部做丝毫让步，完全重申了《1792年联邦邮政法》的基本精神——公民投递邮件自由的不可侵犯性。该邮政法规定，联邦邮政体系之内的所有职员，都无权对邮件进行审查，必须无条件地接收和投递符合版式要求的邮件。⑤

在这场国会辩论中，缺席的废奴主义者再次成为胜利者。在19世纪上半期，联邦邮政体系是美国最便捷、覆盖范围最广的信息传递网络。如果被合法地排除在这个网络之外，废奴主义者就极有可能真正地"失声"。但北部政治家出于对南部极端拥奴立场的反感，以及对公民言论自由和出版

---

① U. S. Congress, *Register of Debates*, Senate, 24th Congress, 1st Session, June 8, 1836, p.1724.
② U. S. Congress, *Register of Debates*, Senate, 24th Congress, 1st Session, June 8, 1836, p.1728, 1730.
③ U. S. Congress, *Register of Debates*, Senate, 24th Congress, 1st Session, June 8, 1836, p.1730-1731.
④ U. S. Congress, *Register of Debates*, Senate, 24th Congress, 1st Session, June 8, 1836, p.1737.
⑤ U. S. Congress, Post Act of 1836, *Statutes at Large*, 24th Congress, 1st Session, June 8, 1836.

自由权的坚守，最终使废奴主义者逃过此劫。

更重要的是，邮件审查问题所引发的立法之争，表明密苏里妥协所设定的奴隶制问题处理机制已经开始失效。一方面，新联邦邮政法之争，意味着在密苏里妥协之后，奴隶制问题再次进入美国高层政治之中，成为国会焦点议题。另一方面，在此次国会辩论中，南北双方未能迅速搁置争议并达成妥协，而是就公民自由权这一美国最核心的政治理念展开激烈论辩，加剧了南北之间因奴隶制而导致的政治文化分裂。

四 奴隶制问题的政治化和全国化

美国学者普遍认为，从19世纪40年代中期开始，因美墨战争爆发和西部领土大规模扩张，奴隶制开始成为美国政治的中心议题，并不断引发南北双方的对抗，最终导致密苏里妥协的崩溃和奴隶制政治的兴起。[①] 但是，从前文论述可知，早在1835年至1836年，邮件运动就已经打破两大政党对奴隶制问题的"封锁"，使奴隶制问题成为美国公共领域和政治辩论中的焦点问题。从更长时段看，邮件运动使奴隶制问题不可避免地走向政治化和全国化，最终打破了密苏里妥协，推动了奴隶制政治的全面兴起。

首先，邮件运动使南部蓄奴州社会精英感知到奴隶制所遭遇的巨大危险，促使他们以更加激进的态度捍卫奴隶制，这种极端化的立场成为打破密苏里妥协的重要力量。

邮件运动致使南部蓄奴州的政治拥奴（political proslavery）主义走向极端。自18世纪90年代起，南部蓄奴州就一再强调联邦宪法对奴隶制的认可和保护，以阻止联邦政府或北部非蓄奴州干涉奴隶制。但是，邮件运动的发起者不是联邦政府或北方非蓄奴州，而是北方公民及公民团体，这就给南部蓄奴州提出一个始料未及的宪政问题：如何才能促使北部自由州和联邦政府禁止废奴运动在北部的发展，当公民的言论自由权与南部捍卫奴隶制的需要相冲突时，应该怎么办。州权主义观念和地方自治（local self-sufficiency）

---

① Michael F. Holt, *The Fate of Their Country: Politicians, Slavery Extension, and the Coming of the Civil War*, New York: Hill and Wang, 2004, pp. 4–5; David Potter, *The Impending Crisis, 1848–1861*, New York: Harper Perennial, 1976, pp. 16–17; Sean Wilentz, *The Rise of American Democracy: Jefferson to Lincoln*, New York: W. W. Norton, 2005, p. 602.

这两个南部政治的基本原则，都不足以应对废奴主义者提出的挑战。① 为了应对这一新挑战，南部蓄奴州的奴隶主精英将拥奴主义宪政思想（proslavery constitutionalism）推向极致。他们声称，言论自由权虽然重要，但不能用它侵犯其他公民的自由权和财产权；② 奴隶制"是蓄奴州的最核心利益"，不能对其进行自由讨论；③ 在维持蓄奴州的根本利益时，"自然正义"（natural justice）和"自卫原则"（self-preservation）这种最高法优先于言论自由权。总之，宪法不仅阻止联邦国会和北方非蓄奴州政府对奴隶制进行干涉，也禁止所有美国公民对奴隶制提出质疑和批评。基于这种观念，南部奴隶主精英提出一个超出其权力范围的过分要求：禁止所有美国公民对奴隶制问题进行公开讨论。弗吉尼亚州丹维尔县（Danuille County）公众集会的决议书明确宣称——

> 我们坚决反对北部私人团体和联邦国会针对南部蓄奴权所做的任何讨论。任何在联邦国会所发生的针对南部州、哥伦比亚特区和准州的奴隶制讨论，都是向南部州发出的一个信号：我们必须采取最有效的措施保护我们的生命和财产。④

这种极端的政治拥奴主义，不仅没有真正地消除反对奴隶制的言论，反而加剧了南北双方在自由理念上的分裂，进一步推动了奴隶制问题的政治化。正如邮件运动所展示的那样，虽然大部分北部州民众和政治精英认可南部蓄奴州的基本立场，即奴隶制是南部的特殊体制和内部问题、废奴主义者的"狂热煽动"可能导致严重的政治危机，但是他们在公民言论自由和出版自由权这一"底线"问题上绝不让步。这意味着在公民自由权这一问题上，南北双方将不断发生激烈辩论，最终失去妥协的空间。

在有关"钳口律"的论争中，该趋势体现得非常明显。受邮件运动所引发的极端政治拥奴主义的影响，南部州国会议员极力推动国会众议院在1836年5月26日通过了所谓的"钳口律"，即国会搁置一切与奴隶制问题

---

① Elizabeth R. Varn, *Disunion! The Coming of the American Civil War, 1789-1859*, p. 495.
② *Southern Recorder*, October 6, 1835.
③ *Missouri Argus*, October 30, 1835.
④ *Richmond Whig*, August 18, 1835.

或废奴有任何关系的请愿书或文件，禁止议员在国会开会时宣读或讨论任何与奴隶制问题或废奴有关的提案。① "钳口律"非但没有封住国会中的反奴隶制声音，反而推动了北部州奴隶制政治的兴起。一方面，"钳口律"激起了废奴主义者的愤怒，他们不断宣传奴隶制对公民自由的威胁，并持续发动签名请愿活动，增加了向国会投递的废奴问题请愿书的数量，这使得奴隶制长期处于北部州的公共辩论之中，也在一定程度上增加了废奴运动的政治影响力。另一方面，很多北部州国会议员坚持认为，公民的请愿权与言论自由权一样不可侵犯，导致联邦国会内就"钳口律"展开长期的政治辩论，直至1844年被废止。这意味着在长达八年的时间内，奴隶制问题一直都是联邦政治的重要议题。这场辩论还推动了国会中反奴隶制政治力量的兴起，其主要成员是以约翰·昆西·亚当斯为首的部分北部州辉格党人，他们在未来将成为瓦解第二政党体系的重要力量。②

而且，邮件运动推动了南部地区拥奴主义思想的全面兴起。如历史学家德鲁·福斯特所言，虽然在19世纪30年代初期，部分南部知识精英就已经开始为奴隶制进行全新的辩护，但是对奴隶制的大规模辩护并未出现。邮件运动才使南部知识精英意识到他们必须立刻以全新的激情来捍卫奴隶制，"让潜在的支持奴隶制的情感迅速转变为行动"。因此，在邮件运动之后，蓄奴州精英人士迅速构建起一套基于《圣经》、自然科学、历史和伦理学的"主流拥奴主义观念"（proslavery mainstream），并在此基础上发展出与奴隶制相契合的宗教、政府和科学观念。③也就是说，邮件运动促使南部蓄奴州形成一套全面、复杂和缜密的拥奴主义意识形态（proslavery ideology），它彻底抛弃了奴隶制是"必要的恶"这一传统上南北的白人都普遍认可的观念，把奴隶制塑造为一种能够提升整个南部社会、政治和经济水平的"积极的善"。④此后，这种拥奴主义意识形逐渐态成为南部地区最强大的文化说服（cultural persuasion）工具，南部的绝大多数白人，无论

---

① U. S. Congress, *Register of Debates*, House of Representatives, 24th Congress, 1st session (May 26, 1836), pp. 4052-4054.

② Joseph Wheelan, *Mr. Adams' Last Crusade: John Quincy Adams's Extraordinary Post-Presidential Life in Congress*, New York: Public Affairs, 2008, pp. 109-145.

③ Drew Gilpin Faust, *The Ideology of Slavery: Proslavery Thought in the Antebellum South, 1830-1860*, pp. 10-12.

④ Larry E. Tise, *Proslavery: A History of the Defense of Slavery in America, 1701-1840*, p. 101.

是否是奴隶主,都以奴隶制作为界定自我身份的标志,南部地区被塑造成一个以奴隶制为基础的想象的共同体。① 这种强烈的共同体意识使得南部在奴隶制问题上变得愈加敏感。在很多南部政治精英看来,蓄奴州在奴隶制政治中的每一点妥协,其实都是南部地区在生活方式、文化体系和政治合法性方面的整体性让步。这意味着,至少就南部而言,密苏里妥协的根基已经部分瓦解,南部日渐在奴隶制问题引发的政治纷争中走向激进。

其次,南部蓄奴州对邮件运动的激烈反应,尤其是要求北部各州和联邦政府制定有损公民言论自由和出版自由权的法律,引发了很多北方人士对南部蓄奴州的不满,促进了北部州的反奴隶制情绪的增长。

南部蓄奴州对废奴主义者言论自由和出版自由权的侵犯,催生了一批从公民自由权角度同情或支持废奴运动的反奴隶制人士。1835 年 10 月,《奈尔斯周刊文摘》(*Niles' Weekly Register*)编辑赫齐基亚·奈尔斯(Hezekiah Niles),在参阅了一百多份报纸后得出这样的结论:"那些站在南部立场上所发生的事情在北方引发了强烈反应,使数以千计原本倾向于或者已经开始凭借公众意见的力量来阻止废奴运动的北方人停止了他们的行动。"② 事实上,在南部蓄州内部,也有明智之士意识到南部激烈反应可能造成的不利影响。1836 年 1 月 5 日,里士满市的一位编辑撰文指出——

> 那些让我们满意的证据表明,废奴团体只是美国北部人中差劲的、受人蔑视的少数群体。这些废奴主义者可能会一直鼓吹他们的那套哲学,直至世界末日;但是大部分人都不会留意他们,因为他们有其他的事情要做,他们要把钱花在其他地方,要更好地理解我们的境况和他们自身的利益。但是,如果在这个问题(废奴问题)上进行立法,让立法机构全面讨论废奴主义的言辞和他们所涉及的原则,危险就来了! 如果这样,那些狂热分子嘴边所挂着的那些言论,将比他们的哲学更具说服力。有朝一日,他们通过鼓吹讨论权、言论自由、出版自由所争取到的信徒,将远比他们在一个世纪以来经由宣讲奴隶的苦难

---

① Lacy L. Ford, *Deliver Us from Evil: The Slave Question in the Old South*, pp. 505-509.
② *Niles' Weekly Register*, October 3, 1835, pp. 65-66.

所吸收的信徒要多得多。①

1835年10月,一位名为格利特·史密斯(Gerrit Smith)的纽约人在纽约废奴协会年会上发表演讲,讲述了自己成为废奴运动支持者的原因。他所给出的解释与这位南部报纸编辑的预料相差无几。史密斯讲道,"言论自由是上帝赋予我们的权利,得到国家法律的确认和保护,它对个人的自由、尊严和价值都至关重要";言论自由也是民主政府的重要特征,因为"真正的民主政府不是授予公民更多地在其他形式政府下所无法享受到的权利,而是更少地侵犯上帝赋予公民的神圣权利";南部人正在威胁美国民主制度的开放性和完整性,他们企图通过制定法律限制北部人的言论自由。史密斯号召北部人不要容忍南部奴隶主的"威胁和暴政",更不要"犯下向奴隶制投降的罪行",而要为了白人的言论自由权而斗争。在演讲的最后,他这样讲述自己支持废奴运动的原因——

> 当你们为了真理和人性而甘受财产、荣誉和生命的严重侵害时,我觉得应当把自己家人视为你们的同类,这不仅仅是我的责任,也是我的权利和荣誉……过去的事件提醒我,人权的支持者必须要正确地行动:尽管我对你们的社团有很多异议,但是我有可能、且很愿意,让我自己成为你们中的一员。②

在邮件运动影响下,北部州产生了一批像史密斯这样的废奴运动同情者。他们并不像威廉·加里森这样的早期废奴主义者那样以福音派宗教思想作为反对奴隶制的主要动力,而是受到世俗政治思想的影响,从公民权利和民主政治的角度谴责奴隶制。在整个19世纪40年代,这些废奴运动的同情者成为反奴隶制的中坚力量,为地区性反奴隶制政治的发展奠定了基础。③

---

① *Richmond Enquirer*, January 6, 1836.
② Gerrit Smith, "Speech in the Meeting of the New-York Anti-Slavery Society, Held in Peterboro, October 22, 1835," Mason Lowance, ed., *A House Divided: The Antebellum Slavery Debates in America, 1776-1865*, Princeton: Princeton University Press, 2003, pp. 430-431.
③ James Brewer Stewart, *Holy Warriors: The Abolitionists and American Slavery*, p. 82.

南部蓄奴州的激烈反应，还使部分北部州政治精英对州权主义的正当性产生了怀疑。从殖民地时期到内战爆发，州权主义一直是南部蓄奴州为奴隶制辩护的最强大武器。州权主义具有强烈的防御性色彩，即对联邦政府的权力保持高度的质疑，坚决反对其干涉各州内部事务。在19世纪上半期的历史语境中，州权主义的这种防御性特征与美国社会中长期存在的反国家权力传统和地方自治传统非常契合，具有难以辩驳的正当性。

但是，蓄奴州在邮件运动中的反应，暴露了南部州权主义所蕴含的根本性悖论。一方面，蓄奴州在谴责废奴主义者和为奴隶制辩护时，一再强调州主权的独立性，声称奴隶制是南部内部体制。另一方面，蓄奴州在镇压废奴主义者时，又试图依赖联邦政府的权力，要求联邦国会制定新邮政法，甚至要求北部州制定限制公民言论自由和出版自由权的法律。这种悖论在一定程度上消解了州权主义的正当性，因为它极易让人产生这样的疑问：州权主义到底是州主权至上主义，还是州利益至上主义；州权主义到底是一种坚定不移的政治原则，还是一种可以被任意操纵的政治话语。

在邮件运动中，部分北部州的政治精英就敏锐地提出了这些问题。撒迪厄斯·史蒂文斯在宾夕法尼亚州众议院司法委员会出台的关于邮件运动的报告中指出，南部如果真的相信州权的至高无上，就"不会要求宾夕法尼亚州这个主权州制定禁止废奴言论的法律"，因为这本身就是对"州主权赤裸裸的侵犯"。[①] 宾夕法尼亚州州长约瑟夫·里特纳在1836年初的议会演讲中公开批评称，"州权不过是奴隶主利益的代名词"，"在奴隶主看来，只有自己的利益才能被归于州权"，为了自己的利益，南部州会"肆无忌惮地干涉其他主权州"。[②] 即便在美国历史中留下"伟大妥协者"美誉的亨利·克莱，在反对新邮政法提案时也不无讽刺地质疑道，既然"州权如此完整和独立"，南部州为何要赋予联邦邮政体系如此大的权力呢？"难道南部州不害怕联邦邮政部长干涉南部的特殊体制吗？"[③] 尽管这种对南部州权主义

[①] "Report Relative to Abolition Societies and Incendiary Publications," May 30, 1836, in *The Selected Papers of Thaddeus Stevens*, Vol.1, p.38.

[②] *Pennsylvania Archives: Papers of the Governors, Volume VI, 1832-1845*, Harrisburg: Stanley Ray, State Printer, 1901, pp.291-292, https://archive.org/.

[③] U.S. Congress, *Register of Debates*, Senate, 24th Congress, 1st session (June 8, 1836), p.1727.

的否定在当时尚不普遍,但是它表明,自邮件运动开始,奴隶制在政治方面的最重要合法性基础已经遭到部分北部州政治精英的质疑。在此后数年中,这种质疑逐渐发展成为重要的反奴隶制宪法理论,并被自由党、自由土地党等新兴的反奴隶制政治力量所使用。

此外,邮件运动在一定程度上帮助废奴运动度过了早期危机。邮件运动所引发的全国性政治辩论,极大地增强了废奴运动的影响力。废奴主义者在公民自由权方面的"弱势"地位,反而为他们赢得了更多的同情和支持。北部州政府和联邦国会对言论自由权底线的坚守,使得废奴主义者保住了合法的政治身份。这些因素的累加,使得废奴运动不仅没有被南部镇压下去,反而取得了更大发展。在1835年5月,美国注册的废奴团体有200个①,仅仅一年后,就增加到527个②。在这个时间段,美国废奴协会的出版物新增了15000个订阅者。③ 从地理上看,废奴主义从西部发展到东北部的波士顿和纽约,以及更多的农村地区。俄亥俄州北部的西部领地、印第安纳州的最北部、密歇根州的东部、纽约州的上部、佛蒙特州的西部和马萨诸塞州的西部,成为反对南部政府的温床和招募废奴主义者的大本营。④ 废奴运动的发展,意味着一个从道德和权利层面上坚决反对奴隶制的声音持续在北部的公共领域中回荡,不断对北方的公众意见产生影响。

总之,邮件运动加剧了南北双方的对立,在很大程度上瓦解了密苏里妥协得以存在的基础,使奴隶制问题不可逆转地走向全国化和政治化。此后的十多年中,在逃奴问题、美墨战争、"威尔莫特附文"之争等问题上,美国政治精英曾多次尝试复制密苏里妥协,将奴隶制问题"去政治化",但无一例外都以失败而告终。即便是由辉格党和民主党极力达成的"1850年大妥协",也很快就走向破裂,而且进一步加剧了南北之间在奴隶制问题上的对立。

---

① *Second Annual Report of the American Anti-Slavery Society*, p. 37.
② *Third Annual Report of the American Anti-Slavery Society*, New York: Printed by William S. Door, 1836, p. 99.
③ *Fourth Annual Report of the American Anti-Slavery Society*, New York: Printed by William S. Door, 1837, p. 140.
④ James Brewer Stewart, *Holy Warriors: The Abolitionists and American Slavery*, p. 78.

小　结

长期以来，不少历史学家在看待废奴运动与内战前美国政治演变的关系时，往往聚焦于废奴主义者与南部奴隶主之间的对抗，认为"进攻性的废奴主义者"刺激"防御性的南部奴隶主"，迫使后者发起反击，进而加剧了南北之间的对抗，最终导致战争爆发。[①] 从前文对邮件运动的分析可知，这种冲击—回应式的因果叙事显然过于简单，有将内战起源完全归咎于废奴主义者之嫌。固然，在邮件运动的兴起过程中，废奴主义者功不可没。他们虽然是观点激进的少数派，但是通过组织化的社会运动，突破政党体系和公共意见的束缚，将奴隶制问题推向公共领域之中。而且，废奴主义者将言论自由和出版自由权作为自卫的武器，让奴隶制问题变成与所有美国人的自由紧密相关的全国性问题，促使权利层面的反奴隶话语出现在美国主流政治之中。

然而，邮件运动之所以能持续升级，并不完全是废奴运动本身的攻击性所致，南部蓄奴州对废奴主义者的过激反应和北部自由州对公民自由权的坚守，也是重要原因。导致这种结果的是一种更为广阔的历史语境：在19世纪30年代中期，奴隶制已经造成南北之间的政治文化分裂。在面对同一起事件时，南北双方在价值判断上大相径庭，南部蓄奴州考虑的是如何解决自由与奴役的悖论，并尽力消除奴隶制可能遇到的任何威胁，而北部则考虑的是如何捍卫自由的价值。这种分裂的政治文化在一定程度上扩大了废奴主义者的影响力，使他们可以超越自身的边缘处境，重新界定奴隶制政治。在内战前三十年中，持续不断的逃奴问题，正是南北之间政治文化分裂的集中体现。废奴主义者也充分利用逃奴问题"大做文章"，推动了反奴隶制政治的发展。

[①] Avery Craven, *The Coming of the Civil War*, New York: Charles Scribner's Sons, 1942; Frank Owsley, "The Fundamental Cause of the Civil War: Egocentric Sectionalism," *The Journal of Southern History*, Vol. 7, No. 1 (February 1941), pp. 3 – 18; David Potter, *The Impending Crisis, 1848 – 1861*, New York: Harper & Row, 1976; Michael F. Holt, *The Fate of Their Country: Politicians, Slavery Extension, and the Coming of the Civil War*, New York: Hill and Wang, 2004.

第四章　社会抗争与反奴隶制立法：乔治·拉蒂默案与马萨诸塞州1843年人身自由法的制定

人身自由法（Personal Liberty Laws）是1793年和1850年联邦《逃奴法》（Fugitive Slave Laws of 1793 and 1850）生效期间，部分北部州的议会所通过的一些法律，其目的是保护所谓的逃奴和自由黑人享有被联邦《逃奴法》所否定的基本的人身自由权，包括人身保护令（habeas corpus）、陪审团审判（trail by jury）、上诉权（right of appeal）、保释令（personal replevin）等。① 从建国初期到内战爆发，北部各州先后通过了数部人身自由法。这些法律对联邦《逃奴法》和南部奴隶主的利益构成挑战，在一定程度上加剧了南北之间的地域冲突。

内战爆发前夕，人身自由法是奴隶制政治的焦点问题之一。1860年12月3日，詹姆斯·布坎南（James Buchanan）总统在国会进行其最后一次年度演讲时，谴责北部州的人身自由法是导致联邦分裂危机的重要原因，并警告北部州，如果不废除这些否定奴隶主追回逃奴的权利的法律，南部"就有了革命性反抗联邦政府的理由"。② 同年的早些时候，佐治亚州的国会参议员罗伯特·图姆斯（Robert Toombs）在国会抱怨道，更高法（higher law）的教义、北部州以防止绑架为借口通过的法律以及对人身保护令的

---

① Thomas D. Morris, *Free Men All: The Personal Liberty Laws of the North, 1780—1861*, Baltimore: Johns Hopkins University Press, 1974, pp.1-2; John Joseph Labor, ed., *Cyclopedia of Political Science, Political Economy, and of the Political History of the United States*, Vol.3, New York: Charles E. Mertiu Publishing, 1890, pp.162-163.

② James D. Richardson, *A Compilation of the Messages and Papers of the Presidents, 1789—1897*, 10 Vols., Washington: Government Printing Office, 1897, Vol.5, pp.630, 638.

"新解释",已经使奴隶主失去了宪政权利。① 1861 年,南卡罗来纳州的脱离联邦者在为其脱离联邦的行为辩护时,则宣称人身自由法是北部各州拒不履行其宪法责任的证据,也是导致他们脱离联邦的决定性原因。②

这些观点是不是南部分裂分子为其脱离联邦的行为所找到的借口或政治修辞?人身自由法在内战前美国奴隶制政治中是否具有如此重要的地位?大部分美国学者对这两个问题的回答都是否定的。他们普遍认为人身自由法实际功能是虚弱的、象征性的,没有对联邦《逃奴法》和奴隶制形成真正的挑战,因而对废奴运动的整体发展和奴隶制政治的演变影响甚微。这也是人身自由法在废奴运动和内战前政治史研究中一直处于被忽略的边缘地位的根本原因。

迄今为止,全面、深入地讨论人身自由法的专著仅有托马斯·D.莫里斯(Thomas D. Morris)在 1974 年出版的《让所有人自由:北部州的人身自由法,1780—1861 年》一书。此书主要是从法制史的角度来研究人身自由法,将人身自由法与《逃奴法》之争视为自由州与蓄奴州之间的两种不同的法律体系之间的冲突。虽然莫里斯承认废奴运动对人身自由法产生了影响,但是他认为人身自由法既非激进的废奴措施,也非有效的废奴策略,而是经由政治妥协所产生的处理奴隶制问题的温和途径,因而其在废奴运动的发展和反奴隶制政治的激化方面起到的作用很小。③ 历史学家诺曼·罗森堡(Norman Rosenberg)则更加明确指出,大部分人身自由法的支持者都认为该法律"是对南部侵犯个人自由权和在准州扩张奴隶制的象征性反抗"④。一些研究《逃奴法》的学者也持类似的观点,认为人身自由法没有对联邦《逃奴法》带来实质性的挑战。⑤ 正因如此,研究废奴运动的学者一般都聚焦于废奴主义者通过"地

---

① U.S. Congress, *Congressional Globe*, House of Representatives, 36th Congress, 1st Session March 7, 1860, Appendix, p. 155.

② "Declaration of the Immediate Causes Which Induce and Justify Secession of South Carolina from the Federal Union," *Journal of the Convention of the People of South Carolina, Held in 1860-61*, Charleston, S.C., 1861, pp. 325-31.

③ Thomas D. Morris, *Free Men All: The Personal Liberty Laws of the North, 1780-1861*, 1974.

④ Norman L. Rosenberg, "Personal Liberty Laws and Sectional Crisis: 1850-1861," *Civil War History*, Vol. 17, No. 1 (Mar., 1971), p. 43.

⑤ Stanley W. Campbell, *The Slave Catchers: Enforcement of the Fugitive Slave Law, 1850-1860*, New York: Norton, 1968, p. viii; Robert M. Cover, *Justice Accused: Antislavery and the Judicial Process*, New Haven: Yale University Press, 1975, pp. 238-243.

下铁路组织"（Underground Railroad）等"非法"手段为逃奴提供的援助，忽略了他们围绕人身自由法展开的合法抗争。即便研究政治废奴主义的学者，也认为人身自由法这种以逃奴为中心的反奴隶制政治，重要性远远比不上在19世纪40年代中期兴起的自由土地运动。①

  事实上，仅仅从到底保护了多少逃奴这一角度来看待人身自由法的意义和影响，不仅有过于"实用主义"之嫌，且视野也过于狭窄。②首先，从共和国初期至内战爆发，逃奴问题就不断在自由州和蓄奴州之间引发严重争端，由人身自由法的通过和实施所引发的争议，自然成为奴隶制政治中持续时间最久的焦点问题，其对奴隶制政治的整体演变不可能没有重要影响。其次，人身自由法与废奴运动的发展有着密切联系。从19世纪20年代开始，大部分的人身自由法都是在废奴主义者的推动下制定的，体现了废奴运动在政治领域中取得的进展；与此同时，人身自由法所遭遇的成功或失败，又对废奴运动的策略、组织和方向产生了影响。更重要的是，人身自由法的意义，可能远超法律文本层面。一般而言，只有在州的公共领域进行公共辩论和政治动员，改变公众意见，然后在州议会展开充分讨论，才能最终制定人身自由法，这一过程可能会对州的政党政治、政治文化、精英与民众的关系、奴隶制政治的发展趋势等方面产生难以预料的影响。而且，法律人类学也指出，在很多时候，法律不是体现制度安排的机械性文本，而是"社会生活的建构性元素"，人们在日常生活中对法律的体会和思考，会重塑法律的意义。③这提醒人们超越法律文本的规范意义，从更复杂的政治和文化维度探究人身自由法。

  本章选取马萨诸塞州在1843年通过的人身自由法为个案，考察人身自

---

① Don E. Fehrenbacher, *The Slaveholding Republic: An Account of the United States Government's Relations to Slavery*, p. 245; Richard Sewell, *Ballots for Freedom: Antislavery Politics in the United States, 1837-1860*, p. 24.

② 近年来，已经有学者开始重新考察人身自由法对于废奴运动和反奴隶制政治发展的影响，认为"关于人身自由法的反奴隶制活动是内战前美国最为激进、持久、有效的反对奴隶制利益的斗争"。此研究虽有重要的开创性意义，但局限于俄亥俄州政治层面，有很多重要问题仍值得继续探讨。Hyun Hur, *Radical Antislavery and Personal Liberty Laws in Antebellum Ohio, 1803-1857*, Ph. D. Dissertation, University of Wisconsin-Madison, 2012.

③ Ariela J. Gross, *Double Character: Slavery and Mastery in the Antebellum Southern Courtroom*, Princeton: Princeton University Press, 2000, p. 6；〔美〕克利福德·格尔茨：《地方知识》，杨德睿译，商务印书馆，2016，第338页。

由法与废奴运动和奴隶制政治的关系。该法诞生于著名的逃奴案件——拉蒂默案（Latimer Case），充分体现了废奴运动对州政治的重要影响。而且，该法对联邦最高法院的普利格诉宾夕法尼亚案（Prigg v. Pennsylvania）判决做出了直接回应，是人身自由法走向激进的重要标志，对北部各州此后的人身自由法的制定和反奴隶制政治的发展产生了深远影响。美国学者已经分别从人身自由法与联邦法律的关系[①]、公民的反抗权利[②]、黑人争取公民权的斗争[③]、历史记忆与反奴隶制运动[④]等角度对这一问题进行过研究。虽然也有学者从反奴隶制政治的角度讨论过拉蒂默案[⑤]，但仍有许多关键的问题需要深入探讨。比如19世纪30年代兴起的废奴运动对拉蒂默案有什么影响？不同派别的废奴主义者在该法的制定过程中发挥了什么作用？废奴主义者是使用何种话语策略来影响公众意见的？1843年拉蒂默案和1843年人身自由法对马萨诸塞州的奴隶制政治有什么影响？1843年人身自由法在北部州人身自由法的发展历史上有什么重要意义？对反联邦《逃奴法》思想的发展有何影响？本章试图通过回答上述问题，分析废奴运动对州层面的奴隶制政治的影响，"重新发现"人身自由法在内战前反奴隶制政治发展中的作用。

第一节　19世纪40年代之前的逃奴问题与人身自由法

在建国伊始，部分北部自由州就开始制定人身自由法。19世纪初期，北部州兴起了新一波人身自由法出台高潮。19世纪30年代，废奴主义者又

[①] Leonard W. Levy, *The Law of the Commonwealth and Chief Justice Shaw: The Evolution of American Law, 1830-1860*, New York: Harper & Row, 1967, pp. 78-85.

[②] William M. Wieck, "Latimer: Lawyers, Abolitionist, and the Problem of Unjust Laws," in Lewis Perry and Michael Fellman, eds., *Antislavery Reconsidered: New Perspectives on the Abolitionists*, pp. 219-238.

[③] Stephen David Kantrowitz, *More than Freedom: Fighting for Black Citizenship in a White Republic, 1829-1889*, New York: Penguin Press, 2012, pp. 70-74.

[④] Margot Minardi, *Making Slavery History: Abolitionism and the Politics of Memory in Massachusetts*, pp. 79-96.

[⑤] Bruce Laurie, *Beyond Garrison: Antislavery and Social Reform*, pp. 79-124; Don E. Fehrenbacher, *The Slaveholding Republic: An Account of the United States Government's Relations to Slavery*, pp. 222-224; Sean Wilentz, *The Rise of American Democracy: Jefferson to Lincoln*, pp. 589-591.

推动部分北部州制定了新的人身自由法。各个时期的人身自由法具有不同的特点，体现了南北之间在奴隶制问题上的妥协关系的变化。因此，梳理19世纪40年代之前的人身自由法的演变过程，有利于充分理解废奴主义者对人身自由法发展的重要影响。

一 逃奴问题、联邦《逃奴法》与人身自由法的起源

在殖民地社会晚期，逃奴现象就非常普遍，尤其是弗吉尼亚以北的地区，有大量黑奴和白人契约仆逃走。但这并未引发殖民地之间的冲突，更未成为一个全国性的政治问题。这主要是因为各个殖民地在抓捕逃奴问题上基本共享了一种法律和习俗意义上的共识：奴隶是奴隶主的私人财产；在抓捕逃奴时，奴隶主行使的是威廉·布莱克斯通所定义的普通法中的"取回财产"（reception）的自然权利，即凭借个人力量来取回被错误带走的财产，或者被错误羁押的妻子、孩子或仆人；作为一种自然权利，"取回财产"权是具有"域外管辖权"（extrajurisdictional）的。因此，在殖民地时期，处理逃奴的法律虽然让地方的治安官和其他公职人员承担了部分抓捕逃跑者的职责，但更多的时候，负责抓捕逃奴的主要是主人及其代理人。而且，除了新英格兰联盟（New England Confederation）之外，殖民地的其他地区并没有正式处理殖民地之间的逃奴引渡问题的法律。[1]

到18世纪80年代，随着很多北部州开始废除奴隶制，殖民地时期在逃奴问题上达成的共识被打破。废除奴隶制不仅仅意味着解放个体奴隶，同时也意味着整个法律体系的重大变化：人不再被视为一种财产，应该享有普通法意义上的"个人的绝对权利"，其中就包括人身自由权。因而，对于一个身份待定的黑人，法庭采用的是自由推定原则，即应该预先推断任何人都是自由的，除非有其他合法程序证明他是不自由的。[2] 而在奴隶制被法律认可的州，奴隶被视为人口动产，他们所拥有的一切权利都从属于主人，没有包括人身自由权在内的"个人的绝对权利"。就如著名的拥护奴隶制的法学家托马斯·R. R. 科布（Thomas R. R. Cobb）所言，"奴隶的人身自由

---

[1] Don E. Fehrenbacher, *The Slaveholding Republic: An Account of the United States Government's Relations to Slavery*, pp. 205-206.

[2] Thomas D. Morris, *Free Men All: The Personal Liberty Laws of the North, 1780-1861*, pp. 1-2.

权与奴隶制的理念是完全相悖的"①。所以，对于一个身份可疑的黑人，蓄奴州法庭采用的是奴隶推定原则，即所有的黑人都应该被首先认定为奴隶。逃奴问题恰好成为两个法律体系冲突的前沿阵地。对于一名所谓的逃奴，蓄奴州要求继续无条件地行使其"取回财产"的自然权利，并认为黑人没有资格享有人身自由权；而自由州的法律体系首先会推定其是自由人，对其人身自由权这一"个人的绝对权利"给予保护，根据正当的法律程序确认其身份。②

北部州的人身自由法正是这两种法律体系冲突的产物。人身自由法最初是以反绑架法（anti-kidnapping laws）的形式出现的，其最初目的并不是给奴隶主抓捕逃奴设置障碍，抑或是打击奴隶制，而是在尊重奴隶主对奴隶的财产权的前提下，给予所谓的逃奴以基本的法律保护，以确认他们的真实合法身份，防止所谓的逃奴遭到错误指控，并制止奴隶贩子以抓捕逃奴的名义蓄意绑架本州的自由黑人为奴。因而，人身自由法的基本内容是赋予所谓的逃奴以人身保护令、陪审团审判、保释令、上诉权等在普通法体系中最基本的保护人身自由的权利。在联邦宪法制定之前，不少北方州就已经制定了相关的法律。马萨诸塞州在1785年将人身保护令扩展至黑人，并规定只有符合"正当的法律程序"，才能将合法居民带离本州。③ 1788年，马萨诸塞州又对反绑架法的内容进行了补充，明确指出"绑架本州居民的行为将被普通法和人身保护令法所制止"。④ 宾夕法尼亚州1788年的反绑架法中规定，以暴力、欺骗或引诱的方式将"黑人或穆拉脱人"（negro or mulatto）带出本州，并将其变卖和扣押为奴隶者，将被罚1000英镑，以及6个至12个月的劳动惩罚。⑤ 康涅狄格州在同年制定的反绑架法中规定，绑

---

① Thomas R. R. Cobb, *An Inquiry into the Law of Negro Slavery in the United States of America*, Vol. 1, Savannah: W. Thorne Williams Philadelphia, p. 105.
② Thomas D. Morris, *Free Men All: The Personal Liberty Laws of the North, 1780-1861*, p. 8.
③ State of Massachusetts, *An Act Directing the Process in Habeas Corpus*, 1784.
④ State of Massachusetts, An Act to Prevent the Slave-Trade, and for Granting Relief to the Families of Such Unhappy Persons as May be Kidnapped or Decoyed away from this Commonwealth, in *The Laws of the Commonwealth of Massachusetts, Passed from the Year 1780, to the End of the Year 1800, with the Constitutions of the United States of America, and of the Commonwealth*, Prefixed, Vol. 1, 1801, pp. 407-408.
⑤ An Act to Explain and Amend An Act, entitled, "An Act for the Gradual Abolition of Slavery," Laws, etc. 1788 Mar. 29.

架黑人将被罚款 334 美元，法官还应根据被绑架者及其家庭所受的伤害，对绑架者追加惩罚。① 上述人身自由法的通过，意味着北部州在逃奴案件中具有非常重要的裁处权，能对所谓的逃奴的身份作出裁决。一旦奴隶主对北部法庭的判决不满，各州可以依据司法礼让原则，以谈判来解决问题。

与此同时，蓄奴州试图用联邦法律来确保奴隶主抓捕逃奴的权利。1787年，邦联国会通过了《西北土地法令》，其中规定从蓄奴合法的州逃入该地区的奴隶，"应该被合法地取回并递交"给主人。② 随后，联邦宪法中的"逃奴条款"从根本上确保了奴隶主抓捕逃奴的权利。该条款规定："根据任何一州法律须在该州服劳役或劳动者（held to service or labour），如逃亡他州，不得因他州的法律或规章而免除此种劳役或劳动，而应根据有权得到此劳役或劳动之当事人的要求将他交出。"③《西北土地法令》只是针对一个由联邦控制的独立区域，而"逃奴条款"则是针对全国范围的，这意味着联邦政府开始介入逃奴问题，让抓捕和引渡逃奴成为国家目标的一部分。但是，"逃奴条款"的模糊性在一定程度上局限了联邦政府对逃奴问题的干涉。比如到底应由谁来"交出"逃奴；是拥有他的奴隶主；还是将其藏匿起来的人；还是他逃亡所在州的公职人员。对此，《逃奴法》并未作出清晰界定。

从 1791 年开始，约翰·戴维斯（John Davis）逃奴事件引发了宾夕法尼亚和弗吉尼亚州之间的长期争议，让国会议员们意识到需要对联邦宪法中模糊的"逃奴条款"进行法律阐释。而发生在两州交界处的其他的营救黑人奴隶事件，也让很多南部人士认为奴隶主的宪法权利应该得到更加清晰地界定，以确保他们可以在全国的任何地方抓捕逃奴。④ 联邦国会在 1793年通过了联邦《逃奴法》，明确规定了逃奴抓捕和引渡的程序：奴隶主及其代理人自行抓捕逃奴，然后将其带到任何一名州法官、联邦法官或地方法

---

① An Act to Prevent Slave-Trade, in *The Public Statute Laws of the State of Connecticut*, Book 1, Hartford: Hudson and Goodwin, 1808, p. 627.

② U. S. Congress, An Act to Provide for the Government of the Territory Northwest of the River Ohio (1789), in *United States at Large*, Vol. 1, pp. 50-53.

③ 上述宪法原文获取自 http://avalon.law.yale.edu/18th_century/usconst.asp；中文译本取自王希《原则与妥协：美国宪法的精神与实践》，第 803 页。

④ Paul Finkelman, "The Kidnapping of John Davis and the Adoption of the Fugitive Slave Law of 1793," *The Journal of Southern History*, Vol. 56, No. 3 (Aug., 1990), pp. 397-422.

官面前，向他递交证明逃奴身份和归属的证据（证据可以是口头的，也可以是奴隶逃出地区的地方法官认可的书面文件），如果该法官认可证据，就会向奴隶主或其代理人提供一份允许将逃奴带离本州的证书。此外，凡有意隐藏逃奴或阻碍逃奴抓捕过程者，将被处以 500 美元罚款。[①]

1793 年联邦《逃奴法》从根本上改变了逃奴问题的处理方式，对逃奴问题在此后半个多世纪的发展和演变产生了深远影响。1793 年联邦《逃奴法》对逃奴抓捕和引渡程序进行了规定，并要求州和地方的公职人员执行此联邦法律，以联邦法律取代司法礼让成为处理逃奴争议的基本原则，实际上限制了北部自由州保护自由黑人的权力。更重要的是，1793 年联邦《逃奴法》几乎完全倾向于奴隶主，对所谓的逃奴缺乏基本的保护。1793 年联邦《逃奴法》没有赋予所谓的逃奴任何自我辩护的权利、被法律顾问所代表的权利，以及陪审团审判的权利，并明确指出只有原告的证词才能被当作证据，也唯有这种证据才能让法官"满意"。而且，1793 年联邦《逃奴法》只为逃奴身份鉴定提供了与逃犯引渡相类似的行政听证会，参加听证的法官只具有行政裁量权，如果所谓的逃奴宣称自己在进入该地区之前就已经是自由人，他们就无权进行完整调查，只有逃奴原居住地区的司法部门才有权裁定该逃奴的身份。这意味着在有关逃奴的诉讼案中，作为原告的奴隶主和作为被告的逃奴完全处于不平等的法律地位中，后者几乎处于失语状态，得不到基本的法律保护。这个巨大的法律漏洞使得 1793 年联邦《逃奴法》不仅无助于保护逃奴的权利，反而有利于奴隶贩子以抓逃奴的名义绑架自由黑人。历史学家唐·费伦巴赫尖锐地指出，"无论是作为一个诚实的错误，抑或是一种有意的欺骗"，1793 年联邦《逃奴法》都是"在引诱人们绑架黑人"。[②]

二 19 世纪初的人身自由法

1793 年联邦《逃奴法》对奴隶主和南部蓄奴州利益的"一边倒"的保护，引发了很多奴隶主的反对者和北部州权主义者的不满，要求联邦国会

---

① U. S. Congress, Act Respecting Fugitives from Justice and Persons Escaping from the Service of their Masters (1793), in *United States at Large*, Vol. 1, pp. 302-305.

② Don E. Fehrenbacher, *Slavery, Law, and Politics: The Dred Scott Case in Historical Perspective*, New York: Oxford University Press, 1981, p. 21.

修改《逃奴法》和制定联邦反绑架法的呼声也不断出现。1796 年，一份提交至国会的请愿书声称有两名黑人船员被绑架至西印度群岛，要求国会加强对黑人海员的保护。① 同年，特拉华州的一名议员提议国会制定阻止绑架黑人和穆拉脱人的法律。② 该提案最终未被通过，因为大多数国会议员都认为，保护自由黑人免于绑架是各州的责任，联邦政府无权制定统一的反绑架法。③ 1797 年，马萨诸塞州国会参议员约瑟夫·B. 瓦纳姆（Joseph B. Varnum）首次在联邦国会中直接批评 1793 年联邦《逃奴法》，认为该法律中关于证词方面的规定过于片面，被告（逃奴）的话语不能作为证词，且一旦原告（奴隶主及其代理人）所在地与审判地太远，法官就对他提供的证词缺乏了解，这使得被告极易被判为奴隶。他提议联邦国会修改《逃奴法》，以增加对自由黑人的保护。④ 瓦纳姆的提议遭到了诸多国会议员的反对。詹姆斯·麦迪逊认为，自由黑人应该诉诸州的法律来保护其权利，而不应要求联邦国会制定法律。⑤ 1799 年，宾夕法尼亚州的自由黑人在致联邦国会的请愿书中声称，1793 联邦《逃奴法》给自由黑人带来了沉重的负担，使他们陷于被绑架的恐慌处境，他们要求修改该法案，以实现"所有阶层的正义和平等"。⑥ 与前几次一样，只有提案的呈交人、宾夕法尼亚州国会参议员罗伯特·沃恩（Robert Waln）支持国会制定保护自由黑人的法律，其余的大多数国会议员都持反对意见。⑦

到 18 世纪和 19 世纪之交的时候，绑架自由黑人已经成为一个颇受关注的社会问题。1800 年，全美废奴协会大会在委员会的决议中指出，虽然只有纽约市废奴协会报告了在该市发生了各式各样的绑架行为，但"可以推测的是，在美国的其他地方，肯定也有同样的罪行在秘密进行着"，因而各

---

① U. S. Congress, *Journal of the House of Representatives*, 4th Session (March 25, 1796), p. 482.
② U. S. Congress, *Annals of Congress*, 4th Congress, 1st Session (April 18, 1796), p. 1025.
③ U. S. Congress, *Annals of Congress*, 4th Congress, 2nd Session (December 29, 1796), pp. 1730–1733.
④ U. S. Congress, *Annals of Congress*, 4th Congress, 2nd Session (January 23, 1797), p. 2023.
⑤ U. S. Congress, *Annals of Congress*, 4th Congress, 2nd Session (January 23, 1797), p. 2020.
⑥ *The Petition of the People of Colour, Free Men, within the City and Suburbs of Philadelphia*, December 30, 1799.
⑦ U. S. Congress, *Annals of Congress*, 6th Congress, 1st Session (January 2, 1800), p. 230.

第四章　社会抗争与反奴隶制立法：乔治·拉蒂默案与马萨诸塞州1843年人身自由法的制定 | 173

个协会都应警惕和抵制绑架黑人问题。①1801 年，全美废奴协会大会在年度报告中再次提醒各个协会，"在美国的某些地方，绑架（黑人）这种非人类的罪行已经增加到令人惊恐的程度"。大会主席本杰明·鲁什（Benjamin Rush）在报告中宣布，大会将设置专门的委员会来制止已经"相当严重"的黑人绑架现象。②1803 年，大会在年度报告中首次明确指出，目前出现了一种新的绑架形式：利用1793 年联邦《逃奴法》向黑人提出没有依据的索求，并将其变为奴隶。因此，该报告"建议人们采取一切手段来敦促联邦国会修改1793 年联邦《逃奴法》，以给予邪恶的绑架行为足够的限制，并对违法者进行严厉惩罚"。③1806 年，著名的贵格派废奴主义者约翰·帕里什（John Parrish）谴责绑架自由黑人"是一种全国性的罪恶，将遭到全国性的审判"④。

在缺乏全国性的反绑架法的情况下，北部各州只能各自制定法律，以增加对所谓的逃奴和自由黑人的基本权利的保护，这导致了19 世纪初的一波人身自由法出台高潮。与早期的人身自由法一样，这些法律也是以反绑架法的形式出现的，但是它们普遍对绑架逃奴罪施以重刑，其处罚力度远远大于此前北部州通过的相关法律。佛蒙特州在1806 年通过了首部严惩绑架黑人的法律。这部法律规定，直接或间接将本州居民绑架到其他州或地区，将会被公开处以35 鞭以下的鞭刑惩罚，还将遭到1000 美元以下的罚款

---

① *Minutes of the proceedings of the sixth convention of delegates from the abolition societies established in different parts of the United States assembled at Philadelphia, on the fourth day of June, one thousand eight hundred and one, and continued by adjournments until the sixth day of the same month, inclusive*, Philadelphia, 1800, pp. 21-22.
② *Minutes of the proceedings of the seventh convention of delegates from the abolition societies established in different parts of the United States assembled at Philadelphia, on the third day of June, one thousand eight hundred and one, and continued by adjournments until the sixth day of the same month, inclusive*, Philadelphia, 1801, pp. 13, 40.
③ *Minutes of the proceedings of the seventh convention of delegates from the abolition societies established in different parts of the United States assembled at Philadelphia, on the tenth day of January, one thousand eight hundred and three, and continued by adjournments until the sixth day of the same month, inclusive*, Philadelphia, 1803, pp. 31-32.
④ John Parrish, *Remarks on the Slavery of the Black People: Addressed to the Citizens of the United States, Particularly to those who are in Legislative or Executive Stations in the General or State Governments: and also to such Individuals as Hold them in Bondage*, Philadelphia, 1806, p. 3.

和7年以下的监禁或苦役。① 1808年，纽约州通过了一部反绑架法，规定未经过正当的诉讼程序，就绑架自由黑人或其他自由的有色人种，并试图将其带离本州者，以及协助上述罪行者，将被判处最高14年的苦役监禁；有两次或多次上述罪行者，可能会被判处终身苦役或监禁。② 3年后，纽约州议会又对这部法律进行了修改，其基本内容几乎不变，只是又增加了对绑架和协助绑架者的惩罚：1000美元以下的经济惩罚。③ 缅因州通过的反绑架法则相对温和，对于绑架自由黑人处以2000美元以下罚款和5年以下的监禁。④

从19世纪20年代开始，逃奴问题所引发的争议变得越来越剧烈。随着国会在1807年立法终止国际奴隶贸易，并在随后对奴隶走私严加打击，奴隶的数量开始下降，而南部地区棉花产业的快速发展又使得奴隶劳动力的需求量大增，这导致奴隶的价格持续上涨，奴隶逃跑意味着奴隶主的巨大损失。因而奴隶主会不惜代价尽快抓回逃奴，他们经常未经当地法官的许可，就自行抓捕和带走逃奴，这不仅使一些自由黑人被误认为逃奴，更刺激了蓄意绑架自由黑人为奴的犯罪行为。与此同时，北部州的反奴隶制运动也在蓬勃发展，许多奴隶制的反对者一再呼吁州议会和联邦国会制定保护自由黑人的法律，少数激进者甚至帮助奴隶逃跑或阻止奴隶主抓捕逃奴。⑤ 凡此种种，都使得逃奴问题成为南北双方争议的焦点问题。1817年至1818年，国会就制定联邦反绑架法展开激烈争论，但是没有达成任何妥协，南部国会议员坚持认为奴隶主取回财产的自然权利不能受到任何法律程序的限制。⑥

---

① An Act to Prevent Kidnapping, in *The Laws of Vermont*, Windsor, Simon Ide, 1825, pp. 264-265.
② An Act to Prevent the Kidnapping of Free People of Clour, in *Laws of the State of New York*, Albany: Websters and Skinner, 1809, p. 300.
③ An Act to Prevent the Kidnapping of Free People of Clour, in *Laws of the State of New York*, Albany: H. C. Southwick & CO., 1813, pp. 209-210.
④ An Act for the Protection of the Personal Liberty of the Citizens, and for Other Purposes, Approved March 15, 1821, in *Laws of the State of Main*, Hallowell: Calvin Spaulding, 1833, pp. 90-91.
⑤ Don E. Fehrenbacher, *The Slaveholding Republic: An Account of the United States Government's Relations to Slavery*, p. 214.
⑥ Thomas D. Morris, *Free Men All: The Personal Liberty Laws of the North, 1780-1861*, pp. 35-41.

逃奴问题的激化和联邦反绑架法的缺失，促使北部州制定了更为激进的人身自由法。俄亥俄州在 1819 年制定的反绑架法明确规定，"以抓捕逃奴为借口"绑架"本州的自由的有色人种"，并试图"将其带离本州并变卖为奴"者，将被处以一年以上十年以下劳役监禁；而且奴隶主必须要向本州的法官或地方治安法官出示证明逃奴的合法身份的证据之后，才能将其带离本州。① 这条法律的特殊之处在于，将 1793 年联邦《逃奴法》中对奴隶主引渡逃奴的限制写入州法律，剥夺了奴隶主仅仅凭借自己的行为就可直接取回财产的普通法权利。印第安纳州在 1824 年制定的人身自由法延续并发展了这一特点。这部法律规定，奴隶主及其代理人在得到本州的巡回法院的法官所颁发的许可证之后，才能抓捕逃奴；在所谓的逃奴被逮捕后的 6 个月内，必须要将其带到州最高法院大法官和地方治安官面前进行审判；被起诉的逃奴具有上诉权，当上述得到认可后，要在 5 天之内召集陪审团重新审判。② 这条法律虽然为奴隶主抓捕和引渡逃奴设置了一定的限制，并赋予了逃奴上诉权和陪审团审判的权利，但并没有直接挑战 1793 年联邦《逃奴法》和奴隶主收回逃奴财产的权利，尤其是仍然允许奴隶主无需州的授权自行抓捕所谓的逃奴，实际上在一定程度上配合了 1793 年联邦《逃奴法》的实施。③

宾夕法尼亚州在人身自由法方面表现得最为激进。这主要是因为宾夕法尼亚州紧靠南部蓄奴州，一直是逃奴前往自由州的第一站，逃奴问题经常引发争议。而且，从 18 世纪后期开始，宾夕法尼亚州就是反奴隶制运动的中心，宾夕法尼亚废奴协会一直是美国规模最大、最有影响力的反奴隶制组织，协会成员不断呼吁州议会加强对自由黑人和所谓逃奴的保护，不少激进者甚至帮助奴隶逃跑。④ 1820 年，宾夕法尼亚州制定了新的人身自由法，除了对绑架自由黑人者处以 500 美元至 2000 美元的罚款和 7 年至 21 年

---

① An Act to Punish Kidnapping, in *Acts of the State of Ohio*, Vol. 17, Chillicothe: N. Willis, 1819, pp. 56-57.
② An Act Relative to Fugitives from Labor, in Stephen Middleton, ed., *The Black Laws in the Old Northwest: A Documentary History*, Westport: Greenwood Press, 1993, pp. 242-243.
③ William R. Leslie, "The Constitutional Significance of Indiana's Statute of 1824 on Fugitive Form Labor," *The Journal of Southern History*, Vol. 13, No. 3 (Aug., 1947), p. 349.
④ William R. Leslie, "The Pennsylvania Fugitive Slave Act of 1826," *The Journal of Southern History*, Vol. 18, No. 4 (Nov., 1952), pp. 430-432.

的劳役处罚之外，还禁止任何市政官（alderman）和治安法官参与实施 1793 年联邦《逃奴法》，违者将被处以 500 美元至 1000 美元罚款。① 这是美国历史上第一部禁止州公职人员执行 1793 年联邦《逃奴法》的法律，体现了人身自由法的激进化倾向，引发了南部蓄奴州，尤其是马里兰州的强烈不满。② 1826 年，宾夕法尼亚州议会又修改了人身自由法。新的法律取消了禁止公职人员执行 1793 年联邦《逃奴法》这一明显挑衅联邦政府和蓄奴州权威的条款，但是又加强了对逃奴的保护，为奴隶主抓捕和引渡逃奴设置了双重障碍。第一，奴隶主及其代理人不能自行抓捕逃奴嫌犯，他们需要先向本州的任何一名法官、治安法官（justice of the peace）或市政官申请抓捕逃奴嫌犯的逮捕令；奴隶主及其代理人的申请要想获得通过，就必须向法官出示宣誓证书，其内容包括这名所谓逃奴的姓名、年龄、相貌描述及对他的所有权证明，而且宣誓证书上还应有奴隶主居住地的法官的签字证明；申请获准之后，法官、治安法官或治安官将签发一份逮捕令，让市或县治安官抓捕被起诉的逃奴，并将其带至法庭。第二，法庭在审讯遭起诉的逃奴时，奴隶主及其代理人的证词不再是唯一的证据。法官会给被起诉的逃奴一定的时间，让他获取为自由身份辩护的证据；在这段时间内，如果被起诉逃奴的安全得不到保障，法官会让他暂时住在普通监狱之中，并要求原告承担他的开销；在经过一段"合理、公正"的时间之后，法官会颁布一份人身保护令，让被起诉的逃奴出席法庭参与最终的庭审；如果原告要求暂时休庭，他必须宣誓将再次出庭，并继续诉讼。③ 纽约州在两年后也制定了类似的人身自由法。该法律同样要求奴隶主及其代理人不能自行抓捕逃奴，而是需要向州法官替被起诉的逃奴申请一份人身保护令，再由被起诉逃奴所在地的治安官将其抓捕，并允许逃奴在随后的审判中为自己辩护。而且，这部法律还允许逃奴向法庭申请保释令（de homine replegiando），以

---

① An Act to Prevent Kidnapping, in John W. Purdon, ed., *A Digest of the Laws of Pennsylvania: From the Year One Thousand Seven Hundred to the Seventh Day of April, One Thousand Eight Hundred and Thirty*, Pennsylvania: M'Carty & Davis, 1831, pp. 652-654.
② Thomas D. Morris, *Free Men All: The Personal Liberty Laws of the North, 1780-1861*, p. 46.
③ An Act to Give Effect to the Provisions of the Constitution of the United States, Relative to Fugitives from Labour, for the Protection of Free People of Colour, and to Prevent Kidnapping, in James Doulop, ed., *The General Laws of Pennsylvania from the Year 1700 to April 22, 1848*, Pennsylvania: T. & J. W. Johnson, pp. 383-386.

获得陪审团审判的机会。①

总之,从18世纪80年代到19世纪20年代,北部州的人身自由法的性质发生了重要变化。最初,人身自由法的制定主要是为了防止自由黑人被误抓为逃奴,或者被蓄意绑架为奴,弥补1793年联邦《逃奴法》在保护逃奴和自由黑人权利方面存在的严重缺失,至于这些法律对奴隶主的权利的干涉和对联邦政府的挑战,只是加强对自由黑人保护的无意后果。但是19世纪20年代以来,北部州新制定的人身自由法则具有明显的反奴隶制色彩,它们赋予了所谓的逃奴以上诉权、出庭作证、陪审团审判、保释令等权利,在不同程度上否定1793年联邦《逃奴法》,为奴隶主追捕逃奴增加难度,抑制和削弱奴隶主追回奴隶财产的普通法权利。在密苏里危机后奴隶制政治陷入僵局的情况下,人身自由法的激进化发展,成为北部反奴隶制政治中暗涌的潜流。

三 废奴运动与人身自由法的演变

19世纪30年代以来,南北双方在逃奴问题上的妥协开始崩溃。纳特·特纳起义、南卡罗来纳州废止联邦法令危机、废奴运动的兴起、北部各州反对废奴主义者的暴动,都加剧了南北之间的地区性的冲突。南部的奴隶主开始向北部州施压,要求废除人身自由法,全面捍卫其财产权。很多北部人士则担心奴隶制问题的激化,会加剧南北之间的矛盾,导致联邦分裂,因而试图通过最大限度地承认奴隶主的合法权利来保持联邦秩序的稳定。在此背景下,"逃奴条款"是一种"历史必然性"(historical necessity)的观念流行开来,即认为"逃奴条款"是宪法神圣不可侵犯的一部分,如果没有这个条款,宪法根本不可能通过。② 主张这种观点的代表者是联邦最高法

---

① Revised Statutes, 1828, Of the Writ of Habeas Corpus, to Bring up a Person to Testify, or to Answer in Certain Cases, in *The Revised Statutes of the State of New-York, as Altered by the Legislature: Including the Statutory Provisions of a General Nature, Passed from 1828 to 1835 Inclusive*, Vol. 2, Albany: Packard and Van Benthuysen, 1836, pp. 462-465.
② 这个观点是宾夕法尼亚州最高法院大法官威廉·蒂尔曼(William Tilghman)在1819年的怀特诉迪肯案(Wright v. Deacon)中提出的。Paul Finkelman, "State Constitutional Protections of Liberty and the Antebellum New Jersey Supreme Court: Chief Justice Hornblower and the Fugitive Slave Law," in John R. McKivigan, ed., *Abolitionism and American Law*, New York: Garland Pub., 1999, pp. 249-250.

院大法官亨利·鲍德温（Henry Baldwin）。他在 1833 年指出，全国政府是建立在奴隶主的财产权的基础上的，"如果打破这个基石，整个体制就会崩溃"，而人身自由法充分表明"虚伪的仁慈已经使得美国的法律和宪法屈尊于反对奴隶制的狂热之情"。① 受此影响，北部州出现了一股要求废除人身自由法的潮流。1832 年，宾夕法尼亚州议会的一名议员提议废除该州的 1820 年和 1826 年人身自由法，以便让"1793 年联邦《逃奴法》完全生效"。1835 年，马萨诸塞州议会废除了人身保护令权。纽约州最高法院则在 1834 年的杰克诉马丁案（Jack v. Martin）中判定该州 1828 年人身自由法违反了州宪法。②

这股反对人身自由法的浪潮并未引起废奴主义者的广泛关注。这主要是因为在废奴运动兴起之初，大多数废奴主义者都支持加里森的道德说服策略，即在全体民众中发起有关奴隶制问题的讨论，唤醒整个民族对奴隶制的道德邪恶的认知，对逃奴问题以及以人身自由法打击奴隶制的政治废奴策略不感兴趣。从 19 世纪 30 年代中期开始，废奴运动阵营内部出现了分裂化倾向。阿瑟·塔潘、詹姆斯·伯尼、刘易斯·塔潘、格里特·斯密斯、亨利·B. 斯坦顿（Henry B. Stanton）等一批相对温和的废奴主义者认为加里森派的极端煽动只会给废奴运动招来更多的敌人，唯有参与公职竞选、议会立法等政治活动，才能确保废奴事业的稳定发展。这批倾向于政治废奴策略的废奴主义者逐渐意识到，可以利用人身自由法来制止奴隶主抓捕逃奴，进而推动整个废奴事业的发展。

1834 年，纽约州的温和派废奴主义者小伊莱泽·怀特在《纽约州黑奴绑架活动纪事》（"Chronicles of Kidnapping in New-York"）一文中首次论及逃奴问题。他指出，纽约州 1828 年人身自由法虽然赋予了所谓的逃奴申请保释令的权利，但这并不足以保护逃奴的人身安全，而且这些"人性的法律"可能会被废除，有必要制定新的相关法律。③ 此后，政治废奴主义者逐渐意识到，以陪审团审判来判定所谓的逃奴的身份，可以避免法官的不负

---

① Henry Baldwin, *Reports of Cases Determined in the Circuit Court of the United States, in and for the Third Circuit, Comprising the Eastern District of Pennsylvania, and the State of New Jersey*, Philadelphia: James Key, Jun & Robert, 1837, p. 597.
② Thomas D. Morris, *Free Men All: The Personal Liberty Laws of the North, 1780-1861*, pp. 63-68.
③ Elizur Wright, "Chronicles of Kidnapping in New York," in *American Anti-Slavery Reporter*, Vol. 1, No. 6 (June 1834), pp. 92-94.

责任,防止其与奴隶贩子或奴隶主狼狈为奸,而且陪审员不是美国政治体制的成员,更容易作出对奴隶主不利的判决。① 亨利·B. 斯坦顿就明确指出,废奴主义者"应该让每一个来自南部的逃奴都得到陪审团审判的权利","一旦北部州的逃奴和他们的妻子们得到了这个重要的权利,他们就安全了",因为:"将由从我们之中选出来的12个公正之人来判定逃奴们的誓言,而这些人难道不知道自由权是一个人的最重要的、不可被剥夺的权利吗?"② 1837年,在宾夕法尼亚废奴协会的成立大会上,代表们通过的决议宣称:"在宪法赋予自由州公民的将逃奴还给奴隶主的义务这一问题上,无论我们的观点有多大的不同,我们都必须承认:没有任何一种宪法义务可以要求主权州不经过陪审团就剥夺公民的自由权。"③

马萨诸塞州和纽约州的政治废奴主义者多次向州议会请愿,要求制定人身自由法,赋予包括逃奴在内的所有人以陪审团审判的权利。在他们的积极推动下,马萨诸塞州于1837年制定了新的人身自由法。新法律其实包含两个重要条款,一是恢复了在1835年被废除的保释令条款,规定"任何因合法管辖区之内的法庭所出示的非法逮捕令或其他程序,而被关押、限制自由或囚禁者,有权获得一份保释令",保释令须由民事法庭发出,最后再送回民事法庭,之间至少需要间隔14天;二是被囚禁者在获得保释之后,需要在指定日期中回到民事法庭,由陪审团判定他是否违法。④ 纽约州在1839年后通过了新人身自由法。与纽约州1828年人身自由法相比,这部法律为奴隶主抓捕逃奴设置了更多的制约条件,规定作为原告的奴隶主可以向法庭申请人身保护令,要求州公职人员抓捕所谓的逃奴,但是审判不能在发布人身保护令的法庭进行,而且需要由陪审团来决定逃奴的身份。⑤

---

① Thomas D. Morris, *Free Men All*, pp. 73-75.
② *Sixth Annual Report of the Executive Committee of the American Anti-Slavery Society*, New York, 1839, p. 28.
③ *Proceedings of the Pennsylvania Convention, Assembled to Organize a State Anti-Slavery Society, at Harrisburg, on the 31st of January and 1st, 2nd and 3rd of February 1837*, Philadelphia, 1837, p. 13.
④ Thomas D. Morris, *Free Men All: The Personal Liberty Laws of the North, 1780-1861*, p. 76.
⑤ Act More Effectually to Protect the Free Citizens of this State from Being Kidnapped or Reduced to Slavery, in John W. Edmonds, ed., *Statutes at Large of the State of New York: Comprising the Revised Statutes as They Existed on the 1st Day of July, 1862, and All the General Public Statutes Then in Force, with References to Judicial Decisions, and the Material Notes of the Revisers in Their Report to the Legislature*, Vol. Ⅳ, New York: Weare C. Little, Law Bookseller, pp. 522-524.

人身自由法的通过让很多废奴主义者欢欣鼓舞，即便是反对政治废奴策略的加里森，也在给朋友的信中称赞人身自由法的制定表明"古老的马萨诸塞州将以伟大的方式行使她的职责，并为其他姐妹州的废奴事业探路"，并呼吁人们"确保逃奴在法庭上真的得到陪审团审判的权利"。[1] 但联邦最高法院在普利格诉宾夕法尼亚案中的判决，很快就击碎了废奴主义者的"成功的喜悦"。

普利格诉宾夕法尼亚案是马里兰州与宾夕法尼亚州共同设计的一起"试验案件"，希望最高法院解决《逃奴法》与人身自由法之间的矛盾。爱德华·普里格（Edward Prigg）是马里兰州的职业逃奴追捕人，他进入宾夕法尼亚州抓捕逃奴时，故意不遵守宾夕法尼亚州1826年人身自由法，不仅自行抓捕逃奴，而且未经州法庭的允许，就擅自把逃奴带回马里兰州，然后回到宾夕法尼亚州自首。宾夕法尼亚州法院以违反1826年人身自由法判他有罪。普利格上诉到联邦最高法院。[2] 最高法院以7∶2的优势判定普利格无罪。大法官约瑟夫·斯托里（Joseph Story）在代表多数派撰写判词时，对奴隶主抓捕逃奴的权利、宪法《逃奴法》条款、1793年联邦《逃奴法》和宾夕法尼亚州的1826年人身自由法进行了深入阐释。

斯托里首先对宪法"逃奴条款"进行了阐释。他认为宪法"逃奴条款"是国内法（municipal law）的一部分，它"独立于司法礼让原则之外"，"不局限于联邦内的任何地区"，也"不受任何州的制度和政策的束缚"，"逃奴条款"同时又是自行实施的（execute itself），无需任何联邦或州法律的支持。斯托里还引用了关于"逃奴条款"的"历史必然性"原则，指出完全承认奴隶主抓捕逃奴的权利，是蓄奴州保护其财产、捍卫其制度和利益的"最重要的保障"，因而"如果"逃奴条款"不保护奴隶主的财产，联邦就不会形成"。而且，斯托里认为，既然宪法"逃奴条款"规定奴隶主有权要求（州或藏匿逃奴者）交出逃奴，那么国会就有权制定法律，确保奴隶主的这一权利得到有效行使，因此1793年联邦《逃奴法》是合宪的。随后，

---

[1] "William Lloyd to George Benson," Boston, April 3, 1837, in Louis Ruchames, ed., *The Letters of William Lloyd Garrison*, Volume II: *A House Dividing against Itself*, 1836-1840, Cambridge: The Belknap Press of Harvard University Press, 1971, pp. 251-253.

[2] 王希：《原则与妥协：美国宪法的精神与实践》，第208页。

斯托里又解释了奴隶主抓捕逃奴的权利。他认为，抓捕逃奴是普通法中个人"立即取回财产"（immediate possession of property）的"绝对权利"，是个人财产权的重要部分，属于公民不可被剥夺的基本权利，无须经过州或联邦法律即可生效；根据宪法的"逃奴条款"，奴隶主拥有在任何时候、在任何州抓捕逃奴的"完整权力"（entire authority），任何"中断、限制、耽搁或推迟"公民行使抓捕逃奴权利的法律都是违宪的。这实际上意味着宾夕法尼亚州1826年人身自由法和其他所有的人身自由法都是违宪的，因为它们都为奴隶主抓捕逃奴设置了一定的障碍。斯托里还指出，逃奴涉及州级间的商业问题，管理这种事务的权力属于国会，州无权制定相关的法律。但他同时强调，虽然州政府可以帮助实施联邦《逃奴法》，但是联邦政府无权强迫州政府这样做；在不违背联邦《逃奴法》的前提下，州有权针对抓捕逃奴的程序做出规定。①

斯托里的判决意味着南北双方在逃奴问题上的妥协完全破裂。它完全否定了北部州之前所制定的人身自由法，并将宪法"逃奴条款"和1793年联邦《逃奴法》对奴隶主利益的"一边倒"的保护阐释得淋漓尽致，确保奴隶主可以无所顾忌地抓捕所谓的逃奴，使得北部州的自由黑人面临更为严峻的被绑架的危险。正如美国学者保罗·芬克尔曼（Paul Finkelman）所言，"斯托里的判决意味着奴隶主只要不扰乱治安，就可以不受州的制约，随意将任何黑人带回南部，其结果是北部州的17.5万名自由黑人将迎来悲惨的命运"。② 总体而言，这次判决是南部蓄奴州在逃奴问题上的一场大胜，北部州人身自由法的发展则遭到前所未有的打击。值得注意的是，斯托里的判决也体现了南部蓄奴州在19世纪中期以来的矛盾心态。它们一方面越来越倾向于州权主义，强调奴隶制是南部的内部体制，不受任何外部力量的干涉；另一方面又经常诉诸联邦政府，试图凭借联邦政府的力量平息有关奴隶制问题的争议，对抗北部州出现的反奴隶制趋势。

---

① Prigg v. Pennsylvania, 41 U.S. 539-671 (1842), pp. 608-625.
② Paul Finkelman, "Sorting Out Prigg v. Pennsylvania," *Rutgers Law Journal*, Vol. 24, No. 3, (Spring, 1993), p. 637.

第二节 乔治·拉蒂默案与马萨诸塞州1843年
人身自由法的制定

普利格诉宾夕法尼亚案的判决虽然暂时平息了有关逃奴问题的法律争议，但同时又激发了很多北部民众，尤其是废奴主义者对《逃奴法》的反对。这次判决直接促使加里森开始全面反对美国政治体制。他在致朋友的信中说，斯托里的判决"是美国联邦崩溃前的最后一次挣扎，是压死骆驼的最后一根稻草！如果允许奴隶主权势肆无忌惮地在北部州游荡，寻找可能的猎物，并将其变成贪欲的牺牲品，那么它们就会渡过卢比孔河"①。加里森在废奴阵营中的对手、政治废奴主义者阿尔万·斯图尔特（Alvan Stewar）则谴责这次判决是"司法暴政的决定"，它摧毁了人身自由法，"将新英格兰的司法英雄们推到绝望且无法回头的卑微境地"。② 几个月之后，马萨诸塞州的废奴主义者利用乔治·拉蒂默逃奴案的契机，发起了普利格诉宾夕法尼亚案后的第一起大规模的反《逃奴法》运动，并直接推动马萨诸塞州议会制定了新的人身自由法。

一 乔治·拉蒂默案始末

1842年10月4日，一个名叫乔治·拉蒂默（George Latimer）的奴隶与他正在怀孕中的妻子、女奴丽贝卡（Rebecca）一起从弗吉尼亚州的诺福克（Norfolk）逃走。他们潜入一艘向北航行的轮船，隐藏在甲板下面，最终到达巴尔的摩。此后，二人扮作一对普通的行人，肤色较浅的乔治·拉蒂默扮演主人，而丽贝卡扮作他的仆人。他们一路向北，在7日前后抵达波士顿。不幸的是，拉蒂默立即就被一个叫威廉·R.卡彭特（William R. Carpenter）的人识破了身份。此人曾是拉蒂默的主人詹姆斯·B.格雷

---

① Wendell Phillips Garrison, Francis Jackson Garrison, *William Lloyd Garrison, 1805－1879: The Story of His Life Told by His Children*, Vol. 3, Boston and New York, 1894, p. 60.
② Luther Lawson Marsh, ed, *Writings and Speeches of Alvan Stewart on Slavery*, New York, 1860, p. 382.

（James B. Gray）的雇员，他随即向格雷报告了情况。① 10月15日，格雷在当地的报纸上登出了抓捕拉蒂默的广告，声称在弗吉尼亚州抓捕拉蒂默者将得到25美元赏金，如果在弗吉尼亚之外抓到他，将多得50美元赏金。与此同时，丽贝卡的主人也为她开出了50美元的抓捕赏金。②

10月18日，格雷抵达波士顿，以逃跑和偷窃主人物品的双重罪行向治安法庭（police court）起诉拉蒂默。次日，一名叫斯特拉顿（Stratton）的治安官携带由治安法庭颁发的逮捕令，在街道上以盗窃罪将拉蒂默抓捕。拉蒂默被捕的消息迅速在波士顿的黑人和废奴主义者中传开。当拉蒂默被带到治安法庭时，已经有将近三百人聚集在法庭门口，试图阻止法官授权格雷将拉蒂默带回弗吉尼亚。他们中绝大多数是男性黑人，几乎占了波士顿黑人数量的一半。③ 为了避免发生冲突，法官决定将拉蒂默暂时关押在莱弗利特街监狱（Leverett Street Jail），而监狱看守纳撒尼尔·柯立芝（Nathaniel Collidge）则被格雷书面授权为他的法定代理人。因担心格雷在当晚将拉蒂默私自带走，同情拉蒂默命运的波士顿人成功地从马萨诸塞州的大法官莱缪尔·肖（Lemuel Shaw）那里为他申请到了一张人身保护令。④

20日晚，斯特拉顿依据人身保护令，将拉蒂默带到马萨诸塞州最高法院，由莱缪尔·肖主持审判。在审判过程中，法庭上"挤满了非常担忧的人群"，其中"大部分是黑人"。格雷的律师埃尔布里奇·G.奥斯汀（Elbridge G. Austin）以1793年联邦《逃奴法》作为抓捕拉蒂默的依据。斯特拉顿向莱缪尔·肖出示了治安法庭颁发的逮捕令、格雷对拉蒂默的逃奴控告，以及格雷委托他逮捕这名所谓逃奴的证书，以证明他逮捕拉蒂默的过程是合法的。塞缪尔·E.休厄尔（Samuel E. Sewall）和阿莫斯·梅里尔（Amos Merrill）这两名律师自愿为拉蒂默辩护。阿莫斯·梅里尔试图避而不

---

① Asa J. Davis, "The Two Autobiographical Fragments of George W. Latimer (1820–1896): A Preliminary Assessment," *Journal of Afro-American Historical and Genealogical Society*, No. 1, (Summer 1980), P. 4; Junius P. Rodriguez, *Encyclopedia of Slave Resistance and Rebellion*, Volume 1, Westport· Greenwood Press, 2007, pp. 287–288.

② Norfolk Beacon, October 15, 1842, reprinted in *Latimer Journal and North Star*, November 16, 1842.

③ *Liberator*, October 28, 1842; Stephen David Kantrowitz, *More than Freedom: Fighting for Black Citizenship in a White Republic*, 1829–1889, p. 72.

④ *Liberator*, November 4, 1842; Leonard Williams Levy, *The Law of the Commonwealth and Chief Justice Shaw*, Cambridge, Harvard University Press, 1957, p. 78.

谈逃奴问题,将此案局限于因盗窃罪所引发的抓捕和引渡逃犯。他声称治安法庭颁发的针对拉蒂默的逮捕令是无效的,因为根据国会在逃犯问题上的法律,在跨州抓捕逃犯时,首先要向逃犯所在州的法庭出示犯罪发生州的州长所提供的引渡要求。而该案件中,治安法庭并没有收到弗吉尼亚州州长的请求,所以逮捕拉蒂默的行为是违法的。但是莱缪尔·肖避而不谈盗窃罪,而是直入主题,将此案定义为逃奴抓捕和引渡案件。① 莱缪尔·肖的判决如下:格雷和斯特拉顿抓捕拉蒂默的行为是合法的,因为1793年联邦《逃奴法》赋予了奴隶主及其代理人在任何地方抓捕逃奴的权利;州法庭不能干涉1793年联邦《逃奴法》的实施,所以格雷需要向联邦法庭证明他对拉蒂默的所有权,以得到引渡拉蒂默的许可;法庭将给格雷合理的时间回到诺福克,以准备证明他对拉蒂默所有权的文件;如果格雷没有在合理的时间内及时行使自己的权利,证明他对拉蒂默的所有权,法庭将签发人身保护令释放拉蒂默;在此期间,拉蒂默将继续被关押在监狱中。②

法庭审判在晚上8点前后结束,斯特拉顿准备将拉蒂默带回到莱弗利特街监狱。因担心拉蒂默在途中被救走,有多名公职人员随行保护。在整个路途中,有一群黑人一直尾随着他们,其中很多人手持木棍或石块,高喊着营救拉蒂默的口号,并试图将他劫走。有传言说,另有三四百黑人已经聚集起来,准备抢走拉蒂默。③ 这是整个乔治·拉蒂默事件中最可能发生暴力营救的时刻,但骚动很快被平息下去,只有两名随行的公职人员受伤,其中一人"鼻子被打出血",另一个被"石块击中"。④ 拉蒂默也被关进监狱。随后,亨利·G. 特雷西(Henry G. Tracy)、威廉·威廉姆斯(William Williams)、汉密尔顿·H. 史密斯(Hamilton H. Smith)、罗伯特·伍德(Robert Wood)这四名领导此次营救事件的黑人被捕。法庭审判的结果表明,当晚试图营救拉蒂默的黑人总共有五十多名。⑤

21日,格雷授权埃尔布里奇·G. 奥斯汀撤销对拉蒂默的盗窃罪指控。这

---

① *Liberator*, October 28, 1842.
② *Liberator*, October 28, 1842.
③ *Daily Atlas*, October 20, 1842.
④ *Boston Post*, October 24, 1842.
⑤ Commonwealth vs. Henry G. Tracy & others, in Theron Metcalf, *Reports of Cases Argued and Determined in the Supreme Judicial Court of Massachusetts*, Vol. V, Boston: Charles C. Little and James Brown, 1851, pp. 536-537.

意味着拉蒂默完全变成一起逃奴逮捕和引渡案件,而相关的法律争论也都围绕着联邦《逃奴法》和人身自由法展开。随后,格雷向位于波士顿的马萨诸塞州地区联邦巡回法院(United States District Court for the District of Massachusetts)提出引渡拉蒂默的申请,而该法院在当年的首席法官正是美国最高法院的法官约瑟夫·斯托里。斯托里法官给了格雷两周时间回弗吉尼亚搜集材料,以证明拉蒂默是他的奴隶。塞缪尔·E. 休厄尔则反对休庭,他认为格雷抓捕拉蒂默之前应该就已经准备好了相关证明。但是,斯托里坚持认为,在相关的案件中,都会给予原告收集证据的时间。①

24 日,塞缪尔·E. 休厄尔在副治安官那里为拉蒂默申请到一份保释令,以 1000 美元保释拉蒂默,并许诺拉蒂默会在 1843 年 1 月出席联邦上诉法院的审判,由陪审团确定他的身份。但是监狱看守柯立芝不执行该保释令,拒不释放拉蒂默。休厄尔向民事诉讼法庭的法官威廉姆斯(Williams)申请了一份人身保护令,要求柯立芝解释此事。当晚,莱缪尔·肖在柯立芝位于监狱的房间内举行了听审,最终判定,在联邦法院判决拉蒂默的身份之前,他将继续被关押在监狱之中,由格雷的代理人柯立芝看守。② 塞缪尔·E. 休厄尔又向莱缪尔·肖为拉蒂默申请人身保护令,但遭到肖的拒绝。③

1842 年 11 月 5 日,格雷已经准备好了证明拉蒂默是其奴隶的证据,并向马萨诸塞州地区联邦法院请求引渡拉蒂默。但因为约瑟夫·斯托里法官病重,审判被推迟到 11 月 15 日。接替斯托里在 15 日主持审判的是皮莱格·斯普拉格(Peleg Sprague)法官。因拉蒂默的律师请求前往诺福克搜集证据,以证明拉蒂默已经被他的前一个主人所释放,斯普拉格法官决定休庭,在 11 月 21 日继续开庭审判。④

与此同时,废奴主义者在法庭之外发起了一场营救拉蒂默的运动。10 月 30 日晚上,塞缪尔·E. 休厄尔和其他废奴主义者在波士顿市的法尼尔大厅(Faneuil Hall)召开公众集会,目的是"依法给公民的人身自由提供更

---

① *Liberator*, November 4, 1842; *Liberator*, October 28, 1842.
② *Liberator*, November 25, 1842; *New York Spectator*, November 9, 1842.
③ *An Article on the Latimer Case*, Boston: Bradbury, Soden and Compay, 1843, pp. 3-4.
④ *An Article on the Latimer Case*, *from the March Number of Law Reporter*, Boston: Bradbury, Soden and Company, 1843, p. 4.

多的保护",尤其是给那些"被控告违背本州法律的人和奴隶"提供保护。大会决议中宣称,约翰·昆西·亚当斯将作为拉蒂默的法律顾问,虽然由于"年龄、身体虚弱和其他难以分身的事务",亚当斯不能成为该案件的首席法律顾问,但是他"欣然同意在审判过程中担任咨询顾问"。此外,埃利斯·格雷·洛林(Ellis Gray Loring)、查斯·M. 埃利斯(Chas. M. Ellis)、温德尔·菲利普斯、亨利·B. 斯坦顿这些马萨诸塞州废奴运动的领军人物也都成为拉蒂默的法律顾问。①

11月初,自由党废奴主义者在波士顿集会,组成了拉蒂默委员会(Latimer Committee),并推举亨利·英格索尔·鲍迪奇(Henry Ingersoll Bowditch)、威廉·弗朗西斯·钱宁(William Francis Channing)和弗雷德里克·卡博特(Frederick Cabot)担任委员会的领导。② 在他们的组织下,林恩(Lynn)、新贝德福德(New Bedford)、舍本(Sherburne)等地区,举行了多起类似的"拉蒂默集会"(Latimer meetings)。③ 11月11,拉蒂默委员会创办了《拉蒂默杂志和北极星报》,该报每两天发行一次,其目的是"应对波士顿的第一起奴役事件所造成的紧急状况",采取"非残酷和暴力的方式"营救被关押的逃奴。④ 截至1843年5月16日停刊时,这份报纸一共发行了20000份。⑤

11月18日,在废奴主义者发动的强大攻势下,波士顿市的治安官下令禁止继续将拉蒂默关押在市监狱中。这让格雷陷入了困境,因为如果由他个人关押,拉蒂默很可能被人救走。他的律师埃尔布里奇·G. 奥斯汀也公开发表声明:"任何将拉蒂默关押在监狱之外的其他地方的企图,即便不会引发杀戮,也会立即释放一个骚乱信号。"于是,格雷作出决定:如果拉蒂默能付给他800美元,就能立即获得自由。在废奴主义者的压力下,格雷把价格降至400美。废奴主义者支付了这笔"巨资",拉蒂默获得了自由。⑥ 这意味着拉蒂默事件在法律意义上的结束。

---

① *Boston Courier*, October 31, 1842; *Emancipator and Free American*, November 3, 1842.
② "Grand Convention of Freemen," *Liberator*, November 25, 1842.
③ *Emancipator and Free American*, November 10, 1842.
④ *Latimer Journal and North Star*, November 11, 1842.
⑤ Mary Ellen Snodgrass, ed., *The Underground Railroad: An Encyclopedia of People, Places, and Operations*, Armonk, N. Y.: M. E. Sharpe, 2008, p. 318.
⑥ *Liberator*, November 25, 1842.

二 "拉蒂默请愿运动"的发起

拉蒂默在 1842 年 11 月 18 日获得自由,的确让很多废奴主义者欢欣鼓舞,但是很多废奴主义者并不满足于此,而是试图取得"更为根本的反奴隶制胜利",即制定新的人身自由法,将他们的反《逃奴法》思想变成"真正的社会意志"。①

其实,在营救拉蒂默的过程中,废奴主义者就已经提出要制定新的人身自由法。10 月 30 日,在波士顿法尼尔大厅举行的公众集会上,代表们就提议向州议会请愿,"要求其通过法律,给任何向逃奴主人颁发证书的法官、因他人被指控为逃奴就将其关押在公共或私人监狱中的治安官和看守,以及任何帮助抓捕、关押和看守逃奴的公职人员都处以刑事罪"②。11 月 3 日,在舍本县举行的公众集会也呼吁州议会制定新的人身自由法,以"禁止公职人员帮忙抓捕逃奴,禁止将奴隶关押在州监狱之中"③。但是,对于如何发动和组织请愿活动,以及具体要制定什么样的人身自由法,废奴主义者内部并没有达成一致意见,加里森派和自由党在这些问题上存在分歧。

加里森派和自由党的"宿怨"由来已久。19 世纪 30 年代中期以来,以威廉·加里森、温德尔·菲利普斯、埃德蒙德·昆西(Edmond Quincy)、安吉利娜·埃米莉·格里姆克(Angelina Emily Grimké)、玛利亚·查普曼·韦斯顿(Maria Chapman Weston)为代表的激进派废奴主义者逐渐走上了更为激进的道德废奴之路。他们认为美国宪法和政治体制是奴隶制的帮凶,以立法、选举等任何传统意义上的政治手段根本无法根除奴隶制;废奴的唯一途径是对全体民众来一场道德革命,使他们认识到奴隶制的罪恶,进而抛弃奴隶制。而且,他们还将妇女权利、性别平等、反政府主义、反教会权利等时人眼中的狂热理念纳入道德革命的范畴,以求最大限度上清除奴隶制的罪恶。与此同时,阿瑟·塔潘等一批相对温和的废奴主义者则认为加里森派的极端煽动只会给废奴运动招来更多的敌人,唯有参与公职竞选、议会立法等政治活动,才能确保废奴事业的稳定发展。双方的矛盾在

---

① *Latimer Journal and North Star*, November 19, 1842.
② *Emancipator and Free American*, November 7, 1842.
③ *Emancipator and Free American*, November 17, 1842.

30年代末期达到顶峰。1840年，女性废奴主义者阿贝·克里（Abbey Kerry）被加里森任命为美国废奴协会行政委员会的成员，遭到了阿瑟·塔潘为首的温和派的强烈反对。温和派退出了美国废奴协会，另行成立"美国和外国反奴隶制协会"，该协会随后在纽约成立了美国第一个废奴主义政党——自由党。①

而且，并肩营救拉蒂默的战斗经历，并没有削弱加里森派与自由党之间的对立。早在10月23日，加里森派就已经率先成立了拉蒂默委员会，由黑人废奴主义者威廉·库珀·内尔（William Cooper Nell）、查尔斯·雷蒙德（Charles Remond）和J. T. 雷蒙德牧师（J. T. Raymond）领导。但是这个委员会的效率低下，在资金募集方面步履蹒跚。与之相比，自由党的营救活动更为高效。拉蒂默的辩护律师塞缪尔·休厄尔就是马萨诸塞州自由党的重要领袖，当时他正作为自由党的候选人参加州长选举。他不仅参与了法庭辩论，还与格雷进行了最后的谈判，成功说服格雷释放拉蒂默。自由党领导的拉蒂默委员会组织了多起公众集会，募集了大量捐款（支付给格雷的400美元就由该委员会募集而来），而且其创办的《拉蒂默杂志和北极星报》很快就成为拉蒂默论战中的重要阵地。但是加里森派对自由党的成就不以为然，他们认为自由党是在借机扩大政党影响力，为正在进行中的州长和州议会选举谋利，而非推动废奴事业的发展。② 1842年11月11日，就在州长选举的前夜，加里森在《解放者报》上刊文，宣称自由党候选人塞缪尔·休厄尔代表的是"那些正在努力消灭美国废奴协会的人"，他的当选与民主党候选人马库斯·莫顿（Marcus Morton）或辉格党候选人约翰·戴维斯（John Davis）的当选没有区别，都会阻碍废奴事业的发展，所以参加投票的废奴主义者应该分散他们的选票。③ 这篇看似公平的评论蕴含着对自由党的敌意，它其实是在号召废奴主义者不要投票给休厄尔。拉蒂默获得自由后，加里森最亲密的战友、著名的废奴主义者玛利亚·查普曼·韦斯顿谴责休厄尔与格雷的讨价还价其实是对废奴事业的背叛和对奴隶制的经

---

① James B. Stewart, *Holy Warriors: The Abolitionists and American Slavery*, pp. 90-96.
② Bruce Laurie, *Beyond Garrison: Antislavery and Social Reform*, New York: Cambridge University Press, 2005, p. 79.
③ *Liberator*, November 11, 1842.

济补偿。① 当然在此期间,双方也曾尝试过合作。在希望缓和矛盾的自由党领袖亨利·英格索尔·鲍迪奇竭力邀请下,加里森和他的几名追随者参加了10月30日在波士顿举行的公众集会,但温德尔·菲利普斯对宪法的"诅咒"却引发了很多自由党人的反感,导致场面一度接近失控。②

11月19日,加里森派和自由党废奴主义者在波士顿市的马尔保罗教堂(Marlboro Chapel)举行公众集会,商谈缓和双方的矛盾,组成统一的反奴隶制战线,以"进一步采取措施保护公民的自由免遭蓄奴势力(slaveholding power)的侵害,并思考宪法赋予公民的废除奴隶制的责任"。这次集会是拉蒂默事件期间所举行的最大规模的公众集会。会议仍是亨利·英格索尔·鲍迪奇发起,自由党承担了会议筹备和组织方面的工作。温德尔·菲利普斯、弗雷德里克·道格拉斯、埃德蒙德·昆西、纳撒尼尔·皮博迪·罗杰斯(Nathaniel Peabody Rogers)、斯蒂芬·西蒙兹·福斯特(Stephen Symonds Foster)、杰里迈亚·博伊尔(Jeremiah Boyle)、帕克·皮尔斯伯里(Parker Pillsbury)等加里森派的核心人物悉数出席。还有三百名加里森派废奴主义者从林恩县和塞勒姆县赶来参会。虽然加里森派和自由党在拉蒂默事件的意义、废奴运动的策略和发展方向等问题上发生了争吵,但最终达成了一致意见:发动一场全州范围的"拉蒂默请愿运动",推动州议会制定新的人身自由法。③

集会通过了《拉蒂默和大马萨诸塞请愿书》(The Latimer and Grand Massachusetts Petition)。这份请愿书其实包含了两个单独的请愿书:致州议会的《马萨诸塞请愿书》(Great Massachusetts Petition)和《致国会请愿书》(Great Petition to Congress)。《马萨诸塞请愿书》包括两点要求:第一,要求州议会制定新的人身自由法,以"禁止所有的州公职人员以任何官方形式,或执行公职为名,帮助或支持(奴隶主)逮捕或关押任何指控为逃奴的人","禁止利用本州的监狱和任何其他的州公共财产来关押任何被指控为逃奴的人";第二,要求马萨诸塞州议会提议修改联邦宪法,以"永远切断马萨诸塞州人民与奴隶制的联系"。《致国会请愿书》则是呼吁马萨诸塞

---

① *Liberator*, December 2, 1842.
② "The Faneuil Hall Meeting," *Boston Courier*, November 10, 1842.
③ *Emancipator and Free American*, November 24, 1842.

州居民直接上书国会，要求其制定法律或修改宪法，以"永远切断马萨诸塞州人民与奴隶制的联系"。① 作为请愿运动的象征，拉蒂默也参与了集会，并在请愿书上签名。②

要求国会修改宪法，这无疑是加里森派的意见。但是如何才能切断奴隶制与马萨诸塞州公民的关系，是废除"逃奴条款"，还是全面废除宪法中对奴隶制有利的条款，请愿书并未作出具体说明。这种模糊的表达其实是加里森派为了与自由党达成一致意见而做出的妥协：他们有意克制和隐藏了长期以来对宪法中的奴隶制条款的深恶痛绝，没有明确提出更加激进的要求。拟订的人身自由法也具有明显的妥协色彩。北部州之前所制定的人身自由法都是"权利指向"的法律，即并没有站在逃奴的立场上，呼吁州议会赋予所谓的逃奴更多的权利；而废奴主义者所提议制定的人身自由法则是"程序指向"的法律，即站在本州全体公民立场上，要求切断奴隶制与本州的一切关联。后者的激进性色彩更淡，更容易赢得多数人的支持，这也与自由党在废奴策略和风格上更为接近。

集会代表决定成立新的拉蒂默委员会（Latimer Commitee），以组织各地的请愿运动，加强请愿运动的效率和影响力。代表们还决定在每个县都举行有关请愿的公众集会，再由参会代表选举成立一个由两人组成的委员会，这些委员会将与拉蒂默委员会联合起来，推动请愿运动的进行。代表们选举产生的委员会成员其实就是自由党拉蒂默委员会的原班人马：亨利·英格索尔·鲍迪奇、威廉·弗朗西斯·钱宁和弗雷德里克·卡博特。这充分体现了加里森派对自由党的组织能力的认可和与自由党合作的真实态度。集会计划在12月22日之前征集到70万个请愿书签名，其中也包括女性的签名。③

美国历史学家布鲁斯·劳里指出，虽然加里森派与自由党在发动请愿运动上达成了一致意见，但是请愿运动的实施加剧了他们之间的矛盾，加里森派和自由党独立进行各自的签名征集活动，二者之间"毫无协调"。④ 但是，根据当时的材料来看，此论有言过其实之嫌。加里森派与自由党在

---

① *Emancipator and Free American*, December 15, 1842.
② *Latimer Journal and North Star*, November 19, 1842.
③ *Emancipator and Free American*, December 8, 1842.
④ Bruce Laurie, *Beyond Garrison*, p.117.

第四章　社会抗争与反奴隶制立法：乔治·拉蒂默案与马萨诸塞州 1843 年人身自由法的制定 | 191

废奴策略上的根本分歧依然存在，但是在推动请愿运动方面，两派之间的确是暂时搁置争议、互相合作的。在多数情况下，加里森派和自由党的确是各自组织请愿签名活动，但二者之间并不是毫无协调。在一些重要的公众集会上，加里森和自由党领袖人物会共同出席，号召人们给请愿书签名。1842 年 12 月 3 日，自由党于波士顿发起了一场征集请愿签名的公众集会。集会由自由党领袖塞缪尔·休厄尔担任主席，他所指定的会议秘书中既有自由党人约书亚·莱维特（Joshua Levitt）、亨利·英格索尔·鲍迪奇，也有加里森派黑人废奴主义者查尔斯·雷蒙德。而且，加里森派废奴主义者埃德蒙德·昆西、温德尔·菲利普斯、弗雷德里克·道格拉斯、弗朗西斯·杰克逊都在集会上发表了长篇演说。① 1843 年 1 月 2 日，加里森派召集米德尔赛斯县（Middlesex County）的居民在康科德（Concord）举行公众集会，拉蒂默的律师、自由党成员阿莫斯·梅里尔也受邀参会，并被选入该县的拉蒂默委员会。② 而且，在加里森派的主要宣传阵地《解放者报》和自由党的喉舌《奴隶解放者与自由美国人报》上③，几乎看不到在请愿问题上谴责对方的消息。④ 一向对自由党和政治废奴主义者持敌视态度的《解放者报》，在每一期上都刊登有《马萨诸塞请愿书》和《致国会请愿书》的全文，及时报道自由党领导的请愿运动的最新进展，呼吁本州公民支持请愿运动。《奴隶解放者与自由美国人报》在报道加里森派的请愿运动方面也是不遗余力。

---

① *Liberator*, December 4, 1842.
② *Liberator*, January 6, 1843.
③ 《奴隶解放者与自由美国人报》是由《奴隶解放者报》和《自由美国人报》在 1841 年 12 月合并而成的。前者是美国废奴协会的官方报纸，美国废奴协会在 1840 年发生分裂之后，该报在倾向于政治废奴主义的约书亚·莱维特（Joshua Levitt）的领导下，很快成为宣称政治废奴策略的大本营；后者则是马萨诸塞州废奴协会的官方报纸，时任主编小伊莱泽·怀特也支持政治废奴主义。两份报纸合并之后，约书亚·莱维特担任主编至 1847 年。在这期间，该报成为加里森主编的《解放者报》的最大竞争者，一直呼吁以政治策略，尤其是政治行动主义（political activism）来推动废奴事业。Leslie M. Alexander and Walter C. Rucker Jr., eds., *Encyclopedia of African American History*, Santa Barbara, Calif.: ABC-CLIO, 2010, pp. 398-399.
④ 笔者查阅 1842 年 11 月 18 至 1843 年月 24 日的《解放者报》，仅发现一起就请愿运动对自由党提出的批评。1842 年 12 月底，加里森在《解放者报》上撰文，批评自由党试图将请愿运动作为政党发展的"政治资本"，使请愿书"沦为实现政党目标的工具"，"损害了请愿运动的道德原则"。*Liberator*, December 23, 1842.

三 废奴主义者的话语策略与公众意见的塑造

尽管加里森派和自由党暂时搁置争议,联合发动了请愿运动,但是要想说服大多数民众,尤其是白人居民同意制定新的人身自由法,绝非易事。一方面,马萨诸塞州早在 18 世纪后期就废除了奴隶制,且该州并不与蓄奴州交界,所以大多数居民对奴隶制的"邪恶"并没有真实的感知;另一方面,在 19 世纪上半期,种族歧视观念在北部州仍然根深蒂固,因而大多数马萨诸塞州居民,尤其是白人男性,对逃奴的权利并不关注。所以,对大多数马萨诸塞州居民尤其是白人居民而言,制定一部新的人身自由法与他们并没有多大的关系。而且,从 19 世纪二三十年代以来,在波士顿、纽约、费城等北部的中心城市,人们已经目睹过多起的逃奴事件和自由黑人被绑架事件,但这些事件并没有引发白人的广泛关注,更没有引发政治回应。[1] 弗雷德里克·道格拉斯就不无讥讽地说道,19 世纪 30 年代的纽约街道是"猎捕黑人运动的最佳场所"[2]。因此,请愿运动的成功与否,很大程度上取决于废奴主义者采取何种话语策略来影响和说服大众。

自共和国成立以来,马萨诸塞州居民一直都以革命者的后代自居,认为"古老的海湾州"(Old Bay State)是"美国自由的摇篮",热爱自由是马萨诸塞州政治体制和全体民众的最重要的特质。[3] 而且,从 1812 年战争到 19 世纪中期,随着爱国纪念活动的增加,美国革命已经不再是一个抽象的概念,美国人可以通过纪念碑、游行、革命遗迹、图画等途径,从感知经验方面认识革命,加深革命与普通人的关系。因此,废奴主义者首先诉诸马萨诸塞州的这种独特的革命遗产,试图以革命的话语和修辞来影响公众意见。

1842 年 10 月 30 日,废奴主义者在波士顿法尼尔大厅举行公众集会,这是整个拉蒂默事件过程中第一场、也是规模最大的公众集会。之所以将

---

[1] Scott Gac, "Slave or Free? White or Black? The Representation of George Latimer," *The New England Quarterly*, Vol. 88, No. 1 (Mar. 2015), pp. 81-82.
[2] Henry Louis Gates Jr., ed., *Life and Times of Frederick Douglass*, New York: Library of America, 1994, p. 648.
[3] Morgot Minardi, *Making Slavery History: Abolitionism and the Politics of Memory in Massachusetts*, p. 72.

集会地点选择在法尼尔大厅，主要是因为废奴主义者深谙法尼尔大厅的重要象征意义：对于 19 世纪的波士顿和马萨诸塞州民众而言，法尼尔大厅可谓是美国革命和自由事业的化身。早在 18 世纪六七十年代，以塞缪尔·亚当斯（Samuel Adams）为首的波士顿激进爱国者们，就在法尼尔大厅举行了多起公众集会，抗议英国的殖民政策。1770 年，在波士顿惨案（Boston Massacre）的次日，塞缪尔·亚当斯在法尼尔大厅召集公众集会，要求英军立即从殖民地撤出。革命之后，波士顿法尼尔大厅成为塑造和影响波士顿人关于革命的历史记忆的重要场所。19 世纪初以来，在法尼尔大厅举行了多次庆祝美国独立的公众集会。1806 年和 1808 年，法尼尔大厅中先后悬挂上两幅巨幅油画，分别展示了乔治·华盛顿与 1776 年多切斯特高地（Dorchester Heights）大捷和将《独立宣言》呈交给大陆会议的场景。拉法耶特侯爵（Marquis of Lafayette）在 1824 年重返美国时，对法尼尔大厅的象征意义作出了相当准确的评价："法尼尔大厅会像纪念碑那样永远伫立，并一直告知世人：反抗压迫是一种责任。"[1] 正因如此，废奴主义者选择在这个"美国的自由发出第一声的地方"举行集会，试图以此来"唤醒人们对革命时期的光荣记忆"，激励人们捍卫"革命者经奋斗获得的自由"，并号召人们"给那些被指控为逃奴的人提供额外的保护"。[2] 埃德蒙德·昆西在演讲中告诉人们，法尼尔大厅就是一个舞台，"见证过革命时期的伟大的戏剧场景"，这次公众集会只是废奴主义者所发起的反对奴隶制的"伟大戏剧的第一出，新的演员和场景将陆续出现"。在伍斯特县（Worcester County）的请愿集会上，代表们愤慨地宣称，奴隶主竟敢在距离法尼尔大厅咫尺之遥的地方将人逮捕为奴，这足以证明南部的奴隶主试图利用它们的卑劣体制来侵犯马萨诸塞州民众的自由。[3]

废奴主义者不断提醒马萨诸塞州居民，默认奴隶主任意抓捕逃奴，或者帮助奴隶主抓捕所谓的逃奴，会损害革命先辈浴血捍卫的自由，有负他们的期望和重托。林恩镇公众集会的决议书讽刺马萨诸塞州的公职人员和法庭协助格雷抓捕拉蒂默，"当富兰克林告诉英国大臣，马萨诸塞民众将不

---

[1] Gary B. Nash, *Landmarks of the American Revolution*, New York: Oxford University Press, 2003, pp. 58-65.

[2] *Emancipator and Free America*, November 7, 1842.

[3] *Liberator*, January 6, 1843.

再为乔治国王支付打扑克的钱时,他不会想到波士顿会支付数百美元去帮助南部的(奴隶)监工去执行那套与人身安全和人身保护令相违背的制度"。① 《解放者报》就这样号召人们参加林恩镇的集会:"丈夫和父亲们!所有人都来吧!就像约翰·汉考克(John Hancock)和约翰·亚当斯当年那样,让这个新的'自由的摇篮'在周五晚上摇起来!"② 一位废奴主义者质问众人,如果革命先辈们目睹了拉蒂默案中所发生的一切,目睹奴隶制对自由的侵犯:"他们会不会认为他们曾经如流水般洒出的鲜血都白流了?"随后他痛斥马萨诸塞州民众对《逃奴法》的容忍辜负了革命先辈的重托:"如果这些就是他们所期待的自由,那么他们就没有必要在长达七年的战争中经历那些危险;他们在乔治三世的父权统治下难道就不能享有这些自由吗?是的,即便在俄国沙皇尼古拉斯或梅特涅的治下,他们也能享有这些自由。"③ 《废奴标准报》(Anti-Slavery Standard)则呼吁人们不要忘记革命先辈们"洒在莱克星顿和康科德的鲜血",要奋起守护"邦克山上的自由心灵的堡垒"。④ 有人写了一首题为《奴隶的律师》的讽刺诗,在赞美了马萨诸塞州的建国之父、《独立宣言》和联邦宪法签署者埃尔布里奇·格雷(Elbridge Gerry)为了自由和正义事业进行的英勇奋战之后,转而嘲讽他的外孙、格雷的律师埃尔布里奇·G. 奥斯汀——

> 啊!这个幸运的奴隶主!
> 他赢得了一个命运很少眷顾给他人的机遇。
> 在抓捕一个逃奴时,他遇到了两个奴隶,
> 在这清教徒的土地上,此等良机真罕见!
> 但是,格雷之孙,纵然你委身陋室,
> 纵然你自诩像拉蒂默一样可怜,
> 当你亲手为自己挂上锁链,
> 再将你与你的祖父相比,简直就是丢他的脸!⑤

---

① "Great Meeting at Lyceum Hall, in Lynn," *Liberator*, November 11, 1842.
② *Liberator*, November 4, 1842.
③ "Remarks of Edmond Quincy," *Liberator*, November 11, 1842.
④ "Honor to Brave Old Massachusetts," *Anti-Slavery Standard*, November 17, 1842.
⑤ *Latimer Journal and North Star*, November 14, 1842.

废奴主义者所使用的另一个话语策略是宣称奴隶制进入了马萨诸塞州，将对马萨诸塞州全体公民的权利和自由带来巨大侵害。《解放者报》明确指出，"在所有的请愿集会中，人们最应考虑一个现实问题：马萨诸塞州的奴隶制"[1]。一位废奴主义者在号召民众参加林恩县的请愿集会时，宣称请愿运动目的就是"唤醒更多的马萨诸塞人"，让他们意识到"奴隶制已经入侵了我们的土地"[2]。塞勒姆县集会的决议书提醒人们，"从拉蒂默案的结果来看，自由稍占上风"，但是"当我们在庆祝乔治·拉蒂默获得自由的时候，却忽略了此案所涉及的另一个重要问题，这个问题的重要性完全不亚于拉蒂默被非法囚禁"，即"奴隶制已经踏入了马萨诸塞州的土地，我们应竭尽全力将马萨诸塞州和他的公民从奴隶制的束缚中解脱出来"[3]。

废奴主义者全方位解读了拉蒂默案中的种种"非法"行为，以此证明奴隶制已经进入马萨诸塞州。汉普夏县（Hampshire County）的集会决议书指出，"与联邦最高法院对普利格诉宾夕法尼亚案的判决一样，马萨诸塞州最高法院在拉蒂默案中的判决也支持了一个原则：任何一个公民，一旦被指控为奴隶，就失去了陪审团审判和人身保护令这些古老而神圣的权利"，这意味着"马萨诸塞州将沦为南部奴隶绑匪的狩猎场，所有的男人、女人和孩子都将被暴露在奴隶主的贪欲之下"；而"马萨诸塞州民众和他们的公职人员支持现存的奴隶法和联邦政府的契约"，公职人员甚至帮助奴隶主抓捕无辜受害者，"证明马萨诸塞州已经参与了奴隶制的邪恶"[4]。米德尔赛斯县请愿集会的代表一致认为，马萨诸塞州的法庭和公职人员在拉蒂默案中的种种行为，包括像囚禁重罪犯一样非法关押拉蒂默、拒绝让牧师进入监狱给拉蒂默受伤的心灵带来宗教慰藉、为了奴隶主的私人利益而不恰当地使用由纳税人修建的公共设施——监狱，都表明奴隶制已经控制了马萨诸塞州的政府，"奴隶主与以正义自诩的公职人员已经沆瀣一气"[5]。埃塞克斯县（Essex County）的公众集会则更加明确地指出，拉蒂默案让人们清楚地知道了北部州与奴隶制的关系："自由人在北部的土地上遭到追捕，并被套

---

[1] *Liberator*, December 23, 1842.
[2] *Liberator*, December 30, 1842.
[3] *Emancipator and Free American*, December 1, 1842.
[4] *Liberator*, January 20, 1843.
[5] *Liberator*, January 6, 1843.

上枷锁；北部的监狱成为囚禁无辜之人的场所；北部的公职人员成为依靠不劳而获过着奢靡的生活、买卖人类骨肉之人的奴仆；北部人的自由和权利遭到奴隶制的践踏、漠视和欺凌。"①

废奴主义者还不断强调奴隶制的"入侵"将给马萨诸塞州带来伤害。在舍本县的公众集会上，代表们将奴隶制等同于暴政，声称："如果南部的奴隶主像法国的暴君那样，有权发布密令逮捕任何他声称是奴隶的人，将其关押起来，直至让轻信且卑劣的法官相信其所炮制的被关押者是奴隶的证据，那么我们的监狱就成了巴士底狱，我们的法庭就成了暴君意志的回声筒，民众的自由就仿佛处于罗马帝国暴君尼禄（Nero）和图密善（Domitian）统治之下。"在拉蒂默运动中声名鹊起的弗雷德里克·道格拉斯则以另外一种方式宣扬奴隶制的威胁：先着力痛斥南部奴隶制的种种罪行，然后告诉听众，这些罪行已经或即将在马萨诸塞州盛行。1842年11月6日，在新贝德福德县的公众集会上，他在一次著名演讲中宣称——

> 我们无须前往路易斯安那州的甘蔗地，抑或阿拉巴马州的稻田，去发现摧毁灵魂的奴隶制的血腥行径，在这个清教徒的城市里我们就能发现这些。在未来，我们无须打开诺福克、里士满、莫比尔（Mobile）或新奥尔良的那些可怕、血腥的奴隶监狱，去描述可怜的囚徒们悲惨、绝望的处境，听到他们发出的声震云霄、感动上帝的悲号；无须（去南部）聆听奴隶监工们挥动血腥皮鞭的声音……在你们的家乡，就能目睹所有这些残酷。②

更多的废奴主义者声称，奴隶制的入侵，会使邪恶的支持奴隶制的法律和联邦法律中屈服于奴隶制的条款凌驾于马萨诸塞州宪法和权利法案之上，侵犯马萨诸塞州民众所享有的不可被剥夺的自然权利，尤其是人身保护令、保释令、陪审团审判等基本的人身自由权，而一旦这些人类所享有的最重要的权利被剥夺，民众的其他权利也将面临危险。③ 更重要的是，

---

① *Emancipator and Free American*, December 22, 1842.
② *Liberator*, November 18, 1842.
③ *Liberator*, December 9, 1842; *Emancipator and Free American*, November 17, 1842.

第四章　社会抗争与反奴隶制立法：乔治·拉蒂默案与马萨诸塞州1843年人身自由法的制定 | 197

"奴隶制源自压迫"，是"违背上帝之法和自然权利的严重罪恶"，即便来到马萨诸塞州这片自由的土地上，它的这一特质也不会改变，它会诱使原本"热爱自由、博爱、虔诚、勤劳"的马萨诸塞州民众变得"专制、残酷、虚伪、热衷不劳而获"，使这个"自由的摇篮"堕落为"南部奴隶主的猎奴场"。①

虽然废奴主义者一再强调奴隶制给马萨诸塞州民众带来的巨大侵害，但是他们在请愿运动中并没有鼓动人们全面废除奴隶制，而是强调要"回归常态"，即回到奴隶制"入侵"之前的自由状态。在波士顿、林恩、牛顿（Newton）、普利茅斯（Plymouth）等城市的公众集会上，代表们都要求切断马萨诸塞州与奴隶制的联系，让"奴隶主及其所附带的罪恶不能抵达自由的土地"②。楠塔基岛（Nantucket Island）的请愿集会集中表达了这个观点："如果南部需要奴隶制，它应该自己拥有奴隶制就好了……我们与奴隶制没有任何关系……所有人都应当知道，在整个北部地区，同时跳动着这一个永不衰竭的强大脉搏——自由！"③ 美国学者琼·波普·梅莉什（Joan Pope Melish）指出，从内战之前，新英格兰地区的居民经历了一个所谓的"否认奴隶制"的过程，即将奴隶制曾在新英格兰地区存在过的事实从集体记忆中抹去，以缓解奴隶制的存在给他们带来的良知和道德上的不安。④ 而废奴主义者利用拉蒂默案，有意将奴隶制与马萨诸塞州联系起来，以此鼓动人们制定反对奴隶制的法律，可谓是一招妙棋。

值得注意的是，虽然有少部分黑人废奴主义者也参与了请愿运动，但是种族话语却成为大多数废奴主义者潜在的话语策略。从拉蒂默被捕到请愿运动期间，废奴主义者一直在强调他的相貌特征近似于白人："肤色很浅""头发很直且颜色较深""长相不错"。⑤《拉蒂默和北极星报》的创刊号上，就印着几个大字——"北部的白人奴隶"。⑥ 在塞勒姆县的请愿集会

---

① *Liberator*, December 9, 1842; *Liberator*, December 30, 1842; *Liberator*, January 20, 1843.
② *Liberator*, November 11, 1842; *Emancipator and Free American*, December 15, 1842; *Emancipator and Free American*, November 17, 1842; *Anti-Slavery Standard*, November 17, 1842.
③ *Liberator*, December 20, 1842.
④ Joan Pope Melish, *Disowning Slavery: Gradual Emancipation and Race in New England, 1780-1860*, Ithaca: Cornell University Press, 1998, pp.3-5.
⑤ *Liberator*, October 28, 1842; *Liberator*, November 4, 1842; *Emancipator and Free American*, November 17, 1842; *Emancipator and Free American*, December 22, 1842.
⑥ *Latimer Journal and North Star*, November 11, 1842.

上，一位废奴主义者不无夸张地说："与之前的逃奴相比，他的肤色更浅，头发更直、颜色更浅，完全可以被当作白人。如果一个跟他不熟的人要根据人的长相从所有听众中选出一个被公认的奴隶，那么乔治·拉蒂默肯定是最后一个被怀疑的对象。"① 与此同时，废奴主义者也认为拉蒂默拥有高于一般奴隶的智力水平。加里森和纳撒尼尔·皮博迪·罗杰斯都发现，与其他的逃奴相比，拉蒂默"语言表达不够流畅"，但是他"讲话很聪明，把故事讲得非常好"，而且"他对别人问题的回答也很得体"。②有些废奴主义者盛赞拉蒂默的记忆力，认为"他对事件的记忆非常准确，而且非常关注细节"③。而且，在废奴主义者加工过的"拉蒂默自述"中，拉蒂默不像是一名奴隶，更像是一名依靠积极劳动而养活自己的雇工，他先后当过银行保安、煤炭测量员、杂货店店员和赶车人。④ 这其实是在暗示马萨诸塞州的白人，拉蒂默不是他们印象中的那种"懒惰、不愿意工作"的奴隶，而是像白人一样积极工作、独立自主。在请愿运动中，拉蒂默出席了多场公共集会，向人们展示着他拥有着与白人近似的肤色、智力水平和以劳动追求独立的意愿。在种族主义根深蒂固的北部州，废奴主义者的这套话语策略具有强大的说服力。正如美国学者朱莉·罗伊·杰弗里（Julie Roy Jeffrey）所言，越是强调逃奴与白人的相似性，越让白人认识到"白色"所具有的优越性和崇高性，就越能让白人意识到奴隶制的不合理性：它竟然把与白人近似的人奴役起来，让其丧失自由和尊严。而且，这还会让北部的白人产生恐惧感，他们自己会不会有朝一日也遭到奴隶主的奴役？⑤

总体而言，革命话语、奴隶制话语和种族话语都具有一个共同的特征：避而不谈赋予逃奴或自由黑人更多的权利这一大多数白人都不感兴趣或反感的话题，而是站在大多数白人居民的立场上，呼吁保护他们的自由和权利。通过这些话语策略，废奴主义者成功地将他们的少数派观念转变为可以被大众所接受的观念，影响和塑造了公众在制定人身自由法问题上的意

---

① *Liberator*, December 9, 1842.
② *Liberator*, January 20, 1843.
③ *Latimer Journal and North Star*, November 23, 1842.
④ "Latimer's Life," *Latimer Journal and North Star*, November 23, 1842.
⑤ Julie Roy Jeffrey, *Abolitionists Remember: Antislavery Autobiographies and the Unfinished Work of Emancipation*, Chapel Hill: University of North Carolina Press, 2008, pp. 71-72.

第四章　社会抗争与反奴隶制立法：乔治·拉蒂默案与马萨诸塞州1843年人身自由法的制定 | 199

见。截至1843年2月1日，拉蒂默委员会共收集到62791份《马萨诸塞请愿书》和48000份《致国会请愿书》。①《马萨诸塞请愿书》的数量接近当时马萨诸塞州人口总数的1/10，②而《致国会请愿书的》的数量超过了1825年至1843年废奴主义者递交给国会的请愿书的数量总和。③这些请愿书上签名绝大多数来自白人，因为截至1840年，马萨诸塞州的自由黑人数量仅为8669人，只占人口总数的1.2%。④历史学家斯蒂芬·戴维·坎特罗威茨（Stephen David Kantrowitz）感叹道："废奴主义者从未对公众意见产生如此巨大的影响，大众运动也从未如此快速地取得反奴隶制斗争的胜利。"⑤

四　马萨诸塞州1843年人身自由法的制定

1843年2月1日，加里森派和自由党在法尼尔大厅举行集会，商讨将请愿书分别上交到马萨诸塞州州议会和联邦国会。这次会议由自由党领袖、拉蒂默委员会成员亨利·英格索尔·鲍迪奇组织。为了淡化集会的党派色彩，扩大请愿运动的影响力，他还邀请一些对奴隶制反感的"良知派辉格党人"（Conscience Whigs）⑥参会，其中包括约翰·昆西·亚当斯之子、马萨诸塞州国会众议员查尔斯·弗朗西斯·亚当斯。会议最终委托查尔斯·弗朗西斯·亚当斯将关于制定人身自由法的《马萨诸塞请愿书》立即呈交

---

① *Liberator*, Feburay 2, 1843.
② 根据马萨诸塞州卫生委员会（State Board of Health of Massachusetts）的统计，马萨诸塞州在1842年的人口总数为783116人。Annual Report of the State Board of Health of Massachusetts, Volume 28, Boston: Wright & Potter, 1897, p. 721.
③ 据美国学者统计，1824年至1843年，北部废奴主义者向国会递交的请愿书和备忘录共计18583份。Jeffery A. Jenkins, Charles Stewart III, "The Gag Rule, Congressional Politics, and the Growth of Anti-Slavery Popular Politics," paper presented at the 2005 annual meeting of the Midwest Political Science Association, April 7-10, 2005, Chicago, p. 5.
④ Hanes Walton Jr., Sherman C. Puckett and Donald Richard Deskins, eds., *African American Electorate: A Statistical History*, Vol. 1, Thousand Oaks, Calif.: CQ Press, 2012, p. 120.
⑤ Stephen David Kantrowitz, *More than Freedom: Fighting for Black Citizenship in a White Republic, 1829-1889*, pp. 319-320.
⑥ 19世纪30年代中期以来，一些棉花生产商取代了商人阶层，获得了马萨诸塞州的辉格党的领导权，他们因与南部棉花种植园有密切的经济联系，对反奴隶制事业持疏远的态度，被称为"棉花派辉格党人"（Cotton Whigs）；40年代以来，一批年轻辉格党人，其中包括马萨诸塞州商人家族的后代，开始挑战"棉花派辉格党人"的主导权，他们因道德上反对奴隶制而被称为"良知派辉格党人"。Reinhard O. Johnson, "The Liberty Party in Massachusetts, 1840-1848: Antislavery Third Party in the Bay Sate," in John R. McKivigan, ed., *Abolitionism and American Politics and Government*, New York: Garland Pub., 1999, pp. 119-121.

给马萨诸塞州议会，并委托他的父亲将《致国会请愿书》适时呈交国会。查尔斯·弗朗西斯·亚当斯随后成立了"马萨诸塞州参众两院特别联合委员会"（The Joint Special Committee of the Senate and House of Representatives of the State of Massachusetts），以研究请愿书的具体内容，并拟订新人身自由法的提案。委员会并没有"闭门造车"，而是让废奴主义者也参与到讨论中来，塞缪尔·休厄尔和温德尔·菲利普斯都曾给委员会提过意见。①

2月中旬，当查尔斯·弗朗西斯·亚当斯将所有的请愿书递交至州议会时，在场的所有人都震惊了：请愿书加起来有半英尺高，重达150磅。② 亚当斯随后提交了委员会的报告和人身自由法的提案。这份由查尔斯·弗朗西斯·亚当斯所撰写的报告，部分体现了废奴主义者在拉蒂默论战中所提出的反《逃奴法》思想。亚当斯首先指出，宪法在保护公民自由方面存在缺陷。根据目前的宪法规定，一个自由公民，仅仅因为被奴隶主指控为逃奴，就会被抓捕起来；而且，"一旦某个粗心或卑鄙的治安官与贪婪的奴隶贩子串通一气，保释令、人身保护令和陪审团审判这些无比重要的公民权就变成一纸空文"；如果找不到处理这个问题的方法，每个人的自由权都有可能遭到类似的侵犯。亚当斯随后又对法官所持有的法律实证主义态度表示不满。他指出，处理逃奴问题的法官普遍认为"法庭在解释宪法时，必须要将宪法的规定作为唯一恰当的依据，不能制定任何具有更普通意义的解释规则"。在亚当斯看来，"这种观点虽然是合理的，但是对于维持自由体制而言，它却不是最合适的"，法官们在解释宪法的某个或全部条款时，不能完全依靠宪法的具体规定，而应该遵循"宪法所蕴含的普遍精神和最高目标"，"宪法的序言正是其普遍精神和最高目标的完美体现"。③

但是亚当斯的报告远谈不上激进。亚当斯认为，"法律、判例和宪政安排"对于维持社会稳定和法治传统至关重要，所以他并没有从根本上否定自由州归还逃奴的宪法责任，也没有否定普利格诉宾夕法尼亚案的判决。亚当斯又指出，尽管宪法"逃奴条款""违背了自由原则"，而且与"宪法中其他所有保护公民福祉的条款相冲突"，但是既然它目前仍是宪法的一部

---

① *The Latimer Journal and North Star*, May 10, 1843.
② *The Latimer Journal and North Star*, May 10, 1843.
③ *Massachusetts House Journal*, No. 41, 1843, pp. 19-28.

分，我们无权反抗它，"我们唯一能做的就是尽量限制它实施的范围，并尽可能地确保该条款的实施不与本州政府和公民的自由产生冲突"。① 亚当斯对普利格诉宾夕法尼亚案的判决深恶痛绝，认为这个判决"摧毁了人通过保释令来对抗非法抓捕的普通法权利"，展现了一个"令人震惊的事实"——"对美国人而言，让奴隶继续处于被奴役状态，似乎比维持自由人的自由更为重要"。但是他强调，无论这个判决在多大程度上"根本性地违背了共和政府的最崇高的原则"，它都"足以成为一种法律"，应该被遵守。② 如何才能既遵循这一判决，又将其危害性降到最低？亚当斯的解决方案是不合作，即不让州政府、公职人员和公民参与逃奴案。据此，亚当斯提出了《进一步保护人身自由权法案》（An Act Further to Protect Personal Liberty），该法案的内容与《大马萨诸塞请愿书》几乎完全一致。③ 至于请愿书中提到的修改宪法的要求，亚当斯将其替换为要求废除宪法中的"五分之三条款"。

1843年3月23日，亚当斯的人身自由法提案几乎未经任何讨论就在州众议院通过。次日，州参议院以25票比3票的绝对优势再次通过此提案。24日，州长马库斯·莫顿签署了该法案，标志着马萨诸塞州1843年人身自由法正式生效。④ 该人身自由法因直接产生于拉蒂默案，也被称作"拉蒂默法"。其具体内容如下——

1. 本州记录法庭（court of record）中的任何法官或任何治安官，从此之后一概不能受理1793年联邦《逃奴法》所引发的案件，也不能给任何声称本州管辖范围内的其他是逃奴的人提供证书。

2. 任何县治安官（sheriff）、具副治安官（deputy-sheriff）、验尸官（coroner）、城镇治安官（constable）、监狱看守（jailer），以及其他的公职人员，从此之后一概不能以某人被指控为逃奴为由，将其逮捕、监禁或关押在任何一所属于州、县、市、乡镇的监狱和其他建筑中，或协助将其关押在任何一所属于州、县、市、乡镇的监狱和其他建筑中。

---

① *Massachusetts House Journal*, No. 41, 1843, p. 10, 29.
② *Massachusetts House Journal*, No. 41, 1843, p. 4, 10, 27.
③ *Massachusetts House Journal*, No. 41, 1843, pp. 36–37.
④ *The Latimer Journal and North Star*, May 10, 1843.

3. 违背第二条规定的所有州公职人员，将被处以 10000 美元以下的罚款和一年以内监禁。①

马萨诸塞州 1843 年人身自由法在尊重联邦最高法院对普利格诉宾夕法尼亚案的判决和不挑战联邦宪法的前提下，对奴隶制进行了打击，代表了北部州人身自由法发展的新高度。早在制宪会议时期，自由州就已经表达出不愿意积极参与维持奴隶制的意愿，但是它们从未尝试过将州完全从逃奴抓捕过程中剥离出来。宾夕法尼亚州 1820 年人身自由法禁止市政官和治安法官参与实施 1793 年联邦《逃奴法》，但很快就被废除。而且，即便是这部法律，也没有禁止州和地方法庭受理逃奴案件。马萨诸塞州 1843 年人身自由法虽然没有赋予逃奴更多的权利，却给奴隶主抓捕和引渡逃奴设置了更多的障碍。如果没有熟悉本地情况的公职人员的帮助，奴隶主抓捕逃奴的难度和成本会增加。禁止将逃奴关押在州监狱中，也是在给奴隶主出难题，因为如果将逃奴关押在守备力量不足的私人监狱中，逃奴再次逃跑或被营救的可能性就大大增加。如果法庭严格遵守 1793 年联邦《逃奴法》和联邦最高法院对普利格诉宾夕法尼亚案的判决，奴隶主在有关逃奴案的诉讼中几乎没有败诉的可能，他们抓捕逃奴的行为就具有十足的合法性。禁止法庭受理逃奴案，可以在一定程度上避免让自由州法庭沦为奴隶主的工具。

马萨诸塞州 1843 年人身自由法使得逃奴抓捕、关押和引渡的每一个环节都失去了州政府的保护，非常有利于同情逃奴者藏匿或营救逃奴，因而废奴主义者对这部法律大加赞赏。加里森认为这部法律"将有效地终结在马萨诸塞州抓捕逃奴的行为"，其实际效果相当于"解放了所有从南部逃来的奴隶"。②《拉蒂默和北极星报》认为，这部法律会阻止从马萨诸塞州引渡任何逃奴，而且其所体现的原则将"迅速传遍整个自由州，促使它们制定同样的法律"③。著名的废奴主义诗人约翰·格林利夫·惠蒂尔在《马萨诸塞致弗吉尼亚》一诗中盛赞 1843 年人身自由法将给马萨诸塞州带来巨大的

---

① An Act Further to Protect Personal Liberty, 1843. 马萨诸塞州图书馆：http://hdl.handle.net/2452/93548，访问日期：2015 年 3 月 20 日。
② *Liberator*, April 7, 1843.
③ *The Latimer Journal and North Star*, May 10, 1843.

改变:"边境上将永无奴隶猎手! ——海边将再无海盗! 海湾州将永无枷锁! 我们的土地上将再无奴隶!"①

第三节 马萨诸塞州和北部地区反奴隶制政治的发展

马萨诸塞州 1843 年人身自由法是普利格诉宾夕法尼亚案判决后,北部州通过的第一部人身自由法,也是第一部完全由废奴主义者推动制定的人身自由法,而乔治·拉蒂默案则是自由州第一起"轰动性"逃奴案。因此,乔治·拉蒂默案和马萨诸塞州 1843 年人身自由法的制定,对北部州反奴隶制政治的发展产生了非常重要的影响。

一 马萨诸塞州反奴隶制政治的发展

马萨诸塞州 1843 年人身自由法通过之后,废奴阵营的报纸上一片铺天盖地的赞誉之声,与之形成鲜明对比的是,辉格党和民主党的报纸反应冷淡。民主党主要的报纸几乎没有提及此事,辉格党的报纸则拐弯抹角地批评州议员"被公众意见所胁迫",在"匆忙"之中通过了"原本不应被通过的法案"。② 这充分体现了 19 世纪 40 年代初期,奴隶制问题在马萨诸塞州政治中的尴尬处境:即便通过了与奴隶制有关的法律,两大政党仍不愿意公开提及奴隶制问题。马萨诸塞州参众两院之所以未经怎么讨论就迅速通过了人身自由法,或许就是为了迅速平息拉蒂默案引发的争议,让奴隶制问题从州政治中消失。但是,拉蒂默案和马萨诸塞州 1843 年人身自由法对马萨诸塞州奴隶制政治的影响远远超出了两大政党的控制范围。

首先,拉蒂默事件直接推动了自由党的兴起。拉蒂默事件发生时,正值马萨诸塞州 1842 年州大选。虽然自由党一直坚称,其支持营救拉蒂默和发动立法请愿运动,不是为了政党利益考虑,但自由党在此过程中的出色组织和宣传工作,的确吸引了一些加里森派支持者的选票。1842 年 10 月,

---

① John Greenleaf Whittie, "Massachusetts to Virginia," http://addl.org/signalofiberg/SL.18430213-pl-o, 访问日期: 2023 年 2 月 5 日。
② *Boston Atlas*, April 13, 1843.

安妮·沃伦·韦斯顿（Anne Warren Weston）在给姐姐安妮的信中抱怨新贝德福德县的废奴主义者也参加了自由党的竞选演讲，甚至投票给他们。但是安妮回信指出，这些废奴主义者的做法固然是"错误的"，但是"在这种情况下，他们确实很难判断到底怎样做才是对的"。① 而且，自由党竞选纲领虽然以反对奴隶制为中心，但打出的口号是抵制南部奴隶主权势的压迫和入侵，捍卫北部民众的自由和权利。② 这其实与废奴主义者在立法请愿运动的话语策略如出一辙，很容易被不是废奴主义者的选民所接受。卡明顿县（Cummington County）的 J. S. 斯塔福德（J. S. Stafford）在给他的"同道中人"（sympathetic soul）、加里森派废奴主义者弗朗西斯·杰克逊的信中，指责他的邻居违背了"废奴事业的真正原则"，打算投票给自由党，"与邪恶的政治体制同流合污"，而且这些人竟然谴责"加里森和他的追随者"。③ 在 1842 年 12 月底的最终选举中，自由党在马萨诸塞州参众两院获得了史无前例的 10 个席位。④ 与辉格党和民主党相比，自由党当选的席位是有限的，但是一旦民主党或辉格党无法形成多数派时，自由党的那几张选票就显得尤为重要。比如在随后进行的马萨诸塞州众议院议长选举中，民主党和共和党的候选人各得 22 张选票，自由党自然就成为打破僵局的力量。自由党人借机与辉格党达成协议：他们将票投给反对奴隶制的辉格党议员 H. A. 柯林斯（H. A. Collins），换取辉格党对废奴主义者所提出的种族间通婚法案的支持。⑤ 这充分表明，自由党已经像楔子一样钉入马萨诸塞州的政党体系之中，为奴隶制问题进入州政治打开了缺口。在此后数年中，自由党利用其在辉格党和民主党之间的调节者的身份，不断推动马萨诸塞州的政治向反对奴隶制的方向扩展。

其次，受拉蒂默案和立法请愿运动的影响，一些原本就对奴隶制不满的辉格党人开始成为反奴隶制政治的支持者，对马萨诸塞州的政党政治的

---

① Anne Warren Weston to Deborah Weston, October 22, 1842. Quoted in Amber D. Moulton, *The Fight for Interracial Marriage Rights in Antebellum Massachusetts*, Cambridge, Massachusetts: Harvard University Press, 2015, p. 140.
② *Emancipator and Free American*, November 17, 1842; *Emancipator and Free American*, December 13, 1842.
③ J. S. Stafford to Francis Jackson, July 25, 1843.
④ *Emancipator and National Republican*, December 17, 1842.
⑤ Bruce Laurie, *Beyond Garrison*, p. 80.

格局产生了深远影响。自1834年以来，辉格党一直控制着马萨诸塞州的政坛。但是从1838年开始，民主党开始缩小与辉格党的差距。一方面，1837年经济危机使民主党的反银行、反公司利益的观点被更多人接受；另一方面，辉格党在1838年制定的有利于禁酒的法案引发了很多人的不满。在1839年地方选举中，民主党候选人马库斯·莫顿当选为州长，民主党的选票增加了24%。[1] 为了维持传统的优势地位，一些对奴隶制持反对态度的年轻的辉格党人开始寻求与自由党的合作。而拉蒂默案正好为双方的合作提供了机会。在此过程中，部分辉格党人对自由党的政治废奴策略有了更深入的认识，开始成为政治废奴主义者。查尔斯·弗朗西斯·亚当斯就是其中的代表性人物。

1842年12月，民主党和辉格党在选举中势均力敌，查尔斯·弗朗西斯·亚当斯在给父亲约翰·昆西·亚当斯的信中说，为了竞选的胜利，他必须要争取到自由党的选票，但是他需要非常小心，以免疏远了自己所处的辉格党。他同时指出："拉蒂默被捕以来的事件表明，自由党有一些很不错的原则……比如对奴隶主权势的进攻和对自由事业的有节制的坚持……但是我们希望我们只借鉴这些原则，不要成为自由党人。"[2] 1月中旬，当有传言说他已经被废奴主义者选为人身自由法请愿书的递交人时，他非常焦虑，担心如果传言成真，自己将会被归为废奴主义者。他在日记中写道，"我不愿成为他们（废奴主义者）的奴隶，如果他们认为我应该义无反顾地全盘接受他们的幻想，我就立刻让他们跌破眼镜"。[3] 当拉蒂默委员会在1月底正式邀请他参加1843年2月1日在法尼尔大厅举行的集会，希望由他将请愿书呈交到州议会时，查尔斯·弗朗西斯·亚当斯还犹豫不决。他担心如果公开为人身自由法呐喊，自己有可能会被贴上废奴主义者的标签，之前的朋友可能会因此疏远自己；但他同时又觉得自己不能避开这个正义的事业。[4] 查尔斯·弗朗西斯·亚当斯最终决定参加集会。废奴主义者在请愿方面取得的巨大

---

[1] Michael F. Holt, *The Rise and Fall of the American Whig Party*, New York: Oxford University Press, 1999, p.82.

[2] Charles Francis Adams to John Quincy Adams, December 16, 1842, Quoted in Amber D. Moulton, *The Fight for Interracial Marriage Rights in Antebellum Massachusetts*, Cambridge, Massachusetts: Harvard University Press, 2015, p.131.

[3] *Charles Francis Diary*, January 2, 1843, 马萨诸塞州历史协会第86号，缩微胶卷。

[4] *Charles Francis Diary*, January 29-30, 1843, 马萨诸塞州历史协会第86号，缩微胶卷。

成功,给查尔斯·弗朗西斯·亚当斯以极大的震撼。当晚,他在日记中写道,递交请愿书"可能是我一生中最值得回忆的事情。我为自己被选中而感到非常自豪。因为今天所发生的辩论,无论遭到任何以煽动罪名施加于我的指责,我都将欣然让自己的名字与共和政府的真正原则永远联系起来"①。这可谓是查尔斯·弗朗西斯·亚当斯完全投身废奴事业的宣言。此后数年中,查尔斯·弗朗西斯·亚当斯与积极参与了拉蒂默营救过程的辉格党人查尔斯·萨姆纳(Charles Summer)一起②,成为马萨诸塞州辉格党中反奴隶制派的领袖,在反对奴隶制扩张的过程中发挥了重要作用。

马萨诸塞州1843年人身自由法通过之后,查尔斯·萨姆纳对法律的实际效果表示怀疑,他认为在1793年联邦《逃奴法》仍然存在的情况下,逃奴的境况得不到实质性的改变。③ 后世的很多学者也持类似的看法,认为人身自由法并没有给1793年联邦《逃奴法》带来实质性的挑战,其实际影响有限。但是如果仔细观察马萨诸塞州1843年人身自由法对马萨诸塞州的反联邦《逃奴法》运动的影响,会发现上述观点存在偏差。马萨诸塞州1843年人身自由法禁止所有的马萨诸塞州公民和公职人员帮助抓捕、关押和引渡逃奴,这实际上是给马萨诸塞州的废奴主义者发出一个信号:你们可以帮助逃奴逃跑。于是,在19世纪40年代,马萨诸塞州发生了多起营救逃奴的事件,而每一起轰动性的事件,都会像拉蒂默事件一样,成为宣称反对奴隶制和《逃奴法》思想、增强废奴运动影响力的契机。

其中,影响最大的一起逃奴事件发生在1846年。一位名叫乔(Joe)的黑奴从路易斯安那州逃走,隐藏在一艘轮船上抵达波士顿,船主约翰·H.皮尔逊(John H. Pearson)发现他之后,赶在营救他的人到来之前,立即将他送回到路易斯安那州。④ 此举引发了波士顿市的废奴主义者和逃奴同情者

---

① *Charles Francis Diary*, February 1, 1843, 马萨诸塞州历史协会第86号,缩微胶卷。
② 关于查尔斯·萨姆纳在拉蒂默事件中的表现,可参见 John T. Cumbler, *From Abolition to Rights for All: The Making of a Reform Community in the Nineteenth Century*, Philadelphia: University of Pennsylvania Press, 2008, pp. 71-72。
③ Thomas D. Morris, *Free Men All: The Personal Liberty Laws of the North*, 1780-1861, p. 115.
④ *Address of the Committee Appointed by a Public Meeting, Held at Faneuil Hall, September 24, 1846, for the Purpose of Considering the Recent Case of Kidnapping from Our Soil, and of Taking Measures to Prevent the Recurrence of Similar Outrages: With an Appendix*, Boston: White & Potter, printers, 1846, pp. 1-4。

的强烈不满。9月24日，已经79岁的约翰·昆西·亚当斯在法尼尔大厅召集了公众集会，痛斥1793年联邦《逃奴法》使"绑架黑人的罪恶扩展到自由州"，号召马萨诸塞州民众团结起来，"热情地给所有逃奴提供帮助和支持，像保护自己的权利和特权一样去保护逃奴"，他还呼吁大家"将逃奴追捕者视为人类的敌人，不给他们提供任何援助或建议"。① 根据亚当斯的建议，集会成立了治安委员会（Vigilance Committee），以给逃奴提供更加及时、充分的保护。② 在此后数年中，治安委员会在营救逃奴方面起到重要作用。治安委员会的总代理人宣称，他们每周可以营救两名逃奴。治安委员会还积极募集资金，召集公众集会，并给逃奴提供法律援助。而且，在治安委员会内部，同时存在黑人废奴主义者、加里森派和自由党人，协作营救和援助逃奴，增加了他们之间的交流和理解，进而促进了废奴运动的发展。③

不断地援助和营救逃奴，使马萨诸塞州在奴隶制政治中趋向激进。正因如此，1850年联邦《逃奴法》通过之后，马萨诸塞州的反应异常激烈。对此，一位报纸编辑感叹道："如果说南卡罗来纳州是奴隶制的堡垒，那么古老的海湾州就是奴隶制最顽强的敌人！"④

二 "拉蒂默论战"与反联邦《逃奴法》思想的发展

拉蒂默案所持续的时间还不足两个月，但是由于废奴主义者的大力报道和宣传，拉蒂默案迅速成为一起爆炸性的公众事件，很多人在报纸、小册子和公众集会上发表对此案的看法，引发19世纪50年代之前最大规模的有关逃奴问题、联邦《逃奴法》和人身自由法的公共辩论，史称"拉蒂默

---

① *Address of the Committee Appointed by a Public Meeting, Held at Faneuil Hall, September 24, 1846, for the Purpose of Considering the Recent Case of Kidnapping from Our Soil, and of Taking Measures to Prevent the Recurrence of Similar Outrages: With an Appendix*, Boston: White & Potter, printers, pp. 7-8.

② *Address of the Committee Appointed by a Public Meeting, Held at Faneuil Hall, September 24, 1846, for the Purpose of Considering the Recent Case of Kidnapping from Our Soil, and of Taking Measures to Prevent the Recurrence of Similar Outrages: With an Appendix*, Boston: White & Potter, printers, p. 41.

③ Peter Wirzbicki, *Black Intellectuals, White Abolitionists, and Revolutionary Transcendentalists: Creating the Radical Intellectual Tradition in Antebellum Boston*, Ph.D. Thesis of New York University, September, 2012, pp. 295-298.

④ *The National Ear*, September 5, 1850.

论战"①。在这场论战中,废奴主义者全方位地挑战了宪法"逃奴条款"和1783年联邦《逃奴法》,将反《逃奴法》思想发展到前所未有的高度。

在法庭审判中,拉蒂默的辩护律师塞缪尔·E. 休厄尔和阿莫斯·梅里尔一直试图利用人身自由法来争取拉蒂默的自由。10月20日,在马萨诸塞州最高法院由莱缪尔·肖法官主持的审判中,休厄尔和阿莫斯认为抓捕和关押拉蒂默的行为是违法的。首先,根据普利格诉宾夕法尼亚案的判决,州政府的公职人员不得干预逃奴问题,因而治安法庭所颁布的逮捕令是无效的,斯特拉顿逮捕拉蒂默的行为是违法的;其次,根据马萨诸塞州1837年人身自由法的规定,拉蒂默有得到陪审团审判的权利,他的真实法律身份应该由陪审团来决定;最后,马萨诸塞州法律规定,治安官和监狱看守无权关押身份待定的犯罪嫌疑人,因而将拉蒂默关押在莱弗利特街监狱是州公职人员对公共监狱和州公共设施的滥用。②

莱缪尔·肖则拒不承认人身自由法对逃奴的保护,而是坚决执行1793年联邦《逃奴法》。肖认为,联邦宪法和1793年联邦《逃奴法》已经就逃奴问题作出明确规定,奴隶主及其代理人有权在任何地方抓捕逃奴,而归还逃奴是自由州的宪法责任;既然法官和公职人员在就任之初已经宣誓效忠宪法,就必须严格执行宪法中的"逃奴条款"和1793年联邦《逃奴法》;马萨诸塞州1837年人身自由法是由宣誓效忠于宪法的本州公职人员所制定,他们不可能制定与自己的誓言和义务相违背的法律,所以不能适用于逃奴案件;根据联邦最高法院在普利格诉宾夕法尼亚案中的判决,州议会所制定的人身自由法是违宪的,不能作为判案的依据。③ 因此,肖判定抓捕和关押拉蒂默的行为合法,拒不承认拉蒂默的人身保护令和陪审团审判的权利。

事实上,莱缪尔·肖与休厄尔在法庭上的争论,只不过是联邦《逃奴法》与人身自由法之间的长期争议的继续,辩论双方在观点、话语和逻辑方面并无创新之处。人们在公众辩论中对拉蒂默案所进行的"想象的审判"

---

① "拉蒂默论战"("Latimer War")是当时美国报纸对拉蒂默案所引发的巨大争议的形象化描述。*Emancipator and Free American*, December 22, 1842; *Emancipator and Free American*, December 15, 1842.

② *Liberator*, November 4, 1842.

③ *New York Spectator*, November 9, 1842.

(imagined trial)则更为深刻。①

在拉蒂默案争论中,最核心的问题是如何处理道德与法律之间的矛盾。从18世纪后期开始,马萨诸塞州一直都是反奴隶制运动的重镇。到19世纪30年代,马萨诸塞州已经取代宾夕法尼亚州成为废奴运动的中心,作为废奴运动诞生地的波士顿更是中心中的中心。② 如此漫长的反奴隶制历史,尤其是废奴主义者的长期宣传,使得马萨诸塞州居民普遍对奴隶制怀有一种情绪上的反感,对逃奴抱有道德上的同情。与此同时,宪法的"逃奴条款"和1793年联邦《逃奴法》则倾向于保护奴隶主的利益,对所谓的逃奴缺乏基本的保护。道德与法律之间的矛盾,成为横亘在马萨诸塞州居民之间的难题。《波士顿信使报》的一则评论准确地道出了拉蒂默案所面临的道德与法律困境:"几乎所有人都对不幸的拉蒂默抱以同情之心。但毫无疑问,他将被交还给他的主人。我们无法想象的是,法官如何才能在不违背宪法的前提下做出其他决定。"③

对此,莱缪尔·肖法官所作的选择是坚决执行宪法和联邦法律,不让私人情感影响法律判决。他在作出将拉蒂默继续关在监狱之中的判决之后,遭到废奴主义者潮水般的攻击。有人指责他的判决虽然是合法的,但是"无人性,违背了神圣原则和自然权利"④。加里森甚至愤怒地谴责:"莱缪尔·肖的话是人可以说出的最不虔诚的言语!"他宣称肖的判决是在"嘲讽人权,揭穿《独立宣言》的虚伪,谴责马萨诸塞州宪法的非法性,并把上帝从宇宙中排除",这表明"肖急于根据法律去帮助奴隶主绑架那些无辜脆弱之人,让上帝之子受难"。⑤ 对此,肖在报纸上做出了公开回应——

> 我对被关押者的同情可能与其他人一样多;但是在这个案件中诉诸自然法和自由的最高法(the paramount law of liberty),显然并不恰当。美国的宪法和国会制定的法律已经确立了解决逃奴问题的准则。

---

① "想象的审判"一词借鉴自珍妮·玛丽·德姆帕(Jeannine Marie DeLombard)的《审判奴隶制:法律、废奴主义与印刷文化》。Jeannine Marie DeLombard, *Slavery on Trial: Law, Abolitionism, and Print Culture*, pp. 1-29.
② Richard S. Newman, *The Transformation of American Abolitionism*, pp. 107-108.
③ *Boston Courier*, November 7, 1842.
④ *Liberator*, November 11, 1842; *Liberator*, November 18, 1842.
⑤ *Liberator*, November 4, 1842.

无论这些法律与我们的天生的同情心和责任观有何不同,我们都应该遵守它们……根据宪法的规定,归还逃奴是自由州的责任,而国会的立法……是符合宪法的精神的。①

有位匿名作者在《解放者报》上为肖辩护时,更加系统明确地阐释了肖的观点。他承认,肖的判决的确"无人性,违背了神圣原则和自然权利",而且"马萨诸塞这样的自由州因被一张归还逃奴的契约所束缚、践踏人权,确实非常可悲";如果宪法的"逃奴条款"和联邦《逃奴法》这个"不道德、不正义的契约"解体了,马萨诸塞州民众应该竭尽全力制定法律,"为奴隶主和他们的奴才(抓捕逃奴者)设置障碍,但在这个契约没有解体之前,人们就应该与肖一样遵守契约"。更重要的是,"私人身份"(in private capacity)中的肖,与作为马萨诸塞州最高法院大法官的肖是不同的。作为大法官,"肖的所有权力都来自法律",但法律并未授予他释放拉蒂默的权力,因而即便《逃奴法》是"不人性的、残忍的、邪恶的",即便肖同情拉蒂默,他也只能在法律范围内活动,不能让个人观念影响法律的实施,从这个角度来说,肖的判决是非常合法的。②

这位作者并没有夸大肖对奴隶制的厌恶。事实上,早在1820年,肖就在小册子中明确指出奴隶制是一种严重的罪恶,联邦政府应该阻止其扩展到新加入的州。③ 在1836年的马萨诸塞州诉艾维斯案(Commonwealth v. Aves)中,肖援引萨默塞特原则(Somerset Rule),判定一名来自路易斯安那州的女奴自由,并明确指出奴隶制是地方性的,而自由是普遍意义的。在此后发生的有关逃奴案件中,他的观点经常被反奴隶制人士所引用。④ 这种情况在当时并不罕见。历史学家罗伯特·科弗(Robert Cover)的研究表明,在内战前的美国,有很多像莱缪尔·肖这样的法官,他们从情感上厌恶奴隶制,对反奴隶制事业抱有基本的同情,但同时又在逃奴等相关的法

---

① *Liberator*, November 11, 1842; *Liberator*, November 25, 1842.

② *Liberator*, November 18, 1842.

③ Lemuel Shaw, "Slavery and the Missouri Question," *The North American Review and Miscellaneous Journal*, Vol. 10, No. 26 (Jan., 1820), pp. 137–168.

④ Leonard Williams Levy, *The Law of the Commonwealth and Chief Justice Shaw*, Cambridge, Harvard University Press, 1957, p. 70.

律问题上坚持执行既有法律，作出对奴隶主有利的判决。①

与法官相比，为奴隶主辩护的律师遭到了更为猛烈的批评和攻击。因为案件是自动找上门的，法官们无法回避，但律师们却可以选择拒绝为奴隶主代言。拉蒂默案开始后，格雷的辩护律师埃尔布里奇·G. 奥斯汀就一直处于废奴主义者的炮火之下，他们骂他是"法律娼妓"，"为了每天30美分的代理费就出卖了自己的灵魂"，甘当"南部奴隶主的两条腿的猎犬"，玷污了马萨诸塞州的荣誉。② 对此，奥斯汀的回应与莱缪尔·肖如出一辙——

> 在整个事件过程中，我始终都在自己的职业范围内做事。我对奴隶制的支持，并不比那些试图将其立即废除的人要多——但是，我从未听说过，为一个陌生人提供建议，以帮助他实现其宪法权利是违法行为。在这件事情上，我没有掺杂任何个人情感……只要我们还是一个统一的民族，南部的公民在行使他们的权利时，都有权让（北部）人士为他们提供服务，因为他们所接受的教育告诉他们：遵守宪法和国家的法律是他们的义务。③

这其实是美国革命之后逐渐形成的法律实证主义（legal positivism）传统在逃奴问题上的体现，其核心理念是严格遵守已经制定的法律，割断法律与道德关联，强调义务高于正义。④ 这种观点的最极端体现者是波士顿的保守律师、《案例汇编月刊》杂志的编辑皮莱格·钱德勒（Peleg Chandler）⑤。他在介绍和评价拉蒂默案时，谴责废奴主义者"试图凭借诡辩性的、狂热的虚假道德感，利用公众和个人的同情心，去损害人们对于国家根本法律的义务的是非感，削弱人们对宣誓执行根本法律的法官们的信任"。他认

---

① Robert M. Cover, *Justice Accessed: Antislavery and the Judicial Process*, pp. 201-211.
② *Boston Altas*, November 18, 1842; *Liberator*, November 4, 1842; *Liberator*, November 11, 1842.
③ *Liberator*, November 28, 1842; *Liberator*, November 11, 1842.
④ *Liberator*, November 18, 1842.
⑤ 《案例汇编月刊》是19世纪上半期非常重要的法律期刊，创办于1838年，1866年停刊，主要是向公众介绍重要的法律案件，旨在以科学、专业的态度解释美国的法律。该期刊创办者皮莱格·钱德勒是这一时期重要的法律家，他毕业于哈佛法学院，是大法官约瑟夫·斯托里的学生。Michael Grossberg and Christopher Tomlins, eds., *The Cambridge History of Law in America*, Vol. 2, New York: Cambridge University Press, 2008, p. 94.

为,"法官与社会选择制定的法律的道德特征之间没有任何关系",他们只有一个简单的责任和功能,即宣布作为社会体现者的法律;"当社会选择让某人担任法官一职时,从未期待法官会让其个人良知(personal conscience),而非其对法律的知识判断,来支配其司法良知(judicial conscience)";法官在就职时要进行宣誓,这种誓言其实是法官与社会之间的契约,目的是防止法官根据个人良知或个人对法律的道德属性的看法来自行解释法律,而非直接宣布法律所体现的社会意志。①

在这样一个从革命中诞生的国家,有无数反抗不正义法律的先例。从某种程度上说,《独立宣言》其实就是殖民地人士为不遵守他们眼中的非正义法律而作出的辩护。各州所制定的州宪法中充斥着反抗或不服从非正义法律和统治的理论。当然,革命时期的这些观念主要为全体民众反抗压迫进行道德上的辩护,可能无法为个人反抗非正义法律提供强大的理论支持。但是当革命让位于基于民众同意的宪政秩序时,法律实证主义观念逐渐流行开来。从18世纪80年代开始,很多法学家、政治领袖和神学家,一再强调遵行现存法律的重要性,宣称法律高于正义,担心基于良知的不服从和反抗会让国家陷于无政府状态。具有讽刺意味的是,在革命时代被用来为反抗母国辩护的共和主义意识形态,又成为推动法律实证主义的主要动力。不少法学家宣称,共和政府的立法机构所制定的法律是全体民众的意志体现,因而这些法律必然是正义的,遵守这些法律是每个人的义务。②最能体现这一理念的是华盛顿在其告别演说中的一段话:"尊重它的(联邦政府)权力,服从它的法律,执行它的政策,这些都是真正自由的基本准则所构成的义务。我们政府体制的基础,乃是民众有权制定和变更他们政府的宪法。可是宪法在经全民采取明确和正式的行动加以修改以前,任何人对之都负有神圣的义务。民众有建立政府的权力与权利,这一观念乃是以每个人有责任服从所建立的政府为前提的。"③

---

① Peleg Chandler, "Latimer Case," *Monthly Law Report*, Boston: Bradbury, Soden and Compay, 1843, pp. 493-495.
② William M. Wieck, "Latimer: Lawyers, Abolitionist, and the Problem of Unjust Laws," in Lewis Perry and Michael Fellman, eds., *Antislavery Reconsidered: New Perspectives on the Abolitionists*, pp. 219-221.
③ Washington's Farewell Address 1796, http://avalon.law.yale.edu/18th_century/washing.asp.

在接下来的半个世纪中，法律实证主义逐渐成为主流的法治理念。19世纪上半期的著名法学家、布朗大学校长弗朗西斯·韦兰（Francis Wayland）是这一理念的积极提倡者。韦兰的《道德科学的因素》(*The Elements of Moral Science*) 一书在内战前颇为流行，被作为学校的教材。① 他在该书中教育人们必须要遵守所有的法律，认为一旦国家（州）制定了严苛或非正义的法律，个人应该选择殉难，也就是他所谓的"在正义的事业中受难"，而不应采取消极守法和反抗措施。② 在反对废奴主义者的小册子《人类责任的限度》(*The Limitations of Human Responsibility*) 中，韦兰指出，虽然废奴主义者和其他的改革者试图消除那些被法律所认可的罪恶，但是他们没有责任违反法律，他们唯一可行的道德责任就是劝诫罪人。③ 废奴运动在19世纪30年代兴起之后，并没有对法律实证主义构成挑战，这主要是因为废奴主义者自己就是屡次发生的群体暴乱、私刑及其他违反法律和秩序行为的受害者，他们非常珍视法律所具有的保护个人权利和财产的特性。正是这种强大的法律实证主义理念，使得1793年联邦《逃奴法》的实施没有遇到实质性的挑战，州人身自由法的制定和实施也难以取得突破。在拉蒂默案中，废奴主义者通过反对宪法的"逃奴条款"和1793年联邦《逃奴法》，首次对法律实证主义提出了全面挑战。

很多废奴主义者，尤其是激进的加里森派，从宗教角度抨击宪法"逃奴条款"和1793年联邦《逃奴法》，强调上帝之法的至高性，呼吁人们不再遵守这些非正义的法律。威廉·加里森指出，"上帝用手在人类心灵上写下的法律，要高于人类制定的所有法律"；上帝的永恒之法规定，人类应该"鄙视欺骗，厌恶劫掠，憎恨杀戮，无比愤慨地反对人可以成为财产这一野蛮、罪恶的幻想"；现存的有关逃奴问题的"法律形式、法律程序和宪政安排"都违背了上帝的指令，因而都是无效的，遵守这些法律其实就是"以平等之名行邪恶之事"。④ 布伦特里县（Braintree County）公众集会的决议

---

① Francis Wayland, *Elements of Moral Sciences*, Cambridge: Harvard University Press, 1963, pp. 318-321, 334-338, ix-xlix. 此书于1835年出版，后多次再版。
② Francis Wayland, *Elements of Moral Sciences*, Cambridge: Harvard University Press, 1963, pp. 318-321, 334-338.
③ Francis Wayland, *The Limitations of Human Responsibility*, Boston: Gould, Kendall & Lincoln, 1838, pp. 137-196.
④ *Liberator*, November 4, 1842.

书宣称，宪法"逃奴条款"和联邦《逃奴法》"是一份与魔鬼签订的契约，它意味着上帝的法是无效的，并将上帝的管理、权利和主权都踏入尘埃"[①]。波士顿集会的决议书则从"学理"方面阐释了宗教与《逃奴法》的矛盾。首先，《圣经》中明确规定："若有奴仆脱了主人的手，逃到你那里，你不可将他交付他的主人。他必在你那里与你同住，在你的城邑中，要由他选择一个所喜悦的地方居住，你不可欺负他。"[②] 其次，威廉·布莱克斯通在《英国法释义》中指出，当神圣法与制成法发生冲突时，"次等的法应该服从最高法，即人类的法屈从于上帝法"，而在"人类制定法中，没有任何只言片语可以支持不正义，抑或废除上帝的永恒法"。因此，"美国宪法中要求将奴隶交还给其主人的条款，在道德上对全体美国人并不具有约束力，应该被所有敬畏上帝和热爱正义的人所漠视"，国会制定的有关抓捕逃奴的法律应该被废除。[③]

有些激进者甚至直接攻击宪法。韦茅斯镇（Weymouth Town）公众集会的决议书声称，"服从上帝而非人类"是所有人的责任，而人类被上帝赋予了"生命、财产和追求幸福"的不可剥夺的权利，所以"人们应该将劫掠人权的宪法踩在脚下"。[④] 1842年10月30日，温德尔·菲利普斯在波士顿市法尼尔大厅举行的公众集会上发表了著名的反对宪法的演讲——

> 自由的精神不能再像过去那样撼动这个大厅了，它被美国宪法这条铁链给捆缚了。我毫不怀疑，你们中的很多人不希望将拉蒂默交出去，但是你们无力做出改变。横亘在你们面前的是宪法中的血腥条款，你们无法去掉这契约上的印章。让这样的宪法多存在一小时，都是一种错误。一位知名人士在这个大厅演讲时曾说，"废奴主义者肯定是发疯了，他们竟然认为宗教责任高于他们的宪法责任"。是的，我们就是这样愚蠢！我们认为圣经比法律要重要。当我看到无数的听众，为了服从那张羊皮纸上的命令，不惜践踏自己的良知和同胞的权利时，我

[①] *Emancipator and Free American*, December 29, 1842.
[②] 这段经文源自《圣经·旧约·申命记》第23章第15、16节，翻译引自《圣经》简体中文和合本。
[③] *Emancipator and Free American Boston Courier*, November 7, 1842.
[④] *Emancipator and Free American*, November 17, 1842.

就会诅咒美国宪法。①

自然权利观念是废奴主义者攻击宪法"逃奴条款"和 1793 年联邦《逃奴法》的另一大武器。首先,很多废奴主义者声称,逃奴与所有人一样,"都享有一些自然的、必需的、不可剥夺的权利",其中包括"享有和捍卫他们的生命和自由的权利""获取、拥有和保护财产的权利""寻求和获取他们的安全和幸福的权利"。② 为了更好地替逃奴辩护,废奴主义者扩展了自然权利的范畴,将从奴役状态中逃跑也视为人的一种自然权利。③ 佩珀雷尔镇(Pepperell Town)公众集会的决议书声称,"《独立宣言》将从奴役中逃脱列为人的不可剥夺的自然权利,任何逃到奴隶制不被法律认可的州或地区的奴隶,都能享有该地区居民所享有的全部的权利"。④

其次,废奴主义者认为自然权利高于宪法和联邦,任何侵犯自然权利的法律都是不正义的。在林恩市举行的公众集会上,参会者一致认为,在联邦宪法制定之前,人们就已经享有了生命权、自由权、安全权等基本的自由权利,它们比联邦更加神圣;"在所有的宪法、契约和联盟中,人的权利都是至高无上的,我们应该像维护自由一样,不惜一些代价和危险,来捍卫和维持这些权利";因此,对人的自然权利构成侵犯的宪法"逃奴条款"和 1793 年联邦《逃奴法》不应被遵守,莱缪尔·肖所作出的继续关押拉蒂默的决定是应该被推翻的非法判决。⑤

最后,部分废奴主义者认为,不遵守或废除不正义的法律,也是人的自然权利。林恩市公众集会的决议书指出,"如果因为那些宪法制定者的不忠行为,联邦政府不仅无力保护个人的人身安全权利,而且为了执行奴隶法而牺牲了人身保护令,如果马萨诸塞州公民被不负责任者指控为逃奴并遭到抓捕,那么依据《独立宣言》的原则,寻求改革这个政府是每位公民的权力和责任"。⑥ 有的废奴主义者甚至喊出了革命的口号:"如果我们当前

---

① *Liberator*, November 11, 1842.
② *Liberator*, November 4, 1842.
③ *Emancipator and Free American*, December 29, 1842; *Liberator*, December 9, 1842; *Liberator*, January 13, 1843.
④ *Emancipator and Free American*, January 26, 1843.
⑤ *Liberator*, November 11, 1842.
⑥ *Liberator*, November 11, 1842.

的政府未能保护我们免遭南部猎犬的侵犯，我们得立即依靠我们所保留的权利！自由比宪法重要！是时候再来场革命了！"①

普通法的基本原则，特别是其对"个人的绝对权利"的保护，也被废奴主义者纳入反抗联邦《逃奴法》的武器库之中。马萨诸塞州废奴协会的领袖埃德蒙德·昆西在演讲中指出，根据普通法传统，"所有未获罪之人都享有自由得到保护的权利和特权"，其中最基本就是人身保护令和保释令，这些权利"是我们的英国先辈经过长期的艰苦斗争所维持下来的，也是被我们的革命先辈所证实的人的天赋权利"，不能被任何法律所剥夺。而且，在普通法传统中，"判例就是法官所制定的法律（judge-made laws），如果依据拉蒂默案的判例，我们会被剥夺更多的权利"，无数的先例都证明，"卑屈的法官会成为暴君的同谋"。因此，拉蒂默案的判决应该被推翻，法官们应该首选遵循普通法的原则，而非不正义的《逃奴法》。②汉普夏县（Hampshire County）公众集会的决议书宣称，根据普通法原则，任何人在被本州的陪审团判定有罪之前，应该被判定为无辜的，并得到基本的保护，而 1793 年联邦《逃奴法》违背了这一原则，应该"遭到抵制和抛弃"。③一位署名为彭德尔顿（Pendleton）的作者在《波士顿通信报》（*Boston Courier*）上详细阐释了普通法、宪法、奴隶制和《逃奴法》之间的关系。"普通法的原则是美国宪法的关键因素。它们遍布于宪法结构之中，宪法的所有关键条款都体现了普通法的精神……正义、平等、基本的道德性、人权的不可侵犯性，古老普通法的这些伟大因素，构成了美国宪法的基础，体现在宪法的文本之中。"但是，"古老的普通法与奴隶制水火不容……奴隶制作为一种法律制度，只能存在于违背了普通法原则的制定法（statue law）之中"。因此，"旨在维持奴隶制的宪法（逃奴条款）违背了捍卫自由和正义的宪法精神，也违背了制宪者们的根本目标和原则"，应该被立即废除。④

相对温和的废奴主义者仍在宪法范围内活动，试图从宪法中寻找反对或消极执行 1793 年联邦《逃奴法》的理论资源。有些废奴主义者指出，北

---

① *Liberator*, November 4, 1842.
② *Liberator*, November 11, 1842.
③ *Liberator*, January 20, 1843.
④ *Boston Courier*, February 9, 1843.

部州的人身自由法是符合宪法的。因为宪法是由美国人民制定的，其目的是保护他们的自由和财产，"他们不可能将奴隶制的法律凌驾于人身保护令之上，也不可能授权个人未经法律允许就随意抓捕和关押他人"①。而且，宪法第七条修正案中明确规定，"在习惯法的诉讼中，其争执价格超过20美元，由陪审团审判的权利应受到保护"，在有关逃奴问题的诉讼中，奴隶主的财产诉求要远远高于20美元，所以逃奴应该得到陪审团审判的权利。②与此相反，很多废奴主义者认为1793年联邦《逃奴法》和联邦最高法院在普利格诉宾夕法尼亚案中的判决是违宪的，因为美国宪法的目标是"建立一个更完善的联邦，树立正义，确保国内的安宁，保障人民的自由权"，而1793年联邦《逃奴法》和联邦最高法院对普利格诉宾夕法尼亚案的判决明显与这一目标背道而驰，它们不仅没有给所谓的逃奴的自由提供基本保障，而且会"鼓励以暴力和非常手段抓捕奴隶和其他合法的自由人，这必然会激发暴力反抗、骚动和杀戮"。③

此外，很多废奴主义者还试图利用州权原则来切断自由州与奴隶制的一切联系，以阻止1793年联邦《逃奴法》的实施。他们声称，根据联邦宪法的原则，马萨诸塞州是一个独立的主权实体，其宪法和法律不能受到侵犯；如果说奴隶制是"南部的内部体制"，那么自由则是马萨诸塞州的独特体制，马萨诸塞州民众"不会允许自己的自由土地遭到奴隶制足迹的污染"，并将"庄严地保护所有从奴役中逃出且前往本州寻求自由和安全的人"；奴隶主依据1793年联邦《逃奴法》，肆意在自由州抓捕逃奴，其实是发动了一场"侵略和征服自由体制的战争"，试图"让自由州沦为奴隶主的猎奴场"，让"奴隶法凌驾于自由州的权利法案"；积极执行1793年联邦《逃奴法》，帮助奴隶主抓捕逃奴，并将其关在公共监狱之中的自由州公民和公职人员，都是自由体制的背叛者，是奴隶主的帮凶和同谋；自由州民众应该呼吁州议会通过新的法律，禁止州公职人员和公民帮助奴隶主抓捕、关押和看守逃奴，禁止将所谓的逃奴关押在本州的公共或私人

---

① *Massachusetts Spy*, November 30, 1842; *Liberator*, November 11, 1842; *Emancipator and Free American*, January 19, 1843.
② *Liberator*, January 20, 1843.
③ *Emancipator and Free American*, November 7, 1842; *Boston Courier*, November 3, 1842.

监狱之中。①

总之，在"拉蒂默论战"中，废奴主义者首次发展出一套系统的反联邦《逃奴法》思想。在此之前，北部各州所制定的人身自由法虽然为奴隶主抓捕逃奴设置了条件，给予所谓的逃奴一定的法律保护，但这些法律终究是在宪法"逃奴条款"和1793年联邦《逃奴法》范围内活动，从未在本质上对它们提出过挑战，而废奴主义者则彻底打破了这种限制，全面、深刻地揭示了《逃奴法》的非正义性和非道德性。更重要的是，废奴主义者挑战了在美国革命之后逐渐深入人心的法律实证主义理念，认为公民可以基于良知反抗不正义的联邦法，这个观点对于此后的反奴隶制思想的发展具有重要影响。从某种程度上说，在系统论述"公民不服从"（civil disobedience）权利方面，废奴主义者走在亨利·大卫·梭罗（Henry David Thoreau）的前面。"拉蒂默论战"结束的九年之后，梭罗才发表他的那篇著名论文——《公民不服从》。②

三 北部地区人身自由法和废奴运动的发展

1843年10月14日，佛蒙特州州长约翰·马托克斯（John Mattocks）提议州议会制定新的人身自由法。马托克斯首先指出，虽然奴隶制的存在可谓是对联邦之中的"有道德之人、爱国者和基督徒的极大羞辱"，但是因为保护奴隶制是宪法契约一部分，所以自由州无权干涉或废除奴隶制，只能在宪法范围内降低奴隶制的罪恶。随后，他提醒众人，联邦最高法院对普利格诉宾夕法尼亚案的判决将给本州自由黑人带来威胁，因为这个判决意味着联邦政府拥有全部的管理逃奴问题的权力，各州已经制定的直接或间接限制奴隶主追捕逃奴的人身自由法是完全无效的，州只能依据1793年联

---

① *Emancipator and Free American*, November 8, 1842; *Liberator*, November 4, 1842; *Liberator*, January 20, 1843; *Emancipator and Free American*, December 22, 1842; *Richmond Whig*, February 10, 1843.

② 梭罗的演讲《个人与政府有关的权利和义务》（"The Rights and Duties of the Individual in Relation to Government"），1849年第一次以《对公民政府的抵抗》（"Resistance to Civil Government"）的题目发表，在梭罗死后四年出版的一个版本中，这篇文章用上了《公民不服从》（"Civil Disobedience"）的标题。尚无证据证明是梭罗自己用的这个词。最早把"公民不服从"（civil disobedience）这个词归之于梭罗本人的一般认为是甘地。参见何怀宏编《西方公民不服从的传统》，吉林人民出版社，2011，第23页。

邦《逃奴法》处理逃奴案件，但是由于该联邦法存在严重偏颇，经常导致地方法官将自由人判定为奴隶。因此，他建议州议会立法禁止所有的地方法官受理与逃奴有关的案件。他认为这样的法律既符合宪法，也丝毫没有挑战联邦最高法院对普利格诉宾夕法尼亚案的判决，但是又在一定程度上降低地方法官依据《逃奴法》判案带来的邪恶影响。他还建议"州议会立法禁止所有的州公职人员逮捕所谓的逃奴，或将其关进监狱"，也"合宪地展示本州不支持奴隶制的决心"。马托克斯强调，在制定上述法律方面，"马萨诸塞州最近制定的法律是一个值得模仿的例子"。①

马托克斯的这段话，清晰地阐明了马萨诸塞州 1843 年人身自由法对北部州人身自由法发展的重要意义：提供了一个在不违反联邦宪法和联邦最高法院对普利格诉宾夕法尼亚案判决的前提下以州的立法阻碍奴隶主抓捕逃奴的方案。新英格兰地区各州在 19 世纪 40 年代所制定的人身自由法，都借鉴或复制了马萨诸塞州模式。1843 年 11 月，佛蒙特州议会通过了人身自由法，其内容与马萨诸塞州 1843 年人身自由法如出一辙。②新英格兰地区在随后几年通过的人身自由法，包括康涅狄格州的 1844 年人身自由法③、新罕布什尔州的 1846 年人身自由法④、罗得岛州的 1848 年人身自由法⑤，几乎都是马萨诸塞州 1843 年人身自由法的翻版。宾夕法尼亚州在 1847 年制定的人身自由法，也照搬了马萨诸塞州模式，只不过又增加了两点更加激进的内容：第一，根据约瑟夫·斯托里大法官在普利格诉宾夕法尼案判决中的一个观点——奴隶主在抓捕逃奴时不能使用"非法的暴力"——该法律规定，奴隶主及其代理人不能"以暴力、骚乱、不合理的方式"抓捕逃奴；第二，规定州法官"在任何时候，任何诉讼中，都有发

---

① *Journal of the Senate of the State of Vermont*, 1841, pp. 19-21.
② An Act, for the Protection of Personal Liberty, 1843, in *Acts and Resolves Passed by the Legislature of the State of Vermont*, Burlington: Chauncey Goodrich, 1844, p. 23.
③ An Act for the Protection of Personal Liberty, 1844, in John C. Hurd, ed., *The Law of Freedom and Bondage in the United States*, New York: Negro Universities Press, 1968, p. 47.
④ An Act for the Further Protection of Personal Liberty, 1846, in *The Revised Statutes of the State of New Hampshire: Passed December 23, to Which are Prefixed the Constitutions of the United States and of the State of New Hampshire*, Concord, 1850, p. 60.
⑤ An Act for the Protection of Personal Liberty, 1848, in John C. Hurd, ed., *The Law of Freedom and Bondage in the United States*, p. 50.

放人身保护令的权力、权利和特权"。①

乔治·拉蒂默案和马萨诸塞州1843年人身自由法的制定,还直接加快了俄亥俄州废除本州1839年《逃奴法》的行动。俄亥俄州1839年《逃奴法》是民主党控制的俄亥俄州第37届议会所采取的一系列"极端反对废奴"(ultra anti-abolition)②的措施之一,其余的几项措施分别是否认黑人具有向州议会请愿的宪法权利,承认奴隶制绝对符合宪法,警告废奴主义者的废奴方案和煽动性宣传会给联邦带来巨大的危险。③这部《逃奴法》可谓是1850年联邦《逃奴法》的先声,它不仅要求州法官、治安官等公职人员积极参与到逃奴抓捕和引渡过程,还对"教唆"或帮助奴隶逃跑以及在法庭上替奴隶作伪证的俄亥俄州公民加以处罚。④这部州《逃奴法》构建了完整的保护奴隶主抓捕逃奴的体系,以州政府的力量来确保在逃奴抓捕、审判和引渡的每个环节中,废奴主义者都无法给逃奴提供帮助。从某种程度上说,该州《逃奴法》使俄亥俄州的所有法官和公职人员变成了逃奴追捕者,并完全阻止了废奴主义者援助和营救逃奴的可能性,因此它又被称作《黑人法令》(Black Bill)和《肯塔基逃奴法》(Kentucky Fugitive Bill)⑤。从1839年5月开始,俄亥俄州的废奴主义者发动了废除州《逃奴法》运动。但是俄亥俄州的加里森派道德废奴主义者与政治废奴主义者之间存在分歧,前者从宗教、普通法等角度完全否定州《逃奴法》,甚至彻底否认宪法的逃奴思想,而后者只是在宪法范围之内反对州《逃奴法》,承认归还逃奴是北部州的宪法责任,这种分歧抑制了废除州《逃奴法》活动的影响力。

---

① An Act to Prevent Kidnapping, Preserve the Public Peace, Prohibit the Exercise of Certain Powers Here to Fore Exercised by Judges, Justices of the Peace, Aldermen, and Jailors in this Commonwealth, and to Repeal Certain Slave Laws, 1847, in John C. Hurd, ed., *The Law of Freedom and Bondage in the United States*, pp. 72-74.

② "完全反对废奴"(ultra anti-abolition)是俄亥俄州的辉格党参议员乔治·吉尔库姆(George Kirkum)对州议会采取的上述措施的评价。*Philanthropist*, March 12, 1839.

③ *Journal of the House of Representatives of the State of Ohio*, The 37th General Assembly, January 15, 1839.

④ An Act Relating to Fugitives from Labor or Service from Other States, in John C. Hurd, ed., *The Law of Freedom and Bondage in the United States*, pp. 119-120.

⑤ 俄亥俄州的逃奴很多都来自其边界州肯塔基州,所以很多人认为俄亥俄州的1839年《逃奴法》是为了帮助肯塔基州抓捕逃奴,将其戏称为《肯塔基逃奴法》。Stephen Middleton, *The Black Laws in the Old Northwest: A Documentary History*, Westport, Connecticut: Greenwood Press, 1993, pp. 111-16.

拉蒂默案的爆发和马萨诸塞州废奴主义者在"拉蒂默论战"中的反《逃奴法》观点，对俄亥俄州的政治废奴主义者产生了重要影响。

1842年12月7日，俄亥俄州自由党的重要领袖加梅利尔·贝利（Gamaliel Bailey）在政治废奴主义者的喉舌《博爱者报》上撰写了关于拉蒂默案的评论文章。他指出，马萨诸塞州最高法院对拉蒂默案的判决表明，宪法"逃奴条款"越来越与自由州民众的想法相矛盾，这个"极其荒谬的条款竟然要求我们必须要放弃一个人，一个从可怕的奴役中逃脱出来的无辜之人"。他声称马萨诸塞州民众在法尼尔大厅"道出了所有热爱自由之人的心声"——"臭名昭著、极为恶劣、不正义"的宪法逃奴条款应该被废除。他呼吁俄亥俄州废奴主义者"放弃宪法契约中这个无耻邪恶的部分"，不再受这个条款的束缚。① 这是俄亥俄州的政治废奴主义者首次公开否定自由州归还逃奴的宪法责任。几天后，贝利再次撰文抨击宪法"逃奴条款"。他指出，"逃奴条款"赋予了奴隶主跨州抓捕所谓逃奴的权利，侵犯了自由州的法律和自然权利，这实际上是让奴隶制从地方性的体制变成全国性的体制，也就是马萨诸塞州废奴主义者所谓的"奴隶主踏入了自由州"，因此俄亥俄州人民"应该像海湾州人民那样抵制奴隶制的入侵"。② 政治废奴主义者的观点走向激进，在一定程度上缓和了其与加里森派的矛盾，推动了废除州《逃奴法》运动的发展。1843年1月，俄亥俄州议会最终废除了1839年州《逃奴法》。③ 而且，受到拉蒂默请愿运动的影响，俄亥俄州的废奴主义者要求州议会在废除州《逃奴法》之后，重新制定人身自由法，以禁止州法官和公职人员参与逃奴案。④

在19世纪40年代，废奴主义者还不断赋予拉蒂默以更多的象征意义，扩大其在废奴运动中的影响力。与另一位著名的逃奴弗雷德里克·道格拉斯一样，拉蒂默经常以自由斗士的身份出席各种反对奴隶制的集会，以亲身经历向听众展示奴隶主的罪恶和奴隶对自由的渴望。与雄辩的道格拉斯

---

① *The Philanthropist*, December 7, 1842.
② *The Philanthropist*, December 28, 1842.
③ An Act to Repeal the Act Entitled, "An Act Relating to Fugitives from Labor and Service from other States," 1843, in John C. Hurd, ed., *The Law of Freedom and Bondage in the United States*, p. 120.
④ *The Philanthropist*, January 7, 1843.

不同，拉蒂默口才一般，所以他并未成为废奴运动的明星。但是，作为内战前第一次轰动性逃奴事件的主人公，拉蒂默仍然具有重要的"利用价值"。在第二次大觉醒的深厚宗教氛围中，拉蒂默很容易被赋予各种宗教意义。部分废奴主义者将拉蒂默塑造成神圣的殉难者的形象。在他们看来，拉蒂默所遭受的苦难不只是他个人的，他是代表无数的奴隶在承受因奴隶制而导致的灾难，因而拯救拉蒂默也就是拯救白人自己的灵魂。[1] 1843 年 9 月，纳撒尼尔·罗尼（Nathaniel Rarney）在解释他为何给废奴运动捐款时，就这样说："我记得乔治·拉蒂默代表了两百多万正在奴役之中流血受难的黑人，而且这样的苦难还会降临到他们的后代身上。"[2] 另外一些废奴主义者则强调拉蒂默挑战奴隶制的勇气，将他塑造成伟大的宗教改革者。1843 年 7 月，新英格兰废奴协会在波士顿举行公开的年度会议。加里森派废奴主义牧师兰德尔·菲利普斯（Randall Phillips）在演讲中首次将拉蒂默神化。他声称"乔治·拉蒂默是新神学的马丁·路德"（Luther of the new revelation），将"不朽于世，希望"所有的马萨诸塞人都是乔治·拉蒂默"。他还强调乔治·拉蒂默给大家带来的新启示就是"抛弃《逃奴法》、宪法和教会，并将它们扔进尘土、踩在脚下、揉成粉末，然后去寻找千年王国"。[3] 1851 年，纽约市的黑人牧师在举行废奴集会时，将乔治·拉蒂默与约翰·威克里夫（John Wickliffe）、约翰·韦斯利（John Wesley）、罗杰·威廉姆斯（Roger Williams）这些伟大的宗教改革者并列起来，宣称他们的精神一直在感召着人们去立即废除奴隶制。[4]

19 世纪 50 年代以来，北部州掀起了轰轰烈烈的反对 1850 年联邦《逃奴法》的运动。在这个过程中，马萨诸塞州民众营救拉蒂默和制定人身自由法的"光荣历史"，已然成为废奴主义者的集体记忆的一部分，激励他们像当年一样为捍卫自由而战。1850 年 9 月，一名逃奴在纽约市被抓，引发了自由黑人对 1850 年联邦《逃奴法》的强烈不满。他们聚集在这名逃奴被关押的房子前，要求将其释放。对此，《解放者报》感叹道，这一幕仿佛是

---

[1] Scott Gac, "Slave or Free? White or Black? The Representation of George Latimer," *The New England Quarterly*, Vol. 88, No. 1 (Mar. 2015), p. 90.
[2] *Liberator*, September 15, 1843.
[3] *Liberator*, June 2, 1843.
[4] *Liberator*, February 14, 1851.

1842 年"拉蒂默论战"的再现。① 同样在 9 月,一位名叫詹姆斯·E. 莱特(James E. Lct)的黑人妇女被指控为从马里兰州逃走的奴隶,纽约市的法庭判定指控有效,允许奴隶主将其带走。这是根据 1850 年联邦《逃奴法》判定的第一起逃奴案。一位对此案判决强烈不满的匿名作者呼吁人们应该重拾马萨诸塞人在拉蒂默案中的捍卫自由的精神,抵制 1850 年联邦《逃奴法》,拯救这位"可怜的奴隶母亲"。他在一首诗中描绘了拉蒂默被关押时,马萨诸塞人努力拯救他的情境——

> 从诺福克的古老乡村,那冷酷的奴隶制所在地,
> 到马萨诸塞的楠塔基特岛(Nantucket Island),都能听到自由的声音!
> 从伍斯特县(Worcester County)富有的乡村,
> 到温柔的纳舒厄河(Nashua River)所流经的恬静文明的城市和美丽的林区,
> 再到寒风正吹过这山顶落叶松的瓦楚塞特镇(Wachusett Town),
> 一个惊心动魄的呼喊声正冲破云霄:"上帝拯救拉蒂默!"②

有些废奴主义者高度强调马萨诸塞州 1843 年人身自由法的重要意义,以此宣扬 1850 年联邦《逃奴法》的非正义性。1850 年 11 月,波士顿的一起公众集会同时向州议会和国会发出请愿书,宣称马萨诸塞州在拉蒂默案后制定的人身自由法是"最正义的、值得称赞的"法律,与之相比,国会所制定的法律是"不道德的、不仁道的、危险的",应该"被立即废除"。③在一位废奴主义者所构建的马萨诸塞州逃奴问题发展史中,拉蒂默案和马萨诸塞州 1843 年人身自由法具有无可比拟的重要地位。他指出,在 1793 年联邦《逃奴法》生效之后,波士顿才开始出现多起逃奴被抓事件,正因如此,约翰·亚当斯总统在其晚年的信件中还隐约地表达了对《逃奴法》的不满;1842 年的乔治·拉蒂默案直接导致马萨诸塞州通过了 1843 年人身自

---

① *Liberator*, October 4, 1850.
② *Liberator*, October 4, 1850.
③ *Liberator*, November 8, 1850.

由法，这部法律完全符合联邦最高法院对普利格诉宾夕法尼亚案的判决，认为抓捕逃奴的责任完全属于联邦政府，禁止州公职人员和居民帮助抓捕逃奴，并禁止使用州监狱关押逃奴；从此之后，奴隶制再也没有在马萨诸塞州合法存在过，马萨诸塞州的司法正义也从未因卑劣的诉讼而遭到玷污，奴隶制的罪恶虽然也曾蔓延到马萨诸塞州，但从未成功地获得过任何法律认可和实际权力；而1850年联邦《逃奴法》的制定，意味着奴隶制的罪恶即将吞噬马萨诸塞州。[①]

小　结

马萨诸塞州1843年人身自由法的制定，充分表明了人身自由法在内战前反奴隶制政治过程中所发挥的重要作用。与大多数人身自由法一样，马萨诸塞州1843人身自由法并没有直接挑战1793年联邦《逃奴法》，但是这并不意味着这部法律在营救逃奴问题上的所发挥的作用有限。一方面，在制定这部法律的过程中，废奴主义者提出了一整套全面的反联邦《逃奴法》思想，挑战了内战前美国法律界中盛行的法律实证主义理念，对此后的营救逃奴运动和反奴隶制思想的发展产生了重要影响；另一方面，从当时的历史语境来看，人身自由法的意义不在于法律条文本身，而在于其象征意义——以州法律的形式表明本州的多数民众明确反对奴隶制，支持和同情逃奴，因而对废奴主义者而言，人身自由法更像是一个由本州民众发出的鼓励他们营救逃奴的"官方"信号，直接激发了他们的营救逃奴行动。

而且，马萨诸塞州1843年人身自由法的影响力超出了逃奴问题。在推动立法的过程中，政治废奴主义者的影响力逐渐增加，开始成为马萨诸塞州政党政治中的一支平衡力量，推动该州政治向反奴隶制的方向发展。作为联邦最高法院对普利格诉宾夕法尼亚案判决后第一部州人身自由法，马萨诸塞州1843年人身自由法还极具"示范效应"，激发了很多北部州制定了类似的人身自由法。这充分表明，早在19世纪40年代初期，废奴主义者就已经可以通过社会运动来塑造公众意见，进而影响司法实践和立法活动的抗争模式，直接推动州层面的反奴隶制的发展。

---

① *National Anti-Slavery Standard*, December 13, 1850.

更重要的是，上述研究从一个侧面证明了废奴主义者在逃奴问题上的合法抗争对奴隶制政治影响巨大。在有关逃奴案和人身自由法的辩论中，废奴主义者将联邦权与州权之争推向了政治舞台的中心。他们在不断拷问北部的法官和政治精英，蓄奴州的法律在多大程度上可以适用于北部自由州；联邦政府与奴隶制有何关系；如果代表奴隶制利益的联邦政府侵犯了北部州公民的基本权利，应该如何应对。而且，每一场重要的政治辩论，其实就是废奴主义者导演的一出反奴隶制宣传剧。这出宣传剧会同时在两个舞台上演。法庭和州议会自然是其中的一个舞台，这里上演的是关于奴隶制问题的法律和政治辩论；另一个舞台则在社会领域，废奴主义者会组织各种群体活动，要求释放逃奴和制定人身自由法。在此过程中，废奴主义者的报纸还会报道案件的细节，宣扬奴隶制对自由州公民权利的侵犯。这些宣传活动使逃奴案立刻成为当地社会关注的焦点问题，进而使奴隶制问题进入公共辩论之中。

总之，在内战前三十年中，废奴主义者利用逃奴问题和人身自由法一再把奴隶制所造成的将法律与良知、秩序与正义的矛盾展现在北部州的公众面前，揭开了联邦权力和社会大众为奴隶制问题所设置的"封印"，推动奴隶制问题逐渐进入全国性公共领域和政治辩论的中心，并将反奴隶制的道德原则注入公众意见之中，为反奴隶制政治的兴起与发展提供了动力。

第五章 抗争话语的"制度化"：废奴运动与"奴隶主权势"观念的提出和发展

1858年8月27日，林肯在与斯蒂芬·道格拉斯的第二场辩论中宣称："在我们的国家，奴隶制持续不断的入侵，已经对一个自由民族最珍视的权利带来了毁灭性影响，只有将全部有德之人的政治行为联合起来，才能成功地抵抗这种入侵。美国的公民应该团结起来，以和平、合宪、有效的措施来抵制奴隶主权势的入侵，如果这些措施能得到果断、明智地实施，那么自由和永恒正义的原则就能建立起来。"① 这是林肯首次公开提出"奴隶主权势"（Slave Power）一词。在他之前，萨蒙·蔡斯（Salmon Chase）、威廉·苏厄德（William Seward）等共和党领袖曾多次公开阐释"奴隶主权势"观念：一个由南部蓄奴州的奴隶主组成的集团试图侵犯自由州公民的权利，将奴隶制扩展到全国。在19世纪50年代，"奴隶主权势"观念一直都是共和党意识形态和话语策略的关键内容，有学者甚至将其称为共和党的"主导性象征"（mater symbol）。②

"奴隶主权势"观念作为内战前美国主流政治话语的组成部分，对南北之间地区性冲突的加剧产生了重要影响，因而美国学术界对其有比较深入的研究。关于共和党的"奴隶主权势"观念的核心内涵，美国学术界已经达成了基本共识。美国学者普遍认为，虽然奴隶主权势观念具有一定的模糊性，共和党人对其理解也存在差异，但总体来说，它具有几个基

---

① *Collected Works of Abraham Lincoln*, Vol. 3, New Brunswick: Rutgers University Press, 1953, pp. 58–59.
② William E. Gienapp, "The Republican Party and the Slave Power," in Robert Abzug and Stephen Maizlish eds., *New Perspectives on Race and Slavery in America*, Lexington: University Press of Kentucky, 1986, p. 53.

本特征：第一，该观念的基础是对奴隶制的道德批判，即认为奴隶制是一种违背上帝意志的巨大罪恶；第二，"奴隶主权势"的真正成员是南部的"特权阶层"——奴隶主集团，那些与奴隶制有密切商业往来的北部商人和站在南部一方的北部政客只是"奴隶主权势"的工具和帮凶，而非其"合法成员"；第三，该观念的核心政治权力是强调南部奴隶集团对联邦政府的控制权和对北部州的政治影响力；第四，"奴隶主权势"是自由和民主之敌，它不仅是南部的奴隶主贵族阶层垄断权力和特权，压迫奴隶和不蓄奴的白人，维持寡头统治的工具，还必然试图将奴隶制扩张到全国，限制北部公民的权利，最终颠覆共和制度，建立奴隶制集团的专制政府。总之，在共和党的话语中，"奴隶主权势"是一个企图摧毁北部州的自由的邪恶政治力量，是南北之间冲突的根源，也是美国共和体制的最危险的敌人。[1]

但是，在几个关键问题上，美国学术界尚存争议。首先，"奴隶主权势"观念是由谁提出来的？有些学者认为废奴主义者在19世纪30年代最先提出了"奴隶主权势"观念。当时，废奴主义者在北部和南部都遇到反对废奴运动的暴乱，他们宣称南部奴隶主构成的"奴隶主权势"试图摧毁全体自由州民众的自由。[2] 不少学者则认为"奴隶主权势"观念源自民主党。小阿瑟·施莱辛格（Arthur Schlesinger. Jr.）就指出，"首先在政治舞台上与奴隶主权势作战的群体是直接继承了杰克逊传统的激进民主党人"[3]。近来的学者也持类似的观点，认为"奴隶主权势"观念源自激进民主党人的反银行和反公司平民主义，是他们反对"金钱势力"（money power）的观

---

[1] William E. Gienapp, "The Republican Party and the Slave Power," pp. 53-64; Eric Foner, *Free Soil, Free Labor, Free Men: The Ideology of the Republican Party before the Civil War*, pp. 93-94.

[2] 这种观点的代表性研究著作有 Russel B. Nye, *Fettered Freedom: Civil Liberties and the Slavery Controversy, 1830-1860*, East Lansing: Michigan State University Press, 1963, pp. 217-249; Merton L. Dillon, *Abolitionists: The Growth of a Dissenting Minority*, DeKalb: Northern Illinois University Press, 1974, pp. 83-113; Richard Sewell, *Ballots for Freedom: Antislavery Politics in the United States, 1837-1860*, pp. 6-79, 86-89, 102-106; Reinhard O. Johnson, *The Liberty Party, 1840-1848: Antislavery Third-Party Politics in the United States*, pp. 24-25, 53-54, 227-230; Eric Foner, *Free Soil, Free Labor, Free Men: The Ideology of the Republican Party Before the Civil War*, pp. 96-97。

[3] Arthur M. Schlesinger, Jr., *Age of Jackson*, Boston: Little & Brown, 1950, p. 433.

念的一种衍生品,最初提出这一观念的是俄亥俄州的民主党国会参议员托马斯·莫里斯(Thomas Morris)。① 还有一些学者认为在1800年选举和1820年密苏里危机时,反对南部的联邦党人就已经提出了"奴隶主权势"观念。②

其次,谁是推动"奴隶主权势"观念进入主流政治话语的最重要力量?大多数学者都认为,真正让"奴隶主权势"观念广为接受,并进入主流政治话语的是共和党。美国历史学者威廉·E. 吉纳普(William E. Gienapp)的观点颇具代表性。他认为,虽然废奴主义者最初提出了奴隶主权势观念,但是由于废奴主义者太过激进,导致这个观念声名狼藉,受众甚少,即便美墨战争、1850年大妥协和1854年堪萨斯-内布拉斯加案让"奴隶主权势"观念变得更为可信,但是北部人仍然对废奴主义者提出来的这个理念保持怀疑,1854年之后,南北之间冲突的加剧和共和党的大力宣传,才使得这一观念被广为接受。③ 埃里克·方纳也指出,虽然自由党人和自由土地党人都曾大力宣扬"奴隶主权势"观念,但是他们的声音被1850年大妥协压制下去了,直到1854年,"奴隶主权势"观念才开始进入北部的主流政治话语。④

最后,"奴隶主权势"真的存在吗?在19世纪后期最著名的历史学家之一赫尔曼·爱德华·冯·霍尔斯特(Hermann Eduard von Holst)的七卷本巨著《美国宪政与政治史》中,"奴隶主权势"是贯穿始终的解释因素。霍尔斯特认为"奴隶主权势"不仅真实存在,还是挑起内战的罪魁祸首。⑤ 这种观点

---

① Jonathan Earle, *Jacksonian Antislavery and the Politics of Free Soil, 1824–1854*, Chapel Hill: University of North Carolina Press, 2004, pp. 18, 37–48; Yonatan Eyal, *The Young America Movement and the Transformation of the Democratic Party, 1828–1861*, Cambridge: Cambridge University Press, 2007, pp. 184–190.

② Leonard Richards, *The Slave Power: The Free North and Southern Domination, 1780–1860*, Baton Rouge: LSU Press, 2000, p. 4.

③ William E. Gienapp, "The Republican Party and the Slave Power," in Robert Abzug and Stephen Maizlish eds., *New Perspectives on Race and Slavery in America*, Lexington: University Press of Kentucky, 1986, p. 66.

④ Eric Foner, *Free Soil, Free Labor, Free Men: The Ideology of the Republican Party Before the Civil War*, pp. 93–94. 持同样观点的还有Michael F. Holt, *The Political Crisis of the 1850s*, New York: W. W. Norton & Co., 1978; Larry Gara, "Slavery and the Slave Power: A Crucial Distinction," *Civil War History*, Vol. 15, No. 1 (March 1969), pp. 5–18.

⑤ Hermann Eduard von Holst, *The Constitutional and Political History of the United States*, 7 Vols., Chicago: Callaghan and Co., 1881–1892.

一度成为学术界的主流观点。1921 年，昌西·S. 鲍彻（Chauncey S. Boucher）首次对传统观念发起挑战。他认为"奴隶主权势"只是北部的谣言，南部根本不存在一个旨在限制北部人传统自由权的高度组织化的集团，与之相反，南部各州在内战前的行为是分散的、防御性的、不协调的，更没有任何秘密性而言。① 此后，大多数学者都认为"奴隶主权势"是北部州盛行的一种阴谋论。其中，戴维·布里翁·戴维斯的解释颇具影响力。戴维斯受到理查德·霍夫斯塔特的"多疑症风格"（paranoid style）理论的影响，认为在内战前数十年，经济、社会和思想上的剧烈变革导致了美国人的普遍焦虑和个人社会角色的困惑，"奴隶主权势"观念给美国民众提供了一个界定自我价值和角色的象征物，反对"奴隶主权势"颠覆共和政体的阴谋成为他们缓解焦虑的主要方式。② 此后的很多研究都受到这种解释的影响，将"奴隶主权势"观念视为一种阴谋论，认为其流行的重要原因是人们担心共和政体遭到颠覆。③ 米歇尔·威廉·普夫（Michael William Pfau）对"奴隶主权势"阴谋论进行了分类，认为废奴主义者的"奴隶主权势"是一种边缘群体的阴谋论，对主流政治影响甚微，而查尔斯·萨默和萨蒙·蔡斯的"奴隶主权势"阴谋论是主流政治中的阴谋论，他们适时地将更加温和、实用的阴谋论投射到政治中心，使其逐渐成为主流政治话语的一部分。④ 莱纳德·理查兹（Leonard Richards）是少见的例外。他认为"奴隶主权势"观念不完全是一种阴谋论，共和国成立起来，南部奴隶主的确利用宪法"五分之三条款"和民主党的政党纪律，长期把持联邦的重要职位，成为一个强大的权势集团；不过北方人对南部在全国政治中的这种优势不满，也夸大了南部的危险。⑤

---

① Chauncey S. Boucher, "In Re That Aggressive Slavocracy," *The Mississippi Valley Historical Review*, Vol. 8, No. 1/2 (Jun., Sep., 1921), pp. 13-79.
② David Brion Davis, *The Slave Power Conspiracy and the Paranoid Style*, Baton Rouge: LSU Press, 1969, pp. 1-6, 18-19, 26-27, 29-31, 82-84.
③ William E. Gienapp, "The Republican Party and the Slave Power," pp. 51-78; Michael F. Holt, *The Political Crisis of the 1850s*, pp. 151-154, 191-199, 209-212; Peter Knight, ed., *Conspiracy Theories in American History: An Encyclopedia*, Vol. 1, Santa Barbara, ABC-CLIO, Inc., pp. 58-61.
④ Michael William Pfau, *The Political Style of Conspiracy: Chase, Sumner, and Lincoln*, East Lansing: Michigan State University Press, 2005, pp. 1-43.
⑤ Leonard Richards, *The Slave Power: The Free North and Southern Domination, 1780-1860*, Baton Rouge: LSU Press, 2000.

总之，现有的研究大多强调北部州的主要政党对"奴隶主权势"观念的影响，忽略了废奴主义者在"奴隶主权势"观念发展方面的作用。既有的观点在两方面尤为值得商榷。一是倾向于把"奴隶主权势"观念视为一种静止不动的理念，由废奴主义者在19世纪30年代提出，50年代才被共和党借鉴并推广开来。在这二十年中，难道"奴隶主权势"观念没有发生过变化？二是对于废奴主义者的"奴隶主权势"观念为何在50年代之前难以进入主流政治话语的解释太过简单，缺乏事实证据和逻辑说服力。在内战前的数十年，废奴主义者的确因其"狂热煽动者"的形象招致众多不满，但这是否一定意味着他们的思想观念被完全否定？而且，即便认为是废奴主义者最先提出"奴隶主权势"观念的学者，也没有对他们提出观念的过程和原因进行细致的分析。因此，本章试图重新考察废奴主义者与"奴隶主权势"观念之间的关系，探究废奴主义者的边缘性意见进入主流政治话语的方式。

第一节　前期废奴运动与"奴隶主权势"观念的缘起

从19世纪初到30年代中期，北部自由州出现了多种描述南部蓄奴州政治权势的观念，比如"蓄奴势力"（slaveholding power）、"奴隶制利益集团"（slave interest）、"蓄奴利益集团"（slaveholding interest）①。这些观念是如何被提出的？它们有什么样的具体内涵和批判指向？与它们相比，废奴主义者提出的"奴隶主权势"观念有何不同？废奴主义者是如何一步步提出"奴隶主权势"观念的？这些都是本节试图解答的问题。

一　19世纪初描述南部蓄奴州政治势力的观念

在共和国成立之初，由于奴隶制并没有展现其"扩张特性"，北部地区还弥漫着奴隶制很快就将自动消亡的乐观情绪，奴隶制的反对者们并未将南部蓄奴州视为一股需要反对的特殊的政治经济势力。在政治领域内，奴

---

① 若按字面意思翻译，slave interest 和 slaveholding interest 两词应译为"奴隶利益"和"蓄奴利益"，但是从后文的介绍可知，在当时的历史语境中，这两个词主要是指南部蓄奴州凭借奴隶制带来的好处，形成了一个特殊的利益集团。故而，本书将其译为"奴隶制利益集团"和"蓄奴利益集团"。

第五章　抗争话语的"制度化":废奴运动与"奴隶主权势"观念的提出和发展 | 231

隶制也没有成为政党之间相互攻击的工具。联邦党的大本营虽然在新英格兰地区,其支持者中南部奴隶主的数量甚少,但是它并没有利用奴隶制来攻击其竞争对手民主—共和党。这主要是因为联邦党是一个全国性的政党,需要在南部蓄奴州争取到一定的选票。而且,联邦党之所以能在18世纪90年代长期控制联邦政府,凭借的就是服从联邦政府、联邦利益高于一切的理念,它显然不愿因攻击奴隶制而激发南部的地方主义。[1]

19世纪初期,因政党斗争的原因,联邦党提出了描述南部蓄奴州政治势力的观念。在1800年全国大选中,联邦党不仅以失败而告终,还失去了除北卡罗来纳州之外的全体南部州的选举人票,完全变成一个北部的地区性政党。这促使联邦党人开始利用奴隶制攻击竞争对手。他们宣称,民主—共和党虽然打着自由平等的口号,但本质上是奴隶制的代言人和获利者;杰斐逊之所以能就任总统,主要是因为南部蓄奴州凭借宪法"五分之三条款"占据了国会众议院的多数席位。[2] 此后几年中,随着联邦党在全国的影响力进一步下降,并逐渐成为一个立足于新英格兰的地区性政党,联邦党人开始更加频繁地利用奴隶制攻击民主—共和党,形成了最初的"奴隶制利益集团"观念,即民主—共和党其实是一个由南部的奴隶主构成的权力集团,它利用宪法"五分之三条款"获得的政治优势控制了联邦政府。[3] 在很多联邦党人看来,1803年的路易斯安娜购买,就是民主—共和党人试图扩张奴隶制以增加"奴隶选票"的阴谋。约翰·昆西·亚当斯以《圣经》作比喻,表达他对此事的不满:"奴隶代表制已控制了联邦,展现了便雅悯赋予其后代的狼一般掠夺的天性。"[4]

1812年美英战争时,联邦党人利用美国国内高涨的反战情绪,猛烈攻击力主对英作战的民主—共和党,试图借此重振雄风。在此过程中,他们

---

[1] Matthew Mason, *Slavery and Politics in the Early Republic*, Chapel Hill: University of North Carolina Press, 2006, pp. 36-38.
[2] David H. Fisher, *The Revolution of American Conservatism: The Federalist Party in the Era of Jeffersonian Democracy*, New York: Harper & Row, 1965, p. 160.
[3] Matthew Mason, *Slavery and Politics in the Early Republic*, pp. 38-40.
[4] Charles Francis Adams, ed., *Memoirs of John Quincy Adams, Comprising Portions of his Diary from 1795 to 1848*, Vol. 5, Philadelphia, J. B. Lippincott & Co., 1874, p. 11. 据《圣经》记载,便雅悯是雅格与拉结的小儿子,拉结在生他时难产而死。雅格临终前曾预言便雅悯的后代是能征善战的男猛之士。其原话为:"便雅悯是个撕掠的狼,早晨吃他所掠夺的,晚上分他所掳获的。"(《旧约·创世记》49:27)。翻译参见《圣经》简体中文和合本。

进一步发展了描述南部蓄奴州政治势力的观念——"奴隶制利益"观念。部分激进的联邦党人开始将奴隶制与专制统治等同起来，认为南北是两种截然不同的制度，民主—共和党是代替南部的奴隶主专制集团统治联邦政府的工具，根本不配保卫北部人的自由。①一位署名为加图（Cato）的作者在联邦党的报纸《康涅狄格报》（*Connecticut Courant*）上发表评论，声称奴隶主是"纯粹的独裁者"，蓄奴会导致他们将独裁行为发展到所有的领域之中，而这正是民主—共和党的独裁策略和原则的真正源头；与之相反，"北部人从小学到的原则是公民自由和自由立法"；就像拿破仑认为只有对他自己和他的朋友而言，自由才"是个好东西"，南部的民主—共和党人认为只有"他们和他们的后代才配得上自由"，这就是"为什么蓄奴的政治家们要殷勤地与法国联盟"。②大部分联邦党人则集中批评宪法"五分之三条款"，认为其所确定的"奴隶代表制"使得南部奴隶主形成了一个强大的、与自由精神背道而驰的"奴隶制利益集团"。1814年，新英格兰地区的联邦党人在康涅狄格州的哈特福德（Hartford）聚会时，将这一理念阐释得淋漓尽致，并要求国会废除"五分之三条款"。③但是，联邦党人因为反对参战和分裂主义立场而背负了不爱国的罪名，这直接导致他们在战后进一步衰落，不久就从美国政治中销声匿迹了。

1820年密苏里危机时，联邦首次因奴隶制问题出现全面的南北分裂，描述南部蓄奴州政治势力的观念再次兴起。如果说联邦党人并没有对奴隶制提出实质性的批评，只是反对南部奴隶主所支持的政党垄断了联邦政府的权力，那么在密苏里危机中，北部州的部分国会议员和公民开始更全面地反对南部奴隶制，将反对奴隶制与反对南部蓄奴州的政治权力真正结合起来。宾夕法尼亚州的国会众议员约翰·萨金特（John Sergeant）指出，奴隶制"是一种巨大的罪恶"，"建立在完全错误的原则之上"，但是由于它对奴隶主有利，蓄奴州会不断推动其向外扩张；"支持奴隶制向一个地区扩张的理由，会成为奴隶制向下一个地区扩张的借口"，最终会导致奴隶制"在全世界范围内建立起来"；而且，奴隶主很快会要求恢复已经被

---

① *Poulson's American Daily Advertiser*, December 15, 1814.
② *Connecticut Courant*, July 21, 1812.
③ Theodore Wright, *History of Hartford Convention, with a Review of the Policy of the United States Government*, New York: N. & J. White, 1833, pp. 352–379.

第五章 抗争话语的"制度化":废奴运动与"奴隶主权势"观念的提出和发展 | 233

法律禁止的国际奴隶贸易。① 纽约州的国会参议员费尔南多·伍德(Fernando Wood)声称,奴隶制的扩张会使奴隶贸易和绑架自由黑人的罪恶蔓延到北部州,危害北部州的自由传统和北部公民的自由权,更重要的是,南部蓄奴州会因此获得过多的权力,"摧毁美国政治体制的平衡与和谐",使美国的政治偏离1776年的自由原则。②

但是总体而言,在密苏里危机中,对奴隶制的道德批判只是少数奴隶制反对者的激进观点,绝大多数北部人士还是从权力争夺的角度来反对奴隶制的扩张,认为南部因共同的奴隶利益形成了一个权力利益集团,并试图通过扩展奴隶制来获取更多的权力,进而控制联邦政府。纽约州国会参议员鲁弗斯·金的观念颇具代表性。鲁弗斯·金是国会议员中最极端的奴隶制反对者之一,强烈反对密苏里州以蓄奴州身份加入联邦。但是纽约市的一位报纸编辑敏锐地指出,金之所以持这种激进观点,主要是"防止南部永久控制联邦的权力",因为"奴隶主利益是同质性的",所以南部可以联合起来,但"北部被各种地方性利益和分歧分裂开来",无法形成一个统一的利益体,也就无力与南部竞争;一旦南部的奴隶集团继续扩展,北部和整个联邦就会被南部永久控制。③ 一位署名为"民主者"的人在报纸上撰文指出,对南部而言,"奴隶制利益就是唯一的利益",如果任其发展,它将无法控制,最终将危及联邦和北部州的利益。④ 波士顿的一家报纸指出,南部已经凭借"奴隶选票"获得了政治优势,如果奴隶制向外扩张,"蓄奴利益集团"必然会与全国的利益产生冲突,南部州势必会试图控制联邦政府,以确保自己的利益。⑤ 少数几位北部州国会议员投票支持密苏里以蓄奴州身份加入联邦。北部人士在批评他们的时候,并没有谴责他们背叛自由原则,而是指责他们甘当"奴隶制利益"的工具,危害了"北部州和联邦的利益与繁荣"。⑥

---

① U. S. Congress, *Annals of the Congress of the United States*, 16th Congress, 1st session (February 9, 1820), pp. 1205–1207.
② U. S. Congress, *Annals of the Congress of the United States*, 16th Congress, 1st session (February 20, 1820), pp. 1371–1373.
③ *Rhode-Island American, and General Advertiser*, March 7, 1820.
④ *Providence Gazette*, August 28, 1820.
⑤ *The Repertory*, January 8, 1820.
⑥ *New-York Daily Advertiser*, March 15, 1820; *The New-York Columbian*, March 7, 1821; *Public Ledger*, May 1, 1824; *City Gazette and Commercial Daily Advertiser*, October 12, 1824.

总体而言，与共和党的"奴隶主权势"观念相比，在19世纪初期出现的描述蓄奴州政治势力的观念有两个明显不同。第一，联邦党人和北部的反对奴隶制扩张者在使用"奴隶制利益集团"观念时，并未对奴隶制进行道德上的严厉谴责，而只是批判南部州凭借奴隶制获得更多的政治权力；第二，联邦党人和北部的反对奴隶制扩张者没有强调"奴隶制利益集团"会对北部州的自由构成威胁，而是指其对北部州的政治权力和经济利益构成威胁。从本质上来说，这些描述蓄奴州政治势力的观念只是政党和地域之间的权力与利益争夺的工具，不具备"奴隶主权势"观念中所蕴含的从道德和权利层面上反对奴隶制的因素。这种反"奴隶制利益集团"观念在此后的政党和地域争议中时常出现，1832年南卡罗来纳州反对联邦关税法，引发了激烈的政治辩论。约翰·昆西·亚当斯就指出，"蓄奴利益集团"形成了一个强大的机器，控制了国会，使自由州的反对奴隶制的措施无法施行。①

需要指出的，在19世纪30年代中期之前，人们经常将"奴隶制利益集团"与"蓄奴势力"和"蓄奴利益集团"交替使用，其内涵基本一致，但是"奴隶主权势"一词几乎没有被提及。就笔者目前所掌握的材料来看，罗得岛州的《波塔基记事报》（Pawtucket Chronicle）在1830年首次使用了"slave power"一词，但所指的是奴隶主所享有的包括剥夺奴隶的劳动果实、囚禁和虐待奴隶、随意处理奴隶等权力，也就是时人普遍所称的"蓄奴者的权力"（slaveholder's power）。② 在19世纪30年代初期，废奴主义者曾对"蓄奴者的权力"大加批判，认为这是奴隶主邪恶的重要表现。③ 当然，这与"奴隶主权势"观念无甚关联。

二 反废奴暴力事件与"奴隶主权势"观念的提出

1833年12月，北部州的废奴主义者在费城成立了美国第一个全国性的激进废奴组织——美国废奴协会（American Abolition Society），标志着废奴运动的全面兴起。从此时到30年代末，是废奴运动发展的前期，废奴主义者的核心策略是不直接参与政治，对美国民众进行道德说服，使其认识到

---

① *National Gazette*, February 19, 1833.
② *Pawtucket Chronicle*, August 6, 1830.
③ *Liberator*, September 29, 1832；*Liberator*, October 6, 1832；*Liberator*, October 20, 1832.

奴隶制的罪恶。对于前期废奴运动与"奴隶主权势"观念的关系，美国学者往往语焉不详。即便认为"奴隶主权势"观念是由废奴主义者所提出的学者，也并未对该观念产生的原因和过程作出清晰的解释。[1]

在 19 世纪 30 年代，废奴主义者像是猛牛闯进了瓷器店，大有将美国社会在奴隶制问题上的政治和心理共识统统打碎之势。当南北的白人大多希望将奴隶制问题束之高阁时，废奴主义者却一直宣称奴隶制是无法回避的严重罪恶；当多数人都认为南部的奴隶制应该由上帝和未来决定时，废奴主义者却要求人们立即采取行动废除奴隶制；当大家普遍认为奴隶制是英国留下的不良遗产，与北美居民无关时，废奴主义者却声称所有的美国人，无论是否蓄奴，都对奴隶制负有道德责任。而且，废奴主义者不是口头煽动家，而是切实的行动者，他们广建废奴协会，传播宣传废奴思想的出版物，组织废奴集会和演讲，并向国会递交请愿书。这种不计后果的极端"煽动"行为，使得废奴运动遭到了国家权力和普通民众的双重镇压。在回应这些压力的过程中，废奴主义者逐步提出了"奴隶主权势"观念。[2]

有学者认为，"奴隶主权势"观念是废奴主义者在 19 世纪 30 年代应对针对他们的暴力事件时提出来的，强调的是奴隶主阶层对北部州公民自由权的侵犯。[3] 这种解释有一定道理，但并不确切。事实上，反废奴暴力事件只是激发废奴主义者提出了该观念的雏形，且该观念并非一蹴而就，其内涵在不断发展之中。

北部州的反废奴暴力事件是废奴主义者提出"奴隶主权势"观念的开端。从 1833 年开始，北部接连发生多起针对废奴主义者的暴力事件，暴徒们骚扰和打断废奴主义者的会议，捣毁废奴主义者的印刷厂，并对废奴主义者进行人身攻击。从 1834 年到 1838 年，北部发生了四十多起这样的暴力

---

[1] Russel B. Nye, *Fettered Freedom: Civil Liberties and the Slavery Controversy, 1830-1860*, pp. 217-249; Merton L. Dillon, *Abolitionists: The Growth of a Dissenting Minority*, pp. 83-113; Eric Foner, *Free Soil, Free Labor, Free Men: The Ideology of the Republican Party before the Civil War*, pp. 93-94.

[2] Michael Kent Curtis, "The 1837 Killing of Elijah Lovejoy by An Anti-abolition Mob: Free Speech, Mobs, Republican Government, and the Privileges of American Citizens," Vol. 44, *UCLA Law Review*, Vol. 44, 1997, p. 1119.

[3] Russel B. Nye, *Fettered Freedom: Civil Liberties and the Slavery Controversy, 1830-1860*, pp. 217-249.

事件。① 学者们普遍认为，暴力事件的领导者多是"有财产有地位的绅士"（gentlemen of property and standing），他们不仅担心废奴运动会诱发奴隶叛乱和种族战争，破坏白人至上的社会秩序，导致联邦解体，也害怕废奴主义者诉诸妇女、黑人等社会边缘群体的行为和具有平等色彩的福音派宗教思想会颠覆他们在地方的权威。② 其实，废奴主义者对此也有清晰的认识。加里森指出，有五类人参与了暴动：讨厌废奴主义者的煽动行为，认为其破坏了北部的和平与秩序的人；与南部有商业联系，担心废奴运动会导致南部中断与其商业往来的人；将废奴主义者视为异教徒或信仰异端基督教思想的人；害怕种族平等和融合的人；担心奴隶制争议可能会导致联邦解体的人。③《全国废奴标准报》（National Anti-Slavery Standard）的观点与加里森类似，认为有三类人参加了暴动：担心废奴运动威胁其经济利益的"富有贵族"（the aristocracy of wealth），不希望黑人享有平等权利的人，喜欢酗酒闹事、满嘴秽语的市井无赖。④

这些暴力事件不仅没有真正地让废奴主义者"失声"，反倒给他们提供了宣传废奴运动的良机。废奴主义者意识到，暴乱事件侵犯了美国公民的重要的公民权利——言论自由权，作为受害者的他们自然也就成了捍卫公民自由权的斗士，这必然会引起很多普通民众对他们的同情和支持。于是，他们将废奴主义者与北部州反废奴主义者之间的冲突描述为公民自由权与奴隶主之间的矛盾，将废奴运动等同于捍卫公民自由的伟大事业，宣称暴乱事件的真正发动者是南部的"奴隶制利益集团"，北部州的暴乱参与者只是其工具和帮凶。这其实就是"奴隶主权势"观念的雏形。当然，这一观念的产生并非一蹴而就，而是废奴主义者逐步提出的。

1835年10月21日，一批波士顿的"杰出公民"（prominent citizens）在袭击英国废奴主义者乔治·汤普森（George Thompson）未果后，愤而将废奴运动的精神领袖加里森套上绳索，拉着他穿过城市的大街小巷，他被

---

① David Gnmsted, *American Mobbing, 1828-1861: Toward Civil War*, p. 35.
② James B. Stewart, *Holy Warriors: The Abolitionists and American Slavery*, pp. 67-69.
③ *Proceedings of the Anti-Slavery Meeting Held in Stacy Hall, Boston, on the Twentieth Anniversary of the Mob of October 21, 1835*, Boston: R. F. Wallcut, 1855, pp. 17-19.
④ *The National Anti-Slavery Standard*, September 8, 1842.

第五章　抗争话语的"制度化":废奴运动与"奴隶主权势"观念的提出和发展 | 237

关进监狱之后才得以脱身。① 这是新英格兰地区发生的第一起重要的针对废奴主义者的暴力事件,也是废奴主义者提出"奴隶主权势"观念的开端。

事件发生后不久,一位废奴主义者在《解放者报》上撰文,明确将废奴运动与公民自由权联系起来。他宣称:"我们要将加里森的事业与公民自由的事业(cause of civil liberty)等同起来……加里森很清楚,反对他的暴民数量越多,行为越暴力,有良知之人就越能体会到加入他的队伍的必要……每个有良知之人必须捍卫言论自由和出版自由——即便那是加里森的言论自由和出版自由。"② 加里森在随后发表的公开声明中宣称,那些对他施加暴行的不是"乌合之众和工人",而是"有财产和地位的绅士",这些人竟然在波士顿这个"自由的摇篮""约翰·汉考克和约翰·亚当斯的城市",在光天化日之下公然侵犯公民的言论自由和结社自由权,"其罪行之恶劣简直无法形容"。他随后怀疑波士顿市市长西奥多·莱曼(Theodore Lyman)是这帮暴徒的同伙,因为事件发生后,他从未公开呼吁市民维持社会秩序,也没有许诺公民的言论自由权不受侵犯,更没有采取任何措施来抓捕主要的暴徒,而是默许了他们的暴行。

加里森提出了上述怀疑的证据:"莱曼曾在法尼尔大厅主持过支持奴隶制的集会,在那次会议上,人们欢呼华盛顿也是个奴隶主!"最后,加里森指出莱曼和那些暴徒都是奴隶制这头"压迫性怪兽"(monster of oppression)的附庸,"南部的奴隶制与北部自由人的权利和特权的行使水火不容"③。此后,一位署名为"汉考克"(Hancock)的废奴主义者写了长篇文章,证明莱曼是奴隶制的支持者,他利用其个人关系发动了这起暴乱。④

尽管莱曼本人和其他人都对此作出了辩解⑤,但是政府官员帮助"奴隶制利益集团"镇压废奴主义者的说法却流传开来。詹姆斯·G.伯尼在给朋友的信中不无夸张地说道:"值得注意的是,这些暴乱分子是经过了支持南部的政客们的特殊训练之后才攻击废奴主义者的……那些政客是一些被奴隶主的金钱贿赂过的报社编辑、公职的未来候选人、国会议员、法官、邮

---

① *Niles' Weekly Register*, October 3, 1835, pp.145-146.
② *Liberator*, November 21, 1835.
③ *Liberator*, November 7, 1835.
④ *Liberator*, November 14, 1835.
⑤ *Liberator*, November 21, 1835; *Liberator*, November 28, 1835.

政官员。"① 《全国废奴标准报》指出，袭击加里森的暴力事件表明，"成千上万的北部商人、制造商和其他人，与奴隶主一起分享了奴隶制的不正义成果……碰他们的钱包，就像直接碰奴隶主的钱包一样"，他们是奴隶主在北部的"谄媚者"，试图从奴隶主支持的总统那里谋得官职和利益，会不惜侵犯公民自由权来捍卫奴隶制的利益。② 1836 年 4 月，波士顿妇女废奴协会主席玛丽·S. 帕克（Mary S. Parker）在演讲中声称，每当废奴主义者开会时，"奴隶制利益的代表"就会闯进会场，阻止会议的进行，他们还抓走加里森，"差点害了他的性命"，这表明"北部的自由精神已经屈服于南部的奴隶制精神"。③ 总之，加里森被袭事件直接激发废奴主义者提出了最初版本的"奴隶主权势"观念。1855 年，加里森派废奴主义者在波士顿举行了纪念这起事件 25 周年的集会。西奥多·帕克（Theodore Parker）在会上感叹道："1835 年暴乱事件让我们第一次意识到奴隶主权势在北部的存在！"④

1836 年 7 月，辛辛那提的一群暴徒捣毁了詹姆斯·G. 伯尼的印刷厂，烧毁了大量宣传废奴思想的报纸《博爱者报》。伯尼出生在肯塔基州的奴隶主家庭，在父亲过世后，释放了家中的奴隶，并投身废奴运动。在废奴运动早期，他一直被废奴主义者当作道德说服的成果进行宣传。⑤ 因此，这起针对他的暴力事件引发了废奴主义者的强烈反应，也激发他们提出了更为明确的"奴隶主权势"观念。

《废奴记录报》（Anti-Slavery Record）明确指出，这些暴乱分子是辛辛那提的社会上层，他们很清楚出版自由权的重要性，但是为了维持与南部奴隶主的贸易往来，他们甘愿犯下这等罪行，但是暴乱事件的真正发起者是南部奴隶主，北部的暴乱者只是他们的"聪明且卑微的仆人"，这充分表明，"奴隶制与北部公民的自由无法共存"，为了发展和捍卫其利益，奴隶主会摧毁北

---

① *New Richmond*, January 8, 1836.
② *National Anti-Slavery Record*, July 1836, pp. 1-2.
③ *Liberator*, April 30, 1836.
④ *Proceedings of the Anti-Slavery Meeting Held in Stacy Hall, Boston, on the Twentieth Anniversary of the Mob of October 21, 1835*, Boston: R. F. Wallcut, 1855, p. 46.
⑤ William Birney, *James G. Birney and His Times: The Genesis of the Republican Party*, New York: D. Appleton and Company, 1890, p. vi.

部人的自由。① 俄亥俄州废奴协会的执行委员会在发表的公开声明中,从历史的角度系统阐释了奴隶制与北部公民自由权之间的截然对立。这份报告指出,在殖民地时期,虽然各殖民地都是蓄奴的,但是很多人已经意识到奴隶制与自然法和宗教原则不符,呼吁将其废除;美国革命确定了"人具有不可被剥夺的权利"这一伟大原则,1774 年的《邦联条例》和 1776 年的《独立宣言》继续强化了这一原则,1778 的《联邦宪法》则将这一原则完全确定下来;《联邦宪法》从未赋予奴隶制任何合法地位,宪法文本中也找不到"奴隶"和"奴隶制"一词;约翰·杰伊、本杰明·拉什、麦迪逊等建国之父们都深知,奴隶制与美国的自由原则背道而驰,奴隶主为捍卫其利益,必然会侵犯自由州的公民自由权;辛辛那提所发生的暴力事件,表明南部的奴隶主已经开始攻击北部公民的言论自由和出版自由权,也证明了威廉·平克尼(William Pinkney)在 45 年前的话:"如果奴隶制继续存在下去,必然腐蚀和破坏自由原则;普遍自由的河流只要流经局部性的奴役之地,就会遭到污染。"②

1837 年 12 月 7 日,废奴主义者伊莱贾·P. 洛夫乔伊在伊利诺伊州的奥尔顿(Alton)在保卫自己的印刷厂时被一群暴徒杀害,成为废奴运动的第一个烈士。洛夫乔伊事件像一枚重磅炸弹,让北部民众突然认识到言论自由的重要性。约翰·昆西·亚当斯感叹道:"洛夫乔伊先生的死亡,以及前后所发生的诸事,开启了人类自由编年史中的一个新篇章。这些事件带给我们的震撼,不亚于一场遍布整个北美大陆的地震,而且我们感觉这场地震源自地球的最深处……他是美国第一个为出版自由和奴隶自由献身的烈士。"③ 爱默生盛赞洛夫乔伊"是为人性和言论自由权而死",代表了北部文化中真正的勇敢精神。④ 出于对言论自由权的关注,很多北部民众开始同情废奴主义者,"废奴运动和言论自由从此融合为同一个事业"⑤。

---

① *Anti-Slavery Record*, Vol. 2, No. 9 (September 1836), pp. 2-4.
② *Narrative of the Late Riotous Proceedings Against the Liberty of the Press, in Cincinnati: With Remarks and Historical Notices, Relating to Emancipation; Addressed to the People of Ohio* Cincinnati, 1836, pp. 3-8.
③ *Memoir of the Rev. Elijah P. Lovejoy: Who Was Murdered in Defence of the Liberty of the Press, at Alton, Illinois*, Nov. 7, 1837, p. 11.
④ *The Heart of Emerson's Journals*, November 25, 1837.
⑤ Russel B. Nye, *Fettered Freedom: Civil Liberties and the Slavery Controversy, 1830–1860*, pp. 149-150.

《他们怎么能这样做?》刊于 1836 年 9 月的《废奴记录报》,展示了暴徒们正在捣毁詹姆斯·伯尼的印刷厂的情形。①

乘着这股强大的支持言论自由权的热潮,废奴主义者进一步阐明了"奴隶主权势"观念。一位署名为"锡安的先驱"(Zion's Herald)的废奴主义者说,洛夫乔伊被害"充分展示了奴隶制的真正精神",为了获取"罪恶的果实","奴隶主和他的北部帮凶们"会不惜"侵犯言论自由,阻止公众意见的转变,践踏和摧毁真理、平等和争议的永恒原则"。② 马萨诸塞州废奴协会指出,站在施暴者背后的是南部奴隶主,他们才是"公共秩序、自由和人性的天敌",试图把南部的"恐怖统治"(reign of terror)搬到北部,让北部自由人屈服。③ 一位废奴主义者愤怒地指出,奥尔顿的暴动事件以"血淋淋的事实"证明,南部的奴隶主和他们在北部的帮凶,正在"肆无忌惮地剥夺北部公民的言论自由和出版自由权、人身自由权、拥有良知的权利";追逐利益和繁荣的南部的"奴隶制利益集团",还将继续向北部进攻,

---

① *Anti-Slavery Record*, Vol. 2, No. 9 (September 1836), p. 1.
② *Liberator*, November 24, 1837.
③ *Liberator*, November 24, 1837.

这仿佛就是北部所遭到的诅咒,除非"耶和华的红色闪电能将南部从犯罪的诱惑中惊醒";北部民众要么联合起来抵挡奴隶制的进攻,要么让联邦解体,否则奴隶制"将统治整个北部,摧毁人民的自由"。①

总之,在应对北部州发生的反对废奴的暴力事件的过程中,废奴主义者虽然没有使用过"奴隶主权势"一词,但是逐渐提出了"奴隶主权势"观点中一个非常重要的内容:奴隶制与自由水火不容,南部的奴隶主集团一直试图将奴隶制扩展到北部,最终侵犯和摧毁北部公民的自由权。

三 "钳口律"、得克萨斯问题与"奴隶主权势"观念的提出

在19世纪30年代,废奴运动不仅受到北部民众的反对,还遭到国家权力的镇压。在应对这一问题时,废奴主义者提出了"奴隶主权势"观念的另一个重要内容:奴隶主及其在北部州的同盟构成的"蓄奴势力"(slaveholding power)控制了国会,它不仅试图剥夺废奴主义者的请愿权,还对所有北部公民的自由构成威胁。在激发废奴主义者提出上述观念方面,有关"钳口律"的争论发挥了最大的作用。

1834年,刚刚成立一年的美国废奴协会呼吁废奴主义者向国会递交请愿书和文件,要求联邦政府结束哥伦比亚特区的奴隶制和奴隶贸易。② 次年,废奴主义者将至少34000份请愿书和文件递交到国会。③ 如此之多的请愿书,不仅让国会有些不知所措,也让很多南部议员非常不安。1835年12月18日,当马萨诸塞州国会众议员威廉·杰克逊(William Jackson)向国会递交了一份废奴主义者的请愿书时,遭到了南卡罗来纳州国会众议员詹姆斯·亨利·哈蒙德(James Henry Hammond)的强烈反对,并提议国会拒绝接受废奴主义请愿书。④ 国会就此问题进行了两个多月的辩论。1836年5月26日,众议院以117票对68票通过了所谓的"钳口律",即国会搁置一切与奴隶制问题或废奴有任何关系的请愿书或文件,禁止议员在国会开会

---

① *Liberator*, December 8, 1837.
② *Second Annual Report of the American Anti-Slavery Society*, p. 52.
③ William Lee Miller, *Arguing about Slavery: The Great Battle in the United States Congress*, New York: A. A. Knopf, 1996, pp. 111-112.
④ U. S. Congress, *Register of Debates*, House of Representatives, 24th Congress, 1st session (December 18, 1835), pp. 1796-1797.

时宣读或讨论任何与奴隶制问题或废奴有关的提案。① 需要指出的是，"钳口律"还只是众议院对自身内部工作流程的一项决议（resolution），并不是面向公民的法律（law），也不是一项众议院规则（House Rule）②，它将会随着同一届国会的结束而自动失效。1838 年，民主党国会议员将"钳口律"变成了一项众议院规则。1840 年，约翰逊修正案将其变为国会 21 号常设规则（Standing Rule 21 of the House）。③

"钳口律"的提出和通过引发了废奴主义者的强烈不满，他们持续向国会投递请愿书，试图让奴隶制问题继续成为全国公共辩论的中心问题。在此过程中，他们提出具有政治权力色彩的"奴隶主权势"观念。

1836 年 5 月 10 日，在美国废奴协会的第三次年会上，执行委员会在会议报告中将"钳口律"的通过归咎于国会中的"蓄奴利益集团"。这份报告声称，宪法无比清晰地说明，"无论在任何情况下"，国会都有权废除哥伦比亚特区的奴隶制，而且民众之所以把首都的管理权交给议会，就是因为首都最能代表一个国家的精神；但是约翰·卡尔霍恩、詹姆斯·亨利·哈蒙德、安德鲁·皮肯斯（Andrew Pickens）等少数南部蓄奴州国会议员利用政治手腕联合了部分北部州国会议员，形成了一个强大的"蓄奴势力"，以"钳口律"阻止国会中关于奴隶制问题的讨论，否定国会拥有管理哥伦比亚特区奴隶制的权力；"钳口律"事件表明，奴隶主试图将奴隶主的专制精神带入国会，对北部同胞进行"合法镇压"，使美国变成"一个专制国家、践踏弱者权利的国家、出卖自己不幸公民的国家"。④ 艾伦·斯图尔特（Alan Stewart）在一封庆祝宾州废奴协会成立的信中，声称"钳口律"是国会中的南部"奴隶制利益集团"的"邪恶成果"，这个"可怕的怪

---

① U. S. Congress, *Register of Debates*, House of Representatives, 24th Congress, 1st session（May 26, 1836），pp. 4052 – 4054.

② House Rule, 指众议院内部规则，是众议院守则（House Manual）的一部分，其议事程序要遵从内部规则。〔英〕戴维·M. 沃克：《牛津法律大辞典》，李双元等译，法律出版社，2003，第 534 页。

③ Charles Stewart III., "The Gag Rule, Congressional Politics, and the Growth of Anti-Slavery Popular Politics," paper presented at the 2005 annual meeting of the Midwest Political Science Association, April 7 - 10, 2005, Chicago, p. 12.

④ *Third Annual Report of the American Anti-Slavery Society*, New York: Printed by William S. Door, 1835, pp. 84 – 87.

兽"（a dreadful monster）"不仅劫掠了奴隶的劳动成果，还试图吞噬北部的自由"。① 女性废奴主义者伊丽莎白·卡迪·斯坦顿（Elizabeth Cady Stanton）在演讲时宣称，"钳口律"表明"蓄奴利益集团"已经控制了联邦政府，而且准备发动一场"针对所有自由人的权利和利益的战争"②。

有些废奴主义者还认为，"钳口律"的通过表明南部的"奴隶制利益集团"试图颠覆美国的民主体制。乔舒亚·沃恩·海姆斯（Joshua Vaughan Himes）指出，奴隶主是南部的贵族，他们习惯专制统治，痛恨民主，"钳口律"是他们"摧毁共和国民主制度的第一步"，他们还将继续"摧毁人们的思想、言论和行动自由"。③ 亨利·斯坦顿声称："专制主义的幽灵已经控制了联邦国会！"④ 1836年7月9日，美国废奴协会在波士顿举行公开演讲，痛斥国会内"强大的奴隶主少数群体"（powerful slave minority）正在对美国的宪政体制和全体公民的自由权带来一场"严重的危机"。废奴主义者在演讲中宣称，国会内部的少数南部议员和与奴隶制有关系的北部州国会议员组成了一个捍卫奴隶制的团伙，他们人数虽然不多，但是拥有很大的权力和影响力，"钳口律"正是在他们的推动下通过的。废奴主义者提醒人们，虽然"钳口律"只是有关奴隶制问题的规定，但是，其对美国宪政体制的危害十分巨大，这主要是因为请愿权具有非同寻常的重要意义。废奴主义者指出，"在每一个建立在公民社会基础上的政治体制中，请愿权都是存在的"；请愿权是"英国先辈们所享有的最无可争议的权利之一"，它"源自一个伟大的真理——统治必须建立在被统治者的福祉的基础上"；长期以来，美国人已经习惯使用请愿权，"请愿权之所以成为宪法的一部分，就是因为制宪者希望公民通过请愿来给统治集团制造麻烦"；请愿书是"公民向统治者表达不满和诉求的桥梁"，代表选民利益的国会议员必须要在议会中宣读请愿书，并告知选民他们的意愿在多大程度上得到了实现，这"对于忠实、有效地行使选举权和立法权"非常关键。他们最终指出，"钳口律"

---

① *Emancipator*, Feb. 9, 1837.
② *Liberator*, June 11, 1836.
③ *Liberator*, February 11, 1837.
④ Remarks of Henry B. Stanton, in the Representatives Hall, on the 23rd and 24th of February, 1837: Before the Committee of the House of Representatives of Massachusetts, to Whom was Referred Sundry Memorials on the Subject of Slavery, Boston, 1837, p. 41.

的通过，表明"强大的奴隶主少数群体"正试图通过"一步步否定公民在所有问题上的请愿权"，来切断选民与国会议员的关系，使联邦政府成为"只为少数人服务的专制政府"。①

总之，在废奴主义者看来，"钳口律"的通过充分表明奴隶制作为一种巨大的政治势力，已然控制了国会，并侵犯了北部州公民的自由权。如果说"钳口律"确凿地证实了废奴主义者对北部州反废奴暴乱事件的推断：侵犯北部州公民自由的幕后黑手是南部奴隶主，那么得克萨斯问题则"证实"了废奴主义者的另一个推断：南部奴隶主试图扩展政治权力，以加强对联邦政府的控制。

1835年，得克萨斯居民与墨西哥政府发生矛盾，墨西哥政府派出军队，试图平息争议，确定中央政府的权威。这反倒引发了得克萨斯在1836年发生叛乱，并宣布独立。1837年，得克萨斯国会要求加入美国，联邦政府因担心新州的加入会导致南北之间的政治争执，故而暂时将这一问题搁置。废奴主义者在这一问题上"大做文章"，宣称得克萨斯的叛乱是南部蓄奴州的阴谋，它们希望让得克萨斯以蓄奴州身份加入联邦，以增加其在联邦政府中的影响力。

美国废奴协会在1835年指出，得克萨斯的叛乱是在南部奴隶主的支持下发动的，他们希望"这片200万平方英里的肥沃土地向奴隶制开放，这片土地完全可以划分成六个蓄奴州"，这样一来，奴隶主就可以"控制全国的多数州和多数白人"，从而"永远控制全国政府"。② 新英格兰废奴协会宣称，南部奴隶主之所以兼并得克萨斯，是"为美国的奴隶制贸易提供一个巨大的市场，并使蓄奴势力在国会中获得无可比拟的优势，给自由州公民的自由权发出警告，使我们充满了上帝即将进行复仇审判的恐惧"。③ 女性废奴主义者戴维·蔡尔德提醒人们，北部人口的急速增长让奴隶主担心他们会失去在全国政治中的优势，因而他们策划了得克萨斯叛乱，试图将其作为奴隶制的扩展地并入美国，一旦他们的阴谋成功，"国会中的蓄奴势力的权力和政策"就会"永久占据支配地位"，而那些分裂分子则可以在得克

---

① *Liberator*, July 9, 1836.
② *Fifth Annual Report of the American Anti-Slavery Society: With the Speeches Delivered at the Anniversary Meeting*, New York, 1835, p. 72.
③ *Liberator*, June 16, 1837.

第五章 抗争话语的"制度化":废奴运动与"奴隶主权势"观念的提出和发展 | 245

萨斯建立他们自己的"奴隶帝国"。①

对这一问题阐释得最清楚的是贵格派废奴主义者本杰明·兰迪（Benjamin Lundy）。他在1836年出版的小册子《得克萨斯的战争》（The War in Texas）在北部广为流传，将所谓的"蓄奴派"（slaveholding party）阴谋论传播开来。兰迪认为，在得克萨斯叛乱事件中有几个"明显的事实"：叛乱是南部的奴隶主和部分土地投机商及奴隶贩子共同设计的阴谋，其"直接原因和主要目的是从墨西哥共和国中夺取大片值钱的土地，以重建奴隶制，开辟一个有利可图的巨大的奴隶市场，最终将其并入美国"；"叛乱分子主要是美国公民"，他们"在物力和财力方面都依赖美国"，他们的"目的是在墨西哥发动革命"，以实现上述阴谋；"这起巨大的压迫和专横篡夺方案的执行得到联邦政府行政分支的大力支持"，这表明"蓄奴利益集团已经完全控制了联邦政府的行政分支"。② 兰迪不无忧虑地指出——

> 你们会发现，叛乱分子们在拿起武器对抗墨西哥政府时，他们的动机仅仅是个人的发展、贪婪的冒险和永久维持不受限制的奴役，而非建立和维持以自由和权利平等为基础的自由体制。这个让人担忧的事实清晰而充分地表明，蓄奴派（SLAVEHOLDING PARTY）在美国已经完全占据了上风，彻底左右了我们联邦政府的思考与行动，使其沦为消极（即便不是积极）扩张和永久建立可怕压迫体制的工具，即便在那些地区，压迫体制已经被共和原则和精神美德的力量所摧毁。③

国会中支持兼并得克萨斯的言论似乎证实了废奴主义者的担忧。南卡罗来纳州的国会参议员威廉·普雷斯顿（William Preston）声称，北部州出现的反对兼并得克萨斯的声音是不足为信的，其主要目的是"消除南部抵

---

① *Philanthropist*, May 27, 1836.
② Benjamin Lundy, *The War in Texas; A Review of Facts and Circumstances, Showing that this Contest is a Crusade Against Mexico, Set on Foot by Slaveholders, Land Speculators, &c. In Order to Re-Establish, Extend, and Perpetuate the System of Slavery and the Slave Trade*, Philadelphia: Merrihew and Gunn, 1836.
③ Benjamin Lundy, *The War in Texas*, p. 34.

抗反奴隶制观念进入国会的能力"。① 密西西比州议会则公开宣称，兼并得克萨斯可以维持国会中的"地区影响力的均衡"。② 对此，废奴主义报纸《博爱者报》愤怒地回应道："难道自由州的人们准备目睹他们的政治权力和影响力被非法地抢走吗？……难道他们乐意被当作砝码，去与那些得克萨斯的无赖和叛徒们维持平衡吗？"③

而且，废奴主义者宣称，一旦得克萨斯并入美国，南部奴隶主如愿在联邦政府中获得更多政治权力，北部公民的自由权就遭到他们的进一步侵犯。小伊莱泽·怀特质问大家："如果南部奴隶主通过兼并得克萨斯成为国会中的多数派，又贿赂半个北部地区达成一个协议——在整个共和国中将自由从每个人的生活中摧毁，那么谁又能阻止他们呢？"废奴主义者在国会中的代表撒迪厄斯·史蒂文斯声称，虽然奴隶在南部州被剥夺了权利，但是"五分之三条款"使得他们在国会中有代表，一旦得克萨斯加入联邦，奴隶主在国会中的代表将会成为多数，"北部的自由人将变成奴隶的奴隶！"④

美国废奴协会的成员、美国最高法院首位首席大法官约翰·杰伊之子威廉·杰伊（William Jay）在1837年出版的《从奴隶制的角度论联邦政府的行为》一书中首次使用了"奴隶主权势"一词。杰伊指出，1793年联邦《逃奴法》的制定、镇压废奴主义者、维持哥伦比亚特区的奴隶制、得克萨斯叛乱，所有这些联邦政府的政策，都是国会中的奴隶主形成的强大的"奴隶主权势"所主导的，它还准备进一步控制联邦政府，摧毁共和国的自由体制。杰伊还分析了南部奴隶主形成"奴隶主权势"的原因：由于对"捍卫和保护奴隶制的焦虑"，南部奴隶主可以联合起来；奴隶主通过分裂联邦恐吓北部人；奴隶主可以与那些"从政治角度行动"的北部政客和试图通过政治竞争中的胜利来获取个人利益的北部政治家进行合作。⑤

---

① U. S. Congress, *Congressional Globe*, 25th Congress, 2nd Session (April 4, 1838), Appendix, p. 555.
② *Fifth Annual Report of the American Anti-Slavery Society: With the Speeches Delivered at the Anniversary Meeting*, New York, 1835, p. 75.
③ *Philanthropist*, September 8, 1837.
④ *Quarterly Antislavery Magazine*, Vol. II, 1837, p. 345.
⑤ William Jay, *A View of the Action of the Federal Government, in Behalf of Slavery*, New York, 1837, reprinted in 1839, pp. 17-18, 20-21, 33-35, 81-85, 116-117, 145-147.

第五章　抗争话语的"制度化"：废奴运动与"奴隶主权势"观念的提出和发展 | 247

1839 年初，俄亥俄州民主党国会参议员托马斯·莫里斯首次在国会辩论中使用"奴隶主权势"一词。莫里斯指出，禁止国会接受关于奴隶制问题请愿书的规定，其实是"奴隶主权势的阴谋"，侵犯了公民的请愿权，阻碍国会议员行使其代表民意的责任。莫里斯认为"奴隶主权势"异常强大和危险，它"拥有 12 亿美元的人力财产（human beings as property）；如果金钱就是权力，那么奴隶主权势的权力是无法估算的；奴隶主权势所拥有的人类财富（human property）比全世界的金钱多了两倍不止……奴隶主权势正试图控制国家，以及它的宪法和法律"。莫里斯还指出，北部的银行势力（banking power）正在与南部的奴隶主权势勾结起来，共同控制国家。① 因此，部分学者认为，杰克逊的反银行和反"金钱势力"的观念才是"奴隶主权势"的真正来源，莫里斯是这一观念的首倡者。②

从历史事实来看，这一观点显然存在问题。前文已经指出，废奴主义者的"奴隶主权势"观念的提出，在很大程度上源自其对废奴运动的外在阻碍和压力的反应，与杰克逊平等观念关系甚微。而且，莫里斯是"反奴隶制事业的第一个政治烈士"③，在发表上述讲话之后，他很快就被开除出党，而且再未被选入国会，这充分表明他的观点在民主党中实属异类。他的讲话发表之后，两大政党的主要报纸"默契"地视而不见，试图将其排除在公共领域之外。④ 反倒是废奴主义者将他视为"自己人"，废奴主义报纸广泛刊登他的演讲，借机宣传"奴隶主权势"观念。⑤ 而且，莫里斯的观点很难说没有受到废奴主义者的影响。在此之前，他就与俄亥俄州南部的

---

① U. S. Congress, *Register of Debates*, 24th Congress, 1st Session (April 13, 1839), pp. 1165-1167.
② Jonathan Earle, *Jacksonian Antislavery and the Politics of Free Soil, 1824-1854*, Chapel Hill: University of North Carolina Press, 2004, pp. 18, 37-48; Yonatan Eyal, *The Young America Movement and the Transformation of the Democratic Party, 1828-1861*, Cambridge: Cambridge University Press, 2007, pp. 184-190.
③ Eric Foner, *Free Soil, Free Labor, Free Men: The Ideology of the Republican Party Before the Civil War*, p. 91.
④ 截至 1840 年之前，只有马萨诸塞州的相对中立的报纸《马萨诸塞间谍报》和俄亥俄州的辉格党报纸《佛蒙特凤凰报》报道了莫里斯的演讲。*The Vermont Phoenix*, 5 April, 1839; *Massachusetts Spy*, March 20, 1839.
⑤ 根据笔者在耶鲁大学数据库 Slavery & Anti-Slavery, A Transnational Archive 上的搜索，截至 1840 年之前，《解放者报》、《有色美国人报》（*The Colored American*）、《全国废奴标准报》这几家废奴报纸先后 29 次报道莫里斯的演讲。

废奴主义者有直接往来。1836年11月，詹姆斯·伯尼在成立克莱蒙特县废奴协会（Clermont County Anti-Slavery Society）时，莫里斯就亲临现场。① 此后，莫里斯加入了废奴主义政党——自由党，成为政治废奴运动的一员。由此可见，将"奴隶主权势"的发明归于莫里斯和民主党，显然是抢了废奴主义者的"功劳"。

综上所述，到19世纪30年代后期，废奴主义者不仅首次明确提出了"奴隶主权势"一词，还构建出"奴隶主权势"观念的核心内容。需要注意的是，废奴主义者所提出的"奴隶主权势"观念包含两个层面。它首先是一种激进的权利话语，即认为奴隶制是自由的死敌，南部的奴隶主必然会将奴隶制扩张到全国，吞噬北部州公民的自由权。对此，美国学者已经所有察觉②，但是他们大多忽略了另一个层面，即这一时期的"奴隶主权势"观念也是政治权力话语。废奴主义者多次指出，奴隶主权势是一股切实的政治势力，它已经控制了国会，并试图进一步加强对全国政府的控制，最终颠覆共和体制。

第二节 自由党与"奴隶主权势"观念的发展和传播

从19世纪30年代后期开始，废奴运动开始向"政治化"的方向发展，政治废奴策略被越来越多的废奴主义者所接受。政治废奴主义者还成立了美国历史上第一个以反对奴隶制为宗旨的政党——自由党。在废奴运动趋向"政治化"的过程中，"奴隶主权势"观念发挥了重要作用。对废奴主义者而言，"奴隶主权势"既是一种让人信服的政治理念，又是一种有力的政治话语。对"奴隶主权势"理念的理解和认识，促使废奴主义者采取政治措施，尤其是组建第三党，来推动废奴事业的发展。而在成立和壮大自由党的过程中，废奴主义者又发展和传播了"奴隶主权势"，使其成为一套具有影响力的政治话语。不少学者均指出，自由党是推动"奴隶主权势"观

---

① *Philanthropist*, December 9, 1836.
② Russel B. Nye, *Fettered Freedom: Civil Liberties and the Slavery Controversy, 1830–1860*, p. 248.

念发展和传播的重要力量。① 但是在一些关键问题上,仍有值得探讨之处。

一 "奴隶主权势"观念与废奴运动的"政治化"

埃里克·方纳认为,自由党领袖主要是将"奴隶主权势"观念作为一种话语策略,来削弱废奴主义者的极端性主义的公众形象。② 在19世纪40年代,自由党与"奴隶主权势"观念的关系的确如此。但在自由党建立之初,对不少政治废奴主义者而言,"奴隶主权势"观念不完全是一种话语策略,也是一种政治信念。

"奴隶主权势"观念产生的过程,也就是废奴运动"政治化"的过程。在痛斥南部奴隶主侵犯了北部公民的言论自由权、出版自由权、请愿权等公民自由权时,在声称奴隶主试图通过兼并得克萨斯获得更大的政治权力时,废奴主义者已经将奴隶制问题当作政治问题来讨论。这就决定了"奴隶主权势"观念具有很强的政治色彩,强调南部奴隶主集团凭借其强大的政治权力控制了联邦政府和政党体系。这种观念不仅是废奴主义者的话语策略,也在一定程度上体现了他们的真实想法。从19世纪30年中期开始,很多废奴主义者逐渐意识到,要想彻底废除奴隶制,首先必须要打破"奴隶主权势"对联邦政府的控制,而在现有的政党体系完全服从于奴隶制利益的情况下,他们只能采取独立的政治行动,否则难以对"奴隶主权势"构成威胁。这一观点直接促使废奴主义者进一步采取政治行动,直至成立第一个废奴政党——自由党。

在反对"钳口律"和兼并得克萨斯的过程中,废奴主义者一再强调,南部奴隶主凭借宪法"五分之三条款"所形成的"奴隶代表制"(slave representation),获得了国会的多数席位,最终控制了联邦国会。③ 因此,他们认为反对"奴隶主权势"的第一步是选举反对奴隶制的议员进入国会,以打破其对国会的控制。美国废奴协会在1836年呼吁废奴主义者"不要支持任何政党",而是要将选票投给那些"不会牺牲你的权利,也不会背叛自

---

① Eric Foner, *Free Soil, Free Labor, Free Men: The Ideology of the Republican Party Before the Civil War*, pp. 93-94; William E. Gienapp, "The Republican Party and the Slave Power," p. 66.
② Eric Foner, *Free Soil, Free Labor, Free Men: The Ideology of the Republican Party Before the Civil War*, p. 87.
③ *Liberator*, March 19, 1836; *Liberator*, April 7, 1837; *Liberator*, February 23, 1838.

己的义务，不以遵循仁慈和遵循上帝命令的名义与奴隶主签订邪恶的契约的候选人"①。1838年3月，威廉·杰伊在纽约州的西切斯特县（West Chester County）演讲时指出，"在一些自由州，废奴主义者的人数众多，足以控制选举，对所有的候选人施加影响"，如果废奴主义者都能做到这一点，"无论个人的政治情感如何，你都不会把选票投给那些将你的权利出卖给奴隶主的人"，那些"两大政党就会立即关注在奴隶制问题上无懈可击的候选人"。②格利特·史密斯则提议各个废奴协会都应该修改协会章程，要求其成员不要给那些不支持立即废奴运动的政党候选人投票。③

废奴主义者借鉴英国废奴运动的做法，对参与公职竞选的政党候选人进行问卷调查。他们向所有重要的联邦和州公职竞选候选人发送调查问卷，要求他们回答一些与奴隶制有关的问题，比如他们对废奴主义者的请愿权的看法，是否支持兼并得克萨斯，如何看待逃奴的人身自由权和哥伦比亚特区的奴隶制。然后再将这些回答全部刊登在废奴主义者的报纸上，并附上对这些答案的评价。如果对候选人的回答满意，废奴主义者就呼吁人们投票给他。如果两党的所有候选人都无法满足废奴事业的基本要求，废奴主义者就呼吁人们随机提名新的反对奴隶制的候选人，然后把选票分散给他们，以便让两党的候选人都得不到足够多的选票。1838年马萨诸塞州州长选举时，废奴主义者的报纸就多次呼吁人们不要投票给民主党候选人马库斯·莫顿和辉格党候选人爱德华·埃弗里特，而应"分散选票"。④

问卷调查策略在新英格兰地区实施得最有效，因为那里的废奴主义势力最强大，而且新英格兰地区诸州的法律规定，一名候选人必须要得到所有选票中的多数，这使得废奴主义者可以成为一股不容忽视的平衡力量。⑤ 问卷调查策略取得的最重大的两次成功都发生在马萨诸塞州。1838年，

---

① *Liberator*, July 9, 1836.
② *History of Pennsylvania Hall, which was Destroyed by a Mob, on the 17th of May*, Philadelphia, 1838, p. 9.
③ *Liberator*, August 24, 1838.
④ *Liberator*, November 23, 1838; *Liberator*, November 10, 1838; *Liberator*, November 16, 1838.
⑤ Richard Sewell, *Ballots for Freedom: Antislavery Politics in the United States, 1837-1860*, New York: Oxford University Press, 1976, pp. 12-13.

第五章　抗争话语的"制度化":废奴运动与"奴隶主权势"观念的提出和发展 | 251

凯莱布·顾盛(Caleb Cushing)① 作为辉格党候人在马萨诸塞州第三选区竞选国会参议员。位于该选区的埃塞克斯县废奴协会(Essex County Anti-Slavery Society)对顾盛进行了调查。顾盛虽然宣称自己"致力于自由和平等",对奴隶制抱有厌恶之情,而且曾在国会中投票反对兼并得克萨斯。但是埃塞克斯县废奴协会对他的回答并不满意,要求他必须表现出更强烈的废奴立场,否则将失去他们的选票。废奴主义者约翰·惠蒂尔在一个清晨拜访顾盛,传达了废奴协会的要求。还穿着睡衣的顾盛,立即写了一封公开信,宣誓一旦当选为国会议员,就立即提议中断哥伦比亚特区的奴隶贸易。此举让顾盛得到了废奴主义者的选票,顺利进入国会众议院。② 在位于马萨诸塞州第四选区的米德尔赛斯县(Middlesex County),废奴主义者取得了分散选票策略的胜利。该选区的国会参议员之争在民主党候选人威廉·帕门特(William Parmenter)和辉格党候选人内森·布鲁克斯(Nathan Brooks)之间进行。美国废奴协会对二人进行问卷调查后,对他们的回答都不满意,决定对这次选举使用分散投票策略。在亨利·斯坦顿出色的组织下,废奴主义者的策略取得了成功。最终,威廉·帕门特和内森·布鲁克斯都未能获得多数选票,导致第四选区在国会参议院中的席位空缺。这次"胜利"让很多废奴主义者欢欣鼓舞,有人甚至将其称为"废奴事业中的温泉关大捷"。③

问卷调查策略改变了废奴主义者与政党体系之间的关系。当废奴主义者依据自己的废奴信条来投票时,他们其实已经放弃了之前的政党归属,他们已经不再是反奴隶制的辉格党人或民主党人,而是一个与"奴隶主权势"为敌的独立政治群体。而且,截至1838年前后,虽然废奴阵营内部开始出现分裂,以加里森为首的道德废奴主义者与力主利用政治策略废奴的温和派之间出现了分歧,但二者之间并未到极端对立的程度。加里森派道德废奴主义者没有反对问卷调查这一政治废奴策略。对此,约翰·惠蒂尔敏锐地指出,"在美国,没有任何一个党派能够像废奴主义者这样完全地组

---

① 凯莱布·顾盛在中国近代历史中也是个不可忽视的人物。1844年7月,清政府与美国政府在厦门签订第一个《望厦条约》,美方的代表就是顾盛。
② John M. Belohavek, *Broken Glass: Caleb Cushing and the Shattering of the Union*, Kent: Kent State University Press, 2005, pp. 99-101.
③ Bruce Laurie, *Beyond Garrison: Antislavery and Social Reform*, pp. 41-47.

织和团结起来……他们步调一致地集体行动，无论在任何情况下，他们都遵循同一个原则。如果保持这种状态，他们将不可战胜"。①

但是废奴阵营的团结很快就出现了问题。从1838年中期开始，加里森派与政治废奴主义者之间的分歧开始快速激化。加里森在1818年发展出一套激进的"不抵抗"（Non-Resistance）理论，并在9月成立新英格兰不抵抗协会（New England Non-Resistance Society）。加里森认为，只有上帝的治理才是善的，奴隶制、人类的政府和暴力行为属于同一个范畴：都违背上帝的旨意，试图将一个人变成另一个人的合法统治者；投票、参与司法案件、组建政党等政治行为，其实是"以恶制恶"，均无法真正消除奴隶制的罪恶；只有进行道德说服，彻底净化公众意见，等"上帝之国降临人间"，奴隶制的罪恶才会灰飞烟灭。② 加里森这套理论具有强烈的宗教至善主义和无政府主义色彩，只得到少数激进废奴主义者的拥护。

与此同时，政治废奴主义者开始采取更为直接的政治废奴行动：组建第三党。政治废奴主义者的组党行为，与他们对"奴隶主权势"的认知有直接关系。很多政治废奴主义者发现，问卷调查策略的影响力有限，难以真正撼动"奴隶主权势"。因为只有在极少数几个选区，废奴主义者才能对政治均衡产生影响。而且，废奴主义者只能在现存的政党体系中寻找合作者，无法真正地把"自己人"选入国会。阿尔万·斯图尔特是这一观念的最初提出者之一。他曾试图让辉格党在1838年提名自己作为国会议员候选人，但是遭到了辉格党的拒绝，这让他认识到"废奴主义者必须要组建第三党，否则必然会被其他的势力和关系击溃"。③ 有些政治废奴者则认为，政治与道德之间没有明显的界限，组建政党并参与全国政治，可以为美国政治注入道德观念。弗朗西斯·杰克逊和阿莫斯·菲利普斯在马萨诸塞州废奴协会的年会上系统地阐释了这一观念。他们认为，"政治不是单纯的（innocent），它也是道德的一个分支"，人们投票时也受到道德观念的影响；

---

① John G. Whittier to Abijah Wyman Thayer, January 10, 1836. Quoted in Corey Michael Brooks, *Building an Antislavery House: Political Abolitionists and the U. S. Congress*, Ph. D. Dissertation, University of California, Berkeley, 2010, p. 29.

② *Liberator*, September 28, 1838; *Liberator*, June 28, 1839; *William Lloyd Garrison on Non-Resistance: Together with A Personal Sketch*, New York: The Nation Press Printing Co., pp. 22-28.

③ Alvan Stewart to Samuel Webb, Nov. 22, 1838, Alvan Stewart Papers, quoted in Richard Sewell, *Ballots for Freedom: Antislavery Politics in the United States, 1837-1860*, p. 15.

"无论作为公民,还是作为教会成员,抑或是家长,道德观念对人们的重要性都是一样的,在每一种身份之中,人们所需要做的就是完全遵守最高的道德观念";"奴隶主权势"使得美国政治"失去了道德观念的制约",成为"一场为了权力或利益而进行的毫无原则、孤注一掷的游戏",废奴主义者应该组建政党,把更广泛的道德原则注入政治中去,最终打破"奴隶主权势"对"美国政治的误导和破坏"。①

在很多废奴主义者看来,"奴隶主权势"不仅没被之前的废奴活动所制约,反而越来越强大,必须要通过组建政党来全面遏制其发展。从1835年中期以来,因为约翰·昆西·亚当斯等少数辉格党成员的反奴隶制立场,废奴主义者对辉格党抱有一定程度的好感,他们主要把炮火对准民主党。马丁·范布伦总统反对废除哥伦比亚特区的奴隶制,任命了大量支持奴隶制的北部民主党官员,以及其在阿姆斯达案(United States V. The Amistad)中的态度,都让废奴主义者极为不满。废奴主义者还对59名投票支持最初版本"钳口律"的民主党国会议员大加指责,并将在1839年提议将"钳口律"作为国会众议院规则的查尔斯·阿瑟顿(Charles Atherton)称为"白人奴隶"。但是19世纪30年代后期以来,不少废奴主义者开始将辉格党也视为"奴隶主权势"的帮凶。

1839年2月,为了得到南部的支持,以成为辉格党的总统候选人,亨利·克莱在国会中作了一场著名的反对废奴运动的演讲,恰好"证实"了废奴主义者的判断。克莱指出,目前废奴主义者正在利用他们的请愿书被国会搁置的事实,以捍卫权利的名义大力宣扬其极端思想,"给社会中的很多人的思想造成了不良影响"。在废奴主义者的印刷品和出版物上,"对奴隶制的所谓恐惧都具有极为夸张的色彩,以激发自由州人民对蓄奴州人民的愤怒和想象"。而且,废奴主义者"最近试图改变行动策略",准备以选举政治取代道德说服。但是在克莱看来,立即废奴没有任何可取之处,只会威胁联邦政府的稳定,废奴主义者其实是"为达目标不顾一切危险、不计一切后果"的狂热分子,如果任由其发展,那么结果将不堪设想——

---

① Francis Jackson and Amos A. Phillips, "An Address to the Abolitionist of Massachusetts, on the Subject of Political Action," 1838, in C. Bradley Thompson, ed., *Antislavery Political Writings, 1830-1860*, New York: M. E. Sharpe, Inc., 2004, pp. 63-64.

财产权将沦为空头口号，政府的一般性缺点会被视而不见，政府具有的无可争议的权力会不复存在，内战将会爆发，联邦将会解体，联邦政府将被推翻，美国政府中所蕴含的文明世界最珍视的希望也将灰飞烟灭。

克莱声称，"美国的两大政党没有任何废奴的计划和目标"，为了"人民的和谐、融洽和幸福"，国会尽可能地遏制废奴运动的发展。① 克莱的演讲使一些原本对辉格党抱有希望的废奴主义者放弃借助现有的政党体系废除奴隶制的愿望，直接刺激他们成立反对奴隶制的第三党。一位废奴主义者指出，克莱的演讲表明两大政党"都是奴隶制的坚定而忠诚的支持者"，这使得"奴隶制的优势地位正变得越来越明显，两大政党变得越来越顺从"，"只有成立新的政党，才能打破奴隶主权势的统治地位"。② 埃塞克斯县废奴协会声称，亨利·克莱和马丁·范布伦都成了"奴隶主权势"的工具，为了"废奴事业的安全"，废奴主义者"必须要成立一个单独的政党"。③

1839年7月31日，500名废奴主义者在纽约州的奥尔巴尼（Albany）举行全国大会。加里森和他的一些支持者也到达现场，但是会议被政治废奴主义者主导。这次会议虽然没有直接提出组建第三党，但对于废奴运动向政治运行方向发展起到了至关重要的作用。由约翰·惠蒂尔、亨利·吉本斯（Henry Gibbons）和威廉·查普林（William L. Chaplin）这三名政治废奴主义者所起草的会议决议书，以238人支持、10人反对、200多人弃权的结果得以通过。这份决议书"对奴隶主权势"观念进行了系统阐释，明确了其在政治废奴策略中的基础性地位，并公开反对"不抵抗"理论，呼吁人们以政治行为来对抗"奴隶主权势"。

决议书从三个层面对"奴隶主权势"进行了剖析。首先，"奴隶主权势"违背了共和政府的基本原则。决议书指出，所有的公民政府（civil government）都建立在"自由和人权（HUMAN RIGHTS）的伟大原则"之

---

① U. S. Congress, *Congressional Globe*, 25th Congress, 3rd Session (February 7, 1839), Appendix, pp. 355-359.
② *Emancipator*, July 18, 1839.
③ *Liberator*, September 13, 1839.

上，根据宪法所制定的共和政府也是如此，其政治基础是"每个公民在人身、财产和管理力面享有平等的权利"，其基本责任是"确保少数全体或个人的不可剥夺的权利免遭多数人的侵犯，防止弱者遭到强者的欺凌，制止因错误行为导致的冤屈"；南部蓄奴州"从未真正采纳共和政府的自由原则"，棉花利益的增长又诱使它们进一步背叛了这一原则，奴隶主为了捍卫奴隶制的利益，制定了一系列违反宪法的法律，剥夺了本州公民的言论自由权，形成了与自由原则背道而驰的"奴隶主权势"。

其次，"奴隶主权势"在全国的优势地位是逐步确立起来的，其颠覆北部自由州的阴谋也是逐渐发展起来的。决议书认为，在联邦政府创立之初，为了巩固其在南部州的统治，"奴隶主权势"以脱离联邦为要挟，迫使北部州对其作出了一些让步，1793年联邦《逃奴法》和1797年《国内奴隶贸易法》，都是这种让步的结果。在这个时期，"奴隶主权势"并没有提出颠覆北部州自由的阴谋。南部的主要政治家，比如华盛顿、杰斐逊、乔治·威思（George Wythe）、帕特里克·亨利（Patrick Henry）都明确支持北部劳工的权利平等，并表现出废除奴隶制的强烈愿望。到1820年密苏里妥协时，"奴隶主权势"才完全占据支配地位，并操纵了联邦政府的一般政策，而约翰·卡尔霍恩、乔治·麦克达菲等南部政客开始努力捍卫奴隶制在南部的永久存在，并试图将对奴隶制的恭顺扩展到北部的白人劳工身上。自19世纪30年代以来，"奴隶主权势"已经完全占据优势地位，并"下定决心发动了一场精心策划的针对自由州公民的自由权的战争"。事实上，"宪法已经被摧毁，联邦已经解体，它们已经无法保护父辈们在《独立宣言》中所提出的人的不可被剥夺的权利"。

最后，"奴隶主权势"的本质是政治权力，只有用政治手段才能真正将其击溃。决议书声称，奴隶主的政治权力是奴隶制得以维持的主要支柱，也是北部州公民权遭到危险的根源，"如果剥去其政治权力，奴隶制就会轰然倒下，自取灭亡"。因此，"任何试图用间接手段来根除奴隶制，或遏制、控制奴隶制发展的想法，都是非常愚蠢的"，对付"奴隶主权势"最有效的方法就是"采用直接、公开和坚决的手段"，从政治层面对其发动直接攻击。总之，决议书无比强调"奴隶主权势"的政治属性，呼吁人们采用政治手段与之对抗——

奴隶制是美国最大的政治邪恶，应该采取相应的措施来对付它。废除奴隶制是摆在民众面前的最大的政治难题。抵抗奴隶制是每个自由人的最高政治责任。从奴隶制牢牢确定的强大的政治优势来看，只有依靠选票的力量才可以驱逐和摧毁奴隶制。我们呼吁每一个人，每一个热爱人权之人，联合起来去战胜人权的最大敌人。我们呼吁每一个热爱自由之人，为了自己和子孙后代的自由，去推翻世界上最专制的体制。①

奥尔巴尼会议的决议书虽然没有直接提出组建第三党，但是从会议决议书的内容来看，组建政党的思想已经呼之欲出，因为最直接、最公开的政治废奴策略显然就是成立以废奴为目标的独立政党。更为重要的是，在这份决议书中，政治废奴主义者首次提出了一套完整的"奴隶主权势"观念，全面分析了"奴隶主权势"的起源、发展和现状，并对"奴隶主权势"的本质进行了更为清晰的界定。如果说废奴主义者在此前提出的"奴隶主权势"观念具有很强的政治色彩，那么这份决议书则是完全将这一观念"政治化"："奴隶主权势"是南部奴隶主组成的政治权力集团，它已经控制了联邦政府，并试图进一步颠覆北部的自由体制。此后，这一观念构成了自由党意识形态的基础。

奥尔巴尼会议之后，越来越多的政治废奴主义者意识到组建第三党对于废奴运动的发展具有重要意义，即将开始的总统大选则进一步推动了废奴主义者的行动步伐。辉格党和民主党的候选人分别是威廉·哈里森（William Harrison）和马丁·范布伦，前者是弗吉尼亚州的奴隶主，后者则是"废奴运动的敌人"，这让废奴主义者非常不满。部分废奴主义者认为，必须要成立第三党，提名新的总统候选人。1839年10月，小伊莱泽·怀特在给另一位政治废奴主义者亨利·斯坦顿的信中说，成立一个独立的政党，提名独立的总统候选人，可以鼓励加里森派放弃没有什么用处的"不抵抗"策略，团结废奴主义政党的力量，对"奴隶主权势"产生震慑作用，并把废奴思想传播到每个人的生活领域中去。② 从当年10月底开始，阿尔万·

---

① *Liberator*, August 23, 1839.
② *Liberator*, December 12, 1839.

斯图尔特和迈伦·P. 霍利（Myron P. Holley）在纽约州北部成立了小规模的支持第三党的团体。乔舒亚·莱维特（Joshua Leavitt）、格利特·史密斯、奥斯汀·威利（Austin Willey）、威廉·古德尔（William Goodell）等一批重要的废奴主义者也开始支持提名新的总统候选人。①

1840 年 4 月 1 日，121 名政治废奴主义者在纽约州的奥尔巴尼聚会，正式成立自由党，并提名废奴主义者詹姆斯·伯尼为总统候选人，宾夕法尼亚州的贵格派废奴主义者托马斯·厄尔（Thomas Earle）为竞选伙伴。自由党在其竞选纲领中明确指出，"民主党和辉格党已经被奴隶主权势所牢牢控制"，美国人应该"超越狭隘的政党归属"，将选票投给"真正支持《独立宣言》的平等原则的候选人"。② 自由党并未立即获得多数废奴主义者的支持。在这次大选中，自由党获得了 7100 张选票，仅仅是各地废奴协会中有选民资格的废奴主义者总数的 1/10。③ 很多废奴主义者认为，选举的惨败并不意味着组建第三党的选择是错误的。纽黑文青年废奴协会（New Haven Young Men's Anti-Slavery Society）指出，这次选举充分表明"北部的政党已经携手支持奴隶主权势"，人们必须"抛弃原来的政党"，加入自由党中，才能真正摧毁"奴隶主权势"。④ 有些废奴主义者认为，选举的失败在很大程度上是因为"新政党缺乏足够的选举经验，没有有效组织其潜在的支持者"，并不能证明自由党"反对奴隶主权势"的理念有误。⑤

总而言之，"奴隶主权势"观念是废奴运动在 19 世纪 30 年代后期走向"政治化"的关键，无论是早期的文件调查策略，还是自由党的成立，都与废奴主义者对"奴隶主权势"的认识和理解有密切关联。而在废奴运动向政治运动转变的过程中，政治废奴主义者又对"奴隶主权势"观念进行了更为系统的阐释，使其变成一个更加温和的政治权力观念，这为他们在后来宣传这一观念奠定了基础。

---

① Reinhard O. Johnson, *The Liberty Party, 1840 - 1848: Antislavery Third-Party Politics in the United States*, pp. 16-17.
② *Emancipator*, April 9, 1840.
③ Thomas G. Mitchell, *Antislavery Politics in Antebellum and Civil War America*, Westport, Connecticut: Thomas Mitchell, 2007, p. 16.
④ "New Haven Young Men's Anti-Slavery Society," *Emancipator*, Dec. 3, 1840.
⑤ *The Colored American*, December 5, 1840.

二 "奴隶主权势"观念与自由党的兴起

自由党在成立之初,力量非常弱小。加里森派对自由党的反对自不待言,一些政治废奴主义者也怀疑其在全国政治中的实际影响力。各地的自由党在政党的目标定位、发展策略和政治诉求方面存在分歧。而且,自由党的政党组织尚未建立起来,缺乏全国性的领导层,各地的自由党大多自行其是,发展速度不一,相互之间缺乏经常性的沟通和联系。不少自由党人意识到,自由党要想快速发展,就必须要先形成统一的政党,而形成统一政党的前提是确立"统一的理念"(one idea)。

大多数自由党人认为,应该将反对和抵抗"奴隶主权势"作为最基本的政党诉求和话语策略。当然,也有部分自由党人担心,仅仅将反对"奴隶主权势"作为主要诉求,会导致自由党的政纲太过狭隘。一家报纸讽刺自由党把目光全部集中在"奴隶主权势"问题上,忽略了其他方面的重要诉求。[①] 不过这种反对之声并不多见,绝大多数自由党人都同意将反对"奴隶主权势"作为"共同的政治理念"。《奴隶解放者报》在1840年指出,所有的自由党人、废奴主义者和辉格党、民主党中的奴隶制反对者,都能清楚地认识到"奴隶主权势"的种种罪行——漠视劳动、无视正义、蔑视政府的道德,以及两大政党对"奴隶主权势"的"无耻谄媚",因此,"反对和谴责奴隶主势力在全国的利益",应该成为自由党的"共同的理念"。[②] 马萨诸塞州自由党强调,所有的自由党人在表达观点和采取行动时,"都应遵循共同的理念",即打破"政党体系对奴隶主权势的忠诚"。[③]

自由党之所以将"奴隶主权势"观念作为其政治理念和话语策略的核心,主要是因为与废奴运动早期的道德说服策略和加里森派"不抵抗"策略相比,这一观念的激进色彩更弱,包容性和扩张性更强,容易被更多的社会群体所接受。首先,自由党把废除奴隶制与反对"奴隶主权势"等同起来,宣称自由党的宗旨是抵制"奴隶主权势"对公民自由的侵犯,这很大程度上弱化了其废奴主义政党的形象,对废奴阵营之外的人具有了吸引

---

① *Free American*, September 30, 1841.
② *Emancipator*, July 23, 1840.
③ *Emancipator*, September 24, 1840.

力。纽约市的一位自由党人指出，在美国这样一个"将自由作为政府的基本原则和最高目标的国家"，一个以"捍卫和推进所有人的自由"、推翻"奴隶主权势"这个自由的侵犯者为宗旨的政党，必然"对所有真心热爱之人具有吸引力"。他还强调，"自由党是一辆谁都可以驾走的战车，这辆战车的速度可能会减缓，但车中之人的政治命运是安全的"，因为"自由，尤其是平等的自由是这个国家的最高准则"。① 1842年，萨蒙·蔡斯在俄亥俄州的辛辛那提组建自由党时，就明确说明，"我们将自由党视为一个政党，而非一个废奴组织，我们希望用政治行为合法地贯彻废奴主义者的原则"，而"攻击和推翻奴隶主权势"是"不容易引发争议的政治行为"，可以"得到所有奴隶制反对者和自由支持者的欢迎"。② 部分极端的自由党人甚至指出，"奴隶制对黑奴所犯下的错误是废奴的基础"，但这"不是废奴行为的真正的原因"，真正导致废奴行为的是"奴隶主权势对白人权利的侵犯"，这也就决定了废奴主义者与自由党人的不同——"废奴主义者要去营救黑奴；自由党人首先要自卫，而且他们认为自卫是最基本的自然法则"。③

其次，自由党宣称"奴隶主权势"的受害者不仅包括奴隶和废奴主义者，还包括所有北部州公民和南部不蓄奴的白人，这其实是将自由党比作"奴隶主权势"受害者的大本营，大大扩展了其潜在支持者的范围。密歇根州的一家自由党报纸宣称，"我们的事业旨在维持自由州公民的自由，保护自由黑人、250万黑奴和南部不蓄奴的白人的利益"，防止"他们的权力和利益遭到奴隶主权势的压迫"。④ 自由党一再宣称，因为"奴隶主权势"的压迫是全国性的，所以自由党不是自由州的地区性政党，而是一个全国性的政党。俄亥俄州的自由党报纸《博爱者报》声称——

> 让我们牢牢记住，自由党在本质上不是地区性的。我们不是要获得北部的支持，而是要建立一个全国性的政党。我们的战斗对象不是南部，而是奴隶主权势。奴隶主权势不仅占据了整个南部，而且超越了南部地区。只要理解了自由党的原则和目标，肯塔基、弗吉尼亚西

---

① *The Colored American*, October 2, 1841.
② *Liberator*, November 11, 1842.
③ *Philanthropist*, May 11, 1842.
④ *Signal of Liberty*, August 22, 1842.

部、田纳西东部、马里兰、密苏里的民众也将大力支持自由党。他们的利益也被奴隶主权势所压制……另外，那些在南部拥有奴隶财产的北部资本家，以及在商业、社会关系或其他方面与南部有联系的北部人，都希望永久保持奴隶制利益的支配地位，他们也是奴隶主权势的组成部分。①

有些自由党人甚至宣称，只有自由党才是名副其实的全国性政党，因为辉格党和民主党被"奴隶主权势"所控制，实际已经成为代表南部利益的政党。② 1843 年，自由党全国代表大会召开时，"自由党不是地区性政党，而是全国性政党"被写入政纲之中。③

而且，"奴隶主权势"观念可以有效弥合或隐藏废奴阵营内部的分歧，让很多原本不支持建立第三党的废奴主义者成为自由党的支持者。废奴运动在 19 世纪 30 年代末期发生分裂之后，大致可以分为三类：少数秉持"不抵抗"理念的加里森派、力主政治废奴策略的自由党、处于二者之间的温和派。温和派废奴主义者既不像加里森派那样激进，又对成立第三党持保留态度，他们希望坚持废奴运动的最初策略，即通过改变公众意见来废除奴隶制，但他们又不完全反对政治废奴策略，认为请愿、问卷调查等间接的政治废奴措施也非常有效。自由党以"奴隶主权势"观念作为核心政纲，吸引到一批温和派废奴主义者的支持。其中最典型的是著名女性废奴主义者莉迪娅·玛利亚·蔡尔德。蔡尔德坦承，她之所以参与废奴运动，就是因为在 1832 年前后被加里森的演讲和写作打动。④ 此后，她成为美国废奴协会的重要成员，是加里森的重要追随者。30 年代末期，她对加里森的"不抵抗"理念非常不满，但是又担心自由党会损害废奴运动的道德性。蔡尔德在 1842 年的一次演讲中指出，在过去的几年中，她开始逐步相信自由党的观念，因为她意识到"奴隶主权势"是废奴事业遇到的重大障碍，如果不对其进行沉重打击，废奴主义者可能会失去言论自由权，根本无法改

---

① *Philanthropist*, February 16, 1842.
② *Emancipator and Free American*, June 1, 1843.
③ *Philanthropist*, September 23, 1843.
④ John G. Whitter, ed., *Letters of Lydia Maria Child*, Boston: Houghton, Mifflin and Company, 1883, p. viii.

变公众意见。她告诉那些温和派废奴主义者,"你们只有两个选择:要么投票给支持奴隶制的候选人,要么参加自由党!"①

1840年至1843年,自由党不断宣称反"奴隶主势力"观念,并赋予其新的内涵。作为直接参与竞选的第三党,自由党最主要的宣传话语就是强调"奴隶主权势"已经控制了民主党和辉格党这两大政党,并主导了全国政策的制定,使联邦政府成为奴隶利益的代言人和保护伞。一本自由党的小册子指出,"25万名奴隶主所构成的奴隶主权势已经利用他们的权力和赞助控制了联邦政府",并确保所有的"联邦政策都有利于奴隶制利益稳定和发展",以致"奴隶制所造成的专制暴政,已经远远超过了革命先辈们在1776年曾与之作战的暴政",而造成这一后果的重要原因是辉格党和民主党"沦为奴隶主权势的傀儡",它们"制定政策所依据的不是正当性原则,而是如何确保奴隶主势力获利"。②马萨诸塞州自由党在1842年召开了全州大会,会议决议书的第一条就是指责"奴隶主权势主导了政党和行政机构的政治变化,控制了政府的立法、官员任命和外交政策"。在这次会议上,前奴隶亨利·海兰·加尼特(Henry Highland Garnet)批判那些仍然支持辉格党或民主党的废奴主义者"愚蠢"和"无知",他声称这两大政党只不过是"奴隶主权势维持奴隶制和奴隶利益的工具"。③

很多自由党人指出,辉格党和民主党以各种口号来蛊惑选民,掩盖其对"奴隶主权势"的支持和服从。俄亥俄州的自由党人约翰·兰金(John Rankin)直接揭露两大政党的"虚伪":在过去的几十年中,"民主党一直以人民的代言人自居",辉格党则"宣称追求公共福祉是其最高目标",事实上二者已经"屈身于奴隶主权势",成为其控制联邦政府的工具。④马萨诸塞州自由党在给该州选民的公开信中,谴责两大政党是"南部的工具",断言"两大政党都试图凭借奴隶主的选票来控制古老的自由州",并告诫那些反对奴隶制的选民,无论两大政党公职候选人对奴隶制的反对有多么强

---

① Lydia Maria Child, "Talk about Liberty Party," 1842, in C. Bradley Thompson, ed. , *Antislavery Political Writings, 1830–1860*, New York: M. E. Sharpe, Inc. , 2004, pp. 98-101.
② The Rights Sort of Politics, September 14, 1843, in *The Influence of the Slave Power: With Other Anti-Slavery Pamphlets*, Westport, Conn. , Negro Universities Press, 1970, pp. 1-3.
③ *Emancipator*, March 4, 1842.
④ *National Anti-Slavery Standard*, September 3, 1840.

烈,他们在国会中投票或从事其他政治活动时,一定会首先听从政党领导人的旨意。① 纽约州的自由党人詹姆斯·C. 杰克逊在小册子中批判两大政党"是奴隶主权势的代言人",它们打着各种冠冕堂皇的口号,事实上,"为了维持奴隶主权势的政治优势",它们可以"牺牲原则、好的政策、道德、北部的利益、国家的尊严和上帝之法"。杰克逊不无讥讽地说,"如果亨利·克莱告诉辉格党的领导人,为了选举胜利,它们必须释放自己的五十名奴隶,他们会毫不迟疑地这样做,但是一旦当选,他们就会继续为奴隶主服务,这就是他们的反奴隶制原则"。②

1837年以来,美国经历了严重的经济危机,进入了所谓的"艰难时期"(Hard Times)。自由党首次将经济分析纳入"奴隶主权势"观念之中,宣称奴隶制和"奴隶主权势"是造成这次危机的罪魁祸首。1841年自由党全国大会上,有代表声称"南部很贫穷,而北部更加繁荣和工业化,奴隶主权势为了维持二者之间的平衡,故意削弱北部的经济势力,企图使其尽可能地下滑到与南部相同的水平"③。

更多的自由党人则是经过具体的分析得出上述结论的。自由党的创始人之一阿尔万·斯图尔特指出,奴隶制经济的低效和挥霍是导致经济危机的最根本原因。他认为,劳动力是国家经济的唯一支撑,"从长远来看,哪个国家拥有数量最多的可被雇用的劳动力,哪个国家就最富有";在南部蓄奴州,150万名奴隶主及其亲属不仅不参加劳动,还鄙视劳动的价值,占南部人口总数1/5的黑奴成为唯一的劳动力;黑奴不是自由的劳动力,他们是怀着对奴隶主的皮鞭的恐惧而被迫劳动的,而且劳动成果完全被奴隶主剥夺,这决定了他们不可能像北部的自由劳工那样积极劳动,加上奴隶主阶层过着骄奢淫逸的生活,致使黑奴的劳动成果还不能满足奴隶主阶层的巨额需求;为满足其奢侈生活之所需,很多南部的奴隶主向北部的商人借贷,他们巨大的种植园和大量的奴隶,也给北部商人造成其财富充足的假象,使得北部商人很愿意给他们提供借贷,导致大量的北部资本流入南部;事实上,奴隶主根本无力偿还这些借贷,一旦经济出现波动,北部的商人就

---

① *Emancipator*, Dec. 28, 1843.
② James C. Jackson, *The Duties and Dignities of American Freemen*, New York, Office of the N. Y. A. S. Society, 1843, p. 45.
③ *Emancipator*, May 27, 1841.

会出现严重的资金短缺，无力应对危机。① 有些自由党人认为，"奴隶主权势"利用其政治影响力制定了不利于北部经济发展的政策，导致了经济危机的到来。一个自由党的小册子指出，"奴隶主权势"为了保护南部的棉花出口，主导制定了保护性关税政策，致使北部州的工业发展遭受重创。② 乔舒亚·莱维特则认为，"奴隶主权势"主导制定的"波动性金融政策"，直接导致了全国经济的不稳定和北部资本的大量流失，造成了严重的经济危机。③

总之，截至 1843 年，反对"奴隶主权势"已经成为自由党的政治纲领的最核心部分。用一份辉格党报纸的话说，"提起自由党，人们首先想到的就是奴隶主权势"④。而共同的政治理念也促进了自由党的发展。截至 1843 年底，自由党已经具备了现代政党的雏形。每个北部自由州都建立了自由党组织，多数地区的自由党组织发展到县级，有些地区甚至深入学区（school district）一级；除了新泽西州和罗得岛州之外，各州的自由党都创办了报纸，各个地区的自由党之间的联系也得到加强。⑤ 与此同时，自由党的支持者人数迅速增加，不仅很多废奴主义者真正接受了政党废奴策略，还有部分奴隶制的反对者从两大政党转投到自由党阵营之中。亨利·海兰·加尼特、亨利·比布（Henry Bibb）、查尔斯·雷（Charles Ray）、西奥多·S. 怀特（Theodore S. Wright）等一批黑人领袖也成为自由党成员。⑥ 自由党在各州获得的选票也成倍增长。在佛蒙特州 1843 年州长选举中，自由党提名的候选人查尔斯·K. 威廉姆斯（Charles K. Williams）获得了 7.5% 的选票。纽约州在同年也举行了州长选举，自由党获得了 4% 的选票。而在 1840 年大选中，自由党在这两个州获得的选票只有 0.6% 和 0.7%。在新英格兰地区，

---

① Alvan Stewart, *The Cause of Hard Times*, Boston: New England Anti-Slavery Tract Association, 1840, pp. 1-4.
② The Influence of the Slave Power, September 14, 1843, *in The Influence of the Slave Power: With Other Anti-Slavery Pamphlets*, Westport, Conn., Negro Universities Press, 1970, pp. 3-4.
③ Joshua Leavitt, *The Financial Power of Slavery*, *The Substance of an Address Delivered in Ohio in September, 1840*, New York, 1840, pp. 24-25.
④ *Whig Almanac*, August 21, 1843.
⑤ Corey Michael Brooks, *Building an Antislavery House: Political Abolitionists and the U.S. Congress*, Ph.D. Dissertation, University of California, Berkeley, 2010, pp. 86-87.
⑥ Benjamin Quarles, *Black Abolitionists*, New York: Oxford University Press, 1969, pp. 183-185.

有些自由党人已经当选为州议员。① 当然，上述成就的取得是多方面原因所致，比如前辉格党和民主党成员的出色的政党组织工作②、辉格党阵营内部的分歧③等，但作为一个刚刚成立的第三党，选择恰当的政治诉求和话语策略对于其发展具有不可估量的作用。从一定程度上说，自由党兴起的过程就是"奴隶主权势"观念发展和传播的过程。

三 "奴隶主权势"观念与 1844 年总统选举

如果说 1840 年总统选举只不过是自由党在全国政治舞台的第一次正式亮相，既没引起足够的关注，对选举结果也没有产生什么影响，那么 1844 年总统选举，则是自由党在全国政治舞台最重要的一次演出。在选举中，自由党以反对"奴隶主权势"为竞选纲领的核心，使这一观念首次进入了全国政治舞台的中心，并对选举结果和美国政治的长远发展产生了重要影响。

在过去十五年中，合众国银行、关税政策、内部改进等经济问题始终是总统竞选的核心议题。但是在 1844 年选举中，得克萨斯问题成为焦点。得克萨斯自从 1836 年从墨西哥独立以来，一直试图加入美国。但因为得克萨斯承认奴隶制的合法地位，联邦政府为了避免奴隶制问题引发南北争议，一直将兼并得克萨斯议题束之高阁。约翰·泰勒（John Taylor）在任职总统期间，开始积极鼓吹兼并得克萨斯。泰勒此举主要是出于两方面考虑：其一，自 1837 年经济危机以来，美国民众间兴起了向西部扩张以获得土地的热潮，泰勒提出兼并得克萨斯，就是希望利用这股热潮来获得更多民众

---

① Reinhard O. Johnson, *The Liberty Party, 1840–1848: Antislavery Third-Party Politics in the United States*, Baton Rouge: Louisiana State University Press, 2009, pp. 20, 27.
② 有学者指出，托马斯·莫里斯（Thomas Morris）、亚历山大·坎贝尔（Alexander Campbell）、大卫·波特（David Potts）、威廉·杰克逊（William Jackson）等一批有丰富政党组织经验的前民主党和辉格党国会议员在自由党政党组织建立的过程中发挥了重要作用。Reinhard O. Johnson, *The Liberty Party, 1840–1848: Antislavery Third-Party Politics in the United States*, p. 27.
③ 1840 年总统大选中，很多辉格党内的奴隶制反对者并没有把票投给自由党，他们担心这样会分散辉格党的选票，导致马丁·范布伦再次当选。但是 1841 年 4 月 4 日，威廉·哈里森总统去世，副总统约翰·泰勒继任为总统。泰勒是弗吉尼亚州农场主，一向以坚决支持奴隶制而著称。这直接导致萨蒙·蔡斯、塞缪尔·费登森（Samuel Fessenden）等一大批原本支持辉格党的奴隶制反对者转而加入自由党阵营，促进了自由党在此后几年的发展，也使辉格党遭遇重大损失。Michael F. Holt, *The Rise and Fall of the American Whig Party*, p. 156.

第五章　抗争话语的"制度化":废奴运动与"奴隶主权势"观念的提出和发展 | 265

支持;其二,南部蓄奴州一直想要兼并得克萨斯,而且自1835年以来的十年中,得克萨斯新增人口中绝大多数都是来自美国西南部的移民,这让很多南部人士将得克萨斯视为美国的囊中之物,与辉格党的关系接近破裂的泰勒希望利用兼并得克萨斯得到南部蓄奴州的支持,以在1844年大选中成为民主党的候选人,获得连任总统的机会。1844年4月12日,泰勒所任命的国务卿约翰·卡尔霍恩与得克萨斯的代表签署了一份将得克萨斯并入美国的秘密协议。这个协议很快被一份报纸泄露出来,引发了美国社会的巨大争议,使得得克萨斯问题成为1844年总统选举中的最重要问题。①

4月17日,辉格党领袖亨利·克莱在辉格党报纸上公开反对兼并得克萨斯,他认为此举会引发与墨西哥的战争,引起美国国内的地区冲突,进一步激发扩张主义者获得更多领土的欲望。② 三天后,民主党呼声最高的总统候选人马丁·范布伦也在报纸上公开反对兼并得克萨斯。他谴责约翰·泰勒出于"对权力的贪婪",以"欺骗和粗暴"的手段签订了兼并得克萨斯的秘密协议,这其实是对墨西哥的侵略,损害了美国的"理性和正义"的声誉。③ 二人其实都是在延续传统的处理奴隶制问题的方法:尽快将这个问题排除在全国政治之外。但是他们此后的政治命运却迥然不同。在5月1日举行的辉格党全国大会上,亨利·克莱被提名为总统候选人。而在同一个月举行的民主党全国大会上,马丁·范布伦却被很多南部的民主党人视为叛徒,失去了总统候选人提名。连范布伦最亲密的政治伙伴、民主党精神领袖安德鲁·杰克逊也建议以其他人代替范布伦竞选总统。最终,名不见经传的前田纳西州州长、奴隶制种植园主詹姆斯·波尔克被提名为总统候选人。两大政党的竞选纲领也截然相反。民主党竞选纲领的核心就是无条件支持得克萨斯兼并,宣称此举能让白人获得大量的土地,有利于美国民主体制的扩张,也可以防止英国利益进入得克萨斯。④ 辉格党在竞选纲领中反对得克萨斯兼并,认为向西部扩张会使得美国经济更加依赖于农业和过度分散的低效人口,加剧美国对外国制造商和资本的依赖。刺激制造业经

---

① Daniel Walker Howe, *What Hath God Wrought: The Transformation of America, 1815–1848*, New York: Oxford University Press, 2007, pp.5–7, 671–680.
② *National Intelligencer*, April 17, 1844.
③ *Globe*, April 27, 1844.
④ Sean Wilentz, *The Rise of American Democracy: Jefferson to Lincoln*, pp.570–572.

济的发展、对糖和烟草等商品实施关税保护等经济政策，是辉格党竞选纲领的重点。①

从 1841 年开始，自由党就开始"纠结"于此次大选的总统候选人问题。在当年 5 月举行的一次全国大会上，詹姆斯·伯尼再次被提名为总统候选人。② 但是随着自由党在此后几年的发展，有些自由党人试图以更为知名的候选人来替代伯尼。1842 年，有些自由党人提议由俄亥俄州的自由党政治明星萨蒙·蔡斯担任总统候选人。③ 萨蒙·蔡斯则提议由辉格党中的奴隶制反对者约翰·昆西·亚当斯和威廉·苏厄德担任总统和副总统候选人。④ 这个提议得到部分自由党人的支持。刘易斯·塔潘就认为，一旦约翰·昆西·亚当斯作为自由党候选人，会产生难以估量的影响力。⑤ 但很多自由党人则担心，选择党外人士替自由党参加竞选，会让很多反对奴隶制的选民怀疑自由党反对奴隶制的决心。⑥ 最终，自由党还是提名詹姆斯·伯尼为总统候选人，乔舒亚·莱维特为副总统候选人。

毫无疑问，反对"奴隶主权势"观念是自由党竞选纲领的核心。在这次选举中，自由党人虽然在"奴隶主权势"观念的理论构建方面没有取得重大突破，但是他们充分利用这个在全国性政治舞台上表演的机会，将"奴隶主权势"观念阐释得淋漓尽致。

自由党通过一系列统计数据，清晰地描述了自建国以来"奴隶主权势"对联邦政府的控制情况。其中，宾夕法尼亚州自由党在竞选宣传小册子中的分析最具代表性。首选，奴隶主权势占据了联邦政府的最重要职位。自联邦政府成立以来，蓄奴州已经诞生了 6 位总统，奴隶主对总统职位的控制已经长达 43 年 11 个月，而自由州仅诞生了 4 位总统，他们任职总统的时间

---

① Michael Morrison, "Texas Annexation and the American Whig Party," *Journal of American Early Republic*, 1990, pp. 221-249.
② *The Colored American*, May 22, 1841.
③ *Philanthropist*, September 10, 1842.
④ "Salmon Chase to James G. Birney, January 21, 1842," in John Niven, eds., *The Salmon P. Chase Papers*, Vol. 2, Correspondence, 1823-57, Kent: Kent State University Press, 1994, pp. 84-85.
⑤ Bertram Wyatt-Brown, *Lewis Tappan and the Evangelical War Against Slavery*, Cleveland: The Press of Case Western Reserve University, 1969, p. 269.
⑥ Hugh Davis, *Joshua Leavitt: Evangelical Abolitionist*, Baton Rouge: Louisiana State University Press, 1990, pp. 207-211.

第五章 抗争话语的"制度化":废奴运动与"奴隶主权势"观念的提出和发展 | 267

总共是 21 年 10 个月。马丁·范布伦总统虽然是北部人,但"他是一个基于南部原则的北部人"。而且,自由州的总统从未连任过。国务卿在行政部门中的重要性仅次于总统。自联邦成立以来,总共有 16 人担任国务卿,其中蓄奴州占据了 12 位,自由州仅有 4 位。司法部门也被奴隶主所占据。联邦成立以来的 27 名最高法院大法官中,蓄奴州占据了 17 位,自由州仅有 10 位;18 名司法部部长中,蓄奴州占据了 15 位,自由州仅有 3 位。联邦地区法院的划分也倾向于奴隶主。在佛蒙特、康涅狄格、纽约三州设置了一个联邦地区法院和一名联邦法官,阿拉巴马州和路易斯安那州的人口只有上述三州的 1/6,同样也设置了一个联邦地区法院和一名联邦法官。在立法部门中,奴隶主也牢牢占据优势地位。自联邦成立以来,蓄奴州代表 21 次当选为国会众议院的议长,而自由州代表只有 9 次当选。自从 1809 年以来,除了纽约州国会众议员约翰·泰勒之外,自由州议员从未当选为国会众议院议长。国会参议院更是如此,蓄奴州代表 76 次当选为议长,自由州仅有 6 次。①

其次,奴隶主权势控制了国家的重要利益部门。自英国废除西印度群岛的奴隶制之后,"奴隶主权势"就立即控制了美国海军,以保护沿海的奴隶贸易。在海军部(Navy Department)的 43 名官员中,31 名来自蓄奴州,12 名来自自由州。宾夕法尼亚州人口是弗吉尼亚的两倍多,但是在海军中服役的军官中,宾夕法尼亚州仅有 170 名,而弗吉尼亚有 224 名。海军部部长贾奇·厄普舍(Judge Upshur)在其就任的第一年中,就任命了 32 名来自弗吉尼亚州的海军少尉,而非蓄奴州中被任命的仅有 17 位。"在现代文明的伟大成分中,邮政系统对国家的积极作用罕有其匹。"但是在美国,"奴隶主权势是安全便捷地传递邮件的最大障碍"。自 1835 年邮件运动以来,蓄奴州的邮局公开扣押和烧毁了大量废奴主义者的邮件,联邦邮政官员也公开支持这种非法暴行。而且,根据联邦邮政部部长的最新报告,在自由州,邮政部门每年盈利为 552066 美元,而蓄奴州邮政部门每年亏损 542262 美元,这意味着北部人在给自己付邮费的同时,还在

---

① *Address of the Liberty Party of Pennsylvania to the People of the State*, Philadelphia, 1814, in Joel H. Silbery, ed., *The American Party Battle: Election Campaign Pamphlets, 1828-1876*, Vol. 1, 1828-1854, Cambridge: Harvard University Press, 1999, pp. 184-187.

给南部的奴隶主支付邮费。在议会代表的分配比例方面，奴隶主权势也占据了上风。根据最近一次的人口普查结果，国会需要重新分配议会代表的比例。国会众议院通过的提案要求每50189人中选举一名国会众议员。这个提案如果通过，自由州的国会众议员人数将是68名。但是"奴隶主权势"控制的参议院驳回了这条提案，并操纵通过了新的分配方案：每70680人中选举产生一名国会众议员。这样一来，自由州的国会众议员人数就减少到47名，成为国会中的少数派。按照这个比率，自由州将有218678人在国会中没有代表，而蓄奴州仅涉及140092人。总之，新的国会议员分配方案使得自由州在联邦中的政治影响力至少减少了一成。此外，在分配公共土地（public land）和联邦盈余收入（surplus revenue）方面，蓄奴州所获得的份额也要远超自由州。①

再次，"奴隶主权势"主导了美国的国内外经济政策，控制了美国的经济命脉。在联邦政府成立之初，自由州生产的小麦和面粉是美国的主要出口产品。但是奴隶主权势逐渐控制了美国的对外经济政策，与外国签订了一系列只对奴隶劳动有利的商业协议，使南部生产的棉花、烟草和稻谷成为主要的出口产品。自密苏里妥协以来，奴隶主权势操纵的外交官还与欧洲国家签订协议，让英国、法国、奥地利和俄国降低或取消了棉花和烟草的进口关税。在过去的数十年中，"奴隶主权势"还控制了美国国内的商业、农业和其他经济部门。当北部州依靠自由劳动建立起制造业之后，羡慕北部的经济繁荣和活力的南部州就以退出联邦为要挟，要求北部满足其需求。结果，南部就像一个大漩涡，不断吞噬北部自由州的资本，使北部的商业、银行家遭受严重损失。据保守估计，蓄奴州欠自由州的债务已经高达30亿美元，有些统计材料认为，这个数额可能高达45亿美元。这也正是1837年以来的经济危机的根源。②

自由党明确指出，之所以要揭露"奴隶主权势"对联邦政府的控制，不是为了激发北部自由州民众对南部蓄奴州的敌视，而是要"把联邦政府从奴隶主权势中拯救出来"，"无条件地、彻底地切断联邦政府与奴隶制之

---

① *Address of the Liberty Party of Pennsylvania to the People of the State*, Philadelphia, 1814, pp. 187-192.
② *Address of the Liberty Party of Pennsylvania to the People of the State*, Philadelphia, 1814, pp. 192-195.

间的关系"。① 而要做到这一点,唯一的方法就是"选举不向奴隶主权势屈服的人为总统和国会议员",让"联邦政府基于其最初的真正原则运行",以"促进公共福祉,保护公民自由"。② 基于此,他们明确提出:奴隶制只是南部的地方性制度,只能局限在南部蓄奴州,而自由是全国性的,是美国政治制度的基础。其实,萨蒙·蔡斯早在两年前就已经提出,"自由是全国性的",自由党必须为美国人确立这样一个原则,即"政府是一个不蓄奴的政府,国家是一个不蓄奴的国家,奴隶制是州法律的产物并被限制在得到承认的州内"。③ 但是在这次选举中,自由党首次在全国政治舞台上公开宣扬这一原则。此后成立的自由土地党(Free Land Party)和共和党都不断提及这一原则。

像往常一样,自由党攻击两大政党是"奴隶主权势"的工具。只不过在这次选举中,自由党把攻击火力对准了辉格党候选人亨利·克莱。自由党人为何攻击反对得克萨斯兼并的亨利·克莱呢?最明显的原因是亨利·克莱本身就是个大奴隶主。他最多的时候拥有60名奴隶,后来虽然出售和释放了一些,但仍保留了35名奴隶。④ 当然,亨利·克莱与废奴主义者的"宿怨"也是原因之一。前文已经提及,亨利·克莱于1839年在国会发表的反对废奴运动的著名演讲,使他与废奴主义者结下了"梁子"。不过,最主要的原因则是自由党人担心亨利·克莱利用反对奴隶制扩张的幌子赢得奴隶制反对者的选票,在当选之后继续屈从于"奴隶主权势"。⑤

事实上,从1841年起,亨利·克莱就被自由党视为揭穿辉格党反奴制言论的虚伪性的标志。他们认为辉格党和民主党一样,都是"奴隶主权势"的工具,只不过辉格党更为虚伪和狡猾,试图通过一些反对奴隶制的

---

① National Liberty Party Platform, 1844, reprinted in Reinhard O. Johnson, *The Liberty Party, 1840-1848: Antislavery Third-Party Politics in the United States*, Baton Rouge: Louisiana State University Press, 2009, pp. 315, 317, 319.
② Arnold Buffum, "Lecture Showing the Necessity for a Liberty Party, and Setting Forth Its Principles, Measures, and Object," 1844, in C. Bradley Thompson, ed., *Antislavery Political Writings, 1830-1860*, p. 108.
③ National Liberty Party Platform, 1844, reprinted in Reinhard O. Johnson, *The Liberty Party, 1840-1848: Antislavery Third-Party Politics in the United States*, Baton Rouge: Louisiana State University Press, 2009, p. 319.
④ William Freehling, *The Road to Disunion: V.1, Secessionists at Bay, 1776-1854*, p. 494.
⑤ *Weekly Herald and Philanthropist*, March 16, 1844.

言论获得废奴主义者的选票。①《奴隶解放者报》的主编乔舒亚·莱维特将辉格党的每一起反奴隶制行为都与亨利·克莱联系起来,认为这是克莱分化自由州废奴运动的阴谋,其目的是帮助自己和辉格党赢得1844年大选。② 1843年,曾在阿姆斯达案中为黑人辩护的著名废奴主义律师罗杰·鲍得温(Roger Baldwin)被康涅狄格州辉格党提名为州长候选人,另一名废奴主义者约翰·马托克斯则被佛蒙特州辉格党提名为州长候选人;次年,纽约州辉格党提名以反对奴隶制著称的米勒德·菲尔莫尔(Millard Fillmore)为州长候选人。这些都被自由党解读为辉格党发动的旨在"诱骗中立的热爱自由者支持亨利·克莱就任总统"的"邪恶的政治赌博行为"。③

当亨利·克莱在1844年5月被正式提名为总统候选人之后,自由党就不断提醒废奴主义者和奴隶制反对者不要被他的反对兼并得克萨斯的言论所诱骗。康涅狄格州的一家自由党报纸声称,亨利·克莱反对兼并得克萨斯的"虚伪言论",只不过是掩饰其服从于"奴隶主权势"的幌子,是他们"引诱废奴者以增加克莱的影响力的政治诡计的再次上演";即便"民主党人也会蔑视这种小把戏,他们从不会为了骗取选票而向废奴主义者献殷勤";"辉格党人将废奴主义者视为他们的财产,如果他们投票给克莱,辉格党人就称赞他们为爱国者,反之,辉格党就污蔑他们是叛乱者。"④ 1844年7月,因担心太过激烈地反对得克萨斯兼并会引发南部人对辉格党的不满,亨利·克莱宣称如果"美国人民一致同意,以正义和公平的方式,和平地兼并得克萨斯",他就将顺应民意。⑤ 很明显,克莱所提出的这些条件不可能得到满足。但是自由党人却认为,这番言论揭示了亨利·克莱效忠于"奴隶主权势"的真实想法。一位自由党人声称,"鉴于这个不可否认的事实",一个"稍有理性和常识的人肯定不会相信亨利·克莱会支持削弱奴

---

① *Emancipator*, January 28, 1841.
② *Emancipator*, March 16, 1843.
③ *Emancipator*, December 7, 1843; *Emancipator*, February 16, 1843; *Pennsylvania Freeman*, April 25, 1844.
④ *Times*, July 20, 1844.
⑤ Henry Clay to Thomas Peters and John Jackson, July 27, 1844, Porter Hay and Carol Reardon, eds., *The Papers of Henry Clay*, Vol. 10, Lexington: The University Press of Kentucky, 1911, pp. 89-91.

第五章　抗争话语的"制度化":废奴运动与"奴隶主权势"观念的提出和发展 | 271

隶主权势,促进公正的自由"。① 马萨诸塞州汉普登县(Hampden County)自由党在集会中,呼吁所有的废奴主义者牢记亨利·克莱在1839年所说的话,"两大政党没有任何废除奴隶制的设想",并提醒他们认清克莱和辉格党的"真实面目"——奴隶主势力的帮凶。② 有些自由党人批判亨利·克莱热衷于决斗、赌博等南部奴隶主贵族所习以为常的活动,认为这充分表明克莱"完全是奴隶主权势的成员"。③

最终的选举结果表明,与两大政党相比,自由党的影响力似乎微不足道。民主党候选人詹姆斯·波尔克获得了170张选举人票和49.6%的普选票,成为第一位当选总统的"黑马候选人"。辉格党候选人亨利·克莱则获得了105张选举人票和48.1%的普选票,以微弱劣势落选。而自由党候选人詹姆斯·伯尼仅仅获得了2.3%的普选票。辉格党的失利是多种因素所致,比如当时美国弥漫着向西部扩张的精神,以及在北部的某些地区,经济危机已经过去,辉格党的经济政策缺乏吸引力。但是,辉格党人普遍认为,自由党在纽约州抢走了15814张选票,致使辉格党在该州以微弱劣势败于民主党,这直接导致了辉格党在全国竞选中的失利。著名的报纸编辑、辉格党人霍勒斯·格里利(Horace Greeley)在其创办的《纽约论坛报》(*New York Daily Tribune*)上指出:"詹姆斯·伯尼和乔舒亚·莱维特错误地宣称亨利·克莱与詹姆斯·波尔克一样支持得克萨斯兼并",致使很多反对奴隶制的纽约选民将票投给自由党,"直接导致了辉格党的全国性失利"。④ 后世的很多学者也赞同辉格党这一判断,认为自由党分割了辉格党的部分选票,是导致辉格党选举失利的重要原因。部分学者还认为,这个结果对此后的历史发展产生了难以估量的重要影响。如果善于妥协的亨利·克莱当选,美墨战争可能会避免、南北之间的地区性冲突会减缓,乃至内战

---

① *Liberator*, July 26, 1844.
② *Emancipator and Weekly Chronicle*, October 23, 1844.
③ Address of the Liberty Party of Pennsylvania to the People of the State, Philadelphia, 1814, in Joel H. Silbery, ed., *The American Party Battle: Election Campaign Pamphlets, 1828–1876*, Vol. 1, 1828-1854, Cambridge: Harvard University Press, 1999, pp. 199-202.
④ *New York Daily Tribune*, November 11, 1844.

都可能避免。① 这些虽然是反事实假设，但在一定程度上反映出貌似弱小的自由党对美国政治的影响。当然，这也充分表明，"奴隶主权势"观念不再是废奴阵营内部的边缘性观念，它已经登上了全国政治舞台，并对全国政治发展产生了重要影响。

第三节 "威尔莫特附文"之争中的"奴隶主权势"话语

1845年2月，国会通过了兼并得克萨斯的决议。3月1日，即将卸任的约翰·泰勒总统签署了该决议。决议规定在得克萨斯的土地上建立的新州不能超过4个，并将1820年密苏里妥协线延伸到得克萨斯，在此线以北地区，不能建立蓄奴州。② 12月29日，得克萨斯正式并入美国。③ 随后，在南部民主党人和一些报刊的鼓吹下，美国民众中弥漫着"天定命运"的乐观情绪，认为"向整个北美大陆扩展是美国人的使命"。④ 但是这种乐观情绪的背后，却隐藏着深刻的危机。随后发生的美墨战争，使奴隶制问题这一挑战美国宪政体制的致命难题再次浮出水面，引发了两大政党之间和政党内部的激烈争论。在此过程中，"奴隶主权势"观念开始成为两大政党的修辞和话语策略的一部分，对主流政治产生了重要影响。

一 "威尔莫特附文"之争的由来与过程

因为墨西哥政府从未正式承认得克萨斯的独立地位，美国国会通过兼

---

① Daniel Walker Howe, *What Hath God Wrought: The Transformation of America, 1815-1848*, pp. 689-690; Michael Holt, *Political Parties and American Political Development from the Age of Jackson to the Age of Lincoln*, Baton Rouge: Louisiana State University Press, 1992, pp. 17-18; Gary Kornblith, "Rethinking the Coming of the Civil War: A Counterfactual Exercise," *The Journal of American History*, Vol. 90, No. 1 (Jun., 2003), pp. 76-105; Antony Beevor, Robert Cowley, eds., *What ifs? of American History: Eminent Historians Imagine What Might Have Been*, New York: G. P. Putnam's, 2003, pp. 57-65.

② U. S. Congress, Joint Resolution for Annexing Texas to the United States (March 1, 1845), in *Statutes at Large*, Vol. 5, pp. 797-798.

③ U. S. Congress, Joint Resolution of the Admission of the State of Taxes into the Union (29 December 1845), in *Statutes at Large*, Vol. 9, p. 108.

④ Linda Hudson, *Mistress of Manifest Destiny: A Biography of Jane McManus Storm Cazneau, 1807-1878*, Austin: Texas State Historical Association, 2001, pp. 60-62.

第五章 抗争话语的"制度化":废奴运动与"奴隶主权势"观念的提出和发展

并得克萨斯的决议之后,墨西哥立即宣布与美国断交,并威胁要将在加利福尼亚地区居住的美国人驱逐出境,美墨双方在边境地带的冲突加剧。1846年5月,在詹姆斯·波尔克总统和南部民主党人的推动下,国会通过了对墨西哥的宣战令。8月8日,就在29届国会的第一期会议休会的前夕,波尔克突然请求国会拨款200万美元,用于与墨西哥进行和平谈判。部分北部州的国会议员担心波尔克和南部民主党人试图将战事扩大,以吞并更多的墨西哥领土,建立更多的蓄奴州。宾夕法尼亚州民主党国会众议员戴维·威尔莫特(David Wilmot)提议,国会在通过拨款法案时,必须要加入一个限制性条件——

> 美国在凭借任何与墨西哥共和国所达成的协议,并使用此项所拨资金获取墨西哥共和国的领土时,必须遵循一个明确和基本的原则:除了惩罚被恰当定罪的罪犯之外,禁止在上述所获的领土上实行奴隶制和强制性劳动。①

这条修正案就是所谓的"威尔莫特附文"(Wilmot Proviso)。这条附文貌似温和,实则具有颠覆性意义:它打破了自1820年以来密苏里妥协所设置的处理奴隶制问题的方案——以地理界限来确定奴隶制的扩展空间,代之以1787年《西北土地法令》所确立的限制奴隶制扩展的原则。从措辞上看,威尔莫特附文明显具有模仿《西北土地法令》的痕迹。俄亥俄州的自由党人加梅利尔·贝利指出,威尔莫特附文其实就是"1787年《西北土地法令》中的反奴隶条款的再次颁布"②。因为国会休会在即,议员没有足够的时间来就威尔莫特附文展开辩论。8月10日,也就是国会休会当日,附文在国会众议院中以83票比64票得以通过,但国会参议院没有时间作出决定。③

或许是为了避免引发更大的争议,威尔莫特附文提出之后,两大政党

---

① U. S. Congress, *Congressional Globe*, 29th Congress, 1st Session (August 13, 1846), pp. 1214-1217.
② *National Era*, April 1, 1847.
③ U. S. Congress, *Congressional Globe*, 29th Congress, 1st Session (August 13, 1846), pp. 1217-1218.

在国会之外的反应比较温和，都认为修正案不会影响国会的拨款，因而也就难以对国会产生重要影响。位于华盛顿的辉格党的重要报纸《国民邮讯报》（*National Intelligencer*）声称，威尔莫特附文所造成的后果，将与1842年关税的通过和波尔克在1846年否定《河流港口法案》①没有差别，不会影响国会两院的运行。② 同样位于华盛顿的民主党报纸《每日联邦报》（*The Daily Union*）认为，威尔莫特附文不会对国会产生太大影响，无论这条附文是否被提出来，国会都会同意波尔克的拨款请求。③ 位于边界州肯塔基的民主党报纸《真实美国人报》（*The True American*）没有对威尔莫特附文进行评价，只是指出，附文在国会众议院通过是一个"值得注意的事件"，需要"在进一步观察和思考之后才能评价"。④

南部地区的两大政党报纸大多选择沉默，直到9月中旬之后，它们的态度才发生变化。事情的起因是以反奴隶制著称的俄亥俄州的民主党国会众议员雅克布·布林克霍夫（Jacob Brinkerhoff）在9月16日发表声明，称自己才是附文的真正的原创者，他因为担心自己的反奴隶制名声会降低附文的支持率，委托威尔莫特在议会中正式提出附文。⑤ 对部分极端拥护奴隶制的下南部地区的报纸而言，这番声明正好为它们提供了攻击威尔莫特附文的理由。⑥ 南卡罗来纳州的辉格党报纸《里士满辉格党人》（*Richard Whig*）指出，布林克霍夫一直以"反对奴隶制和南部"博取名声，并试图"颠覆南部的统治"，"我们非常遗憾地听说威尔莫特这样一位'能干、爱国的民

---

① 河流港口法（Rivers and Harbors Bill）是美国国会在1846年7月通过的法案，要求国会拨款50万美元，以改善河流和港口运输，但是被詹姆斯·波尔克中途否决。Yonatan Eyal, *The Young America Movement and the Transformation of the Democratic Party, 1828-1861*, Cambridge: Cambridge University Press, 2007, p. 46.
② *National Intelligencer*, August 11, 1846.
③ *The Daily Union*, August 12, 1846.
④ *The True America*, August 19, 1846.
⑤ "Brinkerhoff to Glessner, September 16, 1846," in Richard R. Stenberg, "The Motivation of the Wilmot Proviso," *The Mississippi Valley Historical Review*, Vol. 18, No. 4 (Mar., 1932), p. 535.
⑥ 埃里克·方纳的研究表明，包括戴维·威尔莫特、约瑟夫·布雷克霍夫、马丁·范布伦在内的几个民主国会党议员都各产生了提出限制奴隶制扩张条款的想法，而条款的具体内容则是他们所成立的一个委员会共同起草的，委员会最终决定由威尔莫特正式在国会中提出这个修正案。Eric Foner, "The Wilmot Proviso Revisited," *The Journal of American History*, Vol. 56, No. 2 (Sep., 1969), pp. 264-265.

第五章 抗争话语的"制度化":废奴运动与"奴隶主权势"观念的提出和发展 | 275

主党人'竟然同意给布林克霍夫当爪牙",这表明"南部正处于危险之中"。① 佐治亚州的民主党报纸《奥古斯塔纪事报》(The Augusta Chronicle)则把威尔莫特和布林克霍夫称为"民主党中的废奴主义者",民主党人"不仅不能容忍他们,还应该用报道将他们压垮"。该报纸还声称,威尔莫特附文在国会众议院中通过,表明"北部的所有派别都已经联合起来反对奴隶制",这可能"导致联邦毁灭,血流成河"。②

政治废奴主义者立即意识到威尔莫特附文的不同寻常之处,大力宣扬其对反奴隶制活动的重要意义。《奴隶解放者报》盛赞威尔莫特附文是"一份光荣的法案",是美墨战争开始以来"奴隶制的反对者们取得的第一场针对奴隶制的胜利",是"让国家走向自由的承诺",也是"一份面向全世界的声明——在这片共和国的土地上,奴隶制必须得到限制",同时也是"政府权力发誓要维持宪法、捍卫人权的仪式"。而且,国会众议院的投票结果表明,北部的自由州已经"为了限制奴隶制的发展而并肩战斗",而"自由的事业即将胜利"。③ 威斯康星州的自由党报纸《美国自由人》(American Freeman)指出,尽管威尔莫特附文所能做的不过是"激发更多的人关注其所涉及的重大问题",但是它加快了"奴隶主权势与热爱自由之人之间的竞争"。④ 萨蒙·蔡斯在给朋友的信中说道:"威尔莫特附文将产生重大的影响。如果人们坚持要求其通过,我们(自由党)很快就将发展为民众中的攻击性运动。"⑤ 俄亥俄州的自由党报纸《博爱者报》也对威尔莫特附文可能带来的影响很有信心。该报指出,如果威尔莫特附文所引发的讨论继续深入下去,将"对人类自由的事业带来不可估量的价值",也会"给我们废奴主义者带来难以预计的帮助"。而且,国会之外的废奴观念即将"渗透到国会之中",那么,"在国会的下一次开会期间,试图永久保持奴隶制的人与奴隶制的反对者之间将发生一场关于奴隶制与自由的大争斗"。⑥

---

① *Richmond Whig*, October 13, 1846.
② *Augusta Chronicle*, November 17, 1846.
③ *Emancipator*, September 16, 1846.
④ *American Freeman*, September 1, 1846.
⑤ "Salmon Chase to Gerrit Smith, September 1, 1846," in John Niven, eds., *The Salmon P. Chase Papers*, Vol. 2, Correspondence, 1823-57, Kent: Kent State University Press, 1994, p. 130.
⑥ *Philanthropist*, August 18, 1846.

总体而言，威尔莫特附文在提出之初，并未在美国社会中引发轰动。8月至12月举行的国会众议员选举，几乎未受该事件的影响。像之前一样，辉格党再次以微弱优势占据了国会众议院的多数席位，戴维·威尔莫特也顺利地再次当选。①

但正如废奴主义者预料的那样，当第29届国会的第二期会议在12月27日召开之后，威尔莫特附文之争立即成为国会的重要议程。12月28日，波尔克在议会发表年度演讲，要求拨款300万美元，以处理与墨西哥和谈问题。② 纽约州的民主党国会众议员普雷斯顿·金（Preston King）再次提出与威尔莫特附文类似的限制性条款，但内容更为严厉：要求在联邦此后所获得的所有土地上，都禁止实行奴隶制。③ 众议院再次通过该条款，但参议院在2月15日将其否决。④ 像25年前的密苏里危机时一样，两大政党在威尔莫特附文问题上出现了南北分裂的状况。在两次投票中，所有南部州的辉格党人和民主党人都反对威尔莫特附文，所有北部州的辉格党人则一律支持威尔莫特附文。在北部州的民主党人中，有52人支持附文，仅有4人反对附文。

此后两年多时间内，威尔莫特附文在国会中激发的有关奴隶制问题的争论持续不断。北部的国会议员仍在不断提出与威尔莫特附文类似的提案，迫使国会议员一次次地按照南北界线站队，这些提案无一例外在国会众议院通过，但又在国会参议院被驳回。1847年至1849年，林肯是伊利诺伊州的国会众议员。他后来曾有些夸张地说，在这届议员任期内，他先后就威尔莫特附文投了42次票。⑤

二 激进的反奴隶制国会议员与"奴隶主权势"话语

长期以来，美国学者普遍认为，在19世纪50年代，随着南北之间冲突

---

① Sean Wilentz, *The Rise of American Democracy: Jefferson to Lincoln*, New York: W. W. Norton, 2005, p. 597.
② James K. Polk, *Second Annual Message*, December 8, 1846, http://www.presidency.ucsb.edu/ws/? pid = 29487.
③ U. S. Congress, *Congressional Globe*, 29th Congress, 2nd Session (January 4, 1846), p. 105
④ U. S. Congress, *Congressional Globe*, 29th Congress, 2nd Session (February 15, 1846), pp. 425-426.
⑤ *Collected Works of Abraham Lincoln*, Volume 3, New Brunswick, N. J.: Rutgers University Press, 1953, p. 284.

的加剧和共和党的大力宣传,"奴隶主权势"话语才进入美国的主流政治话语。科里·布鲁克斯在最近的研究中对此提出质疑,认为在19世纪40年代末期,"奴隶主权势"观念就已经被政党体系内的少数政客所接受。[①] 仔细考察历史文献,人们会发现,布鲁克斯更具说服力。而且,在更早的时候,即1846年至1848年美国国会就"威尔莫特附文"展开大辩论之时,"奴隶主权势"话语就已经成为主流政治话语的一部分。

在"奴隶主权势"观念进入国会辩论的过程中,俄亥俄州国会众议员乔舒亚·吉丁斯居功至伟。吉丁斯是辉格党中的异类,一直以激进反对奴隶制著称,与政治废奴主义者关系密切。他之所以能多次入选国会,主要是因为俄亥俄州是废奴运动的重镇,反奴隶制观念被很多民众接受,他的反奴隶制名声吸引了很多废奴主义者和反对奴隶制的辉格党人的选票。从一定程度上看,吉丁斯虽然是辉格党人,实则是废奴主义者在国会中的代表。[②] 早在1842年,吉丁斯就继托马斯·莫里斯之后,再次将"奴隶主权势"观念带入国会。他指责北部州的国会议员已经"习惯于无声地屈服于奴隶主权势的侵犯","不敢公开表达北部自由州人民的意愿"。[③] 此后,当国会讨论是否因阿姆斯达案向西班牙赔款,以及是否兼并得克萨斯和俄勒冈地区时,吉丁斯都抛出了"奴隶主权势"观点,认为"奴隶主权势"试图控制国会,决定联邦政府的政策。[④]

在威尔莫特附文之争中,吉丁斯再次利用"奴隶主权势"话语来反对奴隶制扩张。1847来2月13日,吉丁斯在众议院演讲中,将威尔莫特附文之争解释为南部的"奴隶主权势"与北部州的"自由势力"之间的对决。吉丁斯指出,在过去的很多年中,虽然他一直"在鼓励北部州国会议员捍卫自己的尊严和宪法",但是"国会中南部议员数量的急剧增长",使得"北部的权利和宪法的真正原则屈服于奴隶主权势";墨西哥共和国早就废除了奴隶制,但是"奴隶主权势"为了"吞并墨西哥的自由土地",操纵联邦政府发动了

[①] Corey M. Brooks, *Liberty Power: Antislavery Third Parties and the Transformation of American Politics*, pp. 5-10.

[②] James B. Stewart, *Joshua Giddings and the Tactics of Radical Politics*, Cleveland, Press of Case Western Reserve University, 1970, pp. 84-87, 95-98.

[③] Joshua R. Giddings, *Speeches in Congress (1841-1852)*, Boston: Printed by John P. Jewtt and Company, 1853, pp. 24-25.

[④] Joshua R. Giddings, *Speeches in Congress (1841-1852)*, pp. 92, 151-157, 160-161.

"非正义的战争";在威尔莫特附文争论中,两大政党的北部成员终于开始摆脱"奴隶主权势"的控制,"在一个对于我们的利益、荣誉和人性至关重要的(奴隶制)问题上团结了起来",这也是他"有生以来第一次看到北部的辉格党和民主党为了人权而并肩战斗";南部双方在奴隶制扩张问题上"没有任何妥协的余地",因为"奴隶制和自由是敌对的,二者之间必有一战,就如同对与错、美德与罪行永远无法妥协",这意味着"奴隶主权势"与北部自由体制之间的冲突会继续延续下去,"直到正义和真理战胜错误和压迫"。吉丁斯还颇有信心地认为,"即便威尔莫特附文在这届国会中失败,它也必定在下一届国会通过,因为自由州的公众意见显然已经越来越倾向于支持它",而且"北部州辉格党和民主党的政党忠诚已经破裂,国家利益成为他们考虑的重点"。①

从话语和修辞方面来看,吉丁斯的这番言论几乎完全脱胎于废奴主义者和自由党的"奴隶主权势"观念。只不过此前在国会发表类似的言论时,他总是被多数议员视为"狂热废奴主义者的工具",和者寥寥。② 但是在威尔莫特附文之争中,他的观点得到很多北部州国会议员的支持。北部州的另外几名激进的反奴隶制议员也明确使用"奴隶主权势"一词批评美墨战争,支持威尔莫特附文。新罕布什尔州的民主党国会众议员阿莫斯·塔克(Amos Tuck)是其中的代表人物之一。塔克曾在1845年与该州的另一位民主党国会众议员约翰·黑尔(John Hale)一起公开"背叛"民主党,指责兼并得克萨斯是"奴隶主权势"发动的旨在扩展奴隶制的阴谋。③ 在威尔莫特辩论中,他又将这一观念引入国会。塔克认为,南部奴隶主阶层所构成的"奴隶主权势"已经控制了联邦政府,制定和实施了一系列有利于奴隶制,但侵犯了北部州利益的政策,但是北部的国会议员因"忌惮奴隶主权势,一直不敢正视这些罪恶",致使北部州实际上遭到了南部的"勒索"。首先,"奴隶主权势"垄断了"全国性的政治影响力、重要职务的任免权和联邦政府的职位",使得"联邦政府的行政分支的全部精力都被用于加强和维持奴隶制";其次,"奴隶主权势"还在于其"利用全国的财政和军队来发展奴隶制",从早期时候的侵占佛罗里达地区、发动塞米诺尔战争(Seminole War)到近来的

---

① Joshua R. Giddings, *Speeches in Congress (1841–1852)*, pp. 203-206, 208-209.
② James B. Stewart, *Joshua Giddings and the Tactics of Radical Politics*, p. 3.
③ Corey Michael Brooks, *Building an Antislavery House: Political Abolitionists and the U. S. Congress*, Ph. D. Dissertation, University of California, Berkeley, 2010, pp. 109-110.

第五章 抗争话语的"制度化":废奴运动与"奴隶主权势"观念的提出和发展 | 279

兼并得克萨斯和墨西哥战争,都是"奴隶主权势"利用军队来发展奴隶制的证明;最后,"奴隶主权势"还控制了联邦的法律体系,制定了保护奴隶主利益的逃奴法,使大量的自由黑人容易遭到绑架。①

塔克强调,"奴隶主权势"构建了一种倾向于奴隶制的宪法解释,即认为宪法赋予了奴隶制合法地位,保护奴隶制是北部公民的宪法责任,试图以此将其捍卫和扩展奴隶制的行为"合法化"。塔克对这一观点提出反驳。他认为,在制定联邦宪法时,北部州的代表"对奴隶制这个南部繁荣所赖以生存的根基,怀有深刻、严重和不可磨灭的偏见",他们认为"自由是上帝赋予所有人的礼物",鉴于南北之间在奴隶制问题上的严重分歧,制宪者们最终决定"奴隶制的控制权完全属于它已经存在的各州","联邦政府并没有被授予相关的权力"。这意味着宪法在奴隶问题上的基本态度是:"自由州授予联邦政府的干涉奴隶制的权力,与蓄奴州授予联邦政府的不废奴的权力一样多"。因此,塔克提醒南部人士:"如果联邦政府的权力可以被用来捍卫你们的特殊体制,那么有朝一日这种权力是否也会被用来限制或镇压奴隶制呢?"塔克还"赤裸裸"地为废奴主义者辩护——

南部的绅士们经常谈起废奴主义者的狂热,但是他们应该清楚,这个国家所发生的与奴隶制有关的骚动,都源于奴隶主权势对自由州的侵犯,其结果是让全世界都知道了一个事实:宪法已经变成维持和扩展奴隶制的工具……事实上,的确有一股狂热之情正在毁坏联邦的和平,并将骚动和危险带入国会,但是这股狂热不是废奴主义的狂热,而是奴隶制的狂热。②

塔克认为,只要南部继续实施奴隶制,国家就不会从狂热和骚乱中解脱出来,因为"奴隶制是一个贬损人的尊严、违背上帝之法的体制",它必须不断扩展,才能维持生存和繁荣,因此,北部州面临的当务之急是尽快

---

① U. S. Congress, *Congressional Globe*, 30th Congress, 1st Session (January 19, 1847), p. 198.
② U. S. Congress, *Congressional Globe*, 30th Congress, 1st Session (January 19, 1847), pp. 198-199.

"切断奴隶制与联邦政府的一切联系",把"宪法和国家从奴隶主权势中解放出来"。①

刚刚入选国会的马萨诸塞州的辉格党国会众议员约翰·帕尔弗里(John G. Palfrey)也明确使用了"奴隶主权势"一词来支持威尔莫特附文。帕尔弗里之所以能从深受废奴运动影响的马萨诸塞州第四选区入选国会,当然与他一贯激进的反奴隶制立场有关。他不仅经常发表反对奴隶制的言论,还与加里森等废奴主义者有交往。② 北卡罗来纳州的民主党国会众议员托马斯·L. 克林曼(Thomas L. Clingman)认为,奴隶制问题不是一个政治问题,不适合在国会中讨论。帕尔弗里则针锋相对地提出反对意见。他认为:"在当前,奴隶制问题就是一个政治问题,它不仅是其他所有问题的基础,也是整个国家的最重要根基,必将最终决定其他所有问题的命运。"在帕尔弗里看来,奴隶制问题之所以是如此重要的政治问题,关键在于南部的奴隶主已经形成了一个强大的政治势力,并控制了联邦政府,主导了联邦政策的制定。而"奴隶主权势"强大的重要原因是宪法的"五分之三条款"。14个蓄奴州的人口总数与俄亥俄州和纽约州的总数差不多,但是蓄奴州在国会中有14个席位,而这两个自由州在国会中只有区区4名代表。在选举人票方面,蓄奴州的总数为104张,而自由州仅为59张。使"奴隶主权势"强大的另外一个原因则是"无与伦比的共同利益意识让奴隶主团结一致"。帕尔弗里借用了自由党人的统计数据,证明了自建国以来,南部奴隶主长期把持了总统、最高法院大法官、内阁成员、军队首领等重要职位。帕尔弗里进一步指出,问题的关键不在于奴隶主占据了这些职位,而在于他们在这个位置上依据什么样的原则行事。事实证明,从制定1793年联邦《逃奴法》开始,与奴隶制有关的联邦政策都是从有利于奴隶制的角度出发,完全违背了自由和正义原则。而且,帕尔弗里指出,处理奴隶制问题的唯一出路是破除"奴隶主权势"凭借联邦政府对奴隶制施加的保护,让其成为一个真正的地方性体制。③

---

① U. S. Congress, *Congressional Globe*, 30th Congress, 1st Session (January 19, 1847), p. 199.
② Justin Winsor, ed., *The Memorial History of Boston, Including Suffolk County, Massachusetts, 1630–1880*, Vol. III, Boston, J. R. Osgood and Co., 1882, p. 377.
③ U. S. Congress, *Congressional Globe*, 30th Congress, 1st Session (January 26, 1847), pp 245 - 246.

这些激进的反奴隶制议员本身就与废奴主义者有密切的联系,在思想观念上与他们有相似之处。而且,他们都是从深受废奴运动影响的选区当选为国会议员,需要在议会中替选民发声。这就决定了他们必然要使用废奴主义者的话语体系中最具政治色彩、最容易被大众接受的"奴隶主权势"话语来支持威尔莫特附文,反对奴隶制扩张。而且,他们在使用"奴隶主权势"话语时,毫无掩饰和隐藏,将这一由废奴主义者和自由党人提出的观念全盘复制到国会辩论中去。从某种程度上说,他们就是废奴主义者在国会中的代表,南部国会议员指责他们是废奴主义者,其实并不为过。

三 温和的反奴隶制国会议员与"奴隶主权势"话语

在19世纪40年代中期,除了上述的少数几位激进的反奴隶制议员之外,大多数北部州国会议员不仅与废奴主义者没有什么关联,而且还有不少人对废奴主义者非常反感。有学者据此认为,以国会议员为代表的主流政治家因反对废奴主义者的激进废奴思想,从而也排斥他们所提出的"奴隶主权势"观念。[①] 这个观点显然经不起推敲。从前文分析可知,"奴隶主权势"观念是废奴主义者的思想体系中政治化色彩最强的部分,与废奴运动早期的道德说服策略和加里森派的"不抵抗"思想相比,其激进程度可谓最弱。正因如此,"奴隶主权势"观念可以被相对温和的奴隶制反对者所接受,成为主流政治话语的一部分。在威尔莫特附文之争中,"奴隶主权势"观念就已经成为反对奴隶制扩张的北部州国会议员所使用的重要的话语和修辞策略。

很多北部州国会议员认为,美墨战争的根本原因是南部奴隶主试图吞并墨西哥的大片领土,以扩张奴隶制,这表明联邦政府已经被南部奴隶主集团所控制,沦为其发展和保持奴隶制的工具。康涅狄格州的民主党国会众议员詹姆斯·迪克逊(James Dixon)指出,美墨战争是"傲慢的、有侵略性的蓄奴寡头集团(slavcholding oligarchy)所煽动的",其目的是"让奴

[①] William E. Gienapp, "The Republican Party and the Slave Power," in Robert Abzug and Stephen Maizlish, eds., *New Perspectives on Race and Slavery in America*, Lexington: University Press of Kentucky, 1986, p. 66.

隶制的发展超出现有的限制，并使其永久保持下去"。① 威尔莫特则认为，"联邦政府在奴隶制问题上应该是中立的"，应该根据宪法的规定来制定与奴隶制问题有关的政策；根据联邦宪法的规定，联邦政府和北部州无权干涉南部蓄奴州的奴隶制，蓄奴州同样也无权干涉北部州和联邦辖区内的奴隶制问题；南部的奴隶主违反了宪法的规定，利用"奴隶代表制"控制了联邦政府，使其完全"沦为蓄奴州扩展和维持奴隶制的工具"，制定了"侵略墨西哥的错误决策"。② 纽约州民主党国会参议员约翰·F. 科林（John F. Collin）也持类似的观点。他认为在这场战争中"墨西哥是正义的一方，美国是错误的一方"，问题的根源在于以波尔克总统为首的南部奴隶主"控制了国会"，他们为了扩展奴隶制，发动了对墨西哥的"侵略"。而且，为了维持战争所需的高额费用，国会中的南部奴隶主还"违背宪法的原则"，对民众征收重税，试图"让整个国家都为维持奴隶制服务"。③ 康涅狄格州民主党国会参议员杰贝兹·W. 亨廷顿（Jabez W. Huntington）则宣称战争的挑起者是墨西哥，这在北部州国会议员中十分罕见。但即便如此，他也没有为南部奴隶主"开脱"的意图。亨廷顿指出，在战争伊始，美国是防御方，但是随着战争的进行，南部奴隶主发现可以利用这一契机来"打破奴隶制的地域限制"，他们操纵国会，以扩展自由土地为名，不断要求增加战争拨款，试图使"军队、联邦政府、国会都沦为奴隶主利益的工具"。亨廷顿强调，在蓄奴州，"四分之三的 21 岁以上的白人男性不拥有奴隶"，这意味着反对奴隶制的扩展与拓展西部自由土地之间并不冲突，但是南部州国会议员对威尔莫特附文的反对，恰好"揭穿了南部奴隶主的阴谋"：他们扩大战争的目的就是发展和维持奴隶制，而非争取更多的自由土地。④

很多南部州国会议员采用一贯的"和谐至上"的话语，指责北部州国会议员反对奴隶制扩张的行为会危及南北之间的和谐关系，有导致联邦分

---

① U. S. Congress, *Congressional Globe*, 29th Congress, 2nd Session (February 7, 1847), Appendix, p. 317; James Dixon, Speech of Mr. Dixon, of Connecticut, against the Extension of Slave Territory, Delivered in the House of Representatives of the U. S., Feb. 9, 1847, Washington: Printed by J. & G. S. Gideon, 1847, p. 4.

② U. S. Congress, *Congressional Globe*, 29th Congress, 2nd Session (February 8, 1847), p. 354.

③ U. S. Congress, *Congressional Globe*, 29th Congress, 2nd Session (February 12, 1847), pp. 402-403.

④ U. S. Congress, *Congressional Globe*, 29th Congress, 2nd Session (February12, 1847), p. 402.

裂的危险。① 但是部分北部州国会议员则针锋相对地指出，真正威胁联邦生存的是南部州国会议员。他们宣称南部的奴隶主不仅要把奴隶制扩展到新获得的领土上，还试图将联邦政府变成扩展和保护奴隶制的工具，颠覆美国的自由体制。这种奴隶制与自由截然对立，并企图颠覆自由体制的话语与废奴主义者的"奴隶主权势"话语如出一辙。纽约州民主党国会众议员马丁·格罗弗（Martin Grover）高呼："联邦处在危险之中！"他认为，"全世界的经验和历史证据，全部都表明自由体制在开发资源和促进地区繁荣方面要远超奴隶制"，北部人们"对此坚信不疑"；根据联邦宪法和密苏里妥协，南北双方在奴隶制的地域范围和在联邦政府的权力分配方面达成了契约；在过去四十年中，南部奴隶主不断违背契约，他们不仅控制了联邦行政部门的重要职位和国会中的多数席位，还试图"利用联邦政府将自由土地变成奴役之所"；如果北部捍卫自由体制，阻止联邦政府沦为保护和扩展奴隶制的工具，那么南部就会"退出联邦"，如果北部袖手旁观，南部就会让奴隶制发展到全国，进而"摧毁联邦"。② 詹姆斯·迪克逊直接指出，"将使我们的联邦陷入危机的不是拒绝扩展奴隶制边界的政策，而是与之相反的政策……如果伟大的共和国被强烈的震动所击碎，那么造成这一后果的原因也应该是把奴隶制扩展到新的区域"。他呼吁北部州国会议员履行其捍卫自由的职责，以抵制奴隶主的阴谋——

> 这是一个我们国家需要真正的朋友帮助的时刻。这是邪恶的时刻，那些不履行其职责的（议员）就是真正的叛徒。我们中间的敌人比任何外敌都更加危险。他们正在试图颠覆我们的自由体制；他们正在扩展已经非常庞大的行政权力；他们正在利用共和国的力量来实现其邪恶目的——扩展和保持奴隶制，并使这个国家被数年的惩罚也无法赎清的罪恶所淹没。我们不能对他们的阴谋熟视无睹，应该让他们无法得到援助……我们的共和国终将凭借某些方式摆脱因奴隶制而遭到的

---

① U. S. Congress, *Congressional Globe*, 29th Congress, 2nd Session (February 10, 1847), p. 375; 29th Congress, 2nd Session (February 11, 1847), pp. 387 – 388; 30th Congress, 1st Session (March 9, 1848), p. 446.

② U. S. Congress, *Congressional Globe*, 29th Congress, 2nd Session (January 7, 1847), pp. 137 – 1738.

指责。我希望最终采取的是南部同胞自愿同意的方式。自由终将来临,尽管可能会姗姗来迟。我希望伴随自由来临的不是杀戮和毁灭,不是被扩张奴隶制所冲昏头脑的奴隶主权势所引发的狂热战斗。①

有学者将北部州国会议员的上述"奴隶主权势"话语归因于杰克逊民主党的推崇民主、反对专制的理念。② 这些解释显然忽略了这些国会议员的话语和修辞中的另外两个重要因素。其一,有不少国会议员对奴隶制进行了道德性批判。宾夕法尼亚州的辉格党国会议员科尼柳斯·达拉赫（Cornelius Darragh）宣称,奴隶制是"十三世纪的封建制度的产物"和"整个国家的耻辱",因为"它是被基督教世界所谴责的"。③ 俄亥俄州的民主党国会议员乔治·法尔斯（George Fires）也认为奴隶制"已经被整个文化和基督教世界所摈弃"。他指出,"我们之所以反对奴隶制扩张",就是因为"我们相信它违背了权利、正义和基督教原则","相信基督教和文明世界的大众都反对它"。法尔斯还强调,在他个人看来,"奴隶制完全违背了圣经的教义"。④ 威尔莫特附文的起草人之一、俄亥俄州的民主党国会议员雅克布·布林克霍夫呼吁议国会员们"不要只盯着政治生活,还要关注自然生活（natural life）和目标",要"诉诸于自己的良知",去发现奴隶制"在道德上的绝对错误"。⑤ 康涅狄格州的民主党国会议员詹姆斯·迪克逊认为奴隶制是"最具压迫性、最不正义的体制","不仅让国家蒙羞,也是我们所处时代的耻辱",因为"我们也对其持续存在负责"。⑥ 这种对奴隶制的严厉道德批判几乎是废奴主义者的反奴隶制理念的全盘复制,在此前的国会辩论中从未出

---

① James Dixon, Speech of Mr. Dixon, of Connecticut, against the Extension of Slave Territory, Delivered in the House of Representatives of the U. S., Feb. 9, 1847, pp. 5, 12.

② Sean Wilentz, *The Rise of American Democracy: Jefferson to Lincoln*, New York: W. W. Norton, 2005, pp. 599-600.

③ U. S. Congress, *Congressional Globe*, 29th Congress, 2nd Session (February 10, 1847), pp. 477-478.

④ U. S. Congress, *Congressional Globe*, 29th Congress, 2nd Session (February 17, 1847), pp. 443-444.

⑤ U. S. Congress, *Congressional Globe*, 29th Congress, 2nd Session (February 10, 1847), pp. 377-380.

⑥ James Dixon, Speech of Mr. Dixon, of Connecticut, against the Extension of Slave Territory, Delivered in the House of Representatives of the U. S., Feb. 9, 1847, p. 11.

现过类似的情况。而前文已经指出，对奴隶制的道德批判是废奴主义者的"奴隶主权势"观念的基础，也是这一观念与其他各种反南部奴隶主集团观念的根本不同之处。这也就表明了北部州国会议员的"奴隶主权势"话语与废奴主义者之间的直接关联。

其二，不少北部州国会议员认为，南北双方在奴隶制扩张问题上已经没有任何妥协空间，自由州将坚决反对奴隶制扩张。威斯康星州的辉格党国会议员卢瑟·赛弗伦斯（Luther Severance）指出，墨西哥共和国原本已经废除了奴隶制，南部的奴隶主现在又要在其土地上恢复奴隶制，"这种导致文明后退的行为是全国性的灾难"，"我们北部州不能在此问题上作任何让步"。[①] 俄亥俄州的辉格党国会议员哥伦布·德拉诺（Columbus Delano）警告南部奴隶主，西部将"永远不会成为奴隶主的领地"，因为北部民众奉行的是正义原则，"永远不会允许奴隶制从当前的限制区域内向外扩张一英尺"，如果南部继续"进行这场旨在兼并土地的血腥征服战"，那么北部民众会"建立一道由自由组成的困扰蓄奴州的警戒线"，将"在南部的每一个地方都点燃自由之火，直到融化你们的枷锁，解放你们的众民"。[②] 詹姆斯·迪克逊宣称，"在其他问题上，我们可以妥协；但是在奴隶制扩展的问题上，我们的妥协已经到了卑躬屈膝的地步，再无任何让步的空间。南北双方的妥协的最大边界已经被越过"。[③] 这种超越党派的毫不妥协的反奴隶制立场，在密苏里危机以来的国会辩论中几乎从未出现，显然也与废奴主义者有更为密切的亲缘关系。

此外，部分北部州国会议员指出，他们之所以坚定地支持威尔莫特附文，主要是因为他们所代表的选民要求摆脱"奴隶主权势"的控制。康涅狄格州的民主党国会参议员约翰·奈尔斯（John Niles）指出，威尔莫特附文表明，"自由州民众不愿执行将奴隶制扩展到联邦新获得土地上的政策"，因为他们意识到，"奴隶主权势已经强大，必须要尽一切努力防止其将奴

[①] U. S. Congress, *Congressional Globe*, 29th Congress, 2nd Session (February 10, 1847), p. 191.

[②] U. S. Congress, *Congressional Globe*, 29th Congress, 2nd Session (January 28, 1847), Appendix, p. 281.

[③] James Dixon, Speech of Mr. Dixon, of Connecticut, against the Extension of Slave Territory, Delivered in the House of Representatives of the U. S., Feb. 9, 1847, p. 3.

制扩展到整个大陆"。① 纽约州的民主党国会议员塞缪尔·戈登（Samuel Gordon）虽然起初担心威尔莫特附文不够成熟，但是他立刻意识到，反对奴隶制的控制是北部民众的普遍看法，"鉴于北部民众的公众意见"，他"不能投反对票"，而且，作为民众的代表，"即便是天塌下来，也得执行选民的明智意见"。② 纽约州的民主党国会议员普雷斯顿·金同意戈登的观点，认为的确是"北部民众的公众意见取得了进步"，要求其反对奴隶制扩张。③ 宾夕法尼亚州民主党国会议员西蒙·卡梅伦（Simon Cameron）指出，"任何一张反对威尔莫特附文的选票都会违背他所在州选民的意志"④。密苏里州辉格党国会议员詹姆斯·鲍林（James B. Bowlin）不无夸张地说，威尔莫特附文"体现了北部民众的普遍看法"，"在这个问题上整个北部像一个人，没有任何分歧"。詹姆斯·迪克逊同样认为威尔莫特附文是北部民众的公众意见的体现——

> 我只是在代表我所在选区的选民说话，他们不希望再听到任何有关奴隶制扩张问题的观点。他们已经从各方面完全了解了这个问题，已经下定决心不愿充当将奴隶制扩展到其原本不存在地区上的工具……那些反对威尔莫特附文的北部州国会议员，在（奴隶制）这个关键问题上背叛了他们的选民。而且北部州民众已经被背叛很久了……（南部奴隶主）不满足于南部的黑人奴隶制，还要求北部白人对奴隶制俯首帖耳。这样的日子已经一去不返了……此前，即便是以恳求和谦卑的语气所写的请愿书，也不能在国会中出现。现在，对奴隶制的雄辩而猛烈的攻击也屡见不鲜。这就是公众意见的进步。那些曾自诩为南部天然盟友的人，现在也否认他们与南部的盟友关系。⑤

---

① U.S. Congress, *Congressional Globe*, 30th Congress, 1st Session (August 10, 1847), p. 1060.
② U.S. Congress, *Congressional Globe*, 29th Congress, 2nd Session (February 11, 1847), Appendix, pp. 389–391.
③ U.S. Congress, *Congressional Globe*, 29th Congress, 2nd Session (February 10, 847), p. 368.
④ U.S. Congress, *Congressional Globe*, 30th Congress, 1st Session (August 7, 1847), Appendix, p. 1110.
⑤ James Dixon, Speech of Mr. Dixon, of Connecticut, against the Extension of Slave Territory, Delivered in the House of Representatives of the U.S., Feb. 9, 1847, pp. 7, 10–11.

第五章 抗争话语的"制度化":废奴运动与"奴隶主权势"观念的提出和发展 | 287

在当时的历史语境中,废奴主义者仍被视为狂热煽动分子的化身,因而反对威尔莫特附文的国会议员谴责附文的支持者受到了废奴主义者的影响。弗吉尼亚州的民主党国会议员托马斯·贝利(Thomas Bayly)认为威尔莫特附文发动了一场"国会中的废奴运动",其实早在19世纪30年代,废奴主义者就通过请愿活动开始了这场运动。① 另一位弗吉尼亚州民主党国会众议员谢尔登·利克(Shelton F. Leake)则抱怨"国会似乎变成了一个巨大的废奴协会"。② 印第安纳州民主党国会议员威廉·W. 威克(William W. Wick)是少数几位反对威尔莫特附文的北部州国会议员之一。他宣称威尔莫特附文是"一场源自北部州的废奴主义者的反奴隶制运动",这表明废奴主义已经"强大到可以让政治家表达利益要求的程度"。③ 这些言论的主要目的虽然是攻击威尔莫特附文支持者的"狂热",但也在一定程度上表明,北部州国会议员的观念和话语与废奴主义者之间的关系已经显而易见。总而言之,无论是宣称奴隶主控制了联邦政府、主导了联邦政策的制定,还是强调奴隶制与自由水火不容,必将试图颠覆美国的自由体制,抑或是从道德层面上对奴隶制进行猛烈批判,坚持与奴隶制永不妥协的态度,北部州国会议员的这些修辞和话语无不具有"奴隶主权势"话语的明显特征。这充分表明,废奴主义者在19世纪30年代中期以来所宣扬的"奴隶主权势"观念已经完全进入国会辩论中,成为主流政治话语的一部分。当然,需要指出的是,"奴隶主权势"话语并未完全占据威尔莫特附文之争,种族主义话语和自由劳动话语也是北部州国会议员反对奴隶制扩张的重要的话语策略。④

需要注意的是,"奴隶主权势"观念之所以能进入主流政治,也与内战前复杂的历史语境密切相关。有学者指出,内战前美国在经济、社会和思想领域的剧烈变革,导致北部州民众普遍陷入自我认识的困惑,"奴隶主权势"观念其实是一种阴谋论,但它给美国民众提供了一个界定自我价值和角色的象征物,反对"奴隶主权势"和捍卫自由体制,就成为他们缓解焦

---

① U. S. Congress, *Congressional Globe*, 30th Congress, 1st Session (April 21, 1847), pp. 661-662.
② U. S. Congress, *Congressional Globe*, 29th Congress, 2nd Session (January 15, 1847), p. 188.
③ U. S. Congress, *Congressional Globe*, 30th Congress, 1st Session (April 25, 1848), p. 666.
④ David R. Roediger, *The Wages of Whiteness: Race and the Making of the American Working Class*, New York: Verso, 1991, pp. 140-144; Alexander Saxton, *Rise and Fall of the White Republic*, New York: Verso, 1990, pp. 153-154; Sean Wilentz, *The Rise of American Democracy: Jefferson to Lincoln*, pp. 598-599.

虑的主要方式。① 也有学者认为，内战前的确存在一个把持联邦政府的"奴隶主权势"集团，随着奴隶制的扩张和南北冲突的加剧，北部民众逐渐发现了这一事实。② 但即便如此，人们也必须承认，如果没有废奴主义者的大力宣传和充分阐释，"奴隶主权势"观念很难在19世纪50年代之前就广为人知，更遑论进入主流政治话语。

小　结

废奴主义者并未参与国会中的威尔莫特之争，但他们"毫不谦虚"地把北部州国会议员的反奴隶制表现归功于自己。约翰·格林利夫·惠蒂尔认为威尔莫特附文是北部州在国会中的议员"对废奴运动压力的直接回应"，表明"对奴隶主权势的敌视已经逐渐深入人心"。③ 自由党的报纸则指出，那些"坚决反对奴隶主权势的国会议员"大多"代表了自由党真正的废奴原则盛行的选区"。④政治废奴主义者所成立的"美国和外国反奴隶制协会"在1847年的年度报告中称赞废奴主义者改变了北部州在奴隶制问题上的妥协立场："在废奴主义所塑造的公众意见的刺激之下，北部州终于意识到他们的堕落，以及这个国家所蒙受的耻辱——即便不是因奴隶制的邪恶；北部州希望没有任何政治魔术师可以再次将妥协之魔杖挥向国会，继续引诱支持南部的北部人违背宪法和他们所发下的誓言"。⑤

废奴主义者和自由党人的上述言论虽不乏借机宣传废奴运动之嫌，但并未夸大其词。纵观"奴隶主权势"观念的提出和发展过程，可以明显看出废奴主义者对美国主流政治产生的重要影响。在19世纪30年代，废奴主义者构建出最初的"奴隶主权势"理论，即认为南部的奴隶主权势集团是

---

① David Brion Davis, *The Slave Power Conspiracy and the Paranoid Style*, pp. 1–6, 18–19; Michael F. Holt, *The Political Crisis of the 1850s*, pp. 151–154; Michael William Pfau, *The Political Style of Conspiracy: Chase, Sumner, and Lincoln*, pp. 1–3.

② Leonard Richards, *The Slave Power: The Free North and Southern Domination, 1780–1860*, pp. 3–5.

③ John B. Pickard, ed., *The Letters of John Greenleaf Whittier: 1828–1845*, Vol. 2, Cambridge, Mass.: Belknap Press of Harvard Univ. Press, 1975, pp. 48–49.

④ *American Freeman*, April 14, 1847.

⑤ *Annual Report of the American and Foreign Anti-Slavery Society*, New York: William Harned, 1847, p. 5.

邪恶、专制的,试图颠覆美国的自由体制,将专制的奴役制度蔓延到全国。自由党在30年代末期兴起后,进一步强化"奴隶主权势"观念的政治色彩,强调所谓的"奴隶主权势"控制了联邦政府和两大政党,使其沦为扩张和维持奴隶制的工具。自由党虽然在全国性的政治竞争中成就惨淡,但因为其将"奴隶主权势"观念作为其政治纲领的中心,使得这一理念在州和全国政治舞台上得到广泛传播,为其最终进入主流政治话语奠定了基础。在威尔莫特附文之争中,"奴隶主权势"观念最终进入主流政治,成为国会中的北部州国会议员的重要话语和修辞工具。

更为重要的是,威尔莫特附文的支持者对"奴隶主权势"话语的使用,不仅表明反对奴隶制的政治家已经登上了全国政治舞台,也表明越来越多的北部政治家开始接受自由党所大力鼓吹的"奴隶主权势"控制两大政党的说法,准备放弃原有的政党团结理念,将奴隶制问题作为考虑的重点。他们不仅反对奴隶制的扩张,还通过大力谴责奴隶制的政治影响力和道德性来为自己的立场辩护。这意味美国政治的整体特征将发生重要转变:民主党和辉格党这两大全国性政党开始因奴隶制问题发生分裂,政治竞争的核心剧目将由政党之争转变为南北之间关于奴隶制问题的地域之争。简言之,早在共和党兴起前的十年,废奴主义者不仅提出了完整的"奴隶主权势"观念,而且使其进入主流话语之中,并成为政党体系瓦解的"第一推动力"。

结　论

　　1862年11月25日，林肯总统在白宫接见了到访的女性废奴主义者、《汤姆叔叔的小屋》一书的作者哈里特·比彻·斯托（Harriet Beecher Stowe）。据说在见面之时，林肯幽默地对斯托夫人说："原来你就是那位写了一本书便引发这场伟大战争的小妇人！"林肯是否说过此话，今已无稽可考。① 不过，这句话确实在一定程度上真实地描述了废奴运动对内战前奴隶制政治的重要影响。

　　19世纪30年代以来，当选举、政党竞争、国会游说等常规政治手段无力解决奴隶制问题这一美国政治的顽疾时，废奴主义者在社会领域中的不懈抗争，为反奴隶制政治的兴起提供了持续且强大的动力。他们不仅激发了普通民众和政治精英直面奴隶制问题的勇气，还努力打破奴隶制政治权势对全国政治的控制，推动公共权力将奴隶制这颗"毒瘤"从美国政治的肌体中切除出去。如果没有废奴主义者持续多年努力所创造的历史语境，很难想象林肯所在的共和党能够在19世纪50年代如此快速地崛起。

　　废奴运动为何能对内战前反奴隶制政治的兴起产生如此重要的影响？唯有置身于19世纪上半期的特殊历史语境之中，充分理解废奴运动和奴隶制政治的特殊性，才能找到比较满意的答案。

一

　　从纵横两方面的比较视野来看，废奴运动都是一种政治抗争运动。从殖民地时期到19世纪30年代，美国社会出现了多种解决奴隶制问题的方案。它们都通过影响政治体制内的精英人士，以立法、制定政策等措施来

---

① James M. McPherson, *Battle Cry for Freedom: The Civil War Era*, New York: Ballantine Books, 1988, p. 90.

废除奴隶制。与之不同，废奴运动不依赖现有的政治体制，而是诉诸全体美国民众，通过改变人们在奴隶制问题上的观念来推动废奴事业的发展。内战前数十年是美国历史上的第一个"改革时代"，废奴运动与同时期的其他社会改革一样，深受福音派宗教复兴运动的影响，其观念和话语具有明显的道德特征。但是，与同时期的其他社会改革者不同的是，废奴主义者又具有敏锐的政治意识，试图联合道德和政治的力量，打破奴隶制政治权势对全国政治的控制，以最终消除奴隶制。这一鲜明的抗争政治特征，决定了废奴运动将以独特的方式对内战前的奴隶制政治施加影响。

第一，废奴运动通过各种途径来拓展公共领域的空间，打破政治精英和白人民众对奴隶制问题的封锁，推动其进入公共论争的中心，并将反奴隶制的道德和政治观念注入公众意见之中，进而激发反奴隶制政治力量的兴起。

19世纪30年代，在白人民众和两大政党的"合谋"之下，奴隶制被彻底排除在公共领域和政治辩论之外。废奴主义者敏锐地意识到，打破美国公众在奴隶制问题上的沉默，唤起他们对奴隶制的仇恨和对黑奴的同情，是完成废奴事业的前提。因此，废奴运动兴起之后，废奴主义者积极组建各种废奴组织，组织公众集会，印刷和传播废奴出版物，以此来引发公众关注，宣扬废奴理念。与此同时，他们还充分利用各种机会来制造"轰动"，推动奴隶制成为重要的公共议题。在此过程中，他们不仅构建了一个颇具竞争力和扩展性的废奴公共领域，还通过创造反奴隶制的符号和话语，将废奴理念注入公众意见之中。

1835年邮件运动是上述策略的一次成功实践。美国废奴协会向南部邮寄大量的废奴出版物，引发了南部地区有史以来最大规模的反废奴运动浪潮，使奴隶制问题迅速发展成为全国性公共议题。当南部州要求北部州和联邦政府立法禁止废奴主义者继续发表"煽动性"言论时，废奴主义者立即利用言论自由和出版自由权为自己辩护，此举不仅在北部地区赢得了更多的尊重和同情，还开启了一场关于言论自由和出版自由的全国性政治辩论，最终促使国会修改联邦邮政法。邮件运动打破了奴隶制政治的表面沉寂状态，让奴隶制重回公共辩论的中心，并使道德和权利层面的反奴隶制话语出现在北部州的主流政治之中，进而推动了奴隶制问题的政治化。

马萨诸塞州1843年人身自由法的制定过程，充分展示了废奴运动对北部州公共领域的影响。废奴主义者先是在 1842 年 10 月组建营救委员会，举行多场公众集会，创办《拉蒂默杂志和北极星报》，以营救逃奴乔治·拉蒂默。随后，他们利用营救活动所造成的声势，发起人身自由法请愿运动。加里森派和自由党搁置矛盾，相互合作，在全州范围内组织多起请愿签名活动。废奴主义者巧妙地采用美国革命、奴隶制对自由州的"入侵"和种族主义等话语策略，将人身自由法描述为保护白人自由和权利的利器，赢得了大量白人民众的支持，成功推动马萨诸塞州议会在 1843 年制定新的人身自由法。在此过程中，废奴主义者还引发了 19 世纪 50 年代之前最大规模的有关逃奴问题的公共辩论，他们从自由权利观念、普通法传统、基督教思想和宪法等多个角度出发，构建出一套系统的 1793 年反联邦《逃奴法》思想，全面而深刻地揭示了 1793 年联邦《逃奴法》的非正义性和非道德性，推动了北部地区反奴隶制思想的发展。

"奴隶主权势"观念的发展历程，表明废奴运动可以通过塑造公众意见来改变主流政治话语，将反奴隶制的道德原则注入全国政治中去。19 世纪 30 年代，废奴主义者利用反废奴暴力事件、"钳口律"、得克萨斯兼并等一系列重大事件，构建出"奴隶主权势"观念的核心内容：奴隶制是自由的死敌，南部的奴隶主必然会将奴隶制扩张到全国，吞噬北部州公民的自由权。自由党在 30 年代末期兴起后，强调所谓的"奴隶主权势"控制了联邦政府和两大政党，使其沦为扩张和维持奴隶制的工具，并在州和全国政治舞台上广泛传播这一理念。在 1846 开始的威尔莫特附文之争中，"奴隶主权势"观念最终进入主流政治，成为北部州国会议员的重要话语和修辞工具，推动了第二政党体系的瓦解。

需要注意的是，与理想化的公共领域不同，在 19 世纪上半期的美国，公共领域之内的交流并不总是以理性商议的方式进行的，文学、艺术和表演等情绪化的或者情感的表达则是交流的常态。[①] 在营救乔治·拉蒂默、制定马萨诸塞州 1843 年人身自由法和宣传"奴隶主权势"观念的过程中，废奴主义者广泛使用诗歌、戏剧、夸张报道、谣言等种种方式来宣传废奴观念，最大限度地突破制度性权力和社会公众的压力，将废奴声音传播到更

[①] 对此问题的思考受到了美国学者林郁沁研究的影响。〔美〕林郁沁：《施剑翘复仇案：民国时期公众同情的兴起与影响》，陈湘静译，江苏人民出版社，2007，第 1—22 页。

为广阔的社会领域中去。

第二，废奴运动在发展过程中，激发各种反奴隶制的力量与联邦权力进行抗争，在一定程度上削弱了联邦政府对奴隶制的默许和保护，推动了北部地区和联邦层面反奴隶制政治的发展。

到19世纪30年代，奴隶制已经发展成为一种强大的全国性政治权势，它控制和挟持了联邦政治，将美国的政治体制变成捍卫奴隶制的工具。废奴运动在兴起之后，立即遭到制度性权力的镇压。国会在19世纪30年代中期通过"钳口律"，禁止废奴主义者递交有关废奴的请愿书。北部自由州政府在面对本州民众所发动的针对废奴主义者的暴力行为时，普遍采取默许的态度，客观上使这些暴力活动"合法化"。南部蓄奴州政府不仅立法禁止废奴言论，直接没收和销毁废奴主义者的出版物，还默许民众对废奴主义者采取私刑。1835年邮件运动发生后，南部蓄奴州政府一再要求北部州和联邦政府制定法律，禁止废奴主义者的声音进入公共领域和全国邮政体系。在逃奴问题上，联邦政府对奴隶制的偏袒尤为明显。国会在1793年制定的联邦《逃奴法》对奴隶主进行了"一边倒"的保护，剥夺了所谓的逃奴基本的人身自由权。19世纪初以来，北部州议会制定的人身自由法逐渐成为奴隶主抓捕逃奴的障碍。于是，联邦最高法院在1842年的普利格诉宾夕法尼亚案判决中，宣布所有州的人身自由法违宪。

废奴主义者凭借顽强抗争，成功突破制度性权力的压制，为反奴隶制政治注入了能量。首先，废奴主义者将黑人和妇女这两个长期被排除在政治社会之外的群体吸收到废奴运动中来，扩大了公共政治的参与范围，增强了废奴群体抵抗制度性权力的能力。在1835年邮件运动、马萨诸塞州1843年人身自由法的制定，以及"奴隶主权势"观念的提出过程中，黑人废奴主义者和女性废奴主义者都是积极参与者，他们不仅在反奴隶制思想的发展和宣传方面贡献良多，在公众集会和请愿运动的组织方面也发挥了不可替代的作用。

其次，废奴主义者充分利用公民权利话语来自我保护，并以此推动奴隶制问题的"政治化"。为了抵御制度性权力的镇压，捍卫自己的基本权利，废奴主义者无比强调"自由意见"（freedom of opinion），即言论自由权、出版自由权和请愿权的重要性。在应对北部州的反废奴暴乱活动和国会通过的"钳口律"时，废奴主义者不断强调奴隶制对美国共和制度的危害：

它不仅剥夺了黑人的自由，也对美国白人的言论自由造成了威胁。在 1835 年邮件运动中，废奴主义者还指出，南部蓄奴州无权限制有关奴隶制问题的讨论，言论自由应该有一个全国性的标准，任何一级国家权力对言论自由的限制，都是对美国宪法和共和制度的侵犯。废奴主义者通过这一话语，成功地将奴隶制从一个南部的地方性问题，扩展成一个对全体公民和整个国家都具有重要意义的政治问题，激发北部人士从公民权利和共和体制的角度出发反对奴隶制。到 19 世纪 50 年代，权利话语仍是北部地区反奴隶制意识形态的重要内容。而且，"废奴运动使权利法案的生命力重新复苏"①，使其真正成为限制联邦和州政府权力、捍卫美国公民自由权的工具，这也为反奴隶制人士提供了抵抗奴隶制政治权势和南部州权主义观念的利器。

最后，废奴主义者在一定程度上改变了州和联邦的政治结构，推动其他政治力量加入反奴隶制事业之中。1835 年邮件运动所造成的全国性公共论争，刺激南部以更为激烈的态度捍卫奴隶制，推动了北部州的废奴运动和反南部观念的发展，使奴隶制问题不可逆转地走向全国化和政治化，最终促进了密苏里妥协的破裂和奴隶制政治的兴起。马萨诸塞州 1843 年人身自由法的制定，深刻改变了该州奴隶制政治的格局。马萨诸塞州的自由党凭借在该事件中的出色表现迅速崛起，成为州议会的重要力量，打破了两大政党对该州政治的控制，为奴隶制问题进入州政治打开了缺口。与此同时，受拉蒂默案和立法请愿运动的影响，以查尔斯·弗朗西斯·亚当斯为代表的部分马萨诸塞州辉格党政治精英不仅接受了政治废奴理念，还意识到对奴隶制的反对可以提升本党的竞争力，故而加入反奴隶制政治之中。在纽约州、俄亥俄州和密歇根州等其他的北部州，辉格党高层也深受废奴运动的影响，开始加入反奴隶制政治。

第三，废奴主义者构建了一套全新的反奴隶制理念和话语，强调奴隶制与美国的政治制度和理念之间的根本性冲突，为反奴隶制政治提供了重要的思想资源。

废奴主义者在 19 世纪 30 年代构建出"奴隶主权势"观念，从理念和话语层面挑战奴隶制政治权势。该观念从道德层面上反对奴隶制的同时，又强调奴隶制的政治危害，认为奴隶主集团控制了联邦政府，并试图侵犯北

---

① 〔美〕埃里克·方纳：《美国自由的故事》，王希译，第 135 页。

部州公民的自由权，最终颠覆共和体制，建立专制政府。此后，废奴主义者不断在州和全国政治舞台上广泛传播这一观点，宣称奴隶制权势集团绑架了两大政党，使联邦政府沦为保护奴隶制的工具，最终将毁灭美国的共和体制。到 19 世纪 40 年代中期，这一观念已经进入美国主流政治，成为北部州国会议员的重要话语和修辞工具，有力地瓦解了奴隶制政治权势对联邦政治的控制。50 年代中期以来，"奴隶主权势"又成为共和党意识形态和话语策略的关键内容，为其构建更大范围的反奴隶制政治联盟提供了重要的思想资源。

在应对联邦权力的压制时，废奴主义者发展出一种权利取向的宪政思想，认为宪法的基本目标是保卫全体公民的自由权，这就意味着宪法中虽然没有明确反对奴隶制的条文，但是其与奴隶制存在原则上的矛盾，不可能保护奴隶制的维持和发展。随着废奴运动的发展，这种与南部蓄奴州的宪政叙事截然相反的宪法思想逐渐被更多的北部民众所接受，并最终成为共和党意识形态的一部分。

更重要的是，废奴主义者尝试打破自由观念的种族限制，赋予自由以绝对的价值观，在很大程度上重新定义了自由这一美国的核心政治理念。废奴主义者依据基督教教义、自然权利观念、自然法和普通法思想、《独立宣言》、联邦宪法等各种资源，强调人身自由权是包括黑人在内的所有人不可剥夺的基本权利，奴隶制的存在不仅有违人类的基本道德和上帝的指令，也违背了美国革命的普遍自由精神和权利平等原则，是对美国共和制度的嘲讽。在推动马萨诸塞州制定人身自由法的过程中，废奴主义者还重新界定了自由在法律层面上的内涵：不分种族，在法律面前人人平等，所有人都享有平等的人身自由权。在内战前的美国司法理论和实践中，这是一个闻所未闻的概念。在废奴主义者坚持不懈努力之下，这些带有平等主义色彩的理念成为反奴隶制政治的思想根基，并逐渐融入联邦政治之中。

总之，在内战前数十年中，废奴主义者通过持续的社会抗争，将奴隶制问题推至公共辩论的中心，并把反奴隶制的道德情感注入美国政治中去，为反奴隶制政治力量的兴起提供了社会和政治语境。从这个角度上说，反奴隶制政治在 19 世纪 50 年代的大规模兴起，既不完全是西部领土的扩张所致，也不完全是共和党政治精英的有意识努力的结果，废奴主义者所进行的二十多年的社会抗争，也是其中的一个重要原因。

二

19世纪上半期的美国政治制度和政治文化，有助于废奴主义者超越自身的边缘处境，重新界定奴隶制政治的可能性。

首先，废奴主义者之所以能抵挡住州和联邦权力的压制，持续从事抗争活动，最基本的前提条件是他们处于一个法治社会中，享有言论自由、出版自由、结社自由、请愿等基本的公民权利。尽管联邦政治在很大程度上被奴隶主政治权势所控制，北部州在南北的政治竞争中也处于弱势地位，但是联邦政府和北部州政府始终没有通过限制上述公民权利的法律。而且，美国的反国家主义传统和民众对公民权利的珍视，使得州和联邦政府对废奴运动的压制，反而有助于奴隶制问题演变为关于公民权利的政治问题，引起更为广泛的政治争论，并激发部分北部民众对废奴运动的同情和支持。

其次，在美国早期的联邦制中，各州享有相对完整的主权，州权主义也是政治文化的重要特征，这给废奴运动和反奴隶制政治带来了深远影响。蓄奴州一直强调奴隶制是南部的内部体制，谴责废奴主义者侵犯了它们的州权。为了"合法地"废除奴隶制，废奴主义者只能将改变公众意见作为核心废奴策略，试图从根源上切断美国政治体制对奴隶制的保护。在州权至上的历史语境之下，北部自由州则成为废奴主义者的庇护所。从1835年邮件运动开始，无论南部蓄奴州对废奴主义者有多么严重的切齿之恨，也无法让北部自由州政府制定剥夺废奴主义者的言论自由和出版自由权的法律，这使得废奴主义者的声音一直在北部自由州的公共领域中回荡，持续对公众意见产生影响。

最后，在19世纪上半期，美国的国家权力尚不具备完全渗入和控制公共领域的能力，这意味着废奴主义者可以凭借公共领域来对抗国家权力的施压。这一现象在1835年邮件运动中表明得尤其明显。尽管南部州试图利用国家权力禁止废奴主义者发声，但是根本无法阻止废奴主义者的观念在北部州的公共领域中传播。

更重要的是，内战前特殊的政治文化和政治生态，非常有利于边缘性群体的社会改革运动的发展。19世纪初期美国民主化进程的发展，使得对公众意见的尊重乃至膜拜成为美国政治文化的最重要特征之一。交通条件的改善、印刷媒体的盛行、电报的发明，使得信息流动变得越来越自由和快速，将人们从地方精英或地方多数的"暴政"中解放出来，使政治从地方领导人之间的敌对游戏变成了对公众意见的争夺。① 在这样一个公众意见至上、信息流通便捷的时代，各种社会力量和政治势力都会尽量让自己的声音公开化、最大化，以压制或淹没对手的声音，影响和塑造公众意见，最终使自己的声音成为公众意见的代表，以最终改变公共政策。这意味着在内战前三十年中，政治不仅是选举、担任公职这种对制度化权力的竞争，更是在更广泛的社会领域中发生的对公众意见的争夺。所以，当时的大多数美国人都认为，决定奴隶制命运的场所不是国会或法庭，而是公众意见。就如林肯所言，"我们的政府是基于公众意见的，谁能改变公众意见，谁就能改变政府"②。这种特殊的政治文化和政治生态，使得废奴主义者这样观点激进的少数派，也可以通过改变公众意见，对州和联邦层面的民主政治施加重要影响。

奴隶制所造成南北政治文化分裂，同样在客观上推动了废奴运动和反奴隶制政治的发展。1835年邮件运动之所以会不断升级，关键原因是南部将捍卫奴隶制作为第一选择，而北部则将捍卫自由的价值作为底线，二者在自由与奴役这个问题无法调和。这种分裂的政治文化好像是一堆极为干燥的柴火，废奴主义者洒出的几点小火星，就极有可能引发一场超出他们意料之外的熊熊大火。如果人们仔细观察内战前的另外一些重要的政治事件，比如"钳口律"的废存之争、自由土地运动、反对1850年联邦《逃奴法》运动，会发现废奴主义者在其中所发挥的作用是类似的。在很多时候，废奴主义者之所以能对政治产生重要影响，不仅是因为他们的持续抗争，也是因为南北双方在奴隶制问题上已经产生了严重分裂，极易就废奴主义者提出的问题展开激烈论战。

三

从更长远的目光来看，废奴运动还为美国此后的社会改革留下了宝贵的遗产。首先，废奴运动是美国历史上第一起将赋予黑人平等权利作为核心政治议程的运动，激发了黑人对公民政治权利和美国民主体制的思考。

---

① Daniel Walker Howe, *What Hath God Wrought: The Transformation of America, 1815-1848*, p. 6.
② Eric Foner, *The Fiery Trial: Abraham Lincoln and American Slavery*, p. xvi, 90.

19世纪上半叶，当选举权在白人公民中得以扩展的同时，一场"剥夺黑人选举权"（black disfranchisement）的运动也在同步进行，大部分州将自由黑人排除在选民队伍之外。从19世纪30年代起，很多黑人废奴主义者不断向州和联邦递交请愿书和抗议信，强调选举权与公民的政治认同之间的关系，认为自由黑人应该享有平等的公民权利和政治权利，剥夺其选举权的行为违反了《独立宣言》和联邦宪法。在内战和重建时期，这一观念被黑人继续发扬，为黑人选举权的确立提供了理论资源。[1] 而且，在重新定义奴隶制与美国民主体制的关系方面，黑人废奴主义者远远走在白人前面。他们利用一切机会，宣称奴隶制的存在证明美国的自由理念和民主体制的虚伪性。部分北部黑人社区还设计了自己的"自由日历"，把1月1日（在1808年这一天，美国议会宣布从非洲议会进口奴隶是非法贸易）和8月1日（西印度群岛奴隶解放纪念日）作为自由的庆祝日，而不是7月4日。[2] 这充分表明黑人对自由和美国民主之间的关系有了完全独立的理解。这种独立的自由观激励着黑人在此后的历史中继续为自由和权利而斗争，推动美国民主体制逐渐超越种族限制。

其次，废奴运动还挑战了美国的性别秩序（gender arrangements），培育了女性的权利观念和政治意识。废奴运动兴起之后，得到了很多北部州的中产阶层白人妇女，尤其是福音派信徒的积极支持。这些妇女之所以拥护废奴运动，主要因为她们受传统性别观念的规训，认为女性担负着独特的宗教和道德责任，应努力清除包括奴隶制在内的各种罪恶。最初，女性废奴主义者只是在家庭这一私人空间内"沉默地"讨论和宣传废奴观念。随着废奴运动的发展，很多女性废奴主义者开始在公共空间中参与废奴活动。她们组织妇女废奴协会、散发请愿书、参与公众集会和游行、发表公众演讲。这意味着传统性别秩序对女性的行为和空间所设定的限制被打破，女性的权利观念和政治意识开始觉醒。[3] 受此影响，在19世纪40年代，兴起

---

[1] 王希：《非裔美国黑人与内战后宪政新秩序的建立》，《史学集刊》2012年第6期，第5—17页。

[2] Leonard I. Sweet, "The Fourth of July and Black Americans in the Nineteenth Century: Northern Leadership Opinion Within the Context of the Black Experience," *The Journal of Negro History*, Vol. 61, No. 3 (July, 1976), pp. 256-275.

[3] Julie Roy Jeffrey, *The Great Silent Army of American Abolitionism: Ordinary Women in the Antislavery Movement*, Chapel Hill: UNC Press, 1998, pp. 5-6.

了美国历史上第一波女权运动,其主要领袖,比如伊丽莎白·斯坦顿、柳克丽霞·莫特(Lucretia Mott),都是废奴运动的重要参与者。这起女权运动政治影响有限,但是对美国女权主义观念的兴起有启蒙之功,为美国民主体制最终超越性别限制埋下了伏笔。

更重要的是,废奴运动是美国人第一次尝试利用社会抗争来解决常规政治中无法解决的难题,开创了以社会抗争推动政治变革的社会运动模式。废奴主义者还将自由、平等这些核心的民主理念提升至前所未有的高度,发明了一套以《独立宣言》、权利法案和"更高法"为基础的"道德-权利话语体系",为边缘群体在此后以社会抗争捍卫自己的权利提供了可以借鉴的"成功经验"和理论武器。20世纪以来,美国所兴起的诸多社会改革运动,比如女权运动、黑人民权运动、移民和少数族裔争取权利的斗争、同性恋权利运动,都或多或少地受到废奴运动的影响。正如埃里克·方纳所言,"废奴主义运动比其他任何运动都更能展现美国是如何做到激进变革的"[①]。

在经历一百多年的纷争之后,废奴主义者的历史形象已经越来越清晰。他们既不是对政治一无所知的狂热分子,也不是拒绝一切政治活动的极端理想主义者,更不是打着高尚的名号攫取个人私利的政客,而是兼具道德原则和政治技巧、为了推动废奴这一正义的公共事业而持续抗争的勇士。这对于当今的政治生活也具有重要启示:只有具有公共精神的民众积极参与政治生活,才能确保政治制度的正义性。政治事业的根基并不是多数人的观念,而是一种健康的公共精神。如果多数民众丧失公共精神,对公共事物和弱势群体保持冷漠,缺乏参与政治的兴趣,那么政治制度就会丧失活力和自我纠错的能力。同样,即便多数民众对政治怀有极大的兴趣,这也并不意味着他们的观念就具有天然的正当性。传统的心理和习俗、政治生态、突发性的重大事件、政治家或利益集团的引导,都可能使普通民众变成"剧院后排的聋哑观众","无法保持清醒"。[②] 由此,或许人们可以理解为何在奴隶制废除一百多年之后,种族主义依然是美国政治生活难以祛除的顽疾。

[①] 埃里克·方纳的个人网站,http://www.ericfoner.com/articles/010217nation.html,访问日期:2018年1月3日。

[②] 〔美〕李普曼:《幻影公众》,林牧茵译,复旦大学出版社,2013,第3页。

参考文献

一 原始文献

(一) 政府出版物

Acts and Joint Resolutions of the General Assembly of the States of South Carolina, Pasted in December, 1835, Columbia: S. Weir, State Printer, 1835.

Acts and Resolves Passed by the Legislature of the State of Vermont, Burlington: Chauncey Goodrich, 1844.

Acts of the General Assembly of Virginia, Passed at the Session of 1835–1836, Richard: Printed by Thomas Ritchie, 1836.

Acts of the State of Ohio, Vol. 17, Chillicothe: Printed by N. Willis, 1819.

An Act to Establish the Post-office and Post-roads within the United States, Philadelphia: Printed by Francis Childs and John Swaine, 1792.

An Act for the Government of the Territory of the United States, South of the River Ohio, New York: Printed by Francis Childs and John Swaine, 1790.

Annual Report of the State Board of Health of Massachusetts, Vol. 28, Boston: Wright & Potter, 1897.

Constitution of the State of Missouri, July 19, 1820.

Continental Congress, "An Ordinance for the Government of the Territory of the United States North of the River Ohio," *Journal of the Continental Congress*, Vol. 32, 1787.

Journal of the Convention of the People of South Carolina, Held in 1860–61, Charleston, 1861.

Journal of the House of Delegates of the Commonwealth of Virginia, Begun and Held at the Capital, in the City of Richard, 1835, Richmond: Printed by Samuel Shepherd, 1835.

Journal of the Senate of the State of Vermont, 1841, Montpelier: E. P. Walton and Sons, Printers, 1841.

Laws of the State of Main, Hallowell: Calvin Spaulding, 1833.

Laws of the State of New York, Albany: H. C. Southwick & CO. , 1813.

Laws of the State of New York, Albany: Websters and Skinner, 1809.

Laws of Vermont, Windsor: Simon Ide, 1825.

Report and Resolutions of South Carolina, Charleston, 1837.

Report and Resolves on the Subject of Slavery, Boston, 1836.

Reports of Cases Determined in the Circuit Court of the United States, in and for the Third Circuit, Comprising the Eastern District of Pennsylvania, and the State of New Jersey, Philadelphia: James Key, Jun & Robert, 1837.

State of Massachusetts, *An Act Directing the Process in Habeas Corpus*, 1784.

State of Massachusetts, *The Laws of the Commonwealth of Massachusetts, Passed from the Year 1780, to the End of the Year 1800, with the Constitutions of the United States of America, and of the Commonwealth, Prefixed*, Vol. 1, Boston: Printed by Manning Loring, 1801.

State of New York, *The Revised Statutes of the State of New-York, as Altered by the Legislature: Including the Statutory Provisions of a General Nature, Passed from 1828 to 1835 Inclusive*, Vol. 2, Albany: Packard and Van Benthuysen, 1836.

U. S. Congress, Annals of Congress of the United States, 15th Congress, 2nd Session, 1819.

U. S. Congress, Annals of Congress of the United States, 16th Congress, 1st Session, 1820.

U. S. Congress, Annals of Congress of the United States, 4th Congress, 2nd Session, 1797.

U. S. Congress, Annals of Congress of the United States, 6th Congress, 1st Session, 1800.

U. S. Congress, Congressional Globe, 25th Congress, 2nd Session, 1838.

U. S. Congress, Congressional Globe, 29th Congress, 1st Session, 1846.

U. S. Congress, Congressional Globe, 29th Congress, 2nd Session, 1846.

U. S. Congress, Congressional Globe, 29th Congress, 2nd Session, 1847.

U. S. Congress, Congressional Globe, 30th Congress, 1st Session, 1847.

U. S. Congress, Congressional Globe, *House of Representatives*, 36th Congress, 1st Session, 1860.

U. S. Congress, Journal of the House of Representatives, 15th Congress, 2nd Session, 1819.

U. S. Congress, Journal of the House of Representatives, 4th Congress, 1st Session, 1796.

U. S. Congress, Register of Debates, 24th Congress, 1st Session, 1839.

U. S. Congress, Register of Debates, *Senate*, 24th Congress, 1st Session, 1836.

U. S. Congress, Statutes at Large, Vol. 1, 1789, 1793.

U. S. Congress, Statutes at Large, Vol. 15, 1845.

U. S. Congress, Statutes at Large, Vol. 2, 1801, 1807.

（二）演说、布道词、小册子、论著和会议记录等

Absalom Jones and Richard Allen, *A Narrative of the Proceedings of the Black People, During the Late Awful Calamity in Philadelphia, in the Year 1793: and A Refutation of Some Censures, Thrown upon them in Some Late Publications*, Philadelphia: William W. Woodward, 1794.

American and Foreign Anti-Slavery Society, *Annual Report of the American and Foreign Anti-Slavery Society*, New York: William Harned, 1847.

American Anti-Slavery Society, *Fifth Annual Report of the American Anti-Slavery Society: with the Speeches Delivered at the Anniversary Meeting*, New York: William S. Dorr, 1838.

American Anti-Slavery Society, *Second Annual Report of the American Anti-Slavery Society: with the Speeches Delivered at the Anniversary Meeting, Held in the city of New-York on the 12th May, 1835, and the Minutes of the Meetings of the Society for Business*, New York: William S. Door, 1835.

American Anti-Slavery Society, *Sixth Annual Report of the Executive Committee* of the American Anti-Slavery Society, New York, 1839.

American Anti-Slavery Society, *The Declaration of Sentiments and Constitution of the American Anti-Slavery Society*, New York: American Anti-Slavery Society, 1835.

American Colonization Society, *First Annual Report of the American Colonization Society*, Washington: D. Rapine, 1818.

American Society for Colonizing the Free People of Color, *Six Annual Report of the American Society for Colonizing the Free People of Color*, Washington, D. C., 1823.

Amos A. Phelps, *Lectures on Slavery and Its Remedy*, Boston: New-England Anti-Slavery Society, 1834.

Amos Dresser, *The Narrative of Amos Dresser, with Stone's Letters from Natchez, An Obituary Notice of the Writer, and Two Letters from Tallahassee, Relating to The Treatment of Slaves*, New York: American Anti-Slavery Society, 1836.

An Article on the Latimer Case, Boston: Bradbury, Soden and Compay, 1843.

J. B. Lippincott, ed., *Letters and Other Writings of James Madison*, Vol. 3, Philadelphia: J. B. Lippincott & Co., 1865.

Benjamin Lundy, ed., *The Poetical Works of Elizabeth Margaret Chandler: With a Memoir of Her Life and Character*, Philadelphia: Lemuel Howell, 1845.

Benjamin Lundy, *War in Texas; Instigated by Slaveholders, Land Speculators, &c. For the Re-Establishment of Slavery and the Slave Trade in the Republic of Mexico, Published under the Pseudonym "A Citizen of the United States"*, Philadelphia: Merrihew and Gunn, 1836.

David Lee Child, *The Despotism of Freedom; or the Tyranny and Cruelty of American Republican Slave-Masters, Shown to Be the Worst in the World; in a Speech, Delivered at the First Anniversary of the New England Anti-Slavery Society*, Boston: The Boston Young Men's Anti Slavery Association, 1833.

David Walker, *Walker's Appeal, in Four Articles; Together with a Preamble, to the Coloured Citizens of the World, but in Particular, and Very Expressly, to Those of the United States of America*, Boston, 1829.

Edward Everett, *Address of His Excellency Edward Everett to the Two Branches of* the Legislature of Massachusetts, Boston: Dutton and Wentworth, State Printers, 1836.

Francis Wayland, *The Limitations of Human Responsibility*, Boston: Gould, Kendall & Lincoln, 1838.

George Edward Reed, LL. D. ed., *Papers of the Governors, Volume VI, 1832–1845*, Harrisburg: WM Stanley Ray, State Printers, 1901.

Henry B. Stanton, *Remarks of Henry B. Stanton, in the Representatives' Hall, on the 23rd and 24th of February, 1837: before the Committee of the House of Representatives of Massachusetts, to Whom Was Referred Sundry Memorials on the Subject of Slavery*, Boston: Isaac Knapp, 1837.

James C. Jackson, *The Duties and Dignities of American Freemen*, New York, Office of the N. Y. A. S. Society, 1843.

James Doulop, ed., *The General Laws of Pennsylvania from the Year 1700 to April 22, 1848*, Pennsylvania: T. & J. W. Johnson, 1848.

John Caldwell Calhoun and Robert Mercer Hunter, eds., *Life of John C. Calhoun*, New York: Harper & Brothers, 1843.

John Parrish, *Remarks on the Slavery of the Black People: Addressed to the Citizens of the United States, Particularly to Those Who Are in Legislative or Executive Stations in the General or Stale Governments: And Also to Such Individuals as Hold them in Bondage*, Philadelphia: Kimber, Conard, & Co., 1806.

John Quincy Adams, *Memoirs of John Quincy Adams: Comprising Portions of His Diary from 1795 to 1848*, Vol. 7, Philadelphia: Lippincott & Company, 1875.

John W. Purdon, ed., *A Digest of the Laws of Pennsylvania: From the Year One Thousand Seven Hundred to the Seventh Day of April, One Thousand Eight Hundred and Thirty*, Pennsylvania: M'Carty & Davis, 1831.

Joseph C. Lovejoy and Owen Lovejoy, *Memoir of the Rev. Elijah P. Lovejoy; Who Was Murdered in Defence of the Liberty of the Press, at Alton, Illinois, Nov. 7, 1837*, New York: John S. Taylor, 1838.

Luther Lawson Marsh, ed., *Writings and Speeches of Alvan Stewart on Slavery*, New York: Luther Rawson Marsh, 1860.

Lydia Maria Child, *Anti-Slavery Catechism*, Newburyport: C. Whipple, 1839.

Lyman Beecher, *Six Sermons on the Nature, Occasions, Signs, Evils, and Remedy of Improvement*, Boston: T. R. Marvin, 1827.

Lyman Beecher, *The Remedy for Dueling: A Sermon, Delivered before the Presbytery of Long-Island, at the Opening of their Session at Aquebogue, April 16, 1806*, New York: J. Seymour, Printers, 1807.

Massachusetts Anti-Slavery Society, *Fourth Annual Report of Massachusetts Anti-Slavery Society*, Boston: Isaac Knapp, 1836.

Minutes of the Proceedings of the Seventh Convention of Delegates From the Abolition Societies Established in Different Parts of the United States Assembled at Philadelphia, on the Third Day of June, One Thousand Eight Hundred and One, and Continued by Adjournments until the Sixth Day of the Same Month, Inclusive, Philadelphia: Printed by Zachariah Poulson, 1801.

Minutes of The Proceedings of the Sixth Convention of Delegates from the Abolition Societies Established in Different Parts of the United States Assembled at Philadelphia, on the Fourth Day of June, One Thousand Eight Hundred and One, and Continued by Adjournments until the Sixth Day of the Same Month, Inclusive, Philadelphia: Printed by Zachariah Poulson, 1800.

New-England Anti-Slavery Society, *Constitution of the New-England Anti-Slavery Society, with an Address to the Public*, Boston: Garrison and Knapp, 1832.

New-England Anti-Slavery Society, *Constitution of the New-England Anti-Slavery Society, with an Address to the Public*, Boston, 1832.

Ohio Anti-Slavery Society, *Narrative of the Late Riotous Proceedings Against the Liberty of the Press, in Cincinnati: With Remarks and Historical Notices, Relating to Emancipation: Addressed to the People of Ohio*, Cincinnati: Ohio Anti-Slavery Society, 1836.

Pennsylvania Anti-Slavery Society, *Proceedings of the Pennsylvania Convention, Assembled to Organize a State Anti-Slavery Society, at Harrisburg, on the 31st of January and 1st, 2d and 3d of February 1837*, Philadelphia: Merrihew and Gunn, 1837.

R. F. Wallcut, *Proceedings of the Anti-Slavery Meeting Held in Stacy Hall, Boston, on the Twentieth Anniversary of the Mob of October 21, 1835*, Boston: R. F. Wallcut, 1855.

Robert Finley, *Thoughts on the Colonization of Free Blacks*, Washington, D. C.: S. N., 1816.

Samuel Gridley Howe, *Address of the Committee Appointed by a Public Meeting, Held at Faneuil Hall, September 24, 1846, for the Purpose of Considering the Recent Case of Kidnapping from Our Soil, and of Taking Measures to Prevent the Recurrence of Similar Outrages: With an Appendix*, Boston: White & Potter, Printers, 1846.

Samuel Webb, *History of Pennsylvania Hall, Which was Destroyed by a Mob, on the 17th of May, 1838*, Philadelphia: Merrihew and Gunn, 1838.

Theodore Wright, *History of Hartford Convention, with a Review of the Policy of the United States Government*, New York: N. & J. White, 1833.

Theron Metcalf, *Reports of Cases Argued and Determined in the Supreme Judicial Court of Massachusetts*, Vol. V, Boston: Charles C. Little and James Brown, 1851.

Thomas Jefferson, *Notes on the State of Virginia*, Richmond, V. A.: J. W. Randolph, 1853.

William Drayton, *The South Vindicated from the Treason and Fanaticism of the Northern Abolitionist*, Philadelphia: H. Manly, 1836.

William Jay, *A View of the Action of the Federal Government in Behalf of Slavery*, New York: G. F. Hopkins, 1839.

William Lloyd Garrison, *Thoughts on African Colonization*, Boston: Garrison and Kenapp, 1832.

（三）报纸和杂志

Alabama Intelligencer and State Rights Expositor

Anti-Slavery Record

Anti-Slavery Standard

Augusta Chronicle

Boston Post

Boston Traveler

Charleston Courier

Charleston Mercury

Charleston Southern Patriot

Charlotte Journal

Clinton Gazette

Connecticut Courant

Daily Atlas

Daily National Intelligencer

Emancipator

Emancipator and Free American

Enquirer

Freedom's Journal

General Advertiser

Genius of Universal Emancipation

Georgia Telegraph

Human Rights

Latimer Journal and North Star

Liberator

Milledgeville Southern Recorder

Missouri Argus

Monthly Law Report

National Enquirer

National Era

National Gazette

New Richmond

New York Review

New York Spectator

New-Bedford Mercury

Newburyport Herald

Niles' Weekly Register

North Carolina Standard

Pawtucket Chronicle

Pendleton Messenger

Pennsylvania Enquirer

Poulson's American Daily Advertiser

Providence Gazette

Quarterly Anti-Slavery Magazine

Rhode-Island American

Rhode-Island American, and General Advertiser

Rhode-Island Republican

Richmond Enquirer

Richmond Whig

Salem Gazette

Salisbury Western Carolinian

Signal of Liberty

Southern Ideas of Liberty

Statesman and Providence Gazette

The Colored America

The Daily Union

The National Anti-Slavery Standard,

The New-London Gazette

The North American Review and Miscellaneous Journal

The Portsmouth Journal of Literature & Politics

The Repertory

The Southern Patriot

The True America

（四）个人资料集、书信集以及文件集

Ann Arbor, ed., *Speeches in Congress (1841-1852)*, Michigan: University of Michigan Library, 2005.

William Lee Miller, ed., *Arguing About Slavery: The Great Battle in the*

United States Congress, New York: Alfred A. Knopf, 1996.

Beverly Wilson, Palmer Holly and Byers Ochoa, eds., *The Selected Papers of Thaddeus Stevens*, Pittsburgh: University of Pittsburgh, 1997.

C. Bradley Thompson, ed., *Antislavery Political Writings, 1830 – 1860*, New York: M. E. Sharpe, Inc., 2004.

C. Peter Ripley et al., eds., *The Black Abolitionists Papers*, Vol. Ⅲ, Chapel Hill: University of North Carolina Press, 1991.

Calvin Colton, ed., *The Works of Henry Clay*, Vol. 1 – 10, New York: G. P. Putnam's Sons, 1904.

Charles Francis Adams, ed., *Memoirs of John Quincy Adams, Comprising Portions of His Diary from 1795 to 1848*, Vol. 4, Philadelphia: J. B. Lippincott, 1874.

Charles Francis Diary, 1823-1880, Massachusetts Historical Society, Adams Family Papers, Microfilm, Reels 65, 66.

Charles Wiltse, ed., *The Papers of Daniel Webster: Series I, Correspondence*, 7 Vols., Hanvor: University Press of New England, 1974–1989.

Edward Everett, ed., *The Works of Daniel Webster*, Vol. 1 – 6, Boston: Little, Brown and Company, 1853.

George E. Baker, ed., *The Works of William H. Seward*, Boston: Houghton, Mifflin and Company, 1888.

George Edward Reed, ed., *Papers of the Governors, Volume VI, 1832 – 1845*, Harrisburg: W. M. Stanley Ray, State Printer, 1901.

Gilbert H. Barnes and Dwight L. Dumond, eds., *Letters of Theodore Dwight Weld, Angelina Grimke and Sarah Grimke, 1822 – 1844*, Gloucester: Peter Smith, 1965.

Henry P. Johnston, ed., *The Correspondence and Public Letters of John Jay*, Vol. 3, New York: G. P. Putnam's Sons, 1891.

Herbert Aptheker, *A Documentary History of the Negro People in the United States*, Secaucus: Citadel Press, 1994.

Herman V. Ames, *State Documents on Federal Relations: The States and the United States*, Vol. 5, Pennsylvania: The Department of History of the University of Pennsylvania, 1906.

James D. Richardson, *A Compilation of the Messages and Papers of the Presidents, 1789-1897*, Vol. 5, Washington: Government Printing Office, 1897.

John B. Pickard, ed., *The Letters of John Greenleaf Whittier: 1828-1845*, Vol. 2, Cambridge: Belknap Press of Harvard University Press, 1975.

John C. Hurd, ed., *The Law of Freedom and Bondage in the United States*, New York: Negro Universities Press, 1968.

John Niven, eds., *The Salmon P. Chase Papers. Vol. 2, Correspondence, 1823-57*, Kent: Kent State University Press, 1994.

John Spence Bassett and Daniel M. Matteson, eds., *Correspondence of Andrew Jackson*, Vol. 5, Washington, D. C.: Carnegie Institution of Washington, 1931.

Justin Winsor, ed., *The Memorial History of Boston, Including Suffolk County, Massachusetts, 1630-1880*, Vol. Ⅲ, Boston: Osgood and Co., 1882.

Mason Lowance, ed., *A House Divided: The Antebellum Slavery Debates in America, 1776-1865*, Princeton: Princeton University Press, 2003.

Merrill D. Peterson, ed., *Thomas Jefferson: Writings*, New York: Literary Classics of the United States, 1984.

Roy P. Basler, Marion Dolores Pratt and Lloyd A. Dunlap, eds., *Collected Works of Abraham Lincoln*, Volume 2, New Brunswick: Rutgers University Press, 1953.

Stephen Middleton, ed., *The Black Laws in the Old Northwest: A Documentary History*, Westport: Greenwood Press, 1993.

The Influence of The Slavery Power: With Other Anti-Slavery Pamphlets, Westport: Negro University Press, 1970.

（五）数据库和网站

Slavery and Anti-Slavery: A Transnational Archive, Gale Group Inc..
Slavery, Abolition and Social Justice, 1490-2007, Adam Matthew Digital.
American Historical Newspapers, Readex & News Bank, Inc..
America's Historical Imprints, Readex & News Bank, Inc..

Newspaper Archives, 1690-2010, Genealogy Bank, Inc..

Milledgeville Historic Newspapers Archive：Georgia Historic Newspapers, Digital Library of Georgia.

Internet Archive 网站：https：//archive.org/

Hathitrust 数据库：https：//www.hathitrust.org/

古腾堡项目在线图书：https：//www.gutenberg.org/

宾夕法尼亚州大学图书馆在线图书：https：//onlinebooks.library.upenn.edu/

安德鲁·杰克逊总统在线文献：https：//thepapersofandrewjackson.utk.edu/

弗吉尼亚州历史记忆网站：https：//www.virginiamemory.com/

马萨诸赛州历史协会：http：//www.masshist.org/

马萨诸塞州数字在线档案：https：//www.digitalcommonwealth.org/

马萨诸塞州图书馆在线档案：https：//archives.lib.state.ma.us/

美国"建国之父"文献集：https：//founders.archives.gov/

美国公理会图书馆在线档案：https：//www.congregationallibrary.org/digital-collections

美国国会图书馆：http：//memory.loc.gov/

美国国家档案馆：https：//www.archives.gov/

美国历史教育网站：https：//teachingamericanhistory.org/documents/

美国联邦最高法院：https：//supreme.justia.com/

美国密苏里大学图书馆在线档案：https：//libraryguides.missouri.edu/MUDigitalLibrary/migration

美国总统文献项目：https：//www.presidency.ucsb.edu/documents

密歇根州立大学图书馆在线档案：https：//quod.lib.umich.edu/lib/colllist/

亚伯拉罕·林肯研究会在线档案：https：//abrahamlincolnassociation.org/resources/

耶鲁大学法学院在线档案：https：//avalon.law.yale.edu/

二 研究性论著、论文

（一）英文专著

Aldrich, John H., *Why Parties? The Origin and Transformation of Political Parties in America*, Chicago: University of Chicago Press, 1995.

Ali, Omar H., *In the Balance of Power: Independent Black Politics and Third-Party Movements in the United States*, Athens: Ohio University Press, 2008.

Anbinder, Tyler, *Nativism and Slavery: The Northern Know Nothings and the Politics of the 1850s*, New York: Oxford University Press, 1992.

Baker, Jean H., *Affairs of Party: The Political Culture of Northern Democrats in the Mid-Nineteenth Century*, Ithaca: Cornell University Press, 1983.

Baptist, Edward E., *The Half Has, Never Been Told: Slavery and the Making of American Capitalism*, New York: Basic Books, 2014.

Barnes, Gilbert Hobbs, *The Anti-Slavery Impulse, 1830-1844*, New York: D. Appleton Century Company, 1933.

Beard, Charles A., Mary R. Beard, *The Rise of American Civilization*, Vol. 2, *The Industrial Era*, New York: MacMillan Company, 1927.

Beeman, Richard, Stephen Botein and Edward C. Carter II, *Beyond Confederation: Origins of the Constitution and American National Identity*, Chapel Hill: University of North Carolina Press, 1987.

Beckert, Sven and Christine Desan, eds., *American Capitalism: New Histories*, Cloumbia University Press, 2018.

Benson, Lee, *The Concept of Jacksonian Democracy: New York as a Test Case*, Princeton: Princeton University Press, 1961.

Bilotta, James D., *Race and the Rise of the Republican Party, 1848-1865*, New York: P. Lang, 1992.

Blue, Frederick J., *No Taint of Compromise: Crusaders in Antislavery Politics*, Baton Rouge: Louisiana State University Press, 2005.

Blue, Frederick J., *Salmon P. Chase: A Life in Politics*, Ken: Kent State University Press, 1987.

Blue, Frederick J., *The Free Soilers: Third Party Politics, 1848–1854*, Urbana: University of Illinois Press, 1973.

Cleves, Rachel Hope, *The Reign of Terror in America: Visions of Violence from Anti-Jacobinism to Antislavery*, New York: Cambridge University Press, 2009.

Collison, Gary, *Shadrach Minkins: From Fugitive Slave to Citizen*, Cambridge: Harvard University Press, 1997.

Curry, Leonard P., *The Free Black in Urban America, 1800–1850: The Shadow of the Dream*, Chicago: University of Chicago Press, 1981.

Davis, David Brion, *The Problem of Slavery in the Age of Revolution, 1770–1823*, Ithaca: Cornell University Press, 1975.

Dew, Charles B., *Apostles of Disunion: Southern Secession Commissioners and the Causes of the Civil War*, Charlottesville: University of Virginia Press, 2001.

Dillon, Merton L., *The Abolitionists: The Growth of a Dissenting Minority*, DeKalb: NorthernIllinois University Press, 1974

Dion, Douglas, *Turning the Thumbscrew: Minority Rights and Procedural Change in Legislative Politics*, Ann Arbor: University of Michigan Press, 1997.

Duberman, Martin., ed., *The Antislavery Vanguard: New Essays on the Abolitionists*, Princeton: Princeton University Press, 1965.

Dumond, Dwight Lowell, *Antislavery: The Crusade for Freedom*, Ann Arbor: University of Michigan Press, 1961.

Dyer, Justin Buckley, *Natural Law and the Antislavery Constitutional Tradition*, New York: Cambridge University Press, 2012.

Earle, Jonathan Halperin, *Jacksonian Antislavery and the Politics of Free Soil, 1824–1854*, Chapel Hill: University of North Carolina Press, 2004.

Eyal, Yonatan, *The Young America Movement and the Transformation of the Democratic Party, 1828–1861*, Cambridge: Cambridge University Press, 2007.

Fehrenbacher, Don. E., *The Slaveholding Republic: An Account of the United States Governments Relations to Slavery*, edited by Ward M. McAfee, New York: Oxford University Press, 2002.

Filler, Louis, *The Crusade Against Slavery, 1830–1860*, New York: Harper, 1960.

Finkelman, Paul and Thomson Gale, *Encyclopedia of the New American Nation: The Emergence of the United States, 1754-1829*, Vol. 1, Detroit: Charles Scribner's Sons, 2006.

Finkelman, Paul, *Slavery and the Founders: Race and Liberty in the Age of Jefferson*, Armonk: M. E. Sharpe, 2001.

Foner, Eric, *Free Soil, Free Labor, Free Men: The Ideology of the Republican Party Before the Civil War*, Oxford: Oxford University Press, 1995.

Fox, Early Lee, *The American Colonization Society, 1817-1840*, Baltimore: John Hopkins University Press, 1919.

Freehling, William W., *The Reintegration of American History: Slavery and the Civil War*, New York: Oxford University Press, 1994.

Gienapp, William E., *The Origins of the Republican Party, 1852-1856*, New York: Oxford University Press, 1987.

Goldwin, Robert A. and Art Kaufman, *Slavery and its Consequences: The Constitution, Equality, and Race*, Washington, D.C.: American Enterprise Institute for Public Policy Research, 1988.

Graber, Mark A., *Dred Scott and the Problem of Constitutional Evil*, New York: Cambridge University Press, 2006.

Hammond, John Craig, *Slavery, Freedom, and Expansion in the American West*, Charlottesville: University of Virginia Press, 2007

Harrold, Stanley, *American Abolitionism: Its Direct Political Impact from Colonial Times to Reconstruction*, Charlottesville: University of Virginia Press, 2019.

Harrold, Stanley, *The Abolitionists and the South, 1831-1861*, Lexington: University Press of Kentucky, *1995.*

Higginbotham, A. Leon, *In the Matter of Color: Race and the American Legal Process: The Colonial Period*, New York: Oxford University Press, *1978.*

Hofstadter, Richard, *The Idea of a Party System: The Rise of Legitimate Opposition in the United States, 1780-1840*, Berkeley: University of California Press, 1969.

Holt, Michael F., *Rise and Fall of the American Whig Party: Jacksonian Politics and the Onset of Civil War*, New York: Oxford University Press, 1999.

Holt, Michael F., *The Fate of Their Country: Politicians, Slavery Extension,* and the Coming of the Civil War, New York: Hill and Wang, 2004.

Howe, Daniel Walker, What Hath God Wrought: The Transformation of America, 1815-1848, New York: Oxford University Press, 2007.

Jeffrey, Julie Roy, The Great Silent Army of American Abolitionism: Ordinary Women in the Antislavery Movement, Chapel Hill: University of North Carolina Press, 1998.

John, Richard R., Spreading the News: The American Postal System from Franklin to Morse, Cambridge: Harvard University Press, 1995.

Johnson, Reinhard O., The Liberty Party, 1840-1848: Antislavery Third-Party Politics in the United States, Baton Rouge: Louisiana State University Press, 2009.

Karp, Matthew, This Vast Southern Empire: Slaveholders at the Helm of American Foreign Policy, Cambridge: Harvard University Press, 2016.

Kraditor, Aileen S., Means and Ends in American Abolitionism: Garrison and His Critics, 1834-1850, New York: Pantheon Books, 1969.

Laurie, Bruce, Beyond Garrison: Antislavery and Social Reform, Cambridge: Cambridge University Press, 2005.

Mason, Matthew, Slavery and Politics in the Early Republic, Chapel Hill: University of North Carolina Press, 2006

Mayer, Henry, All on Fire: William Lloyd Garrison and the Abolition of Slavery, New York: W. W. Norton & Company, 1998.

Mayhew, David R., America's Congress: Actions in the Public Sphere, James Madison through Newt Gingrich, New Haven: Yale University Press, 2000.

McCoy, Drew, The Last of the Fathers: James Madison and the Republican Legacy, New York: Cambridge University Press, 1989.

Miller, William Lee, Arguing About Slavery: John Quincy Adams and the Great Battle in the United States Congress, New York: Vintage Books, 1995.

Morrison, Chaplain W., Democratic Politics and Sectionalism: The Wilmot Proviso Controversy, Chapel Hill: University of North Carolina Press, 1967.

Morrison, Michael A., Slavery and the American West: The Eclipse of Manifest Destiny and the Coming of the Civil War, Chapel Hill: University of North

Carolina Press, 1997.

Nash, Gary B, *Race and Revolution*, Madison, Wis.: Madison House, 1990.

Newman, Richard S., *The Transformation of American Abolitionism: Fighting Slavery in the Early Republic*, Chapel Hill: University of North Carolina Press, 2002.

Nye, Russel B., *Fettered Freedom: Civil Liberties and the Slavery Controversy, 1830-1860*, Lansing: Michigan State University Press, 1963.

Pasley, Jeffrey L., *"The Tyranny of Printers": Newspaper Politics in the Early American Republic*, Charlottesville: University of Virginia Press, 2002.

Perry, Lewis, *Radical Abolitionism: Anarchy and the Government of God in Antislavery Thought*, Ithaca: Cornell University Press, 1973.

Potter, David M., *The Impending Crisis, 1848-1861*, edited by Don E. Fehrenbacher, New York: Harper & Row, 1976

Richards, Leonard L., *Gentlemen of Property and Standing: Anti-Abolition Mobs in Jacksonian America*, New York: Oxford University Press, 1970.

Richards, Leonard L., *The Life and Times of Congressman John Quincy Adams*, New York: Oxford University Press, 1986.

Richards, Leonard L., *The Slave Power: The Free North and Southern Domination, 1780-1860*, Baton Rouge: Louisiana State University Press, 2000.

Formisano, Ronald P., *The Birth of Mass Political Parties: Michigan, 1827-1861*, Princeton: Princeton University Press, 1971.

Sellers, Charles G., *The Market Revolution: Jacksonian America, 1815-1846*, New York: Oxford University Press, 1991.

Seven Beckert, Desan Christine, eds., *American Capitalism: New Histories*, Columbia: Columbia University Press, 2018.

Silbey, Joel H., *Party over Section: The Rough and Ready Presidential Election of 1848*, Lawrence: University Press of Kansas, 2009.

Silbey, Joel H., *Storm over Texas: The Annexation Controversy and the Road to Civil War*, Oxford: Oxford University Press, 2005.

Silbey, Joel H., *The American Political Nation, 1838-1893*, Stanford: Stanford University Press, 1991.

Silbey, Joel H. *The Partisan Imperative: The Dynamics of American Politics before the Civil War*, New York: Oxford University Press, 1985.

Sinha, Manisha, *The Slave's Cause: A History of Abolition*, New Heaven: Yale University Press, 2017.

Sorin, Gerald, *The New York Abolitionists: A Case Study of Political Radicalism*, Westport, Conn: Greenwood Publishing Corporation, 1971.

Stegmaier, Mark J., *Texas, New Mexico, and the Compromise of 1850: Boundary Dispute and Sectional Crisis*, Ken: Kent State University Press, 1996.

Stewart, James Brewer, *Holy Warriors: The Abolitionists and American Slavery*, New York: Hill and Wang, 1976.

Stewart, James Brewer, *Joshua R. Giddings and the Tactics of Radical Politics*, Cleveland: The Press of Case Western Reserve University, 1970.

Strong, Douglas M., *Perfectionist Politics: Abolitionism and the Religious Tensions of American Democracy*, Syracuse: Syracuse University Press, 1999.

Thomas, John L., *The Liberator: William Lloyd Garrison, A Biography*, Boston: Little, Brown and Company, 1963.

Volpe, Vernon L., *Forlorn Hope of Freedom: The Liberty Party in the Old Northwest, 1838-1848*, Kent: Kent State University Press, 1990.

Voss-Hubbard, Mark, *Beyond Party: Cultures of Antipartisanship in Northern Politics before the Civil War*, Baltimore: Johns Hopkins University Press, 2002.

Walters, Ronald G., *The Antislavery Appeal: American Abolitionism after 1830*, Baltimore: Johns Hopkins University Press, 1976.

Wiecek, William M., *The Sources of Antislavery Constitutionalism in America, 1760-1848*, Ithaca: Cornell University Press, 1977.

Wilentz, Sean, *The Rise of American Democracy: Jefferson to Lincoln*, New York: W. Norton & Company, 2005.

Winch, Julie, *Between Slavery and Freedom: Free People of Color in America From Settlement to the Civil War*, Lanham: Rowman & Littlefield Publishers, 2014.

Yarema, Allan, *American Colonization Society: An Avenue to Freedom?* Lanham: University Press of America, 2006.

Yee, Shirley J., *Black Women Abolitionists: A Study in Activism, 1828-*

1860, Knoxville: University of Tennessee Press, 1992.

Zaeske, Susan, *Signatures of Citizenship: Petitioning, Antislavery Women's Political Identity*, Chapel Hill: University of North Carolina Press, 2003.

（二）英文论文

Blight, David W., "Perceptions of Southern Intransigence and the Rise of Radical Antislavery Thought, 1816-1830," *Journal of the Early Republic*, Vol. 3, No. 2 (Summer, 1983): 139-163.

Brown, David, "Jeffersonian Ideology and The Second Party System," *The Historian*, Vol. 62, No. 1 (Fall, 1999): 17-30.

Chaput, Erik J., "Proslavery and Antislavery Politics in Rhode Island's 1842 Dorr Rebellion," *The New England Quarterly*, Vol. 85, No. 4 (December, 2012): 658-694.

Davis, David Brion, "The Emergence of Immediatism in British and American Antislavery Thought," *The Mississippi Valley Historical Review*, Vol. 49, No. 2 (Sep., 1962): 209-230.

Estes, Todd, "Shaping the Politics of Public Opinion: Federalists and the Jay Treaty Debate," *Journal of the Early Republic*, Vol. 20, No. 3 (Autumn, 2000): 393-422.

Freeling, William, "The Founding Fathers and Slavery," *American Historical Review*, Vol. 77, No. 1 (Feb., 1972): 81-93.

Freeman, Joanne, "Explaining the Unexplainable: The Cultural Context of The Sedition Act," in Meg Jacobs, William J. Novak and Julian E. Zelizer, eds., *The Democratic Experiment: New Directions in American Political History*, Princeton: Princeton University Press, 2003: 20-41.

Gac, Scott, "Slave or Free? White or Black? The Representation of George Latimer," *The New England Quarterly*, Vol. 88, No. 1 (Mar., 2015): 73-103.

Gara, Larry, "Slavery and the Slave Power: A Crucial Distinction," *Civil War History*, Vol. 15, No. 15 (March, 1969): 5-18.

Gross, Robert A., "Forum: The Making of a Slave Conspiracy, part 2," *The William and Mary Quarterly*, Vol. 59, No. 1 (January, 2002): 137-142.

Guyatt, Nicholas., "'The Outskirts of Our Happiness': Race and the Lure of Colonization in the Early Republic," *The Journal of American History*, Vol. 95, No. 4 (Mar., 2009): 986-1011.

Henig, Gerald S., "The Jacksonian Attitude Toward Abolitionism in the 1830's," *Tennessee Historical Quarterly*, Vol. 28, No. 1 (Spring, 1969): 42-56.

Johnson, Michael P., "Denmark Vesey and His Co-Conspirators," *The William and Mary Quarterly*, Vol. 58, No. 4 (October, 2001): 915-976.

Kornblith, Gary, "Rethinking the Coming of the Civil War: A Counterfactual Exercise," *The Journal of American History*, Vol. 90, No. 1 (Jun., 2003): 76-105.

Leslie, William R., "The Pennsylvania Fugitive Slave Act of 1826," *The Journal of Southern History*, Vol. 18, No. 4 (Nov., 1952): 429-445.

Leslie, William R., "The Constitutional Significance of Indiana's Statute of 1824 on Fugitive form Labor," *The Journal of Southern History*, Vol. 13, No. 3 (Aug., 1947): 338-353.

Loveland, C., "Evangelicalism and 'Immediate Abolition' in American Antislavery Thought," *The Journal of Southern History*, Vol. 32, No. 2 (May, 1966): 172-188.

Lyond, Staughton, "The Compromise of 1787," *Political Science Quarterly*, Vol. 81, No. 2 (June, 1996): 225-250,

Maltz, Earl M., "The Idea of the Proslavery Constitution," *Journal of the Early Republic*, Vol. 17, No. 1 (Spring, 1997): 37-59.

Marshall, Thurgood, "The Constitution's Bicentennial: Commemorating the Wrong Documents?" *Vanderbilt Law Review*, Vol. 40, No. 6 (November, 1987): 1337-1342.

Mercieca, Jennifer Rose, "The Culture of Honor: How Slaveholder Responded to the Abolitionist Mail Crisis in 1835," *Rhetoric & Public Affairs*, Vol. 10, No. 1 (Spring, 2007): 51-76.

Morgan, Edmund S., "Slavery and Freedom: The American Paradox," *The Journal of American History*, Vol. 59, No. 1 (Jun., 1972): 5-29.

Neely, Mark E., Jr., "The Kansas-Nebraska Act in American Political Culture: The Road to Bladenburg and the Appeal of the Independent Democrats," in John R. Wunder and Joann M. Ross, eds., *The Nebraska-Kansas Act of 1854*, Lincoln: University of Nebraska Press, 2008: 13-46.

Oakes, James, "'The Compromising Expedient': Justifying a Proslavery Constitution," *Cardozo Law Review*, Vol. 17, No. 6 (May, 1996): 2023-2056.

Owsley, Frank, "The Fundamental Cause of the Civil War: Egocentric Sectionalism," *The Journal of Southern History*, Vol. 7, No. 1 (February, 1941): 3-18.

Paquette, Robert, "From Rebellion to Revisionism: The Continuing Debate about the Denmark Vesey Affair," *Journal of the Historical Society*, Vol. 4, Issue 3 (September, 2004): 291-334.

Pasley, Jeffrey L., "Democracy, Gentility, and Lobbying in the Early U.S. Congress," in Julian E. Zelizer, ed., *The American Congress: The Building of Democracy*, Boston: Houghton Mifflin, 2004: 38-62.

Pasley, Jeffrey L., "Minnows, Spies, and Aristocrats: The Social Crisis of Congress in the Age of Martin Van Buren," *Journal of the Early Republic*, Vol. 27, No. 4 (Winter, 2007): 599-653.

Pease, Jane H. and William H. Pease, "Negro Conventions and the Problem of Black Leadership," *Journal of Black Studies*, Vol. 2 (Sept., 1971): 29-44.

Randall, J. G., "The Blundering Generation," *The Mississippi Valley Historical Review*, Vol. 27, No. 1 (June, 1940): 3-28.

Rao, Gautham, "The Federal Posse Comitatus Doctrine: Slavery, Compulsion, and Statecraft in Mid-Nineteenth-Century America," *Law and History Review*, Vol. 26, No. 1 (Spring, 2008): 1-56.

Rosenberg, Norman L., "Personal Liberty Laws and Sectional Crisis: 1850-1861," *Civil War History*, Vol. 17, No. 1 (Mar, 1971): 411-437.

Selinger, Jeffery S., "Rethinking the Development of Legitimate Party Opposition in the United States, 1793 - 1828," *Political Science Quarterly*, Vol. 127, No. 2 (Summer, 2012): 263-287.

Silbey, Joel H., "After The First Northern Victory: The Republican Party Comes to Congress, 1855 - 1856," *Journal of Interdisciplinary History*, Vol. 20, No. 1 (Summer, 1989): 1-24.

Stewart, James Brewer, "Abolitionists, Insurgents, and Third Parties: Sectionalism and Partisan Politics in Northern Whiggery, 1836-1844," in Alan M. Kraut, ed., *Crusaders and Compromisers*, Westport: Greenwood Press, 1983: 25-44.

Stewart, James Brewer, "Garrison Again, and Again, and Again, and Again …," *Reviews in American History*, Vol. 4, No. 4 (Dec., 1976): 539-545.

Stewart, James Brewer, "Reconsidering the Abolitionists in an Age of Fundamentalist Politics," *Journal of the Early Republic*, Vol. 26, No. 1 (Spring, 2006): 1-23.

Sweet, Leonard I., "The Fourth of July and Black Americans in the Nineteenth Century: Northern Leadership Opinion Within the Context of the Black Experience," *The Journal of Negro History*, Vol. 61, No. 3 (Jul., 1976): 256-275

Voss-Hubbard, Mark, "The Third Party Tradition Reconsidered: Parties and American Public Life, 1830-1900," *The Journal of American History*, Vol. 86, No. 1 (June, 1999): 121-150.

Wiecek, William M., "'The Blessings of Liberty': Slavery in the American Constitutional Order," in Robert A. Goldwin and Art Kaufman, eds., *Slavery and its Consequences: The Constitution, Equality, and Race*, Washington, D. C.: American Enterprise Institute for Public Policy Research 1988: 23-44.

Wilentz, Sean, "Jeffersonian Democracy and the Origins of Political Antislavery in the United States: The Missouri Crisis Revisited," *The Journal of The Historical Society*, Vol. 4, No. 3 (September, 2004): 375-401.

Wilentz, Sean, "Slavery, Antislavery, and Jacksonian Democracy," in Melvyn Stokes and Stephen Conway, eds., *The Market Revolution in America: Social, Political, and Religious Expressions*, Charlottesville: University of Virginia Press, 1996: 202-223.

Wood, Gordon S., "The Significance of the Early Republic," *Journal of the Early Republic*, Vol. 8, No. 1 (Spring, 1988): 1-20.

Wyatt-Brown, Bertram, "The Abolitionists' Postal Campaign of 1835," *The Journal of Negro History*, Vol. 50, No. 4 (October, 1965): 227-238.

Wyly-Jones, Susan, "The 1835 Anti-Abolition Meetings in the South: A New Look at the Controversy over the Abolition Postal Campaign," *Civil War History*, Vol. 47, No. 4 (December, 2001): 289-309.

（三）未出版的学位论文

Barrett, Ruth, *Abolitionist Literature and the Mails in Jackson's Time*, M. A. Thesis, University of Nebraska, 1950.

Brooks, Corey Michael, *Building an Antislavery House: Political Abolitionists and the U. S. Congress*, Ph. D. Dissertation, University of California, Berkeley, 2010.

Wirzbicki, Peter, *Black Intellectuals, White Abolitionists, and Revolutionary Transcendentalists: Creating the Radical Intellectual Tradition in Antebellum Boston*, Ph. D. Dissertation of New York University, September, 2012.

Wyly-Jones, Susan, *The Anti-Abolitionist Panic: Slavery, Abolition, and Politics in the U. S. South, 1835-1844*, Ph. D. Dissertation of Harvard University, 2000.

（四）中文专著和译著

〔德〕马克斯·韦伯：《学术与政治》，冯克利译，生活·读书·新知三联书店，2016，第117页。

〔法〕托克维尔：《论美国的民主》，董国良译，商务印书馆，2004。

〔美〕克利福德·格尔茨：《地方知识》，杨德睿译，商务印书馆，2016，第338页。

〔美〕埃里克·方纳：《第二次建国：内战和重建如何重塑了美国宪法》，于留振译，商务印书馆，2020，第12—17页。

〔美〕埃里克·方纳：《美国自由的故事》，王希译，商务印书馆，2002。

〔美〕埃里克·方纳：《19世纪美国的政治遗产》，王希译，北京大学出版社，2020，第11页。

〔美〕安东尼·M. 奥勒姆、〔美〕约翰·C. 戴尔：《政治社会学》，王军译，中国人民大学出版社，2018。

〔美〕查尔斯·蒂利、〔美〕西德尼·塔罗：《抗争政治》，李义中译，译林出版社，2010。

〔美〕查尔斯·蒂利:《民主》,魏洪钟译,上海世纪出版集团,2009。

〔美〕查尔斯·蒂利:《社会运动,1768—2004》,胡位均译,上海世纪出版集团,2009。

〔美〕丹尼尔·T. 罗杰:《大西洋的跨越:进步时代的社会政治》,吴万伟译,译林出版社,2011。

〔美〕邓正来、〔美〕杰弗里·亚历山大主编《国家与市民社会:一种社会理论的研究途径》,上海人民出版社,2006。

〔美〕戈登·伍德:《美国革命的激进主义》,傅国英译,北京大学出版社,1997。

〔美〕哈贝马斯:《公共领域的结构转型》,曹卫东等译,上海学林出版社,1999。

〔美〕孔飞力:《叫魂:1768年中国妖术大恐慌》,陈兼、刘昶译,生活·读书·新知三联书店,2012。

〔美〕理查德·霍夫斯塔特:《美国政治传统及其缔造者》,崔永禄、王忠和译,商务印书馆,2010。

〔美〕林郁沁:《施剑翘复仇案:民国时期公众同情的兴起与影响》,陈湘静译,江苏人民出版社,2007。

〔美〕罗伯特·H. 威布:《自治:美国民主的文化史》,李振广译,商务印书馆,2006。

〔美〕斯文·贝克特:《棉花帝国:一部资本主义全球史》,徐轶杰、杨燕译,民主与建设出版社,2019。

〔美〕沃尔特·李普曼:《幻影公众》,林牧茵译,复旦大学出版社,2013。

〔美〕小威廉·休厄尔:《历史的逻辑:社会理论与社会转型》,朱联璧、费滢译,上海人民出版社,2021。

〔英〕布赖恩·特纳:《Blackwell社会理论指南》,李康译,上海人民出版社,2003。

〔英〕戴维·M. 沃克:《牛津法律大辞典》,李双元等译,法律出版社,2003。

〔英〕杰拉德·德兰迪、〔英〕恩斯·伊辛主编《历史社会学手册》,李霞、李恭忠译,中国人民大学出版社,2009。

王金虎：《美国奴隶主史》，北京大学出版社，2019。

王希：《原则与妥协：美国宪法的精神与实践》，北京大学出版社，2014。

张友伦：《美国的独立与初步繁荣（1775—1860）》，人民出版社，2002。

赵鼎新：《社会与政治运动讲义》，社会科学文献出版社，2006。

（五）中文论文

〔美〕裴宜理：《底层社会与抗争性政治》，阎小骏译，《东南学术》2008年第3期。

黄冬娅：《国家如何塑造抗争政治——关于社会抗争中国家角色的研究评述》，《社会学研究》2011年第2期。

李丹：《美国公共领域内的反奴隶制刊物流通之争》，《历史教学》（下半月刊）2016年第7期，第58—64页。

李丹：《美国围绕反奴隶制人士言论自由权的政治和法律纷争（1820—1860）》，南京大学博士学位论文，2012年。

李丹：《浅析1836—1844年美国国会限制废奴主义言论的"钳口律"》，《世界历史》2012年第2期。

李剑鸣：《美国政治史的衰落与复兴》，《史学集刊》2013年第6期。

李钧鹏：《蒂利的历史社会科学——从结构还原论到关系实在论》，《社会学研究》2014年第5期。

李宁：《美国废奴运动的兴起和发展》，《浙江师范大学学报》1985年第2期。

李青：《美国废奴运动的形成及其主要派别》，《杭州师范学院学报（社会科学版）》1990年第2期。

鲁迪秋：《论美国内战前女性公共演说——以女性废奴社团为中心》，《史学月刊》2022年第4期。

王希：《非裔美国人与内战后宪政新秩序的建立》，《史学集刊》2012年第6期。

吴金平：《略论美国黑人解放的道路问题》，《史学月刊》2001年第6期。

后　记

2011年秋，我有幸进入北京大学历史系，跟随李剑鸣老师学习美国史。四年半后，我在仓促之中完成博士论文《废奴运动与美国早期政治的演化：1830—1850年》。毕业之际也曾发下宏愿，要好好做一番修改和补充，争取拿出一部"像样"的专著出来。如今，距离毕业已经七年有余，呈现给大家的这本小书却并无太多的长进，心中深感惶恐。

读博的前两年，在李剑鸣教授主持的"美国早期政治文化史研究"和王希教授主持的"美国内战与重建"讨论班上，我开始触及美国早期的奴隶制问题。但在酝酿博士论文的选题时，我近乎本能地把奴隶制问题排除在外，因为我觉得这个问题太过复杂，远超我的能力之外，而且美国学术界的研究已经无比充分，很难找到开拓的空间。

2013年初，我有幸获得"北大—耶鲁交流项目"的资助，去耶鲁大学历史系访学。这次美国之行改变了我的想法。一到纽黑文，我立刻就意识到种族问题之于美国社会的重要性。在纽黑文市区，我经常想起北岛在《上帝的中国儿子》一文中的一句描写："纽黑文是个令人沮丧的城市，太多的流浪汉，若有人领头，恐怕也会揭竿而起。"后来，我去参加美国内战史名家戴维·布莱特（David Blight）的19世纪美国史讨论班。在每周的讨论课上，奴隶制几乎都是中心议题，威廉·加里森、弗雷德里克·道格拉斯、约翰·布朗等废奴主义者的名字也时常被提及。于是，我逐渐对奴隶制政治和废奴运动产生了兴趣。这个选题也得到了我的"接待导师"（host professor）乔安妮·弗里曼（Joanne Freeman）教授的鼓励。她认为从反奴隶制政治入手，可以探究美国早期民主的诸多关键问题，比如奴隶制与民主政治的悖论、社会运动与国家权力的关系、民主政治的大众化。在经过一番艰难的抉择之后，我最终决定把反奴隶制政治的兴起作为论文选题。

人们常说好选题是成功的一半，但再好的题目，终究要靠一字一句地写出来。写作者的实际研究能力，包括学养的积累、文字的修养、界定题材和问题的能力、对多种分析工具的掌握，乃至自律精神和勤奋投入，才是研究成功的关键。无论是在博士论文写作期间，还是在博士毕业后的这些年中，我一直深感自己能力之不足。虽有心弥补，但资质浅薄，且时常懈怠，一直难有大的进步，只能捧出这样一本浅陋的小书，想来惭愧不已。

尽管如此，这本小书仍是我十多年求学生涯的见证。这些年一路走来，得到了师友们太多的帮助和提携，在这里向他们郑重致谢。

首先要感谢的是我的博士研究生导师李剑鸣教授。我虽在本科和硕士阶段都是世界史"科班出身"，但在李剑鸣老师的言传身教之下，才真正勉强窥见学术研究的一点门径——或许这只是我的幻觉而已，初步理解历史学的性质和特点，开始了美国早期史和政治史研究。更为重要的是，我从李老师身上体会到如何做一名真正以"学术为志业"的学者、一名有独立精神和自由思想的知识分子。李老师经常告诫我们，学者一定要时刻提醒自己两件事：一是抵制权力的诱惑，把学术视为最重要的事情；二是避免知识带来的傲慢和自负，意识到自己的不足。李老师也教会了我如何"为人师"，那就是对学生报以最大程度的真诚和关心。我至今仍清晰地记得李老师在我懈怠时给我的三次提醒。读博期间，每逢佳节，李老师必邀请学生至家中，在他的狭窄书房中把酒言谈，品尝师母烹制的美味佳肴，往往到月到中天，大家才尽兴而归。如今想来，这真是幸福到奢侈的时光。毕业之后，我的每一步成长，背后都有李老师坚实的支持。

同时还要感谢王希教授、王立新教授和牛可教授。王希老师对美国史研究的传教士般的热情，一直给我以巨大的激励。在博士论文的写作过程中，王希老师曾两次"拯救"我。2013年春，当我在耶鲁为改换论文选题而焦头烂额时，正是与王希老师长达半个多小时的电话聊天，坚定了我转向奴隶制问题的决心。2014年冬天，我对论文的结构安排一筹莫展时，王希老师给予的建议一下子帮我理清了思路。王希老师对我的开题报告所做的长达三千多字的修改意见，对我确定论文的研究路径起到了重要作用。王立新老师拥有深厚的理论修养和强烈的问题意识，一直是我学习的榜样。小书对社会科学理论的使用、篇章结构的设置和文字的风格，都有明显的学习和模仿王立新老师的痕迹。至今清楚地记得，在2014年冬天的一个晚上，我一下子理清了思路，决定探讨废奴运动与反奴隶制政治的关系。我兴奋地从床上跳起来，脑子里浮现一句话："这不就是王立新老师一直强调的：一流的研究一定是站在不同领域的交界线上吗？"在预答辩和答辩期间，牛可老师一再提醒我，要注意新英格兰精英的道德观念，并推荐我阅读刘易斯·科塞的《理念人：一项社会学考察》。在修改论文的过程中，我愈发意识到牛可老师这一建议的重要性，决定重新探讨废奴运动的特征，这也导致小书的第二章较之博士论文改动幅度最大。毕业后的这些年中，三位老师也一直给我提供了各种的指导和帮助，在此向他们表述诚挚的感谢。

小书的几个章节在增删之后曾在期刊上发表。第一章第一节发表在《历史教学问题》（2019年第1期），第二章发表于《世界历史》（2023年第1期），第三章发表于《历史研究》（2019年第2期），第四章发表于《史学月刊》（2018年第7期），第五章发表于《世界历史》（2018年第5期）。在此向这些期刊的编辑林广、周祥森、徐再荣、焦兵、杜鹃，以及各位匿名评审人深表谢意。

感谢武汉大学历史学院的各位师友。写作这篇后记时，我已经在武汉大学历史学院工作了整整七年。本科毕业多年后，再回到珞珈山，一切都是那么熟悉。学院的领导和师长们，在工作、科研和生活方面给了我诸多帮助和指导，让我得以安心地从事教学和研究，顺利通过严苛的聘期制考评。年轻的同事们大多视野开阔、思维活跃、勇猛精进，不断地激励和启发我做出更好的学问。

2022年3月，我有幸入选北京大学人文社会科学研究院的访问学者项目，在文研院访学三个月。这段经历帮我打开了一扇窗，促使我思考世界史和美国史学科的不足，让我意识到跨学科视野的必要性。在此向文研院的师友们表达感谢和敬意，祝福文研院这个中国人文社会科学的"桃花源"一直生机勃勃。

我要特别感谢中国美国史学术共同体。这个共同体秉持平等互助精神和学术至上的原则，尽力为年轻学者的成长提供平台，创造机会。每次参加学术活动，都会被学友们积极向上、努力向学的激情所感染。小书的各个章节，在不同场合得到过多位师友中肯而友善的建议。这里尤其要感谢以下人士：梁茂信、原祖杰、魏红霞、张勇安、谢国荣、侯深、蔡萌、曹鸿、董瑜、焦姣、李文硕、任一、史宏飞、王禹、伍斌、邢承吉、薛冰清、杨长云、杨钊、于留振、许翔云。

  小书的出版离不开社会科学文献出版社责任编辑张晓莉老师精湛的工作。她细致而专业的编辑工作，不仅使本书避免了很多错讹，而且使之增色颇多。武汉大学文明对话高等研究院和武汉大学历史学院为本书提供了出版资助，在此深表感谢。同时，感谢高宁馨、徐言、夏冰清、张咪、张香这几位同学帮忙校对书稿。

  我要将最后而绝非最少的感激送给家人。感谢父母，你们从未要求我做过什么，没有给我施加任何的压力。对于我的研究，你们可能丝毫不懂，但你们一直都认为"读书是件好事"。感谢哥哥，你一直鼓励我做学术研究，并给我提供了经济上的支持和情感上的包容。感谢妻子戢芳，这几年来，你为我承受了很多压力，没有你的理解、陪伴和支持，博士论文和书稿的完成一定更加艰难。这本小书也见证着小女云齐的成长。六年时间，你从一个呱呱坠地的婴儿成长为一名准小学生。你宽容了我在焦虑和疲劳时的坏脾气，用笑容和爱意给了我无限的慰藉，也在无意中指出了我的很多缺点和不足。

  小书的付梓，宣告了过去十多年学术生涯的结束。虽然有很多遗憾，但是我仍然庆幸当年选择了一个自己可以"共情"的研究领域。著名的女性废奴主义者莉迪亚·玛利亚·蔡尔德曾在1880年这样描述当年的"兄弟姐妹"："人类从未像早期的积极废奴主义者那样如此高傲地遗忘自己。"最近读到此话，仍然被废奴主义者高度道德主义的精神气质感动不已。

2023 年 5 月 16 日
记于武汉市南湖保利中央公馆

图书在版编目(CIP)数据

美国内战前反奴隶制政治的兴起/杜华著. -- 北京：社会科学文献出版社，2023.3（2024.5重印）
ISBN 978-7-5228-1511-4

Ⅰ.①美… Ⅱ.①杜… Ⅲ.①奴隶制度-研究-美国 Ⅳ.①D771.29

中国国家版本馆CIP数据核字（2023）第038160号

美国内战前反奴隶制政治的兴起

著　　者 / 杜　华

出 版 人 / 冀祥德
责任编辑 / 张晓莉　胡晓利
责任印制 / 王京美

出　　版 / 社会科学文献出版社·区域国别学分社（010）59367078
　　　　　　地址：北京市北三环中路甲29号院华龙大厦　邮编：100029
　　　　　　网址：www.ssap.com.cn
发　　行 / 社会科学文献出版社（010）59367028
印　　装 / 唐山玺诚印务有限公司

规　　格 / 开　本：787mm×1092mm　1/16
　　　　　　印　张：21　字　数：342千字
版　　次 / 2023年3月第1版　2024年5月第2次印刷
书　　号 / ISBN 978-7-5228-1511-4
定　　价 / 128.00元

读者服务电话：4008918866

版权所有 翻印必究